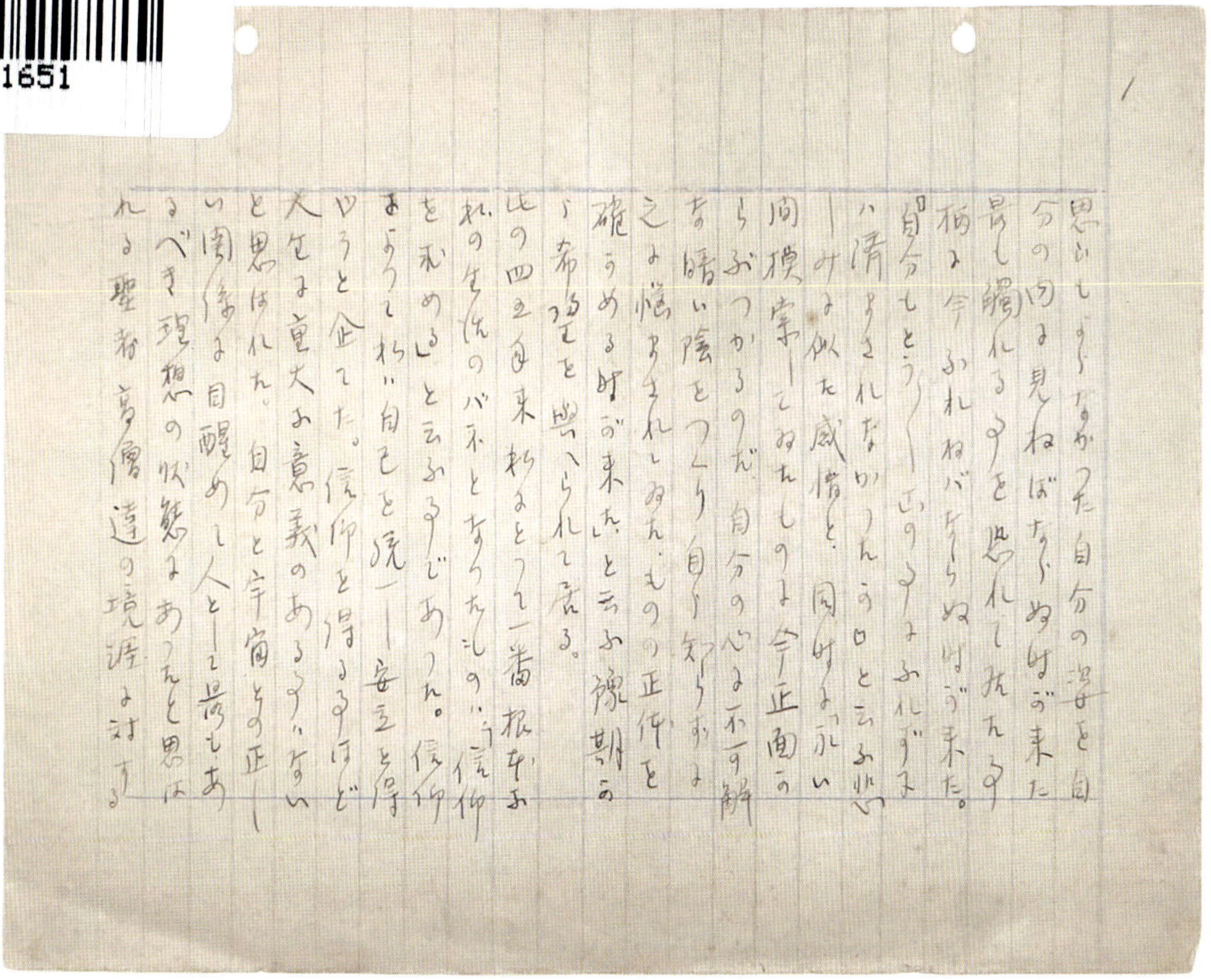
思ひもよらなかつた自分の姿を自
分の内に見ねばならぬ時が来た
最も觸れる事を恐れてゐた事
柄に今ふれねばならぬ時が来た。
自分もとうとう此の事にふれずに
は済まされなかつたかと云ふ悲
しみに似た感情と、同時に永い
間模索してゐたものに今正面か
らぶつかるのだ自分の心に不可解
な暗い陰をつくり自らも知らずに
之に悩まされてゐた、ものの正体を
確かめる時が来たと云ふ豫期の
希望を與へられて居る。
此の四五日来私にとつて一番根本な
私の生活のバネとなつたものは信仰
を求める心と云ふ事であつた。信仰
によつて私は自己を統一し安立を得
やうと企てた。信仰を得る事ほど
人生に重大な意義のある事はない
と思はれた。自分と宇宙との正し
い関係に目醒めて人として最もあ
るべき理想の状態にありたいと思は
れる聖者高僧達の境涯に対する

「自省録（宮澤トシ）」1（A-1）頁カラー画像（本文 21 頁参照）

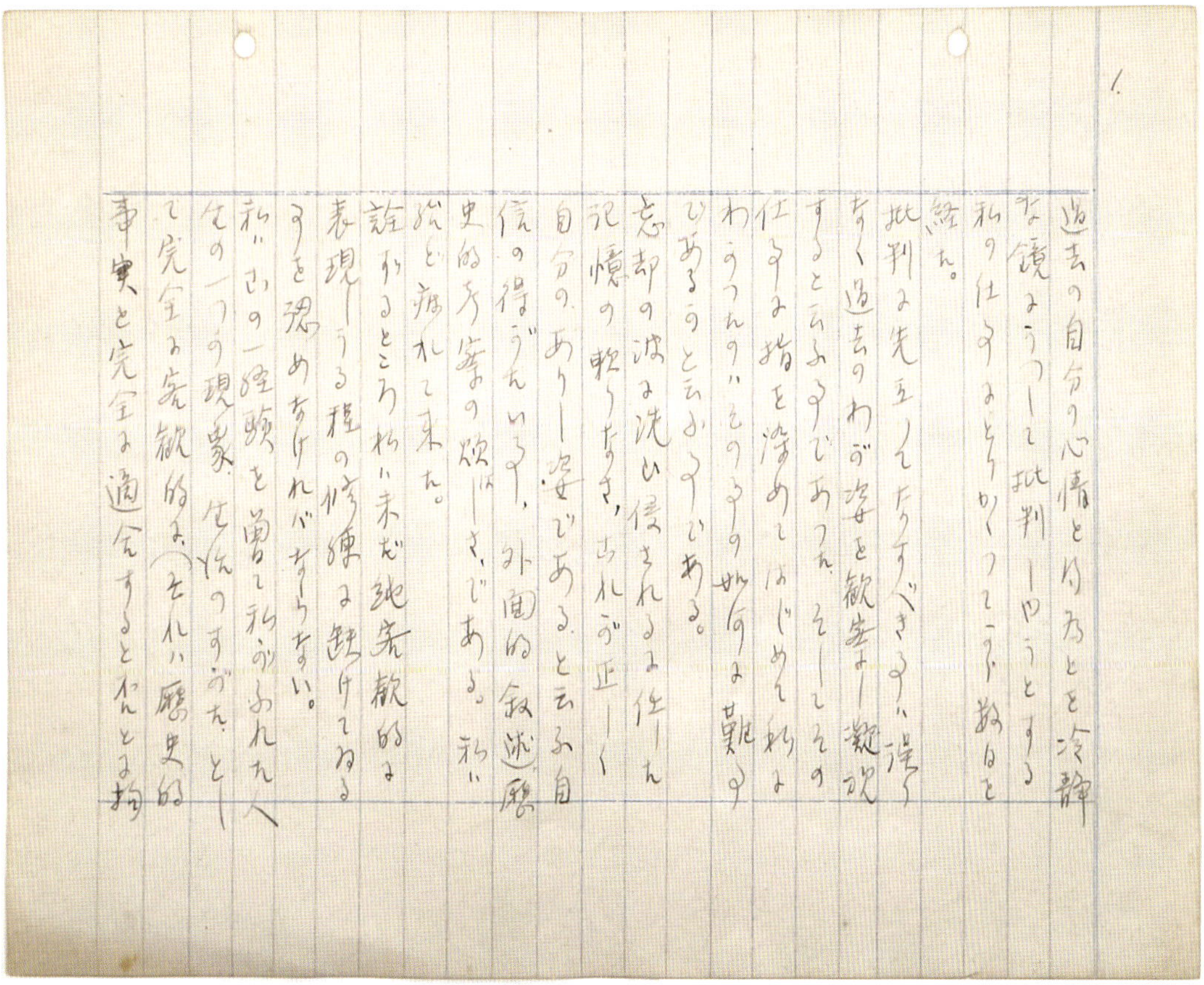
過去の自分の心情と行為とを冷静
な鏡にうつして批判しやうとする
私の仕事にとりかかつてから数日を
経た。
批判に先立つてなすべき事は深
く過去のわが姿を觀察し凝視
すると云ふ事であつた。そしてその
仕事に指を染めてはじめて私に
わかつたのはこの事の如何に難事
であるかと云ふ事である。
忘却の波に洗ひ侵されるに任した
記憶の乾からびさ、それが正しく
自分のありし姿であると云ふ自
信の得がたい事、外面的叙述（歴
史的）手段の欲しさである。私は
殆ど疲れて来た。
詮ずるところ私は未だ純客觀的に
表現する程の修練に缺けてゐる
事を認めなければならない。
私は此の一経験を通じて私がふれた人
生の一つの現象、生活のすがたとし
て完全に客觀的な（それは歴史的
事実と完全に適合すると否とに拘

「自省録（宮澤トシ）」13（B-1）頁カラー画像（本文 33 頁参照）

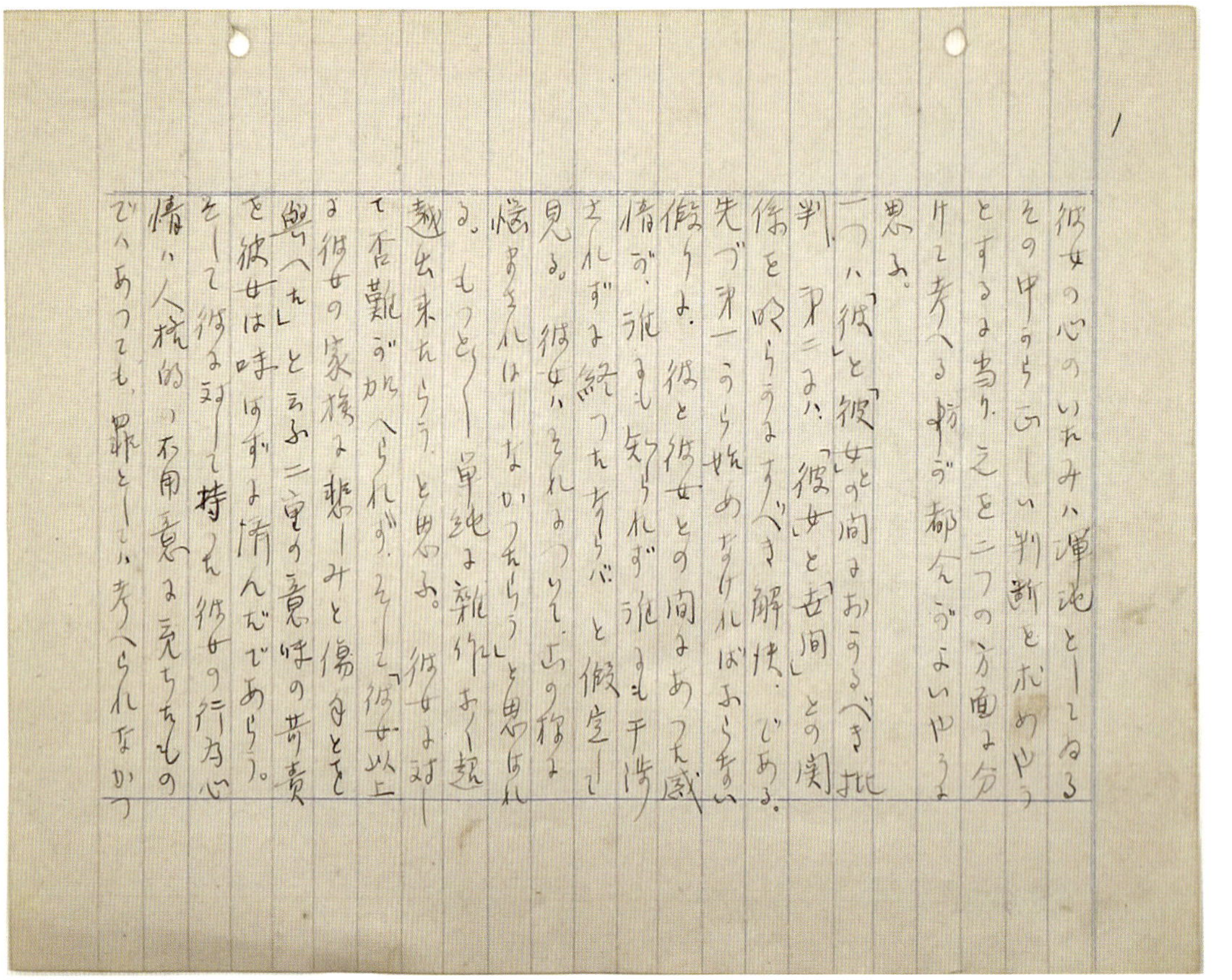
1

彼女の心のいたみは単純としてゐる
その中から正しい判断を求めやう
とするに当り之を二つの方面に分
けて考へる方が都合がよいやうに
思ふ。
一つは「彼」と「彼女」の間におこるべき批
判、第二には「彼女と世間」との関
係を明らかにすべき解決、である。
先づ第一から始めなければならない
假りに彼と彼女との間にあつた感
情が、誰にも知られず誰からも干渉
されずに終つたならば、と假定して
見る。彼女はそれについて此の様に
悩まされはしなかつたらう、と思はれ
る。もつと〳〵単純に純化されて超
越出来たらう、と思ふ。彼女に対し
て否難が加へられず、そして「彼女以上
に彼女の家族に悲しみと傷をと
与へた」と云ふ二重の意味の苛責
を彼女は味はずに済んだであらう。
そして彼に対して持つた彼女の行為心
情は人格的に不用意に充ちたもの
ではあつても、罪としては考へられなかつ

「自省録（宮澤トシ）」15（C-1）頁カラー画像（本文 35 頁参照）

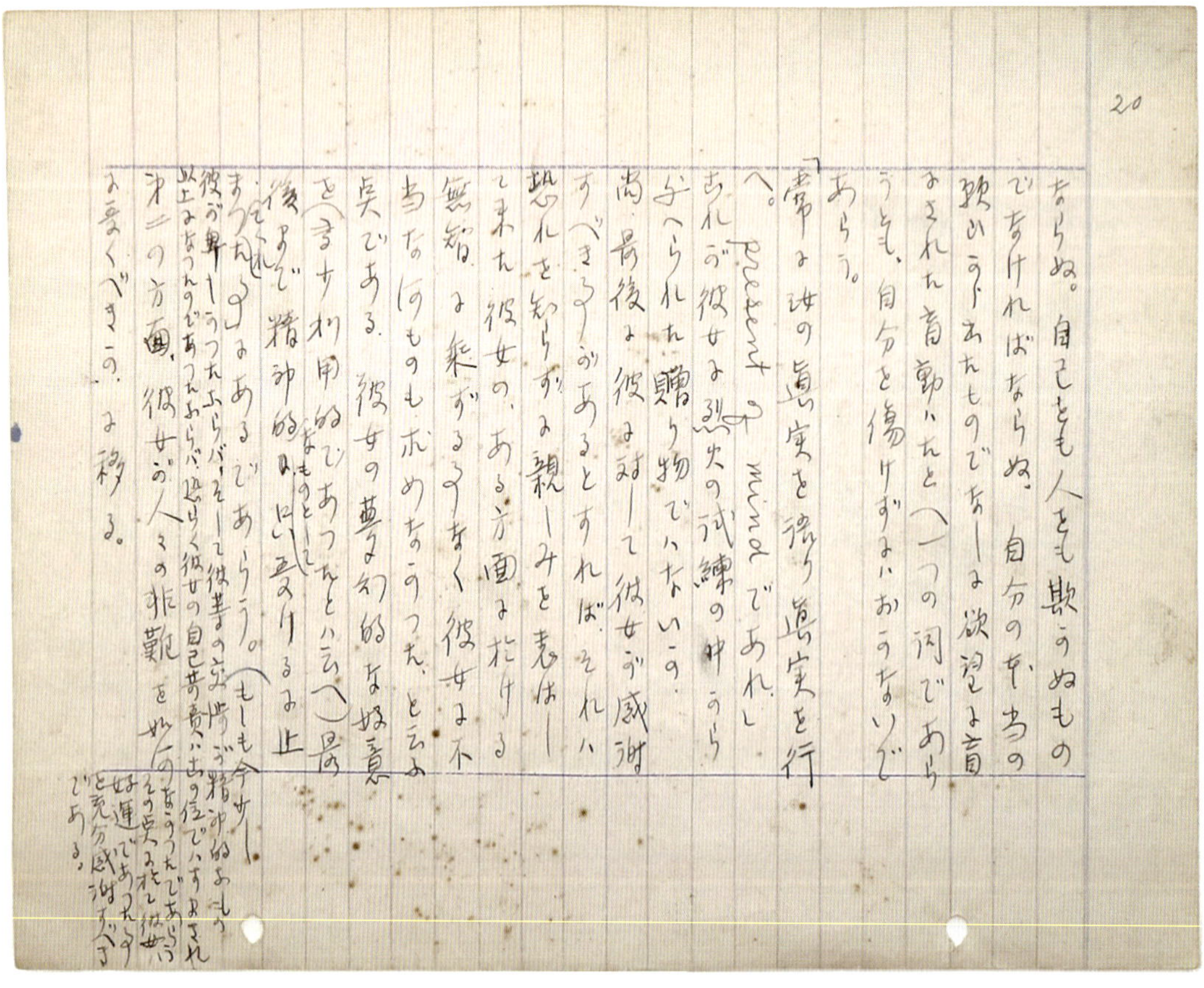
20

ならぬ。自己をも人をも欺かぬもの
でなければならぬ。自分の本当の
願ひから出たものでなしに欲望に盲
にされた盲動はたとへ一つの罪であら
うとも、自分を傷けずにはおかないで
あらう。
「常に世の真実を語り真実を行
へ。Be pure in mind であれ」と
あれが彼女に恐ろしい火の試練の中から
与へられた贈り物ではないか。
尚、最後に彼に対して彼女が感謝
すべきものがあるとすれば、それは
恐れを知らずに親しみを表はし
てくれた彼女の、ある方面に於ける
無智に乗ずることなく彼女に不
当なものも求めなかつた、と云ふ
点である。彼女の夢幻的な好意
を（言はゞ利用的であつたとは云へ）最
後まで精神的なものとして受けるに止
まつたことにあるであらう。（もしも今少し
彼が卑しかつたならば、そして彼等の交際が精神的よりも
以上になつたのであつたならば恐らく彼女の自己苛責は此の位ではすまされ
なかつたであらう。それを思へば彼女は
好運であつたと充分感謝すべき
である。）
第二の方面、彼女が人々の非難を如何に
受くべきかに移る。

「自省録（宮澤トシ）」34（C-26）頁カラー画像（本文 54 頁参照）

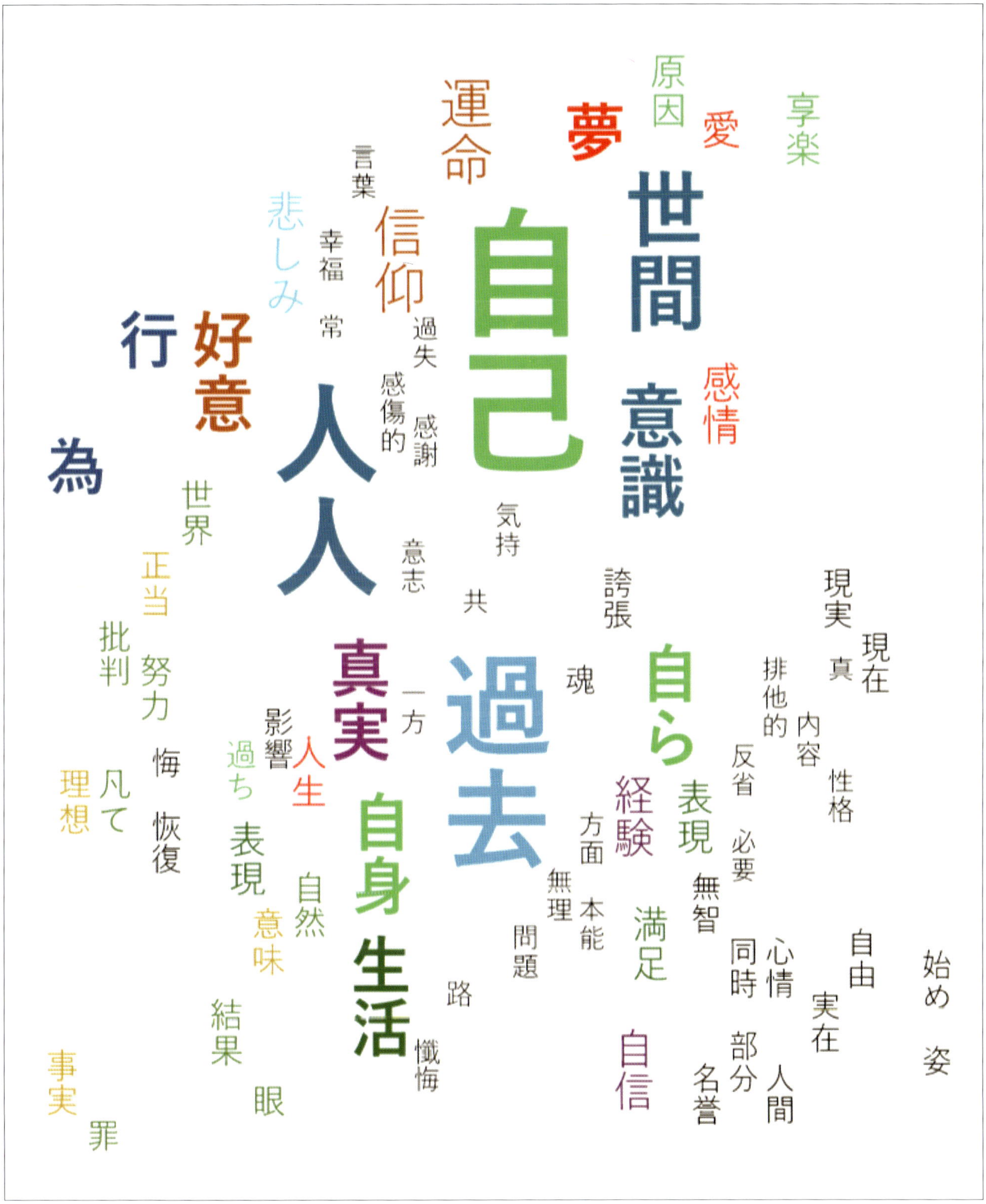

第ⅲ章 第一部　吉田等明〚「自省録（宮澤トシ）」の自然言語処理〛、
「図 1.　自省録のワードクラウド・名詞」（本文 161 頁参照）

第 iii 章 第一部　吉田等明〚「自省録（宮澤トシ）」の自然言語処理〛、
「図 1.　自省録のワードクラウド・形容詞」（本文 162 頁参照）

宮澤賢治妹トシ　百年の贈り物

「自省録（宮澤トシ）」

資料提供　林風舎

◎編集・監修　望月善次（岩手大学名誉教授）

◎編集協力　大野眞男（岩手大学名誉教授）

吉田等明（岩手大学名誉教授）

「自省録（宮澤トシ）」宮澤賢治妹 百年の贈り物

〈目次〉

花巻市から望む早池峰山

第Ⅲ章　「自省録（宮澤トシ）」の自然言語処理

第Ⅳ章　私の「自省録（宮澤トシ）」：いろいろな方々による「自省録（宮澤トシ）」

はじめに

望月 善次

この本は、今回出会うことのできた「百年の奇跡」について紹介し、その実物をできるだけ多くの人に読んで貰いたいと思って作ったものです。

この「はじめに」にでは、以下、内容の大体について書いて行く積りですが、そんなことがわずらわしい人は飛ばして貰ってどこから読んでもらっても結構です。

さて、先ず、「奇跡」の内容から説明しましょう。

『英英OXFORD』にならうならば、これには二つの系統があると考えて良いでしょう。

an act or event that dose not follow the laws of nature and is believed to be caused by God.

自然的法則には従わない行為や出来事で、神によって引き起こされると信じられているもの。

(informal) a lucky thing that happens that you did not expect or think was possible.

（非公式なものではあるが）一般的には、予想もしなかった、または可能だとは思われないような幸運なもの。

つまり、元々は「神によって起こされた超自然的現象」の意味から、一般的な意味としての「非常に珍しい幸運なこと」という意味が発生したとしてよいでしょう。

この例にならえば、この本で用いている「奇跡」は、間違いなく後者のものだと言えるでしょう。

つまり、本書で紹介する「自省録（宮澤トシ）」の百年ぶりの甦りは、「奇跡」と呼んでも差し支えのないもので、一昨年がトシの没後百年に当たっていた点からすれば、「トシ百年の贈物」としか呼びようのないものだというのが私の率直な思いです。

トシの纏めた所謂「自省録（宮澤トシ）」が、没後百年の現在に、書かれた当時そのままの姿で私達の前に現れたという事実は「物凄い」ことで、私の貧しい言語力では、実は、表現すべき適切な言葉を探せないほどだともいえるでしょう。

改めて、今日まで守り、伝えてくださり、花巻市への譲渡についても格別の御配慮をくださった御遺族の方々と、その譲渡のためにお骨折りくださった上田東一花巻市長をはじめとする花巻市の方々【市川清志部長、賢治まちづくり課（鈴森早織課長、高橋伸治係長＝当時）】、宮沢賢治記念館【小原美智子館長、清水達哉前館長、宮澤明裕上席主査・学芸員】に感謝を捧げたいと思います。

今回は、諸種の事情から私の編著の形で本書を発刊する訳ですが、功や労はあくまでも上に述べた方々にあり、私は、言ってみれば「触媒」のようなものであることを強調しておきたい。なお、以下、関わって下さった方々との関係にも触れながら説明を加えて行きたいと思います。

具体的な章構成意図は次に示すようなものです。
全体は五章構成です。

先ず、章の名前のみを記すことにしましょう。

はじめに
第Ⅰ章　基本資料編
第Ⅱ章　どんなところから「自省録（宮澤トシ）」に関わりを持ったらよいでしょうか。
第一部「自省録（宮澤トシ）」を読むための十の扉
第二部「自省録（宮澤トシ）」におけるトシの格闘五種
第三部「自省録（宮澤トシ）」は、なぜあんなに読みにくいか
〜「苦闘」としか呼びようのない格闘が読む者の心を打つのです〜
第Ⅲ章「自省録（宮澤トシ）」の自然言語処理
第Ⅳ章　私の「自省録（宮澤トシ）」：いろいろな方々による「自省録（宮澤トシ）」
第Ⅴ章「自省録（宮澤トシ）」英訳
あとがき

では、各章について、少し詳しい説明を加えることにしましょう。

第Ⅰ章　基本資料編

第一部「自省録（宮澤トシ）」写真版と文字翻刻

何と言っても最初に、花巻市からの格別な御厚意によって使用が許された「自省録（宮澤トシ）」の写真版とその忠実な翻刻を示したいと思います。なお、「自省録（宮澤トシ）」については、トシの末の妹クニの長男の宮澤淳郎氏によって紹介・命名され、【宮沢淳《ママ》郎『伯父は賢治』（八重岳書房、一九八九）】、それをそのままの形で受けた山根知子先生（ノートルダム清心女子大学教授）によって多くの人に知られることになりました。【山根知子『宮沢賢治　妹トシの拓いた道〜『銀河鉄道の夜』へむかって〜（朝文社、二〇〇三）】。山根先生が当時宮澤淳郎のものを訂正せずにそのままの形で公表したのは、種々の事情があったことでしょうが、宮澤淳郎氏やその一家に対する敬愛の念からのものではなかったかというのが私の解釈です。なお、山根先生は、近年、より丁寧に整理・翻刻したもの【山根知子『賢治の前を歩んだ妹　宮沢トシの勇進』（春風社、二〇二三）】を示しています。その翻刻・整理の観点などは明示されていませんが、これが現在のところ最も整ったものだと言ってよいでしょう。

本書においても、この宮沢淳郎（一九八九）、山根知子（二〇〇三＆二〇二三）の三種を用いているのですが、何故、それらを用いたかは、それぞれの場所で示したいと思います。

「実物」を目にすることの出来る幸運は大きなものですし、そこから与えられる力にも大変なものがあります。もちろん、「実物」を絶対視することには危うい点もあります。例えば、『源氏物語』についても、現在その「実物」は残っていないのですが、それだからと言って『源氏物語』の価値を否定する人はほとんどいないでしょう。この「実物」を尊重する姿勢は、「作者の意図」に向かうことにも通じる訳ですが、近代批評を切り開いた「Intentional Fallacy（作品解釈において、作家の意図を絶対とする誤り）」を挙げるまでもなく、「作家の意図」探索の有効範囲を吟味することは常に求められるところでしょう。

こうしたことを踏まえても、「実物」の魅力、「力」はなくならないということが私の確信です。どうぞ、「自省録（宮澤トシ）」原文を心行くまで味わってください。

第二部　「自省録（宮澤トシ）」現代文風表記（一部ルビ・語釈・「注」付き）
～（中）高校生も考えながら～【望月 善次】

こうした節を設けることについては賛否が分かれると思います。

一般の方々や高校生や大学生（できれば中学生にも）読んで貰いたいというところから設けたものです。（特に、文章を読むことに関心が強い方のみでなく、多くの「普通」の方々にも読んで貰いたいと思っています。実は、私としては、余り得手とも言えない「デス・マス体」を本書の基調にすることにしたのも、こうした思いによっています。）

もちろん、狭義の研究者的立場に立たれる方を排除するという訳ではありません。そうした方は、山根先生の最新の力作を基本書籍として、本書の「第Ⅰ章 第一部」を用いてくだされればと思います。

繰り返すことになりますが、本書の意図は、私が多く関わって来た、狭義の「研究」とは異なったところにあります。つまり、「自省録（宮澤トシ）」をより多くの方々に読んで貰いたいという願いに基づいています。

以下に示す原則は、こうした願いを基にしています。

①（厳密ではありませんが、一応）現代的表記を基準とする。

②「自省録（宮澤トシ）」は、「現代の評論」として読むことに堪えうる内容と文体を備えています。トシが書き上げた時期が一九二〇（大正九）年でしたから、当然、原文は、文語表記に従っている訳ですが、このままですと、現代の若い世代には「古典的文章」として読まれてしまう危険があります。「現代の評論」として読んでもらいたいという観点から、現代表記としました。先にも記しましたが。当然、論議のあるところでしょう。

③漢字も旧字体から置き換えられるものは現行字体としました。

④仮名遣いも現代表記を基準としました。

⑤中・高校生には問題となりそうな漢字にはルビを付けました。

⑥段落は、「原文」にはないのですが、原則として、宮沢《ママ》淳郎（一九八九）を踏襲し、一部は、私の判断も加えました。

通読するのに差し支えが生ずるかも知れない語句には、邪魔にならない程度の簡単な【語釈】を添えました。また、読者によっては、解釈が分かれそうな部分、問題になりそうな部分に、私の解釈にすぎない部分も含め、少し多めの「注」を添えました。狭義の「学問的精密さ」を求めるというより、研究者ではない一般の方が読むための一つのヒントになればということを基準にしています。

なお、総合的に、このような形にしたことについては、多くの文化に通じ、多数の言語を操り、賢治研究でも知られている敬愛するロジャー・パルバース（Roger Pulvers、1944～）氏の影響を受けています、同氏の『英語で読む啄木　自己の幻想』（河出書房新社、二〇一五）の草稿への意見を求められた際に、異文化を取り入れるには「とにかく自身の中で熟成させてから」という氏の態度から示唆を得たことをつけ加えておきたいと思います。

第三部　「自省録（宮澤トシ）」現代語訳【望月 善次】

この項目についても、基本的には「第Ⅰ章 第一部」に示した考えに基づいていることを繰り返しておきたいと思います。

なお、この「基本資料編」を三部で構成することについては、古文書の扱いについても知見のある菅野文夫岩手大学名誉教授（日本史）から、懇切な指導を受けました。その御厚意を感謝します。

第Ⅱ章　「自省録（宮澤トシ）」をどんなところから読むか

「自省録（宮澤トシ）」については、様々な観点から考察されることが望ましいと思います。今回は、私の考察二編と本書の「編集協力人」でもある大野眞男教授の一編とを示したいと思います。大野氏にお願いしたのは、私としては不案内の日本語学に関する知見を得たいという思いがあることを記しておきたいと思います。

第一部「自省録（宮澤トシ）」を読むための十の扉【望月 善次】

「どんなところから「自省録（宮澤トシ）」に関わりを持ったらよいでしょうか。」に迫るために、今回は「十の扉」を設けました。あの「注文の多い料理店」の「扉」のように、扉を開く度に新しい世界が活動するという風には行かないと思いますが、「自省録（宮澤トシ）」を読むためのきっかけにしてもらえるなら、ありがたいことです。

第二部「自省録（宮澤トシ）」におけるトシの格闘五種【望月 善次】
～「苦闘」としか呼びようのない格闘が読む者の心を打つのです～

トシが置かれた状況は、とても困難な状況であったことは、本書の中で見てもらう通りです。この切ないほどの闘いの中には、原理的には、無理なところを突破しようという面も含まれています。それだからこそ、読む者の心を打つのではないかということ、副題に示した通りです。

第三部「自省録は、なぜあんなに読みにくいか」【大野 眞男】

大野氏についてちょっとした説明を加えましょう。

少し前の大学で多く見受けられた「国語・国文学科」というのは、国文学研究と国語学研究（現在は「日本語学研究」と呼ぶ場合が多いのですが）が一体となった学科です（私が大野氏と一緒に勤めていた岩手大学教育学部でも、これにならって「国語科」と呼んでいました。）。卒業論文における選択を学生の希望のままにすると、多くの大学では、国文学が八～九割、国語学が一～二割となるようなことが多かったと言えるでしょうか。地道に研究しなければならない国語学は、学生達から敬遠される傾向があったのです。こうした状況にもかかわらず、大野研究室に所属したいという学生は、何時も相当数おりました。先生のお人柄がどうしたものであるかがうかがわれる思います。また、その研究の中身については、本書を見てもらえれば余計な説明は要らないと思います。

第Ⅲ章　「自省録（宮澤トシ）」の自然言語処理
～吉田等明提案に対する大野眞男・望月善次のコメントの形で～

改めて言うまでもなく、近年のＩＴ関係の発達には目覚ましいものがあります。この分野は、旧来の文系的環境の中で育って来た私などのほとんど手の出ない部分です。しかも、その影響は、ＩＴの専門分野に広く、迅速に及ぼうとしていることは皆さんも良く御承知のところでしょう。人工知能が人的知能と融合する時点である「技術的特異点」を示す「シンギュラリティ Singulality」などの言葉を聞いたこともある方もいるでしょう。割合良く知られているChat GTPの例を挙げるまでもなく、その影響がどこまで、どのような形で及ぶのかについては、非専門の私などの及び難い部分だとしか言いようがありません。しかし、こうした現象から目を逸らすことは誰にでも許されないことでしょうことも事実です。

そうしたことへの第一歩として、ＩＴを専門とし、仏教にも造詣の深い吉田等明先生からの協力が得られたことは幸運なことでした。（実は、私が仏教について多少は真剣に学ぼうということになったのは、吉田先生の私的な仏教講義と賢治の卒業研究室（岩手大学農学部農芸化学講座）の教授で、初期仏教にも知見のある小野伴忠岩手大学名誉教授との毎週の定期的「懇談」にあります。（そうした意味では、吉田・小野の両先生は私の仏教学習の「師匠」でもあるのです。）

吉田先生は、本書にＩＴ関連のものを加えたいという意図を酌んでくださり、協議を経て、「それでは、ごく初歩的な「自然言語処理」の場合を示しますから、それについて、大野・望月の二人が自由に（勝手に）コメントを付けるという形はどうでしょうか。」ということにしてくださいました。大野氏のものはさておき、私のものは「感想文」レベルのものであることをお許し願えたらと思います。

第一部　「自省録（宮澤トシ）」の自然言語処理　【吉田 等明】
第二部　「自省録（宮澤トシ）」は、何と名付けるべきか
　〜吉田等明論から考えさせられるもの〜　【望月 善次】
第三部　「自省録（宮澤トシ）」の日本語学的考察　【大野 眞男】

第Ⅳ章　私の「自省録（宮澤トシ）」：いろいろな方々による「自省録（宮澤トシ）」

一人でも多くの方々に読んで貰いたいというのは、本書に通底する私の考えです。

その具体的な形の一端を示そうとしたのが本章です。

ですから、章はいくつかの節に分けてはいますが、それは、一応の区分けに過ぎませんから、どなたのものからでも、自由に読んでいただき、「それぞれの「自省録（宮澤トシ）」」のためのきっかけにしてくだされぱと思います。文体についても特別な注文をつけずに自由に書いていただきました。

各々の方の略歴については、簡単な履歴をお願いしてありますから、それを見てもらいたいと思います。私としてはどのような経緯から寄稿をお願いしたか、どうしてその方々をご覧いただくような形に分けさせてもらったかということを記すことにしたいと思います。

でも、一般的に言えば、公刊する本の出来栄えは、その出来上がった結果によって評価されるべきもので、その舞台裏の事情などどちらでも良いものです。本書では、敢えてそうしたところにも少し踏み込んだ語り口にしています。そうしたことは、趣味に合わないと言う方は、どうぞご遠慮なく飛ばして読んでください。

第一部　「奇跡」への道が、花巻から始まったことは幸運なことでした
〜出発点としての「宮澤トシ没後一〇〇年記念」花巻五行事から〜

先ず、花巻市で、トシ没後一〇〇年記念行事に力を貸してくださった方々です。

二〇二二年は、トシ没後一〇〇年だったのですが、トシに関する関係の行事は、「宮沢賢治イーハトーブ学会」でも、（賢治まちづくり課を含めた）花巻市でも、「岩手大学人文社会科学部宮沢賢治いわて学センター」でも計画がないことを知り驚きました。

「そりゃあないよ。」という思いから（1）、花巻市の諸委員会や賢治研究、菊池《きくち》捍《まもる》邸保存活動、ＮＰＯ石川啄木・宮澤賢治を研究し広める会などで行動を共にして来た建築家の木村清且氏に相談をしました（建築家である木村さんの今回の原稿によって、「自省録（宮澤トシ）」が書かれる上では大きな役割を果たした「西鉛温泉」の当時の状況も、多くの方に知られることになるでしょう）。その結果、「岩手大学教育学部公開講座　石川啄木・宮澤賢治の世界」などで「いわてめんこいテレビ」からの御縁のある落合昭彦氏（えふえむ花巻）及び「日本ペンクラブ」会員でもある北山公路氏（Office 風屋）の協力が得られることになり、私を責任者、北山氏を事務局長とする「宮澤トシ没後一〇〇年記念行事実行委員会」を結成することが出来ました。この

委員会を母体として、「宮澤トシ没後一〇〇年記念行事実行委員会」では、花巻市における五つの企画が可能となりました。登壇者としては、実行委員会メンバー以外からも似内一弘氏（花巻市議会議員／第二回）、菊池豊氏（富士大学准教授／第四回）のお二人にもお願いが出来ました。また、第五回の会場もお願いした「茶寮かだん」の寮主一ノ倉俊哉氏には、第五回のことを含めて色々な御配慮をいただいたことも記しておきたいと思います。委員会には、朗読で著名な石原黎子氏（元岩手県公立高校教諭、劇団「現代時報」）、音楽教育で知られる太田代政男氏（元花巻市立花巻小学校長）、宮沢賢治記念館の副館長であり、岩手県芸術祭文芸評論之部を共に担って来た牛崎敏哉氏、花巻市小学校教諭の柳原千明、松澤春香両氏の参加を得、太田代氏からは、本書の寄稿も得ています。

（私の思いとしては、他の仕事を抱えていて依頼するのが難しかった柳原・松澤両氏はさておき、五回の企画にいずれも心に染み透る朗読を聞かせてもらった石原氏の原稿をもらえなかったことはいかにも残念でした。せめてお名前を挙げて感謝の思いを伝えたいと思います。）

また、この企画に伴って、花巻市・花巻市教育委員会（佐藤勝教育長）・岩手県教育委員会の後援も得られることになり、その後、岩手大学人文社会科学部宮沢賢治いわて学センター［横田英信センター長（同学部長）、木村直弘副センター長、小島聡子准教授など］でも関連する企画を立てていただきました[2]。

この「花巻五行事」が、トシの母校岩手県立花巻高等女学校の後身である岩手県立花巻南高校から始めることができたのも、幸運なことでした。（近年の厳しい「個人情報」規制の中で、様々な工夫をしてくださりお教えをいただきました。）現校長の横坂貴校長先生を初めとする歴代の校長先生（菅原一成先生、山田浩和先生、）直接の窓口になってくださいました高橋妙子先生、本書に関わってお手数をおかけした菊池久恵先生に感謝を申し上げます。（関係する校内誌の転載も許していただきました上に当事者の学生の皆さんからの許諾についても御高配をいただきました。）

この会に後援をしてくださった花巻市から上田東一市長が、激務を縫って駆けつけてくださいましたことも大きなことでした。上田市長のいつもながらの、現代の多くの我が国の政治家らしからぬ（失礼！）内容があり、心のこもったご挨拶をいただいた上に、私どもの一連の小さな動きを取り上げてくださり、市の幹部の方々にも諮った上で、「花巻市による「自省録（宮澤トシ）」の購入」に動いてくださったことは先にも記した通りです。

第二部　全国大学国語教育学会という場
〜ラウンドテーブル「自省録（宮澤トシ）」の世界〜

私は、三つの専門分野【石川啄木研究、宮澤賢治研究、国語科教育学研究】を有する研究者です。また、この三分野を統合するために「ベール（veil）・洗練（sophisticate）の法則」と言う自身の考えた「法則」によろうとしている研究者です。そして、その実態は、自身が種々の知見を発見するというより、その知見が向うからやって来る（天から降ってくる）思いの強い研究者です。つまり、自身が創造するというより、ある知見や法則が自身に降りて来て通り過ぎて行く「触媒的研究者」だと自覚しています[3]。それぞれの関連学会において「学会活動」も行い、役員などもさせて貰い、多少は学会毎に異なる内部事情などについても学ばせてもらいました。その具体は、末尾の「略歴」を見てもらえたらと思いますが、その中で、最も多くの発表を行ってきたのは、「全国大学国語教育学会」という学会です。

「自省録（宮澤トシ）」に関しても、この学会で二回の「ラウンドテーブル」(4)をコーディネートしました。（本書が発刊される頃は、第三回の準備に追われてもいる頃だと思います。）今回の寄稿をお願いできた方々の多くも、このラウンドテーブルに関わってくださった方々です。

宮川健郎、大澤千恵子、甲斐利恵子、岩田文昭、長谷川瑠麗、齊藤千尋の各氏は登壇者もしくはコメンターとして参加してくださった方、大内善一、小久保美子両氏は、参加者として会場でもコメントをいただいた方です。なお、ラウンドテーブル以前から、トシの恋愛対象であった鈴木竹松花巻高等女学校教諭（後に、千葉大学教授を経て千葉敬愛短期大学教授）に関する情報を初めとして、様々なご指導をいただいただいた寺井正憲先生（千葉大学教授）、千葉大会における学生参加に御支援いただいた甲斐雄一郎先生（文教大学教授）、森田真吾先生（千葉大学教授）、大島丈志先生（文教大学教授）にも感謝申し上げます。

登壇者の方々に一言コメントめいたものを加えさせていただきます。

宮川健郎先生と最初に御縁をいただいたのは、当時の御勤務先が同じ東北地区の宮城教育大学であったことに由来します。「センスのいい方だなあ。」「信頼に足る人だなあ。」というのが最初の印象でした。勤務先が変わり、お立場が変わってもその思いが破れたことは一度もありません。

大澤千恵子先生。ファンタジー論をはじめとした賢治論考に注目していました。御専門の哲学・宗教領域は日本では専門家の少ない領域です。【日本人が「宗教」について考えることが不得手なことについては第Ⅰ章二節「ルビ・語釈・「注」付き現代風「自省録（宮澤トシ）」を「注3」に記しています。参照して下さい】。「神道は宗教ではない。」の明治政府の強弁と戦後のマッカーサー占領政策の（日本という国家の骨抜きの一環である）「神道全面否定」の二つが二大元凶というのは私の年来の主張です。加えて大澤先生は、私としては知ることの少ないジェンダー論への知見をお持ちです。この先生に教わらない手はありませんよね。

甲斐利恵子先生（軽井沢風越学園）。私の知る範囲での実践家として唯一の存在です。でも、その評価を投げうって、新しく出発した軽井沢風越に身を投じ「零から出発し直そうとした」ところが凄いのです。長いお付き合いですが、「甲斐利恵子畏るべし！」を再認識致しました。【枠組みとしては、「教室の窓から」にさせていただきました。】

岩田文昭先生。大澤千恵子先生のご紹介で御縁に恵まれました。その御著書『近代仏教と青年～近角常観とその時代』（岩波書店、二〇一四）などを拝読。重厚、真摯な内容に驚嘆。比べてみることは恐れ多いですが、比べてみると「自分の研究なんて鼻くそみたいなものだなあ。」の思いが涌いたのは、決して謙遜などからではありません。

長谷川瑠麗先生、齊藤千尋のお二人の先生は、いずれも当時は、大学院生。お二人共、今は新しい職場や本籍の職場に赴いて活躍中。「「自省録（宮澤トシ）」を若い方々にどう読んでもらうか。」に新しい知見を与えて下さればと思っています。

大内善一先生（茨城大学名誉教授）は、全国大学国語教育学会における「研究の同志」。今は、故人となってしまった菅原稔先生（岡山大学名誉教授）との三人で「生涯、学会発表一〇〇回」を誓い合った仲。その思いを不十分ながらも、今も抱き続けていると自分では思っています。

小久保美子先生（新潟大学前副学長）。同じ研究室の仲間。戦後の教育政策が御専門ですが、激動期の国立大学で何度も修羅場を潜り抜けて来られたから並みの肝の据わり方ではありません（落第管理職の私などとは大違い！）。「宗教」を語りあうことは、人間の心底を見せ合うことでもありますから、それが出来る方など滅多におりません。そのお一人でもあることは最も重要なことだと思っております。

周非、黒瀬貴広、深田愛乃の三人の方々も、全国大学国語教育学会に関わる方ですが、ラウンドテーブルに登壇者としてお願いした方々ではありません。

周非、黒瀬貴広の両先生は、「〈第三項〉論」を掲げて我が国における文芸理論の可能性を拡大されている田中実先生（都留文科大学名誉教授）グループの方と言った方が適切でしょうか。私も田中実論は、学ぶべき理論の一つだと思い少しずつ学んでいるのですが、田中先生が中国で講演された際に、通訳を担当された周非先生の映像を拝見してその理解力に驚嘆しました。黒瀬先生は、その田中理論を深く理解し、それを学校現場へも適応させている方だと拝見しています。（なお、田中論については、以前からお教えを受けており、その会にも呼ばれたことなどもあったり、須貝千里（山梨大学名誉教授）先生からの懇切なお教えを何度も受けたり、その関連するシリーズに原稿を書かせていただいたこともあったのですが、学び直そうというところまでは達しておりませんでした、田中実先生の論を学び直そうとした契機は、以前から親交のあった難波博孝先生（広島大学教授）が、田中論を本格的に研究され、関係されている日文研の大会にも講演者として呼んでくださったからです。学び直したことがきっかけとなって、田中先生から直接お教えを受ける機会にも恵まれ、自身の論との違いはあれ、その論の重要さを再認識致しました。【なお、周非先生は、「外国から」に、黒瀬先生は「教室の窓から」のところに入れさせていただきました。】

深田愛乃氏は、全国大学国語教育学会の場でお会いし、宮澤賢治研究とも関わっての御縁です。真摯で着実な考察、しかも宗教面への理解もある方だと拝見しました。「後世畏ルベシ」を感じている一人です。

第三部　「教室」という窓から：「教室」という「学び合う」から生まれるもの

～小・中・高等学校・大学の「現場」における格闘～

「日本の学校、日本の教師は、日本が世界に誇ることができる〈日本の宝〉である。」というのは年来の主張です。（口先はともかく、これを大切にして来なかったのが、残念ながら近年の日本の歴史であることも紛れもない事実です。）

それはともかくとして、「自省録（宮澤トシ）」をどう次の世代の方々に読んでもらうかのテーマも学校との関係を除いては考えられないことです。

先生方から、また、生徒・学生の皆さんからの文章を得られたことはありがたく、幸運なことでした。

第三部第一節　教える立場から

～小・中・高校の先生達からの声を聞きましょう。

繰り返しますが、日本の教師集団は、日本が世界に誇り得る宝だというのが、年来の主張です。分かり易い例を挙げれば、「ほとんどの先生方が定年まで真面目に勤めてくれる。」国が世界のどこにあるでしょうか。しかし、日本国家も国民もこのことに甘えて、政治家などの口先での「教育は大切だ。」の発言はあるものの、このかけがえのない宝を守って来なかったのです。それが、最近の教職員採用状況等に反映していると思うのですが、本書のテーマから外れそうですね。

小・中・高校の先生達からの声をお聞きしましょう。

＊（小学校）黒瀬貴広（前掲）

＊（中学校）甲斐利恵子（前掲）

＊（高等学校）転載させていただいた花巻南高校（前掲）の座談会（菊

池久恵先生司会）からは、「自省録（宮澤トシ）」に関わる二つの事実を確認できると思います。一つは、トシの「恋愛事件」そのものは、花巻南高校の中でも或る程度知られていたということです。花巻南高校演劇部の新しい歴史を開いたという「I am a little girl」は、教師と生徒との恋愛問題を取り上げていて、明らかに「トシの恋愛事件」踏まえてをいると言えるでしょう。もう一つは、それでも、その内容を検討してみると、当時は、花巻南高校においてさえ、「自省録（宮澤トシ）」は読まれていなかったことが、（「I am a little girl」の作成に大きく関わった当時の演劇部顧問の先生にも確認しましたが）推定できるということです。もし、「自省録（宮澤トシ）」を読んでいたら「I am a little girl」は、どんな展開を見せたのでしょうか。

第三部 第二節　学ぶ側から
〜「自省録（宮澤トシ）」を、中・高・大学生や若い人たちが手軽に読むにはどうしたらよいでしょうか。

「自省録（宮澤トシ）」をどうしたら若い方々に読んでもらえるかは、「自省録（宮澤トシ）」の今後にとって最も根本的な問題ですが、まだ始まったばかりです。

実際の中学生や高校生のみなさんが、「自省録（宮澤トシ）」をどうお読みになるかは、これからの問題でしょう。

転載させていただいた、岩手県立花巻南高等学校の皆さんのものからは、「自省録（宮澤トシ）」は、そのままでは、一般の高校生（や大学生）には難しく、多くの方々に読んでもらうためには色々な工夫が必要ではないかということを感じたことを記しておきたいと思います。

こうした中で、上に記した長谷川瑠璃さん（千葉大学大学院）と斎藤千尋さん（東京学芸大学大学院）が原稿を寄せてくださったのはありがたいことでした。

更に、岩手大学教育学部附属中学校（溝口昭彦校長先生）の中村正成先生の御配慮のもと同中学校三年生の宇佐美綾子さん、同校卒業生の小野光璃さん［岩手県立第三高校（木村基校長先生）、］のお二人からの原稿が得られたのは「幸運」としか言いようのないことでした。お二人と直接的に御配慮くださった星和子副校長先生と中村正成先生を初めとする国語科の先生方に感謝したいと思います。

第四部　日本以外の立場から

「自省録（宮澤トシ）」は、日本という国家の枠を越えて読まれるべきものだいうことも確信するところです。

今回は、その手始めとして、P・A・ジョージ（Pullattu Abraham GEORGE）博士と周 非先生とにお願いをすることに致しました。

第五部「自省録（宮澤トシ）」とは何であり、どう読むか

言うまでもなく、このテーマは、全ての人にとってのテーマであり、本書自体がこのテーマへの探求の一冊なのですが、今回は敬愛するお二人から学ぶことに致しました。

山根知子先生（ノートルダム清心女子大）

「自省録（宮澤トシ）」における山根先生の重要さについては繰り返すこともないほどでしょう。多くの、賢治研究者の方もそうではないかと思いますが、私も宮澤トシに関する知識の多くは、山根先生の御著者から、また、直接のお教えから受けています。

先生の御業績なしに、今日の宮澤トシ研究はないと思います。本書の中でも先生の御著書からの引用や先生の御業績に対するコメントが多くなっているのも当然のことでしょう。しかも、御近著【山根知子

『賢治の前を歩んだ妹　宮沢トシの勇進』（春風社、二〇一三）】からの「年譜」の転載までもお許しいただきました。

その先生から今回の寄稿を受けことができたのも幸運なことでした。

岩井光和氏（詩人）

最後に岩手の詩人岩井さんのことに触れましょう。岩井さんとは、長い間、岩手県芸術祭・文芸評論之部での御縁があり、「自省録（宮澤トシ）」についてもかなり以前から意見交換をして来ました。病院での公的なお仕事を定年で終えられた今は、詩を書くことと物事を考えると言う営みに集中されています。（羨ましいことです。私などもそれに近い生活に憧れているのですが、「世間」を断ち切れないでいるのです。）「自省録（宮澤トシ）」に話を戻しますと、これを多くの人に読んでもらうという点で志を同じくしています。実は、ルビ付き語釈文も、氏の試行からヒントを得ています。

ご覧いただくように多くの方々からの寄稿が得られたのですが、私の方からは「せめて、四〇〇字五枚程度でも……。」という形のお願いをしたのですが、多くの方がそれを越える力作を寄せて下さいました。これが「自省録（宮澤トシ）」の力というものではないか、とも感じましたことも付け加えておきたいと思います。

第五章　「自省録（宮澤トシ）」英訳【P・A・ジョージ】

自省録（宮澤トシ）」は日本のみでなく海外においても読まれる内容を有しているという確信があります。現代文化が、ここ数百年は、「欧米主導」であることを考えれば、英訳は必須のものとなるでしょう。インドの地で、長く賢治研究に関わって来た畏友のP・A・ジョージ（Pullattu Abraham GEORGE）ネルー大学教授のお力に頼りました。

また、語学が苦手な私に代って、本書の「編集協力人」でもある吉田等明岩手大学名誉教授にもP・A・ジョージ訳を見ていただきました。

P・A・ジョージ博士は、第十二回（二〇〇二）の「宮沢賢治賞・奨励賞」受賞など、インドの地で宮澤賢治研究を続けている研究者ですが、個人的には、博士が岩手大学客員研究員として滞在してくださった時からの御縁です。賢治研究の宗教的理解には必読の『宮澤賢治の深層～宗教からの照射～』（法蔵館、二〇一二、小松和彦共編）のプロジェクト企画者でもありましたし、最近の The Order of the Rising Sun,Gold Rays with Neck Ribbon（日本の「旭日中綬章」に相当）（二〇二四）の受章もある方です。

P・A・ジョージ博士にちなんで、個人的事情を加えれば、ジョージ博士に導かれた私の「インド体験」は計り知れないほど大きなものです。「世界は、欧米と中国だけではない。」ことに目覚めたのです。卑近な例を挙げれば、呑ん兵衛の家系の私が今では一滴のアルコールも口にしないのも、「公の席ではアルコールを口にしないインド文化」からの影響なのですが、インド文化からの影響がどれほどのものであったかの一端を想像してもらえるでしょうか。

「はじめに」の最後に、この章における心残りの点について記したいと思います。

御覧いただくように、今回寄稿してくださった方々は、「自省録（宮澤トシ）」に好意的な方であったという点です。つまり、「自省録（宮澤トシ）」に否定的な方の意見がないのです。

改めて述べるまでもなく、物事には、いずれの場合においてもプラス・マイナスの両面があります。この両面があってこそ、物事は厚みや深みを持てるのです。例えば、マイナスの発見によって数学の世界がどんなに発展したか、音楽の世界でも高音部や旋律部のみでなく、低音部の発見により、和音的世界が可能になり、そのことにより音楽の世界はどんなに豊かなものとなったかを考えてくだされればと思います。

「自省録（宮澤トシ）」もこの例外ではありません。「自省録（宮澤トシ）」をそれほどは評価しないという方もおられるでしょう。（実は、発見者・敷衍者の宮澤淳郎氏も、そのお一人でした。）しかし、このマイナスの提示がなされることによって、考察はより深いものとなり得るのです。【詳細は、本文に譲ることにしますが、「自省録（宮澤トシ）」にも、この原理に沿った部分も存在しています。】

実は、今回もそうした意見を持たれておられるであろう方々にも寄稿のお願いをしたのですが、私の力量不足もあり叶いませんでした。

今回寄稿をお願いした方々とは別に勝手にお名前を挙げさせていただけば、先ず、宮澤賢治研究において着実な蓄積を成されている方々【個人的にお教えをいただいている方々では（五十音順）、青木美保（福山大学教授）、大島丈史（文教大学教授）、栗原敦（実践女子大学名誉教授）、杉浦静（大妻女子大学名誉教授）、鈴木健司（文教大学教授）、浜垣誠司（医師、「宮澤賢治の詩の世界」主宰）】、などの方々の「自省録（宮澤トシ）」への評価をお聞きしたいと思っているのです。】

いずれにしても、今後の果たすべき課題であることを明示して他日を期することにしたいと思います。

（注）

（1）実は、こうした話をした時にいちはやく共感を示してくださいましたのは、短歌の講師として御縁のあったNHK文化センター盛岡教室の丹千枝子所長でした。

「盛岡教室」の講義として「懸命に生き切った若き女性の生涯～宮澤賢治の妹トシ（「自省録」）の世界～（全六回、二〇二一）」等を開講してくださいました。

（2）その具体的内容については、同センター発行による『賢治学＋』第4集（二〇二四・九）をご覧ください。

（3）統合法則の「ベール（veil）・洗練（sophisticate）の法則」は、多少の独自性はあるのではとも考えています。繰り返すことになりますが、それは、私が考えついたというより、たまたま私の上に下ったのだというのが現在の実感に近いのです。

多くのものが、「与えられている」という実感が強いのです。

「はじめに」の中でも、少しくどいのではと思われる方がおられてもやむを得ないかとの思いを抱きながら、教えを受け、お相手をしてくださった方々に触れているのもこの思いからです

なお、「ベール（vei.）・洗練（sophisticate）の法則」について関心のある方は、次のものなどを見てくだされればと思います。

望月善次「（研究ノート）「ベール（veil）・洗練（sophisticate）の法則」その後」、『国際啄木学会・盛岡支部会報』VOL.30、九〇～九三頁。

（4）二回のラウンドテーブルは、次のようなものでした。（なお、コーディネーターは、どちらも私が務めています。）

◎第一四二回全国大学国語教育学会 東京大会（オンライン学会、東京学芸大二〇二二・五・二九）「ラウンドテーブル」

◎「（宮澤賢治の妹、宮澤トシ没後一〇〇年記念）賢治作品に見るトシ

とトシ自身のトシ～「永訣の朝」［『春と修羅』］と「自省録（宮澤トシ）」を中心として～

登壇者＝大澤千恵子（東京学芸大学）、甲斐利恵子（軽井沢風越学園）、宮川健郎（一般財団法人 大阪国際児童文学振興財団理事長）／特別コメンター＝岩田文昭（大阪教育大学）

◎第一四三回大会全国大学国語教育学会千葉大会、二〇二二・十・十六）

ラウンドテーブル

（「宮澤賢治の妹、宮澤トシ没後一〇〇年記念　2」二〇二二・十・十六）

登壇者＝齊藤千尋（東京学芸大学教職大学院生）、長谷川瑠麗（千葉大学大学院生）、細野拓真（文教大学学校教育課程国語専修学生）、コメンテーター＝大澤千恵子（前掲）、宮川健郎（前掲）

※なお、「自省録（宮澤トシ）」に関する第三回目のラウンドテーブルを申し込んでおります。

◎第一四七回全国大学国語教育学会・越谷大会（二〇二四・十・二七）

ラウンドテーブル

「自省録（宮澤トシ）」をめぐって（3）～若い世代に読んでもらうためにはどうしたことが考えられるか～」

登壇者＝大野翔平（千葉県立木更津高校）、の岡山真子（都立世田谷総合高校）、佐藤宗太（日本女子大）、コメンテーター＝大澤千恵子（前掲）、宮川健郎（前掲）

　なお、第一四二回大会に先立ち、岩手県への転勤族の方々との交流会である「杜陵くらぶ」でも講演の機会を与えていただきました。（メトロポリタン盛岡ＮＥＷ　ＷＩＮＧ　二〇二二・五・二〇）

第I章　第一部　「自省録（宮澤トシ）」写真版と文字翻刻

凡例

一、（花巻市所有）「自省録（宮澤トシ）」の写真版と頁数について

（1）「自省録（宮澤トシ）」原本は、現在花巻市が所有しています。本書の「自省録（宮澤トシ）」写真版は、花巻市の格別な御厚意によって提供された写真版によっています。

（2）「自省録（宮澤トシ）」写真版は全部で58葉あります。内容は次の四タイプに分かれます。

①右上に1～11まで頁番号が記された一群（Aグループ）
②右上に1～頁記載のない二枚（Bグループ）
③右上に1～42まで頁番号が記された一群（Cグループ）
④Aグループ及びCグループの最後に空白頁が三頁

（3）なお、「自省録（宮澤トシ）」の右上に記載の手書きページ数については、宮澤トシ本人が記載したものと思われますが、後年に誰かにより書き入れられた可能性もあります。

（4）したがって、本書では、「自省録（宮澤トシ）」写真版の右上頁記載の頁番号とは別に「通し頁番号」を付けました。例えば（2）の①の（Aグループ）については、通し頁番号の後ろに括弧付きで（A-1）、（A-2）…、②の（Bグループ）は（B-1）、（B-2）、③の（Cグループ）は（C-1）、（C-2）…と入れました。また、（4）の空白頁については、A群の後のものはA群の連番の続きとし、C群の後のものはC群の続きの通し番号として扱いました。

なお、この写真版の通し頁番号は、本書の第I章第二部【ルビ・語釈・「注」付き現代文風「自省録（宮澤トシ）」】における、写真版の当該頁との対照頁表示にも使用しています。

二、「自省録（宮澤トシ）」写真版対照翻刻文字について

①原則、原文記載通りの文字にしました。漢字等、送り仮名もそのままに復元しました。なお、翻刻文字については一般読者の便宜を考え、ルビ（現代仮名遣い）を付けました。（漢字のくずし字は正体字に、明らかな誤字は圏点を付して正字とし、明らかに脱字と考えられる表記ついては脱字を括弧を括弧をつけて補っています。

②変体仮名（例：八＝は、可＝か　爾＝に、など）はひらがなに改めました。濁点「バ」の場合は微妙な点を残します。「バネ」の片仮名表記に引かれて大きな「ハ」になったのではないかと思われます。

③撥音のひらがなの「っ」については、「っ」と小さい文字の表記と「並字の「つ」が混在し、判然としないケースが多々あります。本書では、この「撥音」の「っ」については、すべて並字の「つ」に統一しました。

④判然としない句読点、ピリオドなど混在は、常識の範囲で、すべて句読点に改めました。また、文末で明らかに省略したと思われる句読点は、これを補いました。

※なお、凡例に沿った本書の具体的表示について疑問等のある場合は頁上部の写真版でご確認ください。

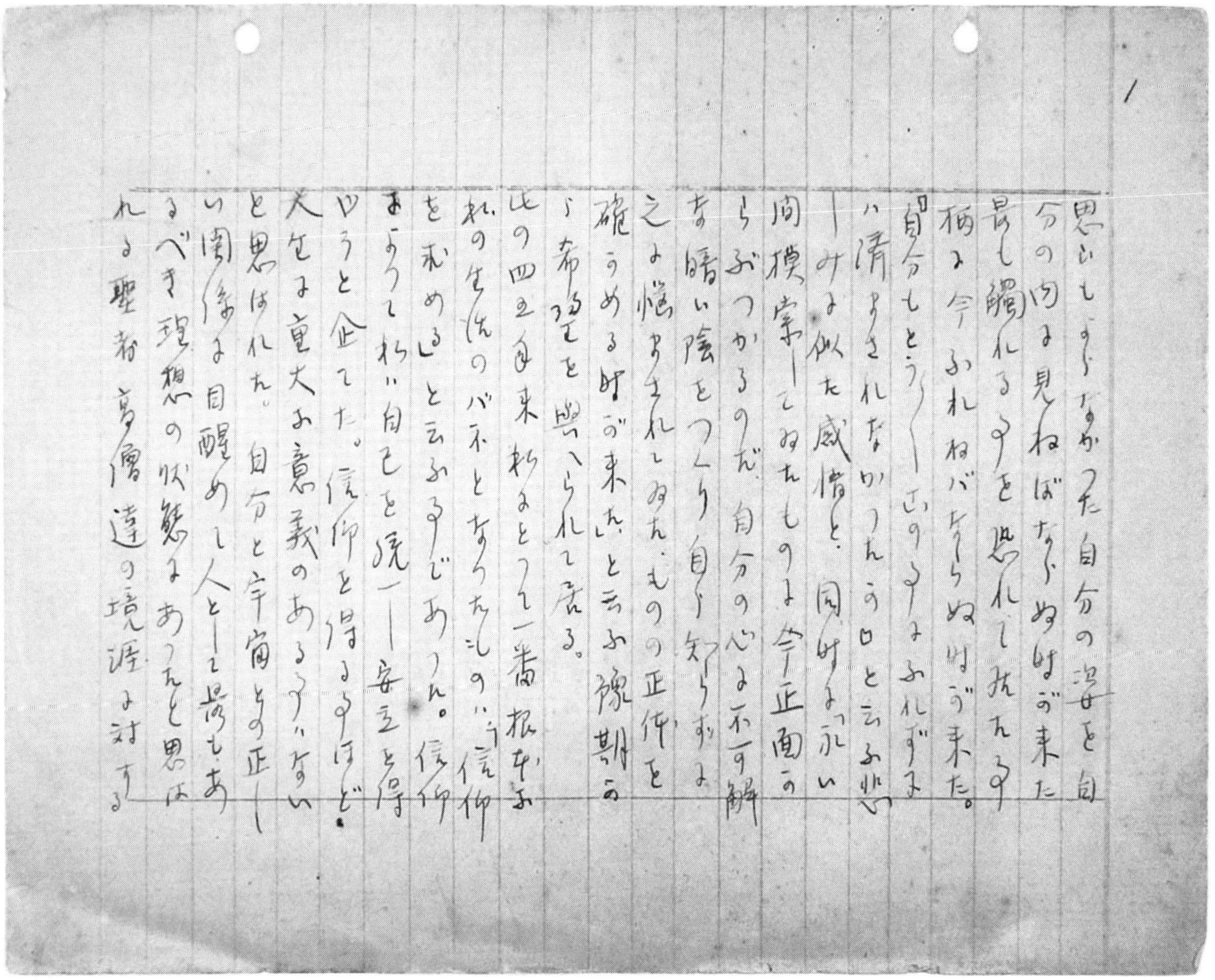

思ひもよらなかつた自分の姿を自
分の内に見ねばならぬ時が来た
最も触れる事を恐れて居《い》た事《こと》
柄《がら》に今ふれねばならぬ時が来た。
『自分もとう〳〵この事にふれずに
は済まされなかつたか』と云《い》ふ悲
しみに似た感惰と、同時に「永い
間摸索《もさく》してゐたものに今《いま》正面か
らぶつかるのだ、自分の心に不可解
な暗い陰をつくり自ら知らずに
之《これ》に悩まされてゐたものの正体を
確かめる時が来た」と云ふ予期《よき》か
ら希望を与へられて居る。
此の四五年来私にとつて一番根本な
私の生活のバネとなつたものは、「信仰
を求める」と云ふ事であつた。信仰
によつて私は自己を統一し安立《あんりゅう》を得
やうと企《くわだ》てた。信仰を得る事ほど
人生に重大な意義のある事はない
と思はれた。自分と宇宙との正し
い関係に目《め》醒《ざ》めて人として最もあ
るべき理想の状態にあつたと思は
れる聖者高僧《せいじゃこうそう》達の境涯《きょうがい》に対する

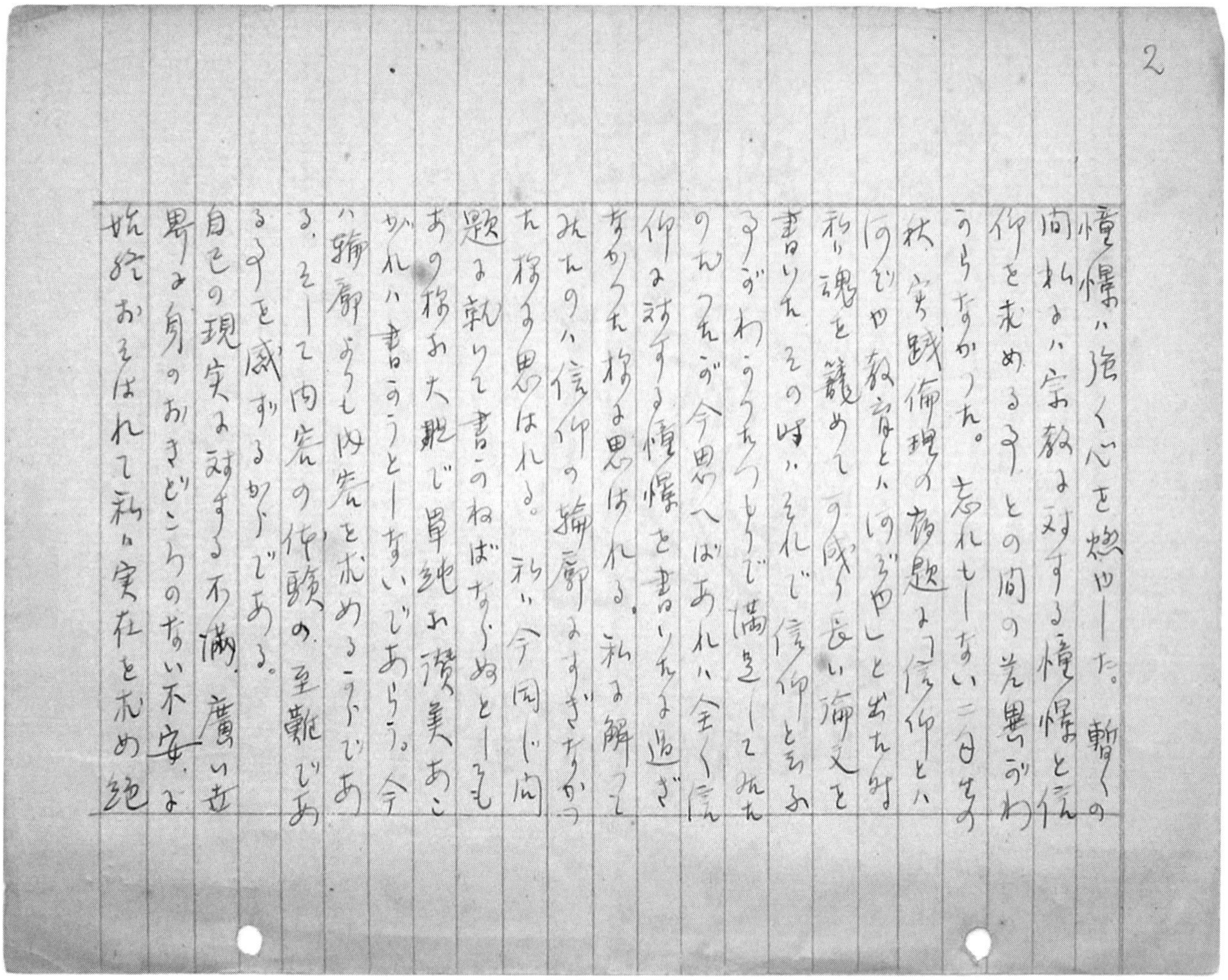

憧憬《しょうけい》《ママ》は強く心を燃やした。暫《しばら》くの
間《あいだ》私には宗教に対する憧憬と信
仰を求める事との間の差異《さい》がわ
からなかつた。忘れもしない二年生の
秋、実践倫理《じっせんりんり》の宿題に「信仰とは
何ぞや教育とは何ぞや」と出た時
私は魂を籠めて可成《かな》り長い論文を
書いた。その時はそれで信仰と云ふ
事がわかつたつもりで満足して居た
のだつたが今《いま》思へばあれは全く信
仰に対する憧憬を書いたに過ぎ
なかつた様に思はれる。私に解《わか》つて
居《い》たのは信仰の輪廓にすぎなかつ
た様に思はれる。私は今同じ問
題に就《つ》いて書かねばならぬとしても
あの様な大胆《だいたん》で単純な讃美《さんび》あこ
がれは書かうとしないであらう。今
は輪廓《りんかく》よりも内容を求めるからであ
る。そして内容の体験の至難《しなん》であ
る事を感ずるからである。
自己の現実に対する不満、広い世
界に身のおきどころのない不安、に
始終《しじゅう》おそはれて私は実在を求め絶

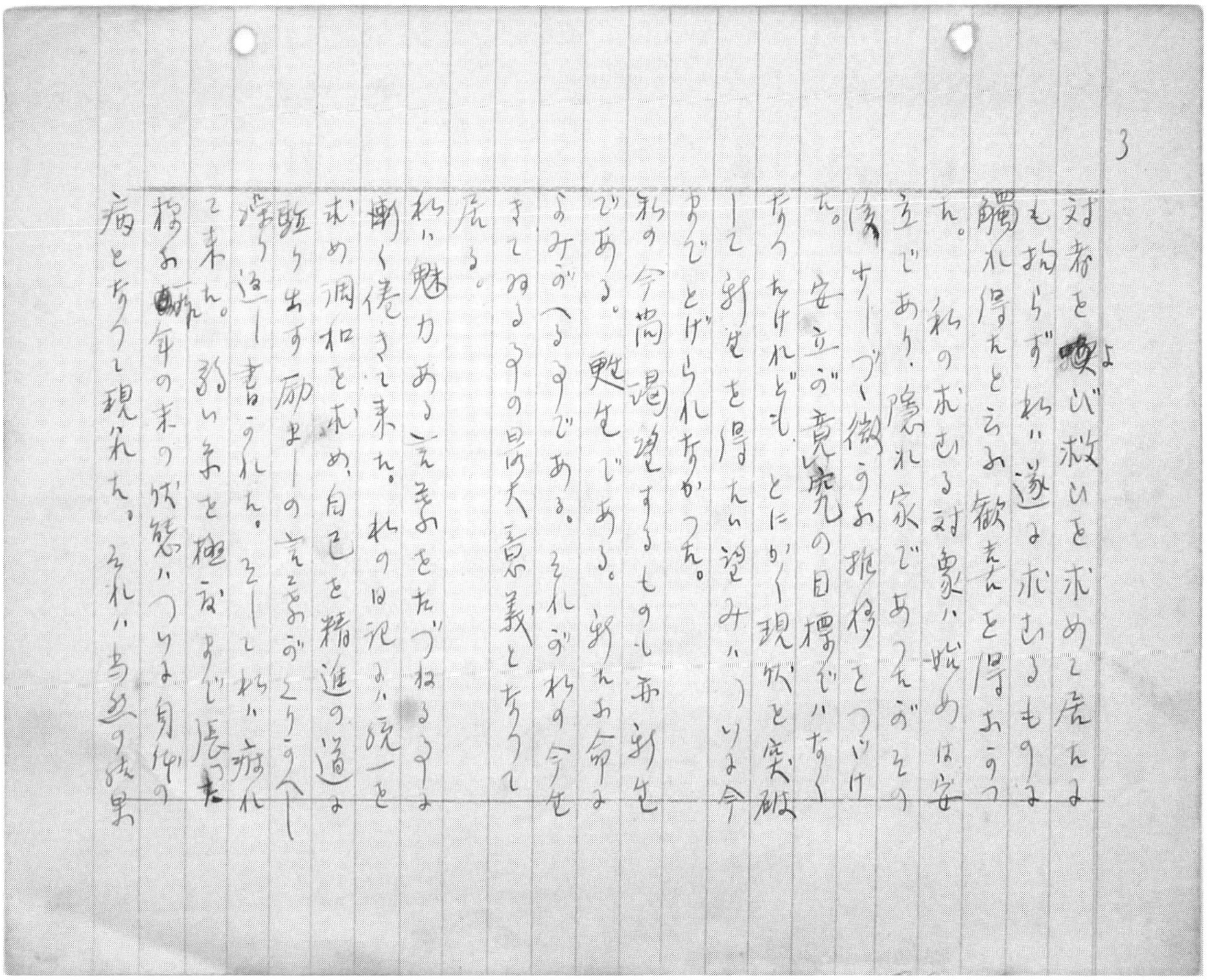

対者をよび救ひを求めて居たにも拘《かかわ》らず私は遂《つい》に求むるものに触れ得たと云ふ歓喜《かんき》を得なかつた。私の求むる対象は始めは安立であり、隠れ家であつたがその後少しゞ、微《かす》かな推移をつゞけた。安立が竟《きょう》レ究《くっ》の日標ではなくなつたけれども、とにかく現状を突破して新生《しんせい》を得たい望みはついに今までとげられなかつた。

私の今尚《いまなお》渇望《かつぼう》するものも亦新生である。甦生《そせい》である。新たな命によみがへる事である。それが私の今生きてゐる事の最大意義となつて居る。

私は魅力ある言葉をたづねる事に漸《ようや》く倦《あ》きて来た。私の日記には統一を求め調和を求め、自己を精進《しょうじん》の道に駈《か》り出す励ましの言葉がくりかへし繰り返し書かれた。そして私は疲れて来た。弱い糸を極度まで張つた様な一昨年の末の状態はついに、身体の病となつて現はれた。それは当然の結果

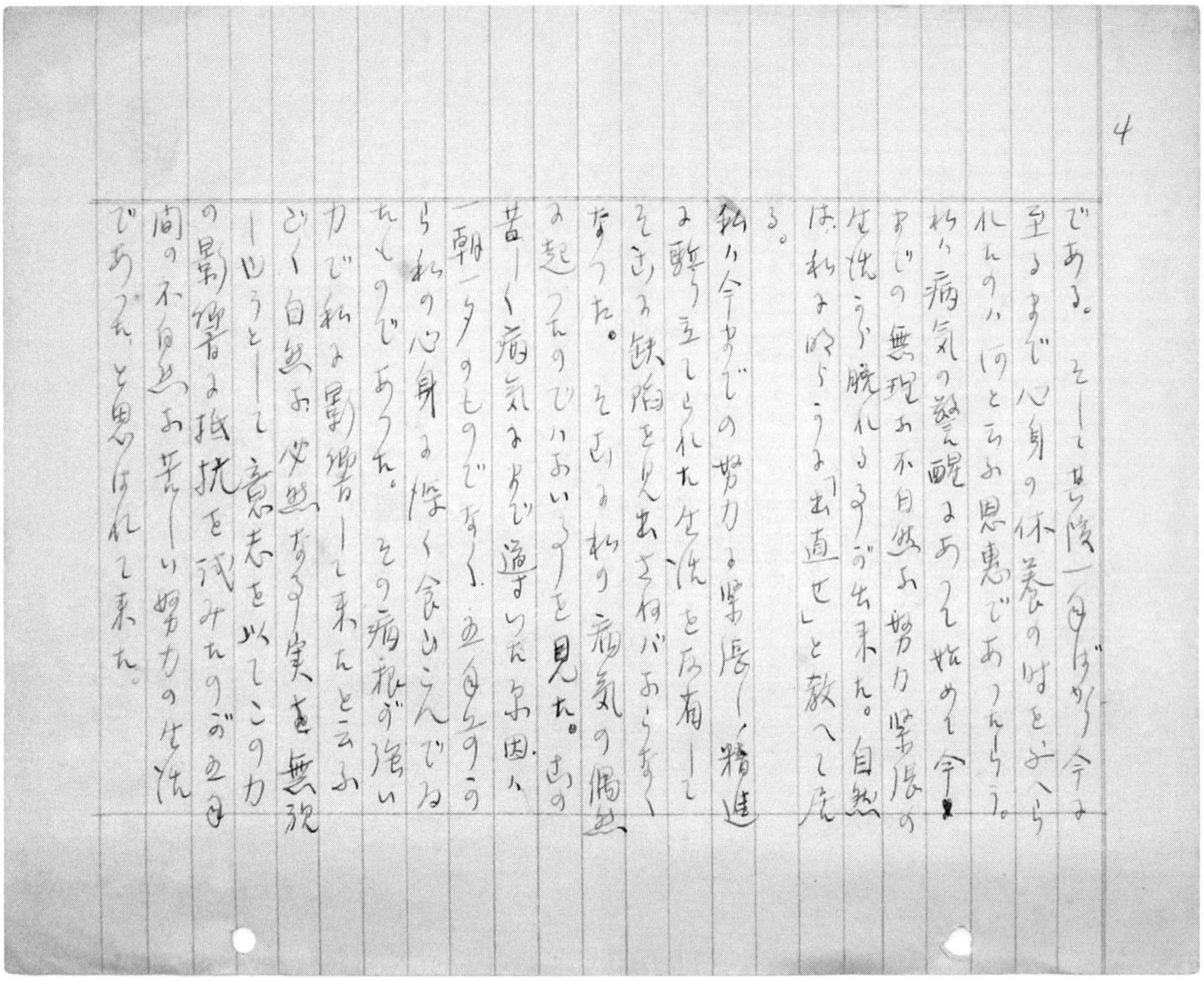

である。そして其後《そのご》一年ばかり今に至るまで心身の休養の時を与へられたのは何と云ふ恩恵であつたらう。私は病気の警醒《けいせい》にあつて始めて今までの無理な不自然な努力緊張の生活から脱《のが》れる事が出来た。自然は、私に明らかに「出直せ」と教へて居る。

私は今までの努力に緊張し、精進に駈り立てられた生活を反省してそこに欠陥《けっかん》を見出《みいだ》さねばならなくなつた。そこに私の病気の偶然に起つたのではない事を見た。この苦しく病気にまで導いた原因は一朝一夕のものでなく、五年前から私の心身に深く食ひこんでゐたものであつた。その病根《びょうこん》が強い力で私に影響して来たと云ふごく自然な必然な事実を無視しやうとして意志を以てこの力の影響に抵抗を試みたのが五年間の不自然な苦しい努力の生活であつた、と思はれて来た。

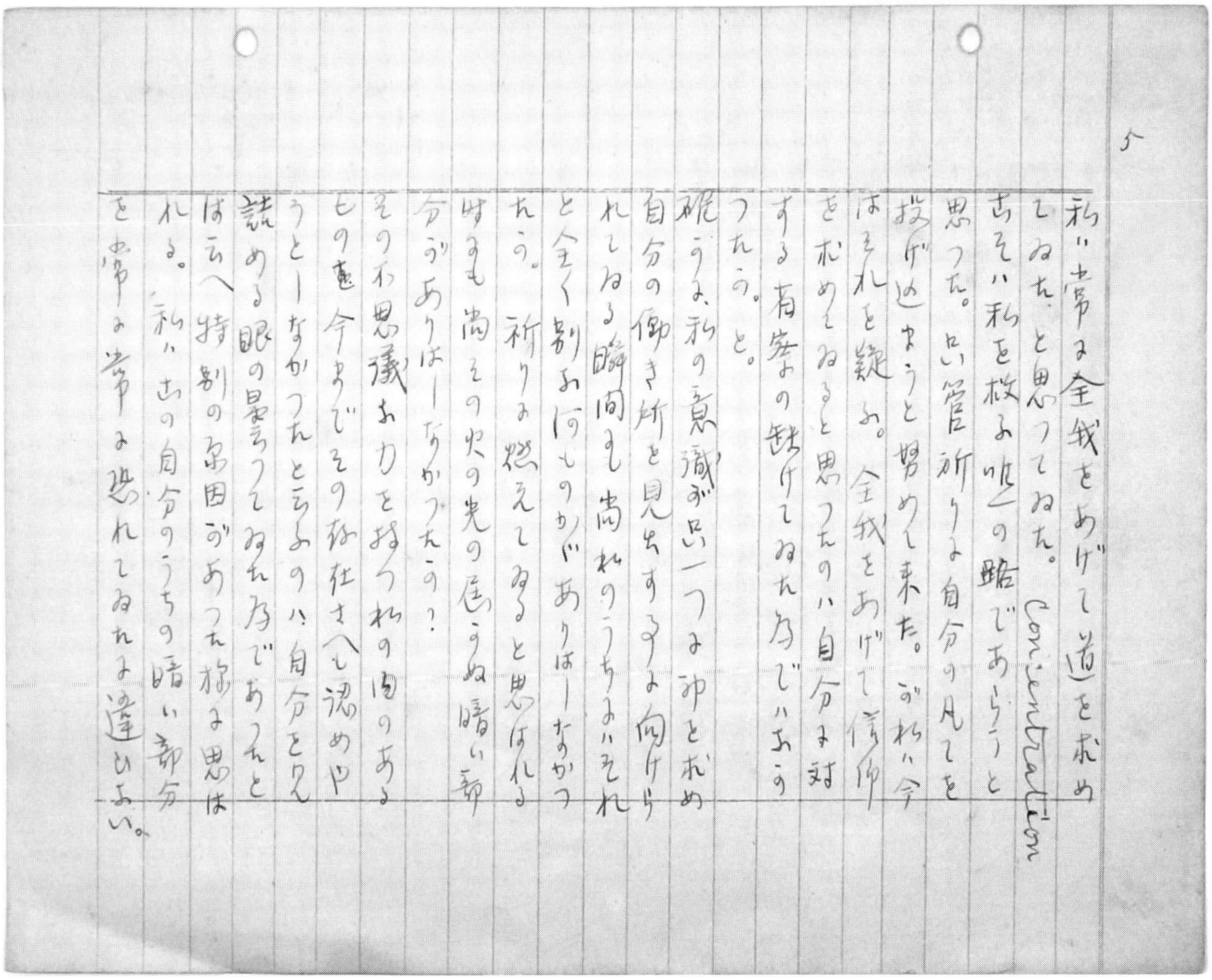

私は常に全我《ぜんが》をあげて道を求めてゐた、と思つてゐた。Concentrationこそは私を救ふ唯一の路であらうと思つた。只管《ひたすら》祈りに自分の凡《すべ》てを投げ込まうと努めて来た。が私は今はそれを疑ふ。全我をあげて信仰を求めてゐると思つたのは自分に対する省察《せいさつ》の缺《か》けてゐた為ではなかつたか。と。

確かに、私の意識が只一つに神を求め自分の働き所を見出《みいだ》す事に向けられてゐる瞬間にも尚《なお》私のうちにはそれと全く別な何ものかゞありはしなかつたか。祈りに燃えてゐると思はれる時にも尚その火の光の届かぬ暗い部分がありはしなかつたか？

その不思議な力を持つ私の内のあるものを今までその存在さへも認めやうとしなかつたと云ふのは、自分を見詰める眼の曇《くも》つてゐた為であつたとは云へ特別の原因があつた様に思はれる。私はこの自分のうちの暗い部分を常に常に恐れてゐたに違ひない。

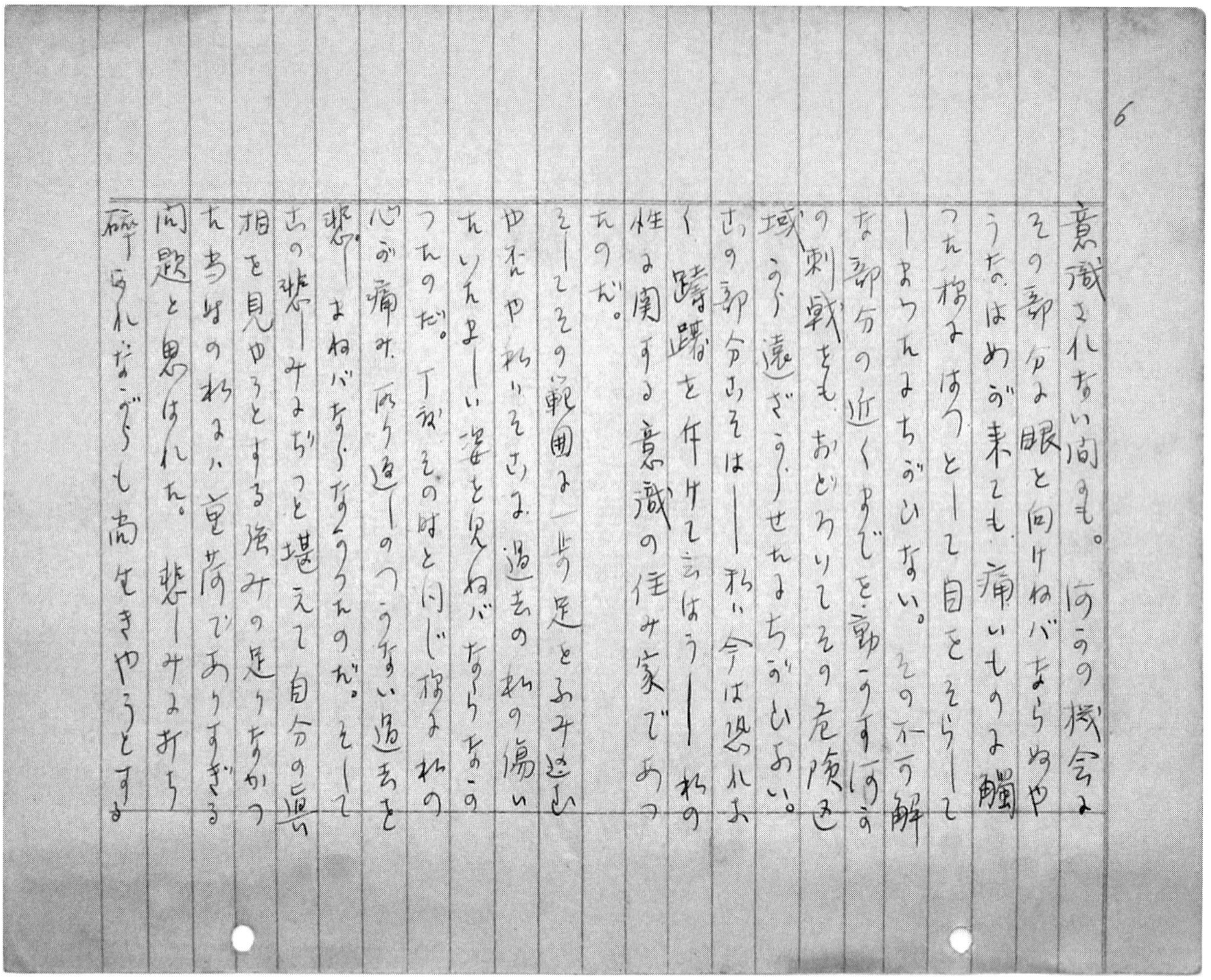

意識されない間にも。何かの機会にその部分に眼を向けねばならぬやうなはめが来ても、痛いものに觸《さわ》つた様にはつとして目をそらしてしまつたにちがひない。その不可解な部分の近くまでを動かす何かの刺戟《しげき》をも、おどろいてその危険区域から遠ざからせたにちがひない。この部分こそは――私は今は恐れなく躊躇《ちゅうちょ》を斥《しりぞ》けて云《い》はう――私の性に関する意識の住《す》み家《か》であつたのだ。

そしてその範囲に一歩足をふみ込むや否や私はそこに、過去の私の傷《きずつ（ママ）》いたいたましい姿を見ねばならなかつたのだ。丁度《ちょうど》その時と同じ様に私の心が痛み、取り返しのつかない過去を悲しまねばならなかつたのだ。そしてこの悲しみにぢつと堪えて自分の眞《しん》相《そう》を見やうとする強みの足りなかつた当時の私には重荷《おもに》でありすぎる問題と思はれた。悲しみに打ち砕《くだ》かれながらも尚《なお》生きやうとする

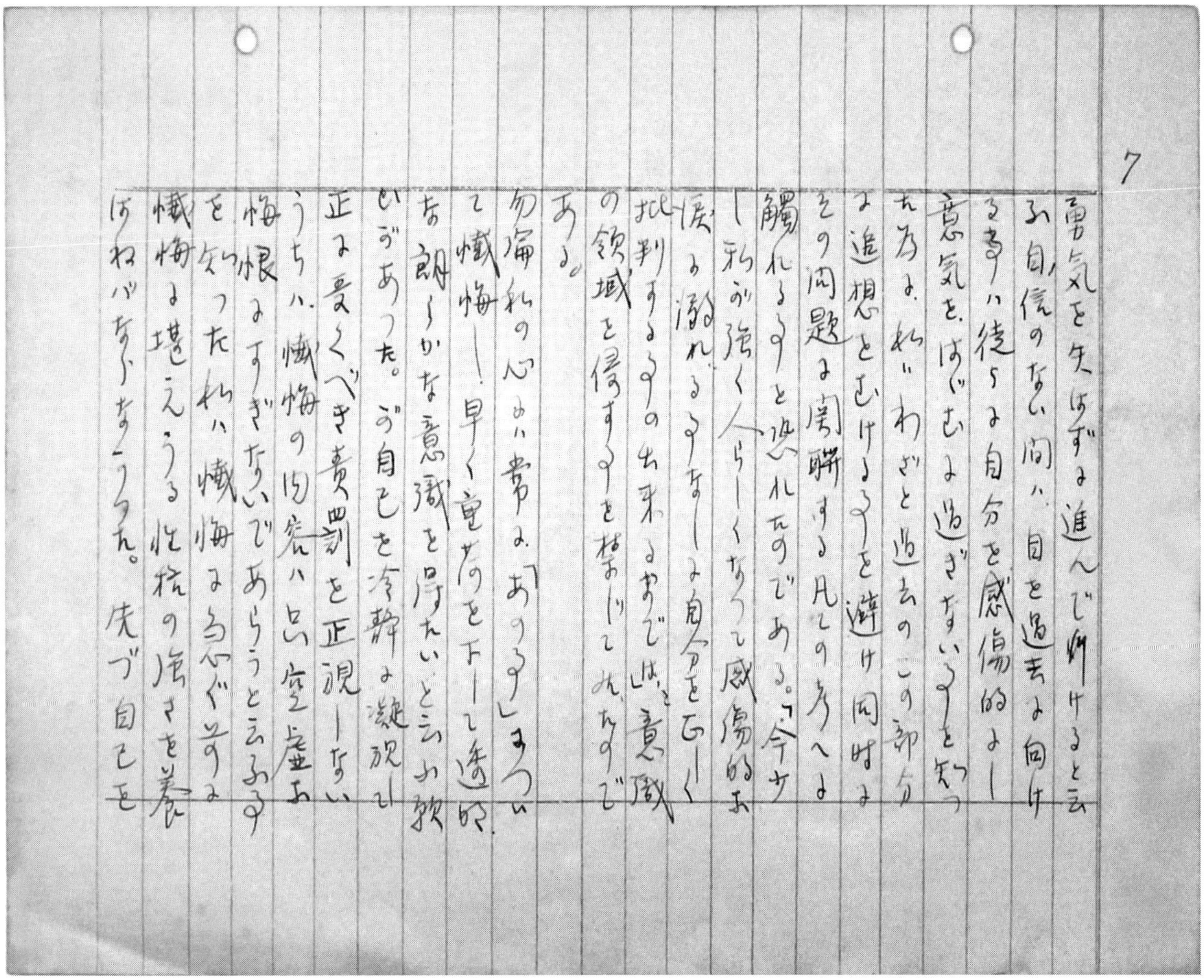

勇気を失はずに進んで行けると云ふ自信のない間は、目を過去に向ける事は徒らに自分を感傷《かんしょう》的にし意気をはばむに過ぎない事を知つた為《ため》に、私はわざと過去のこの部分に追想《ついそう》をむける事を避《さ》け同時にその問題に関聯《かんれん》する凡ての考へに触《ふ》れる事を恐れたのである。「今少し私が強く人らしくなつて感傷的な涙に溺《おぼれ》れる事なしに自分を正しく批判する事の出来るまでは」、と意識の領域を侵《おか》す事を禁じて居たのである。

勿論《もちろん》私の心には常に、「あの事」について懺悔《ざんげ》し、早く重荷を下して透明な朗《ほが》らかな意識を得たいと云ふ願ひがあつた。が自己を冷静に凝視《ぎょうし》して正《まさ》に受くべき責罰《せきばつ》を正視《せいし》しないうちは、懺悔の内容は只《ただ》空虚《くうきょ》な悔恨《かいこん》にすぎないであらうと云ふ事を知つた私は懺悔に急ぐ前に懺悔に堪《た》えうる性格の強さを養はねばならなかつた。先《ま》づ自己を

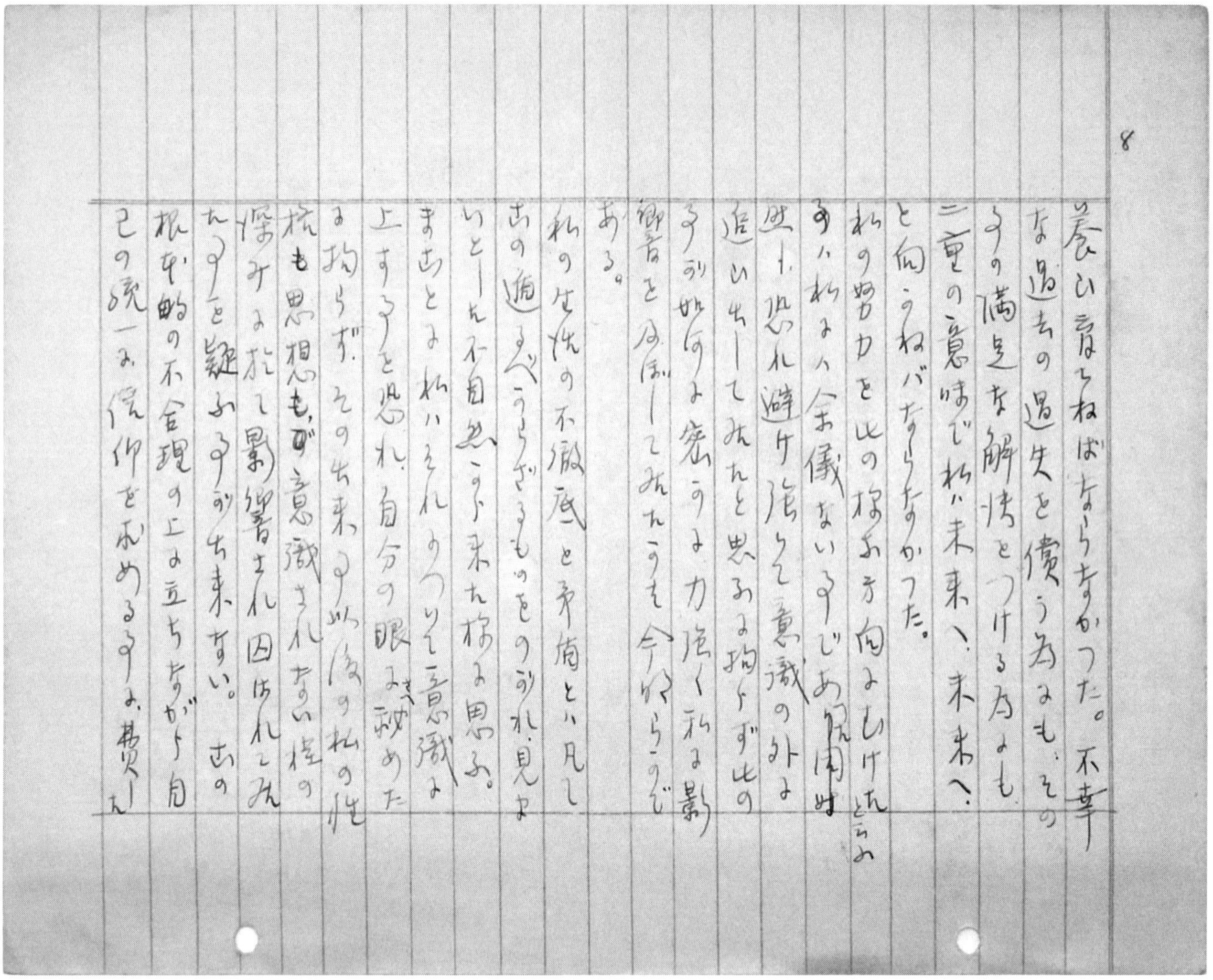

養ひ育てねばならなかつた。不幸な過去の過失を償《つぐな》う為《ため》にも、その事の満足な解決をつける為にも二重の意味で私は未来へ、未来へ、と向かねばならなかつた。
私の努力を此《こ》の様《よう》な方向にむけたと云ふのは私には余《よ》儀《ぎ》ない事であつた。然《しか》し、恐れ避《さ》け強いて意識の外に追ひ出して居たと思ふに拘らず此《こ》の事が如何に密《ひそ》かに力強く私に影響を及ぼして居たかは今明らかである。
私の生活の不《ふ》徹底《てってい》と矛盾《むじゅん》とは凡《すべ》てこの遁《のが》るべからざるものをのがれ、見まいとした不自然から来た様に思ふ。まことに私はそれについて意識に上《のぼ》す事を恐れ、自分の眼にさへ秘めたに拘らず、その出来事以後の私の性格も思想も、意識されない程の深みに於て影響され囚《とら》はれて居た事を疑ふ事が出来ない。この根本的の不合理の上に立ちながら自己の統一に、信仰を求める事に、費《ついや》した

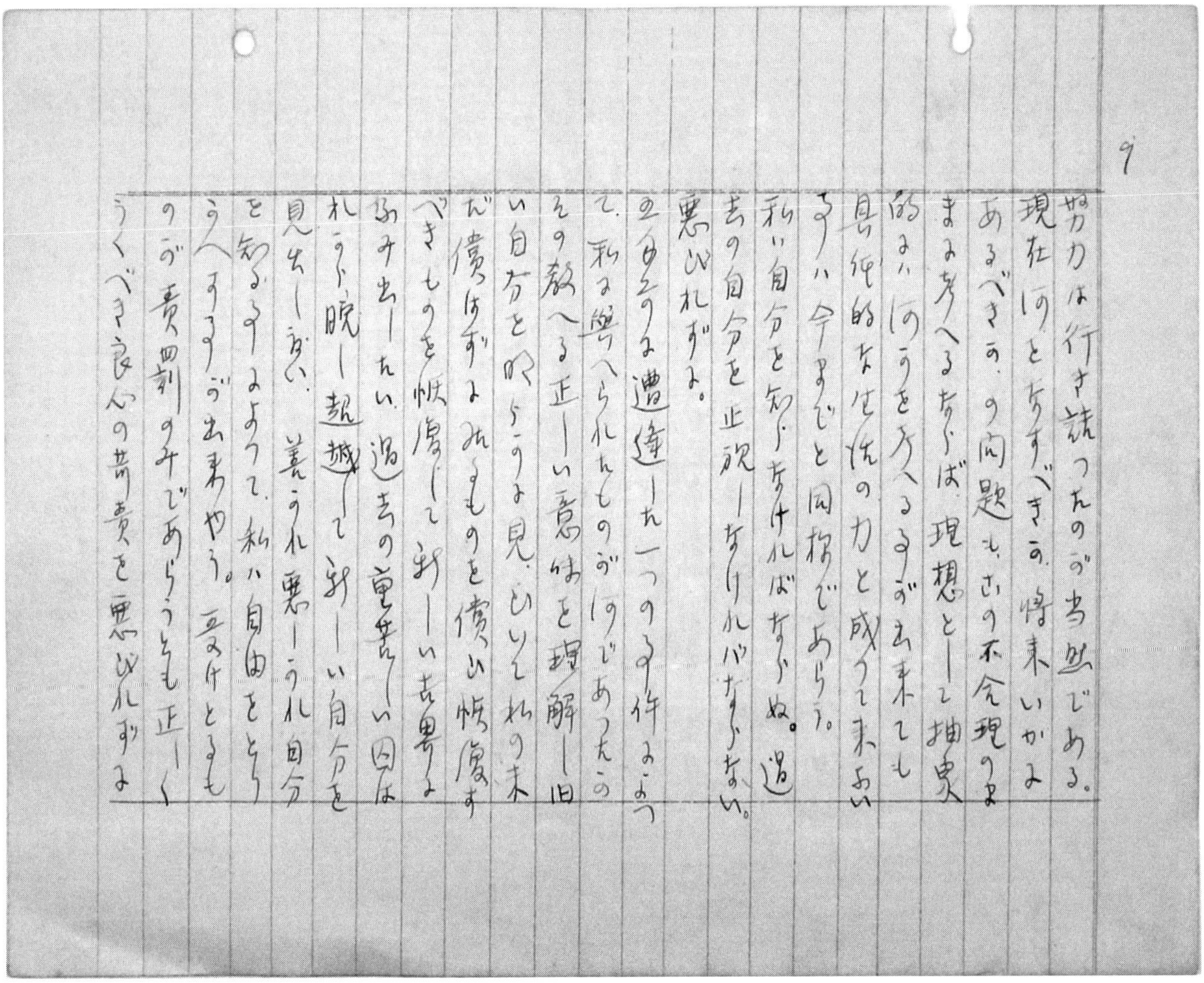

努力は行き詰つたのが当然である。現在何をなすべきか、将来いかにあるべきか、の問題も、この不合理のままに考へるならば、理想として抽象《ちゅうしょう》的には何かを考へる事が出来ても具体的な生活の力と成つて来ない事は今までと同様であらう。
私は自分を知らなければならぬ。過去の自分を正視しなければならない。悪びれずに。
五年前に遭逢《そうほう》した一つの事件によつて、私に與《あた》へられたものが何であつたかその教へる正しい意味を理解し旧《ふる》い自分を明らかに見、ひいて私の未だ償《つぐな》はずに居るものを償ひ恢復《かいふく》すべきものを恢復して新しい世界にふみ出したい、過去の重苦しい囚《とら》はれから脱《だっ》し超越《ちょうえつ》して新しい自分を見出《みいだ》し度《た》い、善《よ》かれ悪《あ》しかれ自分を知る事によつて、私は自由をとりかへす事が出来やう。受けとるものが責罰《せきばつ》のみであらうとも正しくうくべき良心《りょうしん》の苛責《かしゃく》を悪《わる》びれずに

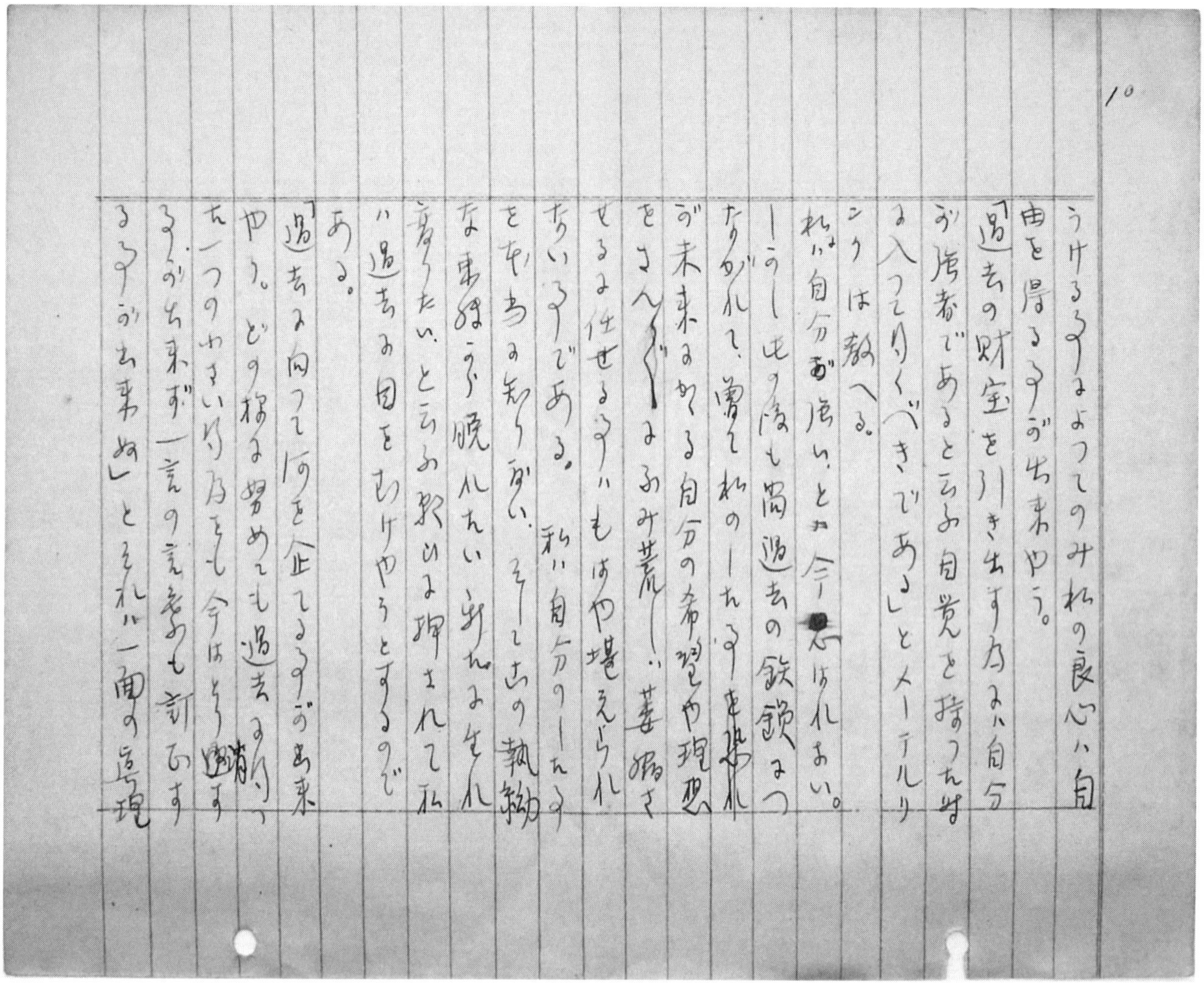

うける事によつてのみ私の良心は自由を得る事が出来やう。
「過去の財宝を引き出す為には自分が強者であると云ふ自覚を持つた時に入つて行くべきである」とメーテルリンクは教へる。
私には自分が強い、とは今思はれない。しかし此の後も尚過去の鉄鎖につながれて、曽て私のした事が未来にかゝる自分の希望や理想をさん〴〵にふみ荒し、萎縮させるに任せる事はもはや堪えられない事である。私は自分のした事を本当に知り度い、そしてこの執拗《しつよう》な束縛《そくばく》から脱《のが》れたい　新たに生れ変りたい、と云ふ願ひに押されて私は過去に目をむけやうとするのである。
「過去に向つて何を企《くわだ》てる事が出来やう。どの様に努めても過去に行つた一つの小さい行為をも今はとり消す事が出来ず、一言の言葉も訂正する事が出来ぬ」とそれは一面の真理

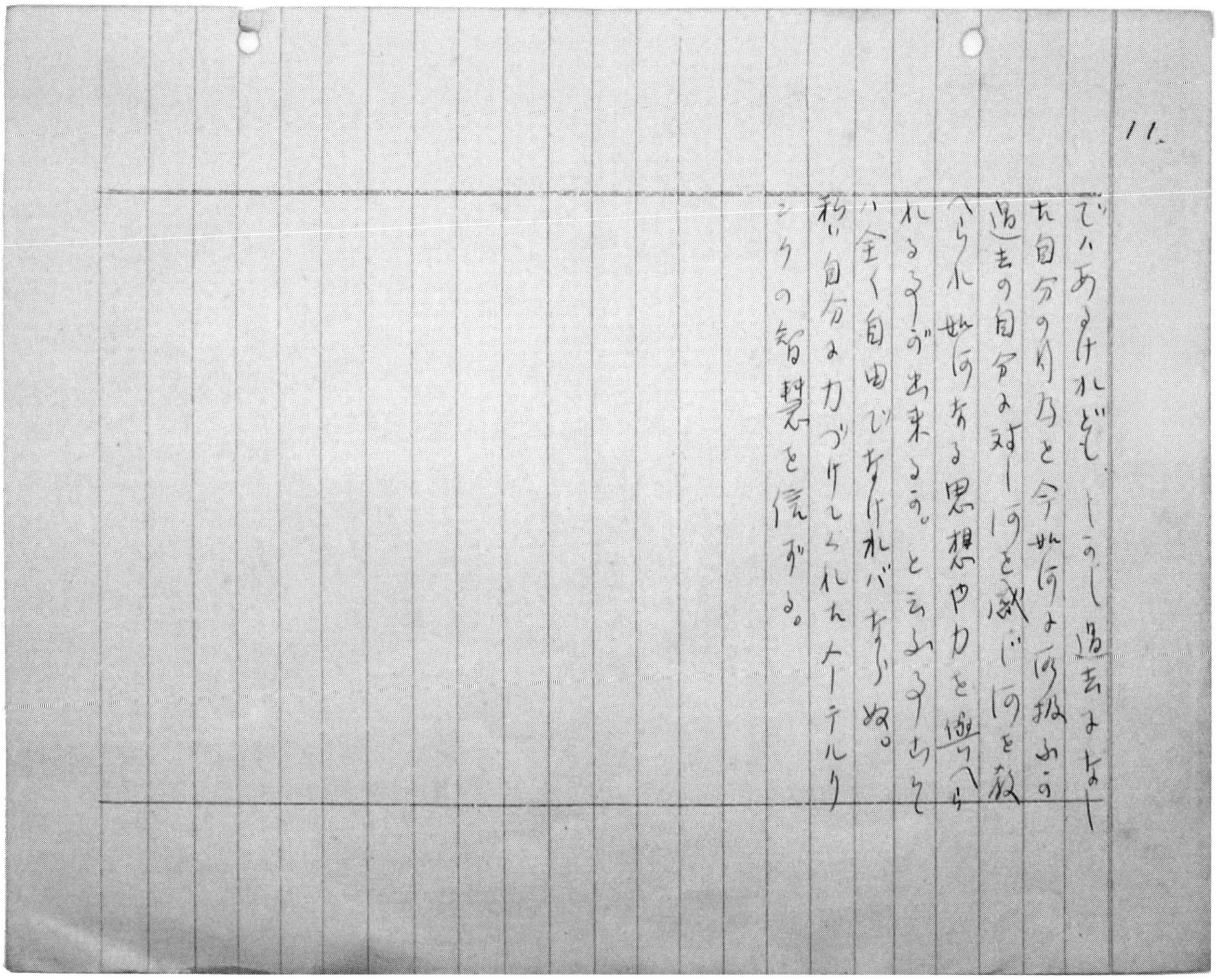

ではあるけれども、しかし過去になした自分の行為を今如何《いか》に取扱《とりあつか》ふか過去の自分に対し何を感じ何を教へられ如何なる思想や力を與《あた》へられる事が出来るか。といふ事こそは全《まった》く自由でなければならぬ。私は自分に力づけてくれたメーテルリンクの智慧《ちえ》を信ずる。

12（A-12）

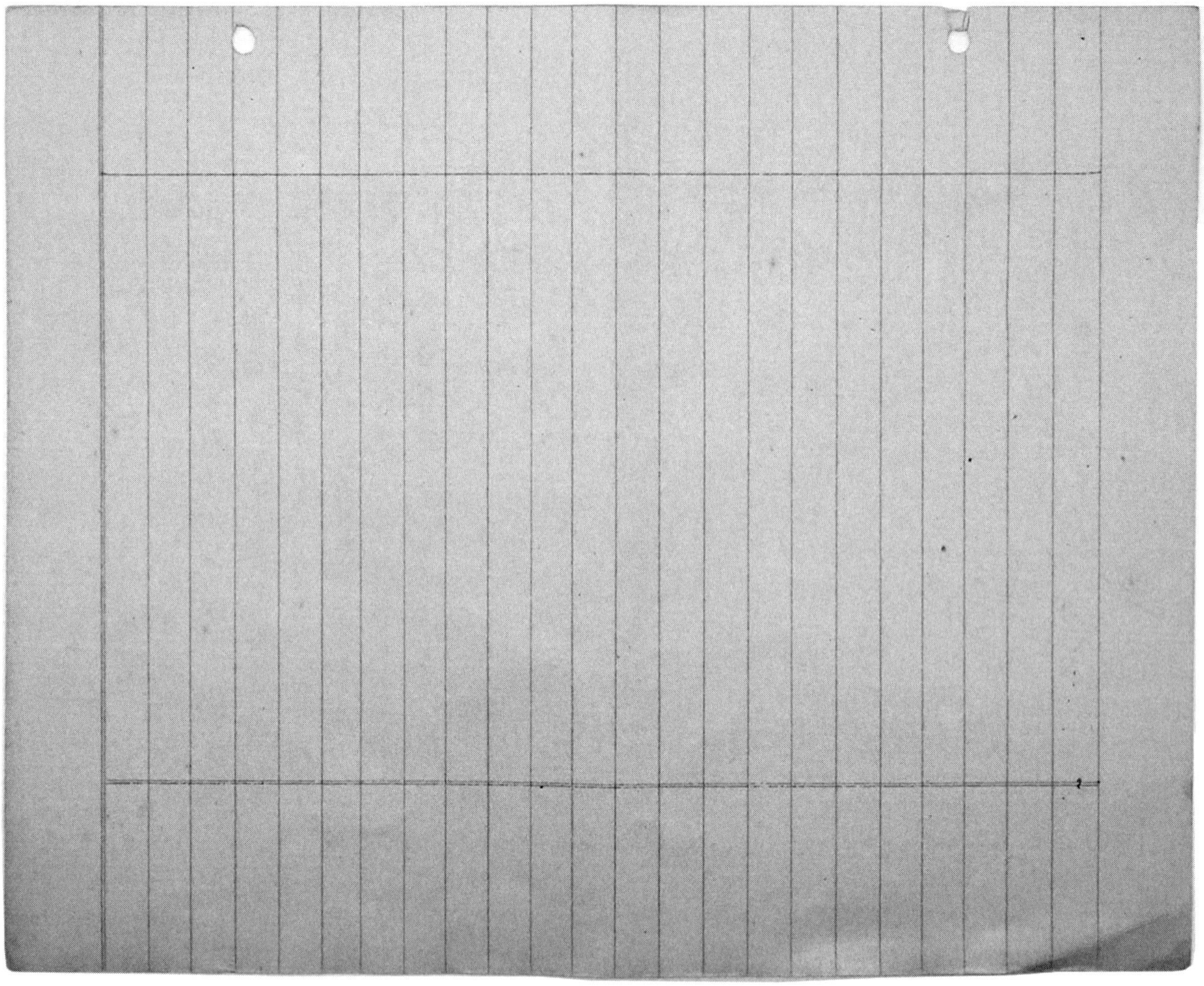

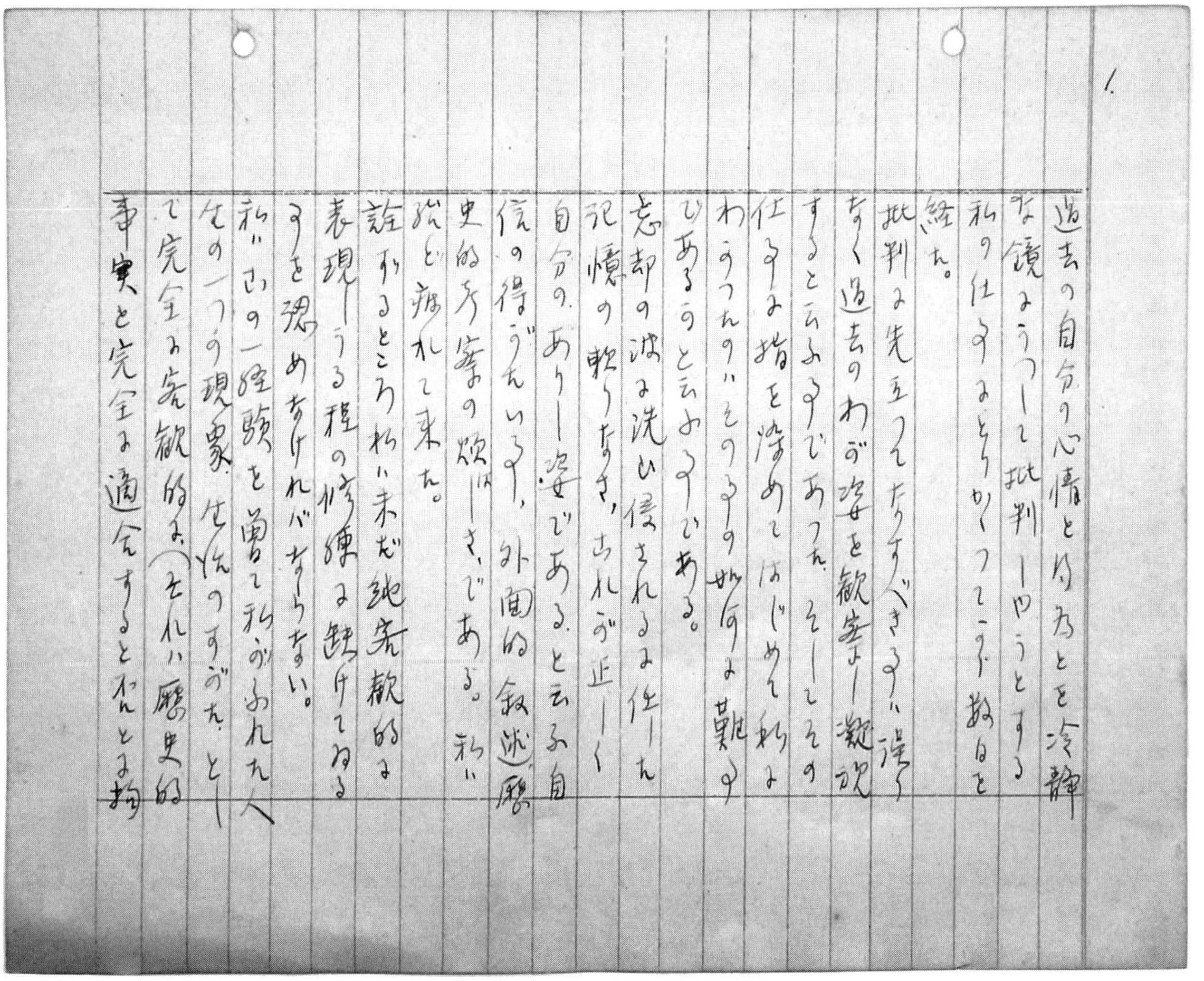

過去の自分の心情《しんじょう》と行為とを冷静な鏡にうつして批判しやうとする私の仕事にとりか、つてから数日を経《へ》た。

批判に先立つてなすべき事は誤りなく過去のわが姿を観察し凝視《ぎょうし》すると云ふ事であつた。そしてその仕事に指を染めてはじめて私にわかつたのはその事の如何《いか》に難事《なんじ》であるかと云ふ事である。

忘却《ぼうきゃく》の波に洗《あら》ひ侵《おか》されるに任《まか》した記憶の頼りなさ、これが正しく自分のありし姿である、と云ふ自信の得がたい事、外面的叙述《じょじゅつ》、歴史的考察の煩《わずら》はしさ、である。私は殆《ほとん》ど疲れて来た。

詮《せん》ずるところ私は未だ純客観的に表現しうる程の修練に欠《か》けてゐる事を認めなければならない。

私はこの一経験を曽《かつ》て私がふれた人生の一つの現象、生活のすがた、として完全に客観的に、（それは歴史的事実と完全に適合《てきごう》すると否《いな》とに拘《かか》

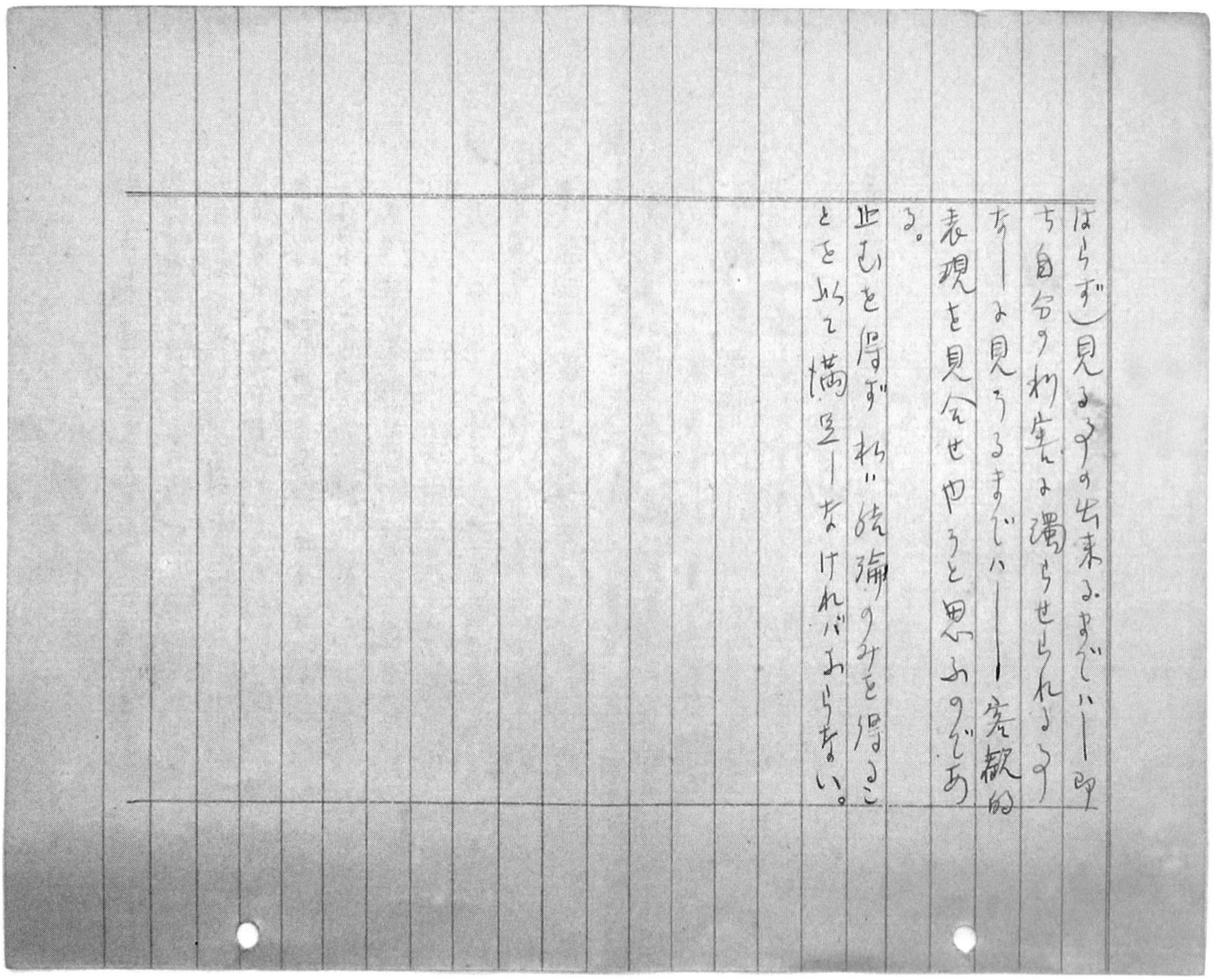

はらず）見る事の出来るまでは——即《すなわ》
ち自分の利害《りがい》に濁《にご》らせられる事
なしに見うるまでは——客観的
表現を見合せやうと思ふのであ
る。
止むを得ず私は結論のみを得るこ
とを以て満足しなければならない。

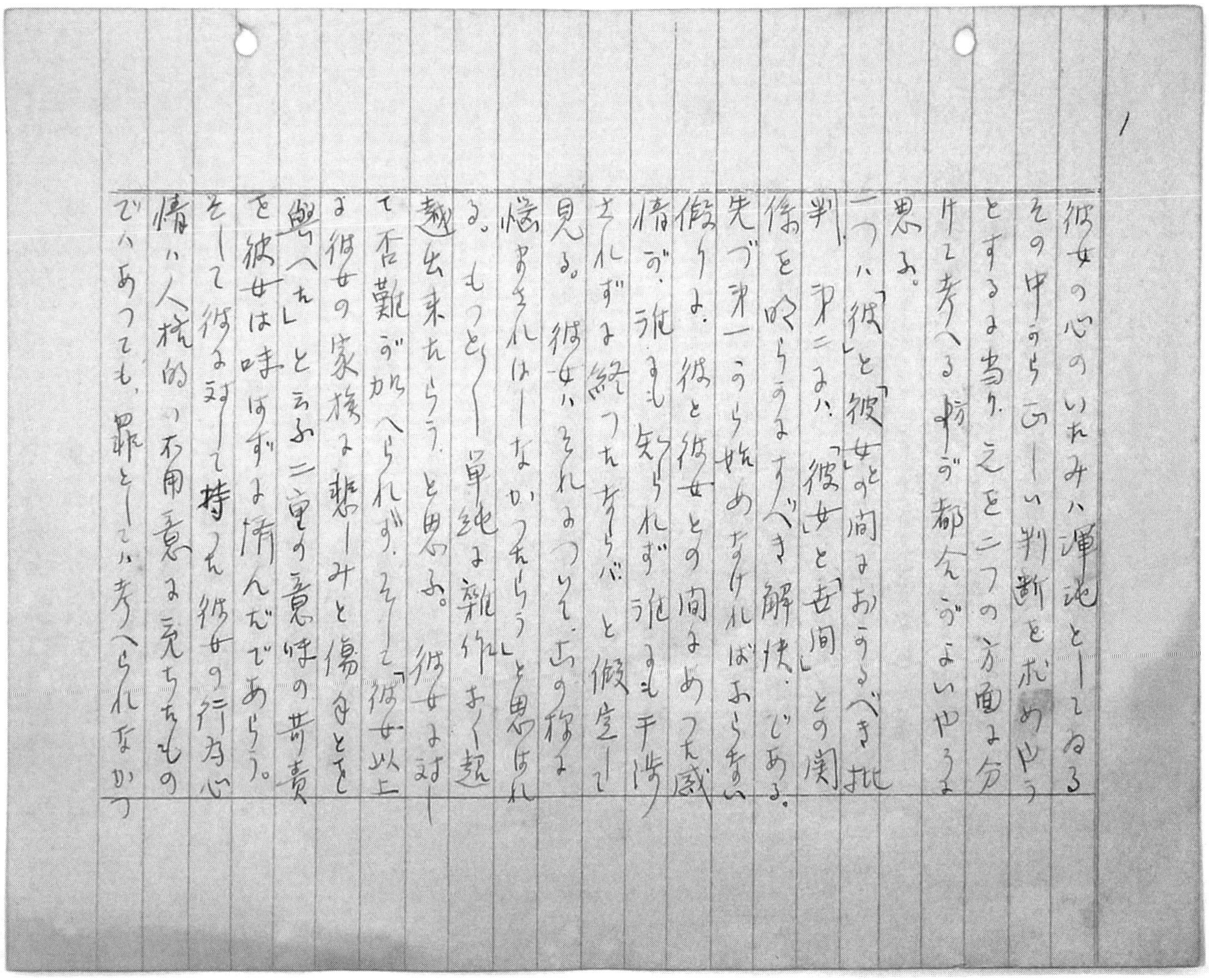

彼女の心のいたみは渾沌《こんとん》としてゐる。その中から正しい判断を求めやうとするに当り、之《これ》を二つの方面に分けて考へる方が都合《つごう》がよいやうに思ふ。

一つは「彼」と「彼女」との間におかるべき批判、第二には、「彼女」と「世間」との関係を明らかにすべき解決、である。先《ま》づ第一から始めなければならない仮《か》りに、彼と彼女との間にあつた感情が、誰にも知られず誰にも干渉《かんしょう》されずに終つたならば、と仮定して見る。彼女はそれについて、この様に悩まされはしなかつたらう」と思はれる。もつと〳〵単純に雑作《ぞうさ》なく超越出来たらう、と思ふ。彼女に対して非難が加へられず、そして「彼女以上に彼女の家族に悲しみと傷手《いたで》とを与《あた》へた」と云ふ二重の意味の苛責《かしゃく》を彼女は味《あじわ》はずに済んだであらう。そして彼に対して持つた彼女の行為心情は人格的の不用意に充《み》ちたものではあつても、罪《つみ》としては考へられなかつ

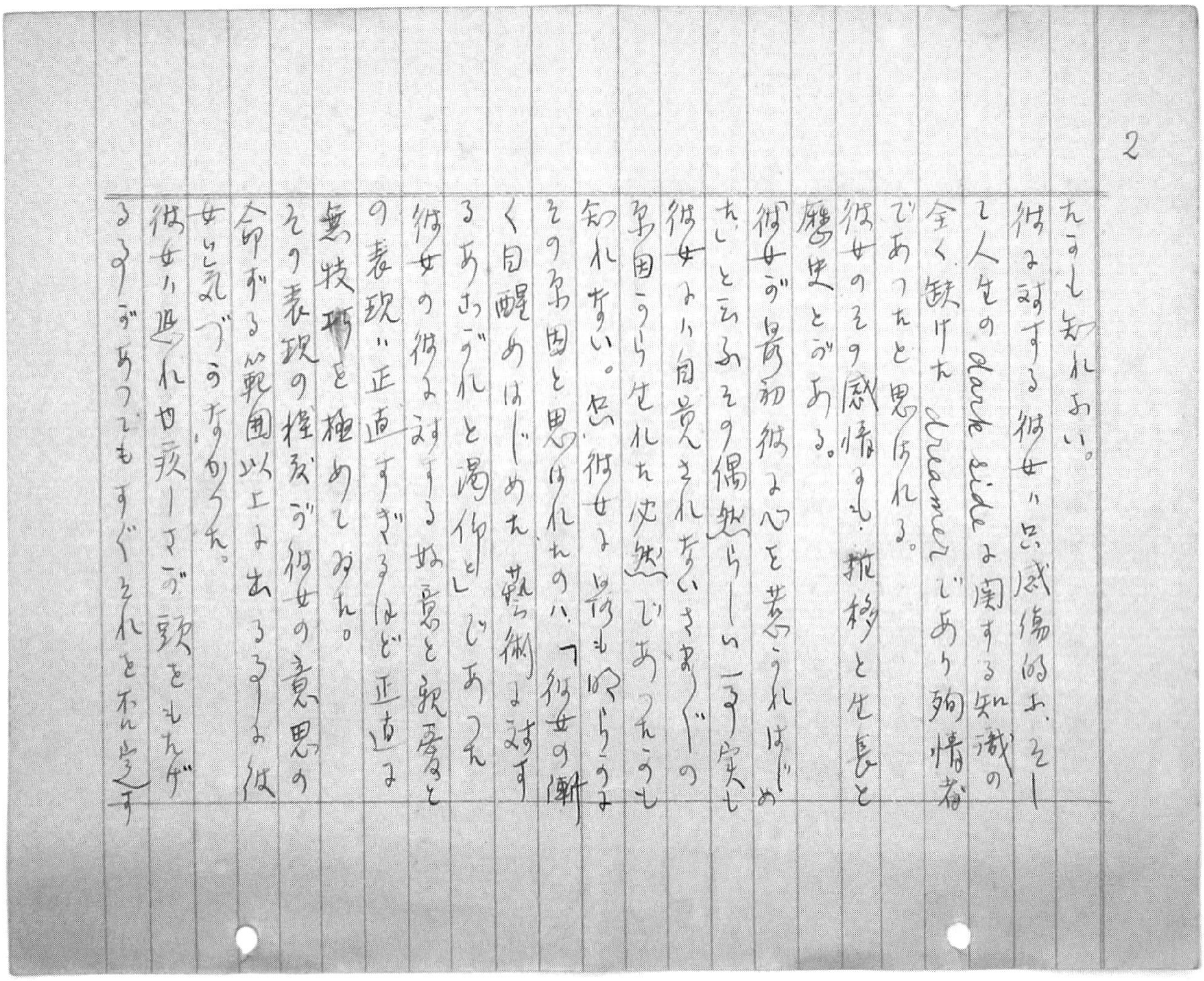

たかも知れない。
彼に対する彼女は只《ただ》感傷的な．そし
て人生のdark sideに関する知識の
全く缺けたdreamerであり殉情者《じゅんじょうしゃ》
であつたと思はれる。
彼女のその感情にも、推移と生長《せいちょう》と
歴史とがある。
「彼女が最初彼に心を惹《ひ》かれはじめ
た」と云ふその偶然らしい一事実も
彼女には自覚されないさまぐ〵の
原因から生れた必然であつたかも
知れない。只《ただ》彼女に最も明らかに
その原因と思はれたのは、「彼女の漸《ようや》
く目醒《めざ》めはじめた芸術に対す
るあこがれと渇仰《かつごう》と」であつた
彼女の彼に対する好意と親愛と
の表現は正直すぎるほど正直に
無技巧を極めてゐた。
その表現の程度が彼女の意思の
命ずる範囲以上に出る事に
彼女は気づかなかつた。
彼女は恐れや疚《やま》しさが頭をもたげ
る事があつてもすぐそれを否定す

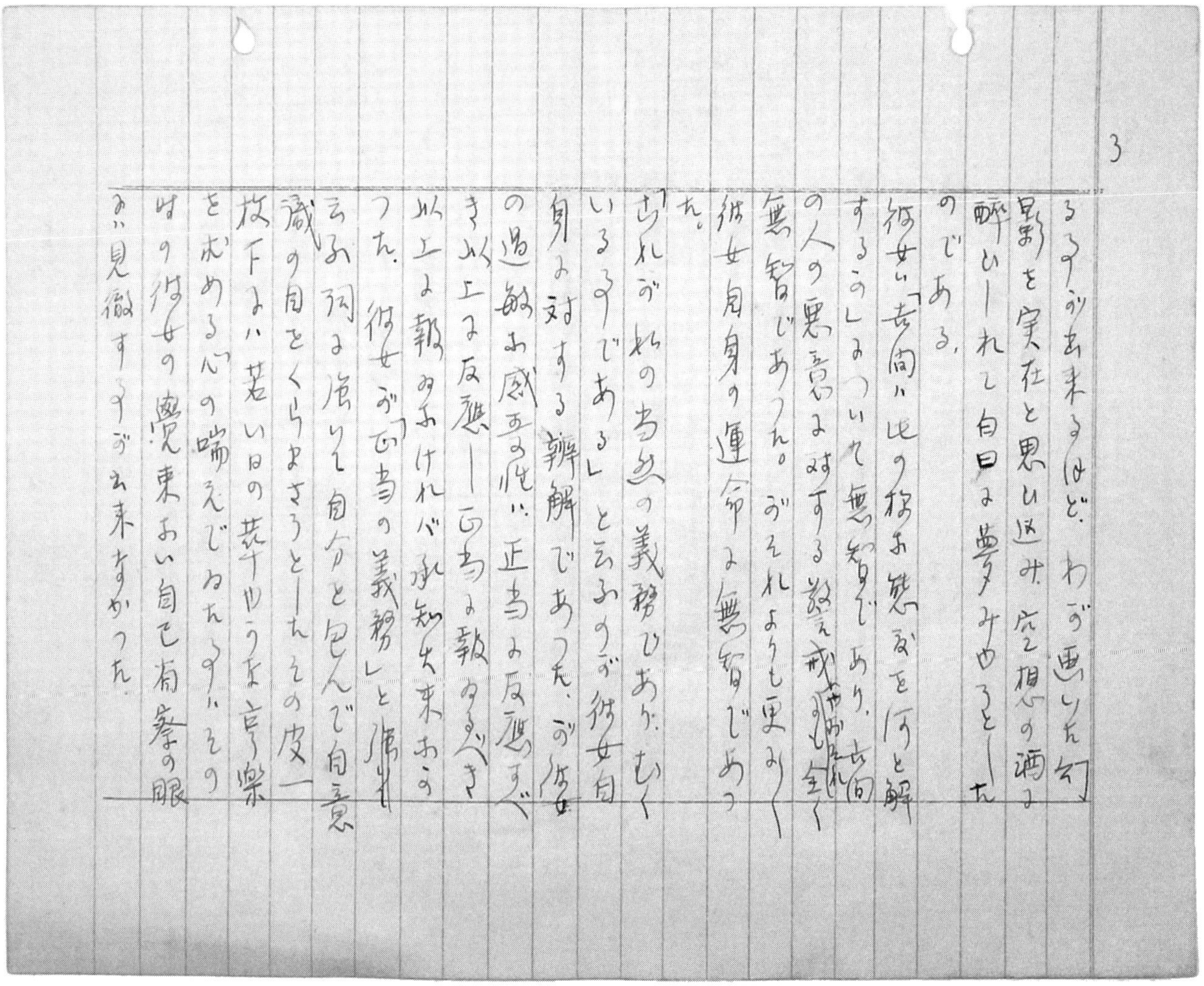

る事が出来るほど、わが画《えが》いた幻影を実在と思ひ込み、空想の酒に酔ひしれて白日に夢みやうとしたのである。

彼女は「世間は此の様な態度を何と解するか」について無智《むち》であり、世間の人の悪意に対する警戒やおそれにも全く無智であつた。がそれよりも更に〳〵彼女自身の運命に無智であつた。

「これが私の当然の義務であり、むくいる事である」と云ふのが彼女自身に対する辨解であつた。が彼女の過敏な感受性は、正当に反応すべき以上に反応し正当に報《むく》ゐるべき以上に報ゐなければ承知出来なかつた。彼女が「正当の義務」と云ふ詞《ことば》に強いて自分を包んで自意識の目をくらまさうとしたその皮一枚下には若い日の華やかな享楽《きょうらく》を求める心の喘《あえ》えでゐた事はその時の彼女の覺束《おぼつか》ない自己省察《しょうさつ》の眼には見徹《みとお》す事が出来なかつた。

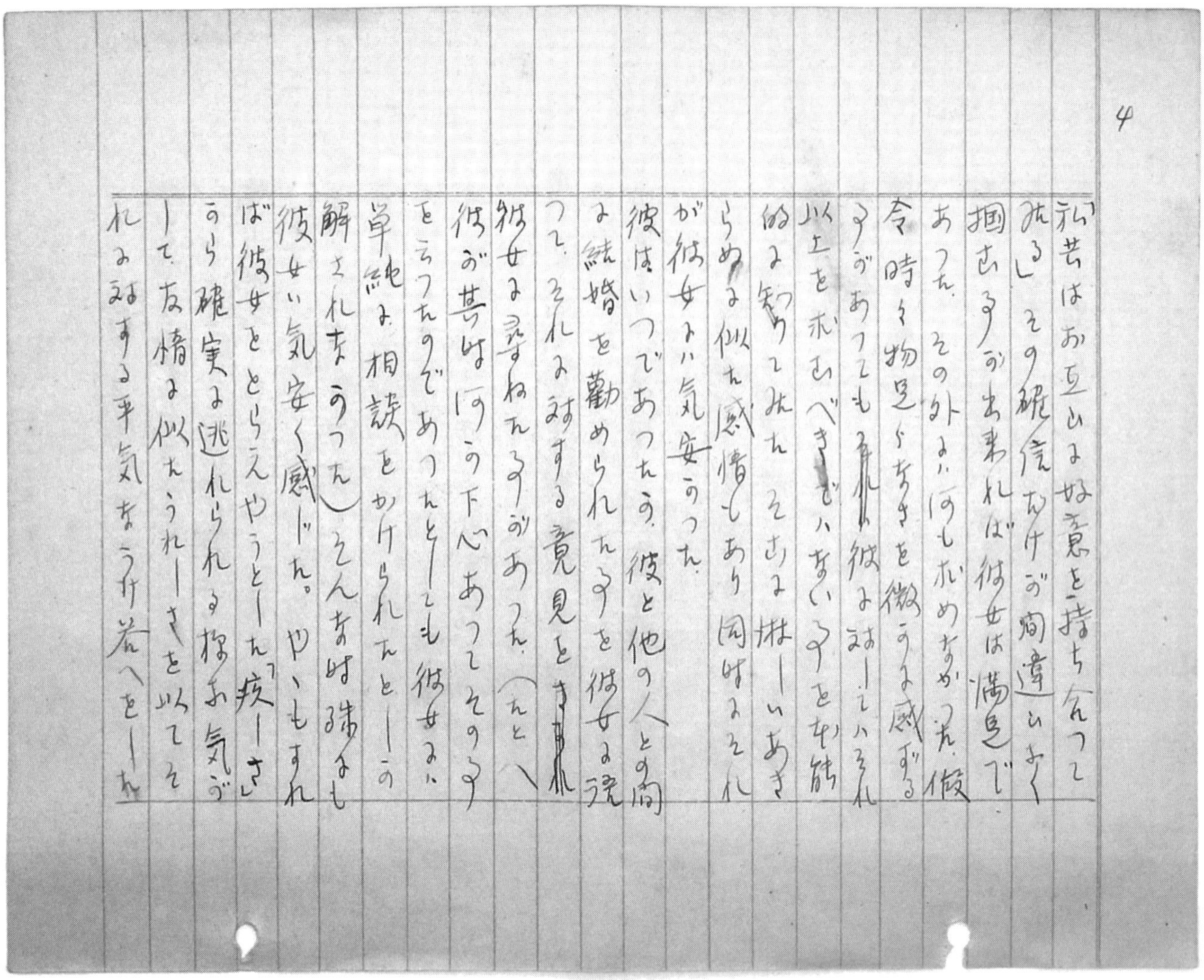

「私共はお互ひに好意を持ち合つて居る」その確信だけが間違ひなく掴《つか》む事が出来れば彼女は満足であつた。その外には何も求めなかつた。假令時々物足らなさを微かに感ずる事があつても彼に対してはそれ以上を求むべきではない事を本能的に知つて居た。そこに淋しいあきらめに似た感情もあり同時にそれが彼女には気安かつた。

彼は、いつであつたか、彼と他の人との間に結婚を勧められた事を彼女に語つて、それに対する意見を彼女に尋ねた事があつた。（たとへ彼が其時何か下心あつてその事を云つたのであつたとしても彼女には単純に、相談をかけられたとしか解されなかつた）そんな時殊《こと》にも彼女は気安く感じた。や、もすれば彼女をとらえやうとした「疚《やま》しさ」から確実に逃れられる様な気がして、友情に似たうれしさを以てそれに対する平気なうけ答へをした

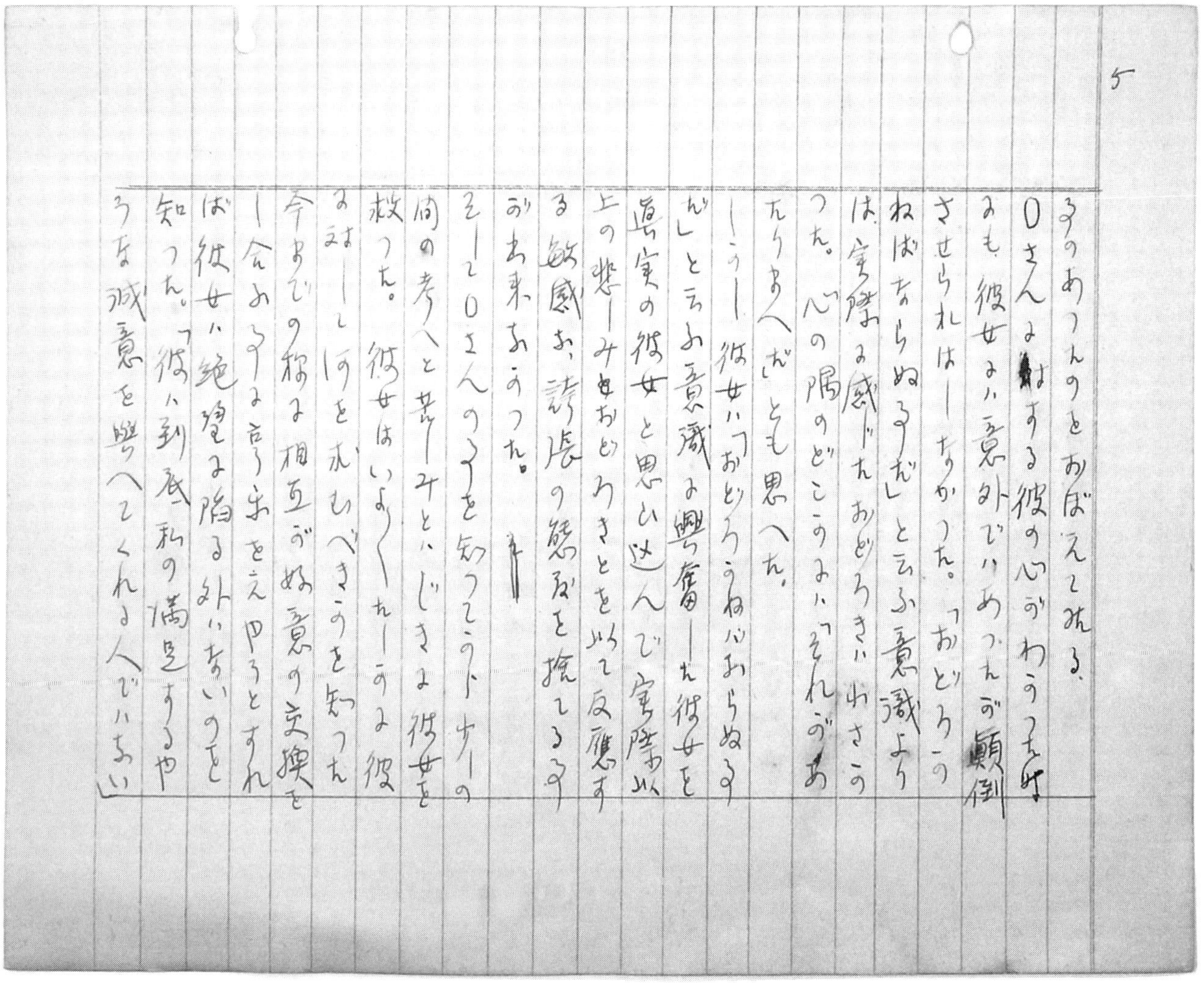

事のあつたのをおぼえて居る。Оさんに対する彼の心がわかつた時にも、彼女には意外ではあつたが顚倒《てんとう》させられはしなかつた。「おどろかねばならぬ事だ」と云ふ意識よりは、実際に感じたおどろきは小さかつた。心の隅《すみ》のどこかには「それがあたりまへだ」とも思へた。

しかし彼女は「おどろかねばならぬ事だ」と云ふ意識に興奮した彼女を眞実の彼女と思ひ込んで実際以上の悲しみとおどろきとを以て反應《はんのう》する敏感な、誇張の態度を捨てる事が出来なかつた。

そしてОさんの事を知つてから少しの間の考へと苦しみとはじきに彼女を救つた。彼女はいよ〳〵たしかに彼に対して何を求むべきかを知つた。今までの様に相互が好意の交換をし合ふ事に享楽をえやうとすれば彼女は絶望に陥る外はないのを知つた。「彼は到底私の満足するやうな誠意を與《あた》へてくれる人ではない」

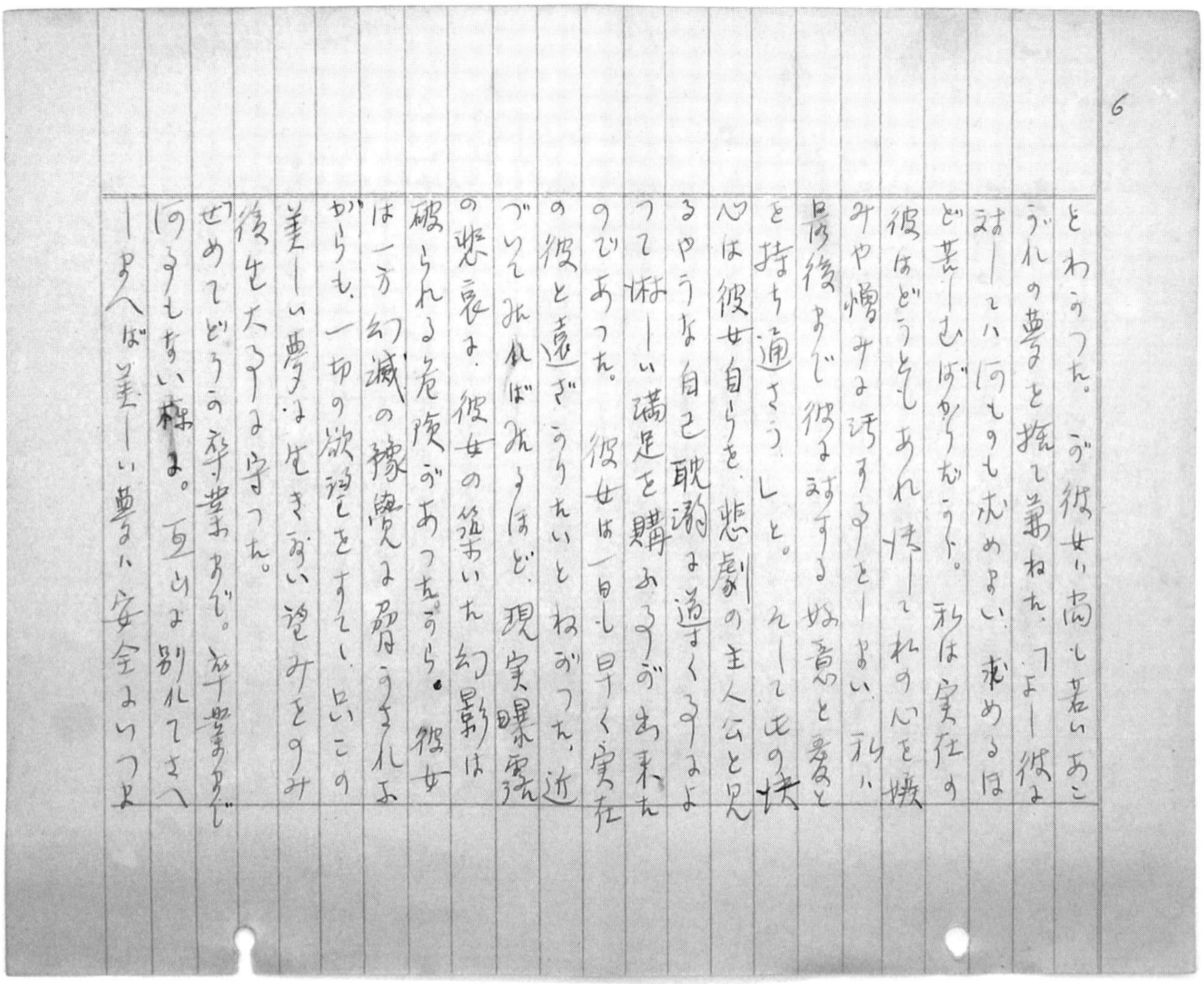

とわかつた。が彼女は尚も若いあこがれの夢を捨て兼ねた。「よし彼に対しては何ものも求めまい、求めるほど苦しむばかりだから。私は実在の彼はどうともあれ決して私の心を嫉みや憎《にくし(ママ)》みに汚す事をしまい、私は最後まで彼に対する好意と愛とを持ち通さう」と。そして此の決心は彼女自らを、悲劇の主人公と見るやうな自己耽溺《たんでき》に導く事によつて淋しい満足を購《あがな》ふ事が出来たのであつた。彼女は一日も早く実在の彼と遠ざかりたいとねがつた、近づいて居れば居るほど、現実曝露《ばくろ》の悲哀に、彼女の築いた幻影は破られる危険があつたから。彼女は一方幻滅の豫覺《よかく》に脅かされながらも、一切の欲望をすて、、只この美しい夢に生き度《た》い望みをのみ後生《ごしょう》大事に守つた。

「せめてどうか卒業まで。卒業まで何事もない様に。互ひに別れてさへしまへば美しい夢は安全にいつま

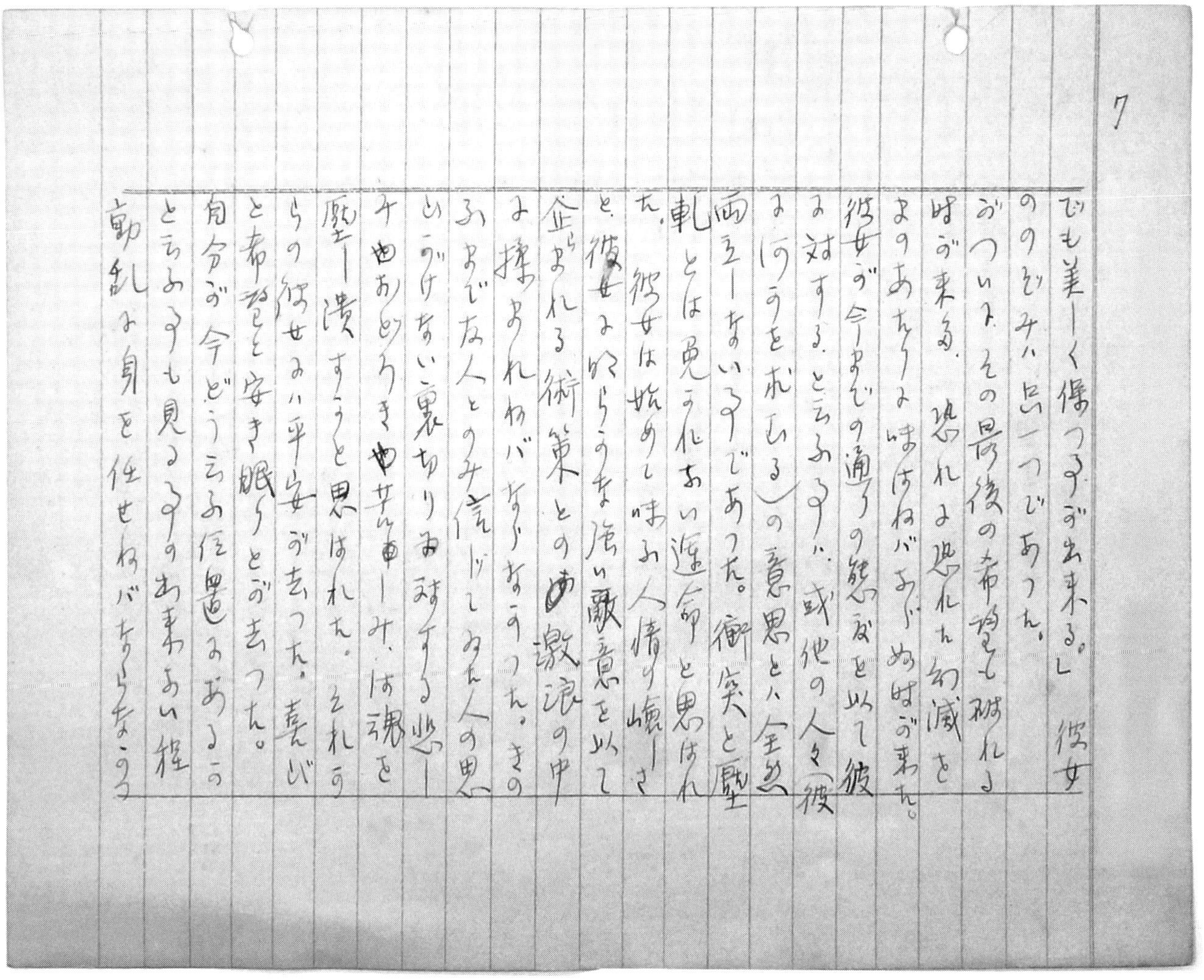

でも美しく保つ事が出来る。」彼女
ののぞみは只一つであつた。
がついに、その最後の希望も破れる
時が来た。恐れに恐れた幻滅を
まのあたりに味はねばならぬ時が来た。
彼女が今までの通りの態度を以て彼
に対する、と云ふ事は、或他《あるほか》の人人（彼
に何かを求むる）の意思とは全然
両立しない事であつた。衝突《しょうとつ》と壓《あつ》
軋《れき》とは免《まぬ》かれない運命と思はれ
た。彼女は始めて味ふ人情の嶮《けわ》しさ
と、彼女に明らかな強い敵意を以て
企《たく》らまれる術策《じゅつさく》との激浪《げきろう》の中
に揉《も》まれねばならなかつた。きの
ふまで友人とのみ信じてゐた人の思
ひがけない裏切りに対する悲し
みやおどろきや苦しみ、は魂を
壓《お》し潰《つぶ》すかと思はれた。それか
らの彼女には平安が去つた。喜び
と希望と安き眠りとが去つた。
自分が今どう云ふ位置にあるか
と云ふ事も見る事の出来ない程
動乱《どうらん》に身を任《まか》せねばならなかつ

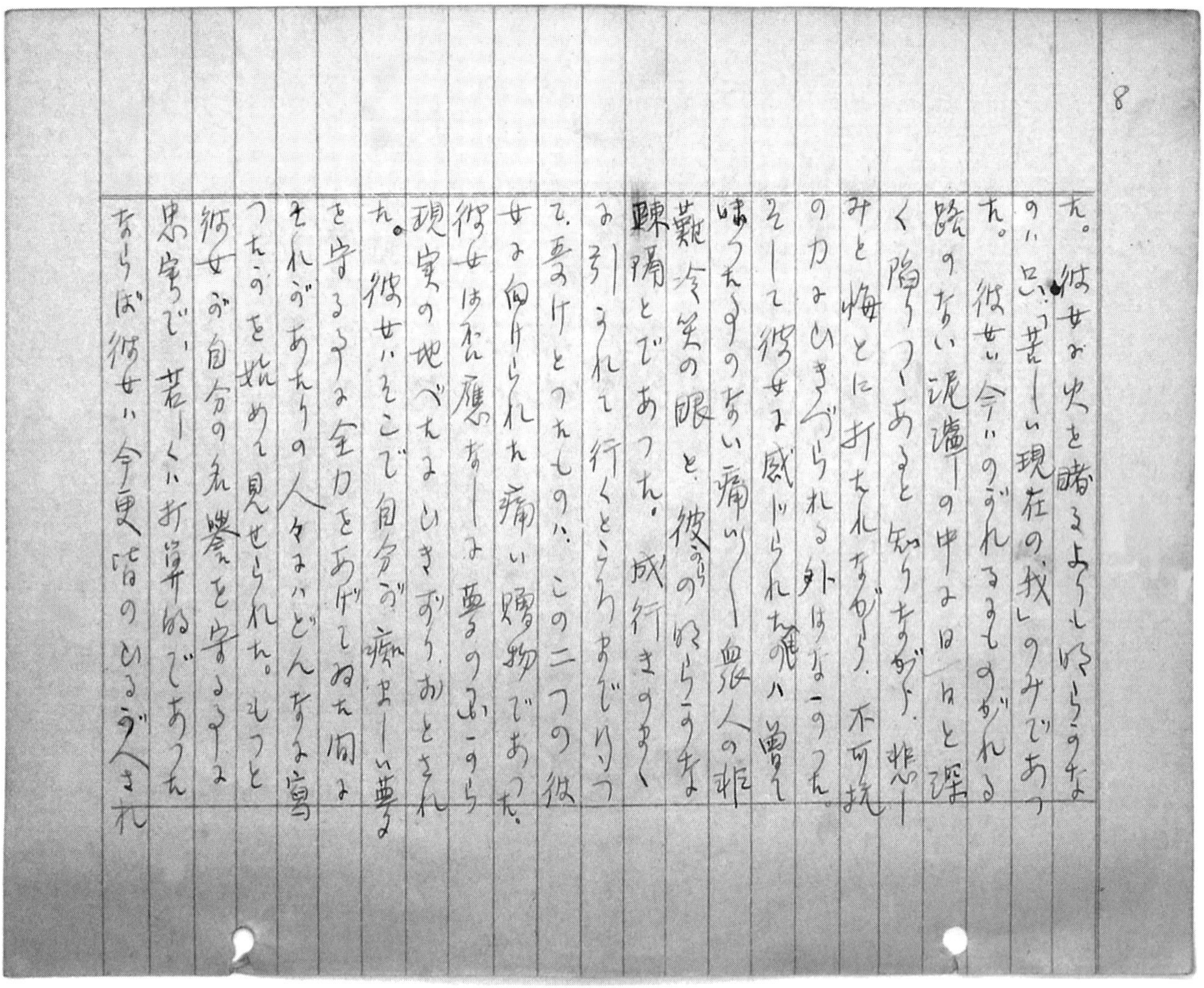

た。彼女に火を睹《み》るよりも明らかなのは只、「苦しい現在の我」のみであつた。彼女は今はのがれるにものがれる路のない泥濘《でいねい》の中に日一日と深く陥りつ、あると知りながら、悲しみと悔とに打たれながら、不可抗《ふかこう》の力にひきづられる外はなかつた。そして彼女に感じられたものは曽《かつ》て味つた事のない痛い／＼衆人《しゅうじん》の非難冷笑の眼と、彼からの明らかな疎隔《そかく》とであつた。成行《なりゆ》きのま、に引かれて行くところまで行つて、受けとつたものは、この二つの彼女に向けられた痛い贈物であつた。彼女は否應《いやおう》なしに夢の国から現実の地べたにひきずりおとされた。彼女はそこで自分が痴《おこ》がましい夢を守る事に全力をあげてゐた間にそれがあたりの人々にはどんなに寫《うつ》つたかを始めて見せられた。もつと彼女が自分の名譽《めいよ》を守る事に忠実で、若《も》しくは打算的《ださんてき》であつたならば彼女は今更《いまさら》皆のひるがへされ

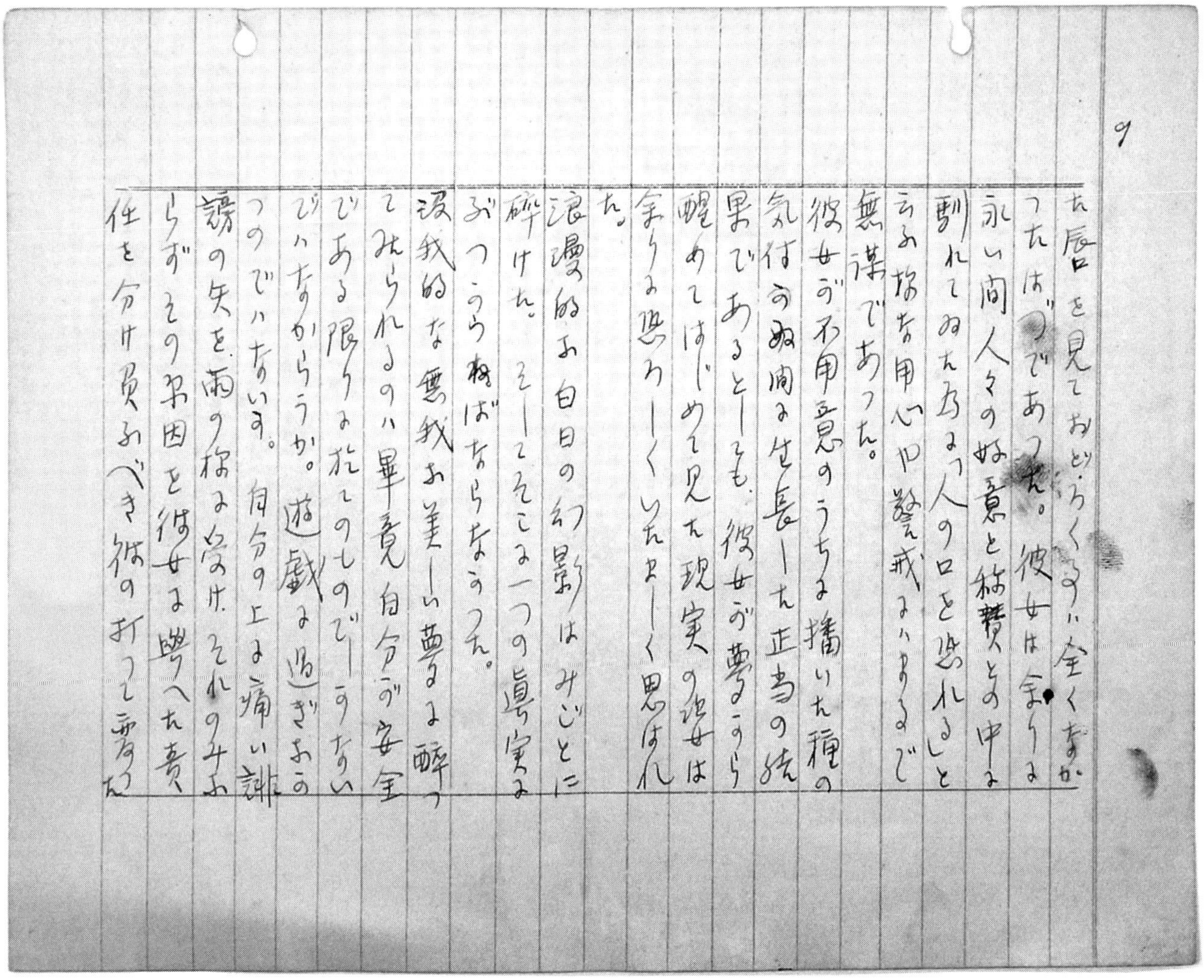

た唇《くちびる》を見ておどろく事は全《まった》くなかつたはづであつた。彼女は余りに永い間人々の好意と称賛《しょうさん》との中に馴《な》れてゐた為に「人の口を恐れる」と云ふ様な用心や警戒にはまるで無謀《むぼう》であつた。

彼女が不用意のうちに播《ま》いた種《たね》の気付かぬ間に生長した正当の結果であるとしても、彼女が夢から醒《さ》めてはじめて見た現実の姿は余りに恐ろしくいたましく思はれた。

浪漫《ろうまん》的な白日の幻影はみごとに砕けた。そしてそこに一つの眞実にぶつからねばならなかつた。

没我《ぼつが》的な無我《むが》な美しい夢に酔《よ》つて居られるのは畢竟《ひっきょう》自分が安全である限りに於てのものでしかないではなからうか。遊戯《ゆうぎ》に過ぎなかつ（た）のではないか。自分の上に痛い誹《ひ》謗《ぼう》の矢を、雨の様に受け、それのみならずその原因を彼女に與《あた》へた責任を分け負ふべき彼の打つて変つた

24（C-10）

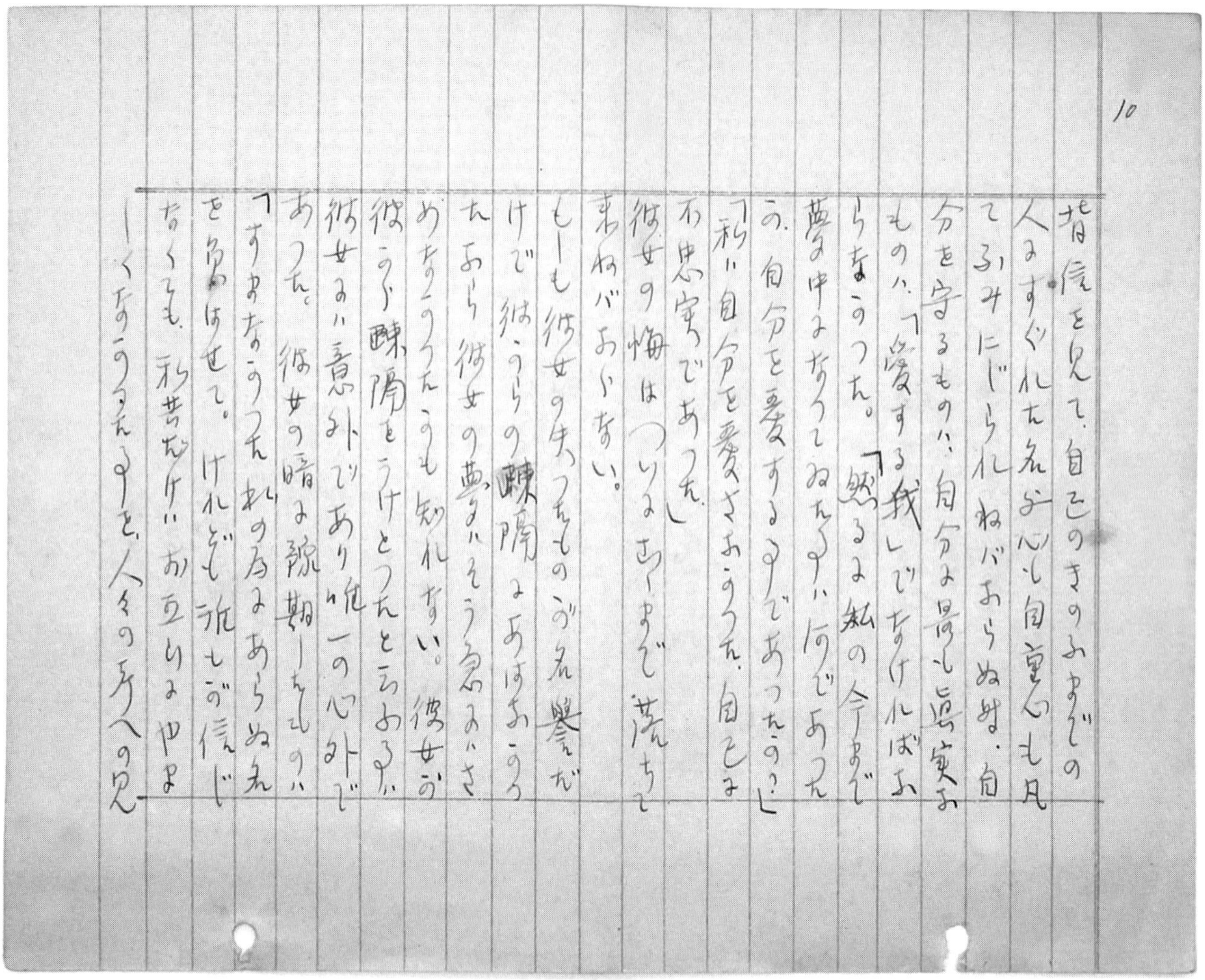

背信《はいしん》を見て、自己のきのふまでの人にすぐれた名与《めいよ》心も自重《じちょう》心も凡《すべ》てふみにじられねばならぬ時、自分を守るものは、自分に最も眞実なものは、「愛する我」でなければならなかつた。「然るに私の今まで夢中になつてゐた事は何であつたか、自分を愛する事であつたか？」「私は自分を愛さなかつた、自己に不忠実《ふちゅうじつ》であつた」彼女の悔《くい》はついにここまで落ちて来ねばならない。

もしも彼女の失つたものが名誉《めいよ》だけで彼からの疎隔《そかく》にあはなかつたなら、彼女の夢はそう急にはさめなかつたかも知れない。彼女が彼から疎隔をうけとつたと云ふ事は彼女には意外であり唯一の心外《しんがい》であつた。彼女の暗に豫期《よき》したものは「すまなかつた私の為にあらぬ名を負はせて。けれども誰もが信じなくても、私共だけはお互ひにやましくなかつた事を、人々の考への見《けん》

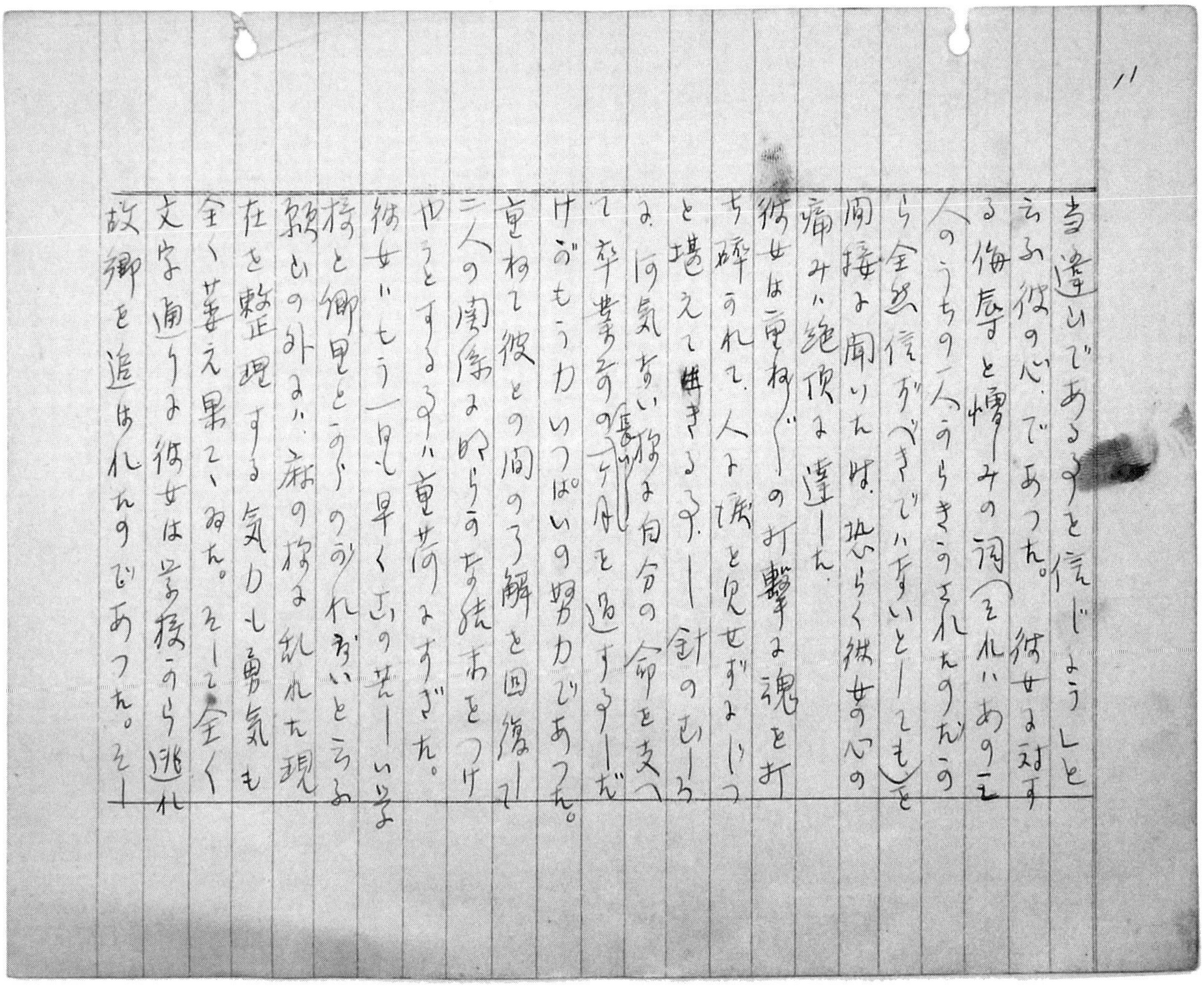

当《とう》違ひである事を信じよう」と
云ふ彼の心、であつた。彼女に対す
る侮辱《ぶじょく》と憎《にく》しみの詞《ことば》（それはあの三
人のうちの一人からきかされたのだか
ら全然信ずべきではないとしても）を
間接に聞いた時、恐らく彼女の心の
痛みは絶頂に達した。
彼女は重ね〳〵の打撃に魂を打
ち砕《くだ》かれて、人に涙を見せずにじつ
と堪《こら》えて生きる事——針のむしろ
に、何気ない様に自分の命を支《ささ》へ
て卒業前の長い〳〵一ヶ月を過す事——だ
けがもう力いつぱいの努力であつた。
重ねて彼との間の了解を回復して
二人の関係に明らかな結末をつけ
やうとする事は重荷にすぎた。
彼女はもう一日も早くこの苦しい学
校と郷里とからのがれ度《た》いと云ふ
願ひの外には、麻《あさ》の様に乱れた現
在を整理する気力も勇気も
全く萎《な》え果《は》て、ゐた。そして全く
文字通りに彼女は学校から逃れ
故郷を追はれたのであつた。そし

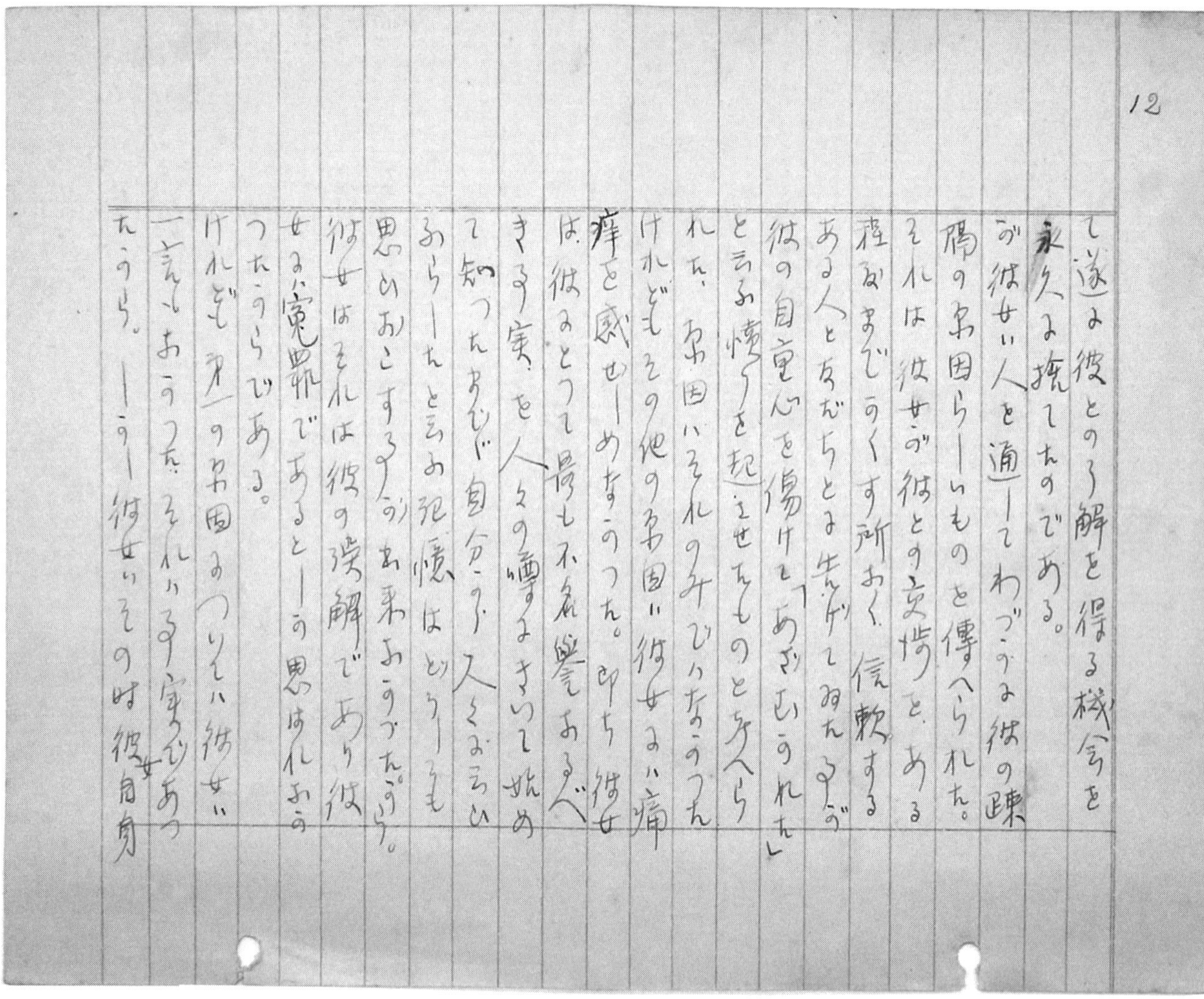

て遂に彼との了解を得る機会を
永久に捨てたのである。
が彼女は人を通してわづかに彼の疎《そ》
隔《かく》の原因らしいものを傳《つた》へられた。
それは彼女が彼との交渉を、ある
程度までかくす所なく、信頼する
ある人と友だちとに告げてゐた事が
彼の自重心を傷《きず》（ママ）けて「あざむかれた」
と云ふ憤《いきどお》りを起《おこ》させたものと考へら
れた。原因はそれのみではなかつた
けれどもその他の原因は彼女には痛《つう》
痒《よう》を感ぜしめなかつた。即ち彼女
は、彼にとつて最も不名譽《ふめいよ》なるべ
き事実を人々の噂《うわさ》にきいて始め
て知つたまでゞ自分から人々に云ひ
ふらしたと云ふ記憶はどうしても
思ひおこす事が出来なかつたから。
彼女はそれは彼の誤解《ごかい》であり彼
女には冤罪《えんざい》であるとしか思はれなか
つたからである。
けれども第一の原因については彼女は
一言もなかつた。それは事実であつ
たから。しかし彼女はその時彼女自身

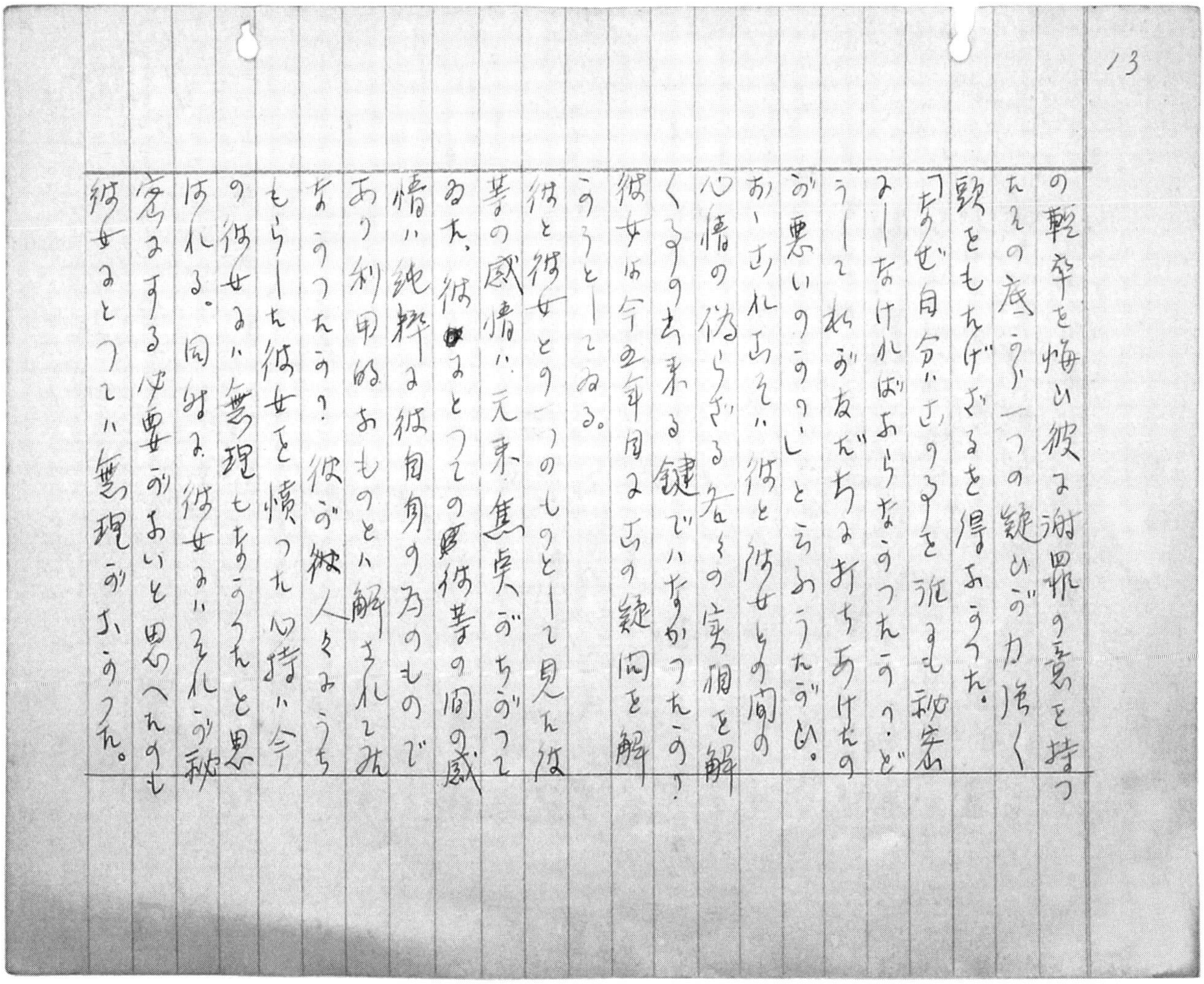

の軽卒《けいそつ》を悔《く》ひ彼に謝罪《しゃざい》の意を持つたその底から一つの疑ひが力強く頭をもたげざるを得なかつた。「なぜ自分はこの事を誰にも秘密にしなければならなかつたか？どうして私が友だちに打ちあけたのが悪いのか？」と云ふうたがひ。お、これこそは彼と彼女との間の心情の偽《いつわ》らざる各々の実相を解《と》く事の出来る鍵ではなかつたか？彼女は今《いま》五年目にこの疑問を解かうとしてゐる。

彼と彼女との一つのものとして見た彼等の感情は、元来《がんらい》焦点《しょうてん》がちがつてゐた。彼にとつての彼等の間の感情は純粋に彼自身の為のものであり利用的なものとは解されて居なかつたか？ 彼が人々にうちもらした彼女を憤つた心持は今の彼女には無理もなかつたと思はれる。同時に、彼女にはそれが秘密にする必要がないと思へたのも彼女にとつては無理がなかつた。

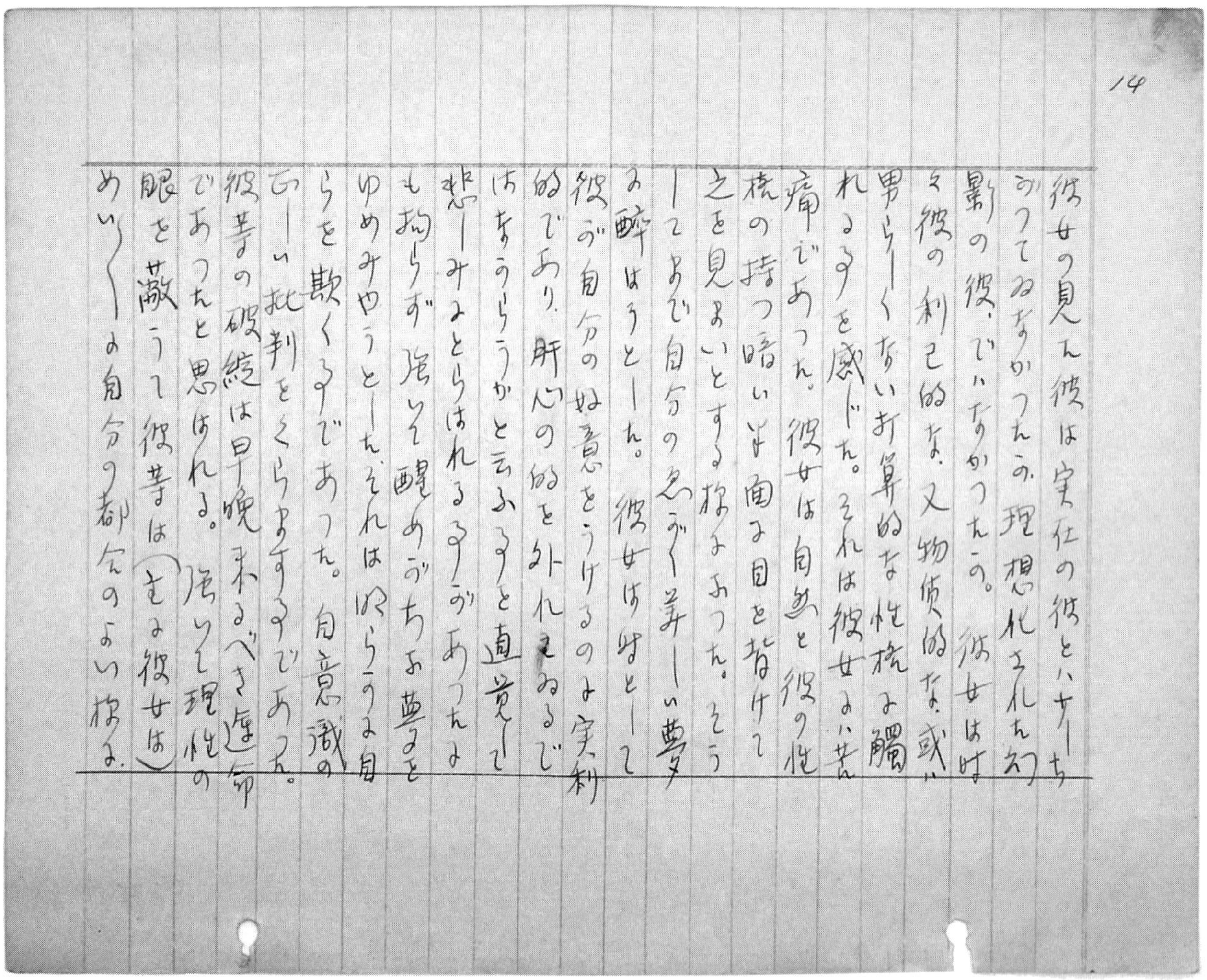

彼女の見た彼は実在の彼とは少しちがつてゐなかつたか、理想化された幻《げん》影《えい》の彼、ではなかつたか。彼女は時々彼の利《り》己《こ》的な、又物質的な、或は男らしくない打算的な性格に觸《ふ》れる事を感じた。それは彼女には苦痛であつた。彼女は自然と彼の性格の持つ暗い半面に目を背《そむ》けて之《これ》を見まいとする様になつた。そうしてまで自分のゑがく美しい夢に酔《よ》はうとした。彼女は時として彼が自分の好意をうけるのに実利的であり、肝心の的を外《はず》れてゐるではなからうかと云ふ事を直覚して悲しみにとらはれる事があつたにも拘《かかわ》らず強《し》いて醒《さ》めがちな夢をゆめみやうとした．それは明らかに自らを欺《あざむ》く事であつた。自意識の正しい批判をくらます事であつた。彼等の破綻《はたん》は早晩《そうばん》来るべき運命であつたと思はれる。強《し》いて理性の眼を蔽《おお》うて彼等は（主に彼女は）めい〳〵の自分の都合のよい様に、

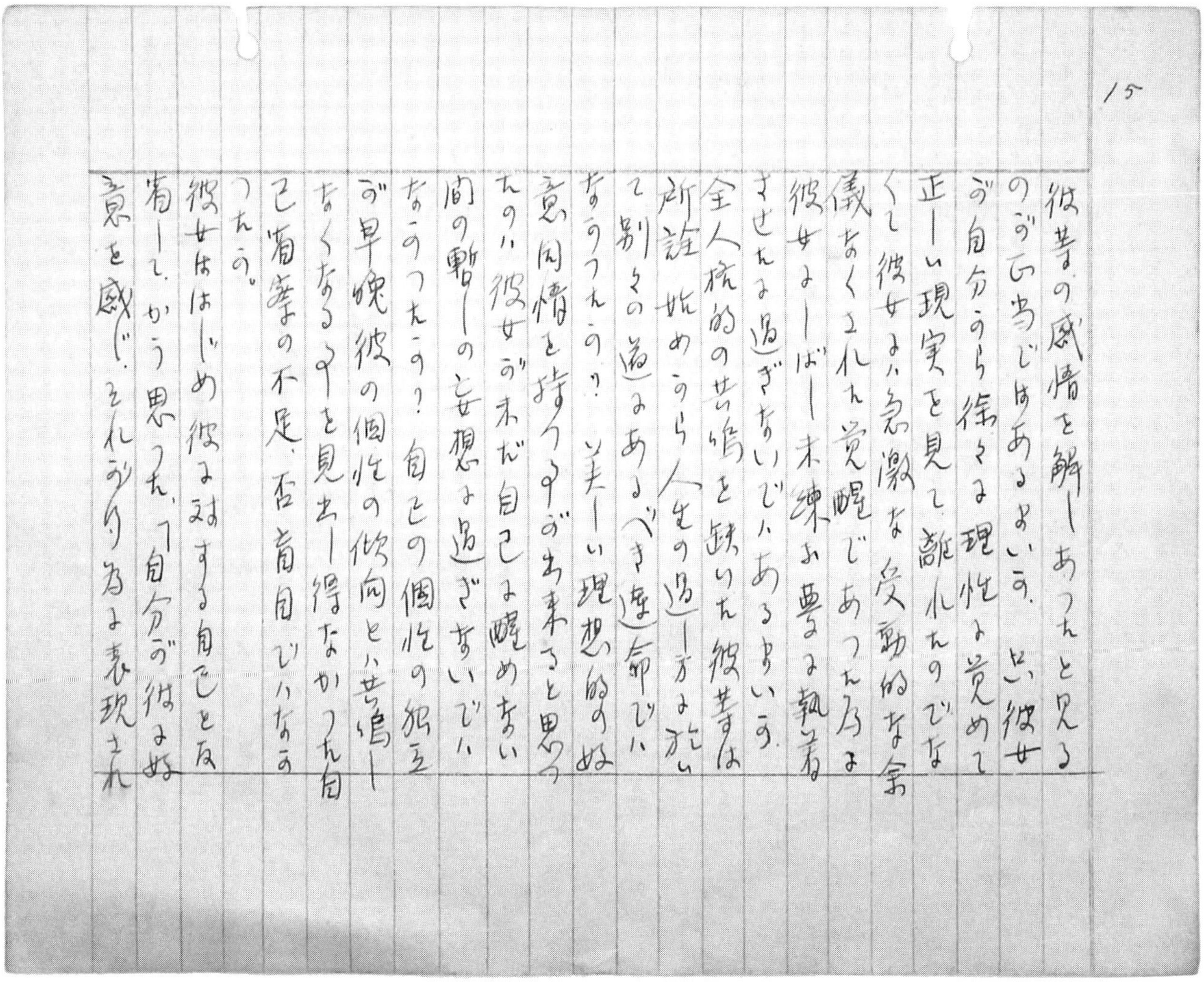

彼等の感情を解《かい》しあつたと見る
のが正当ではあるまいか。只《ただ》彼女
が自分から徐々に理性に覚めて
正しい現実を見て離れたのでな
くて彼女には急激な受動的な余
儀なくされた覚醒《かくせい》であつた為に
彼女にしばし未練《みれん》な夢に執着《しゅうちゃく》
させたに過ぎないではあるまいか、
全人格的の共鳴を缺いた彼等は
所詮《しょせん》始めから人生の過《すご》し方に於《お》ひ
て別々の道にあるべき運命では
なかつたか？　美しい理想的の好
意同情を持つ事が出来ると思つ
たのは彼女が未だ自己に醒《さ》めない
間の暫《しば》しの妄想《もうそう》に過ぎないでは
なかつたか？　自己の個性の独立
が早晩《そうばん》彼の個性の傾向とは共鳴《きょうめい》し
なくなる事を見出《みいだ》し得なかつた自
己省察《しょうさつ》の不足、否盲目《いなもうもく》ではなか
つたか。
彼女ははじめ彼に対する自己を反
省して、かう思つた、「自分が彼に好
意を感じ、それが行為に表現され

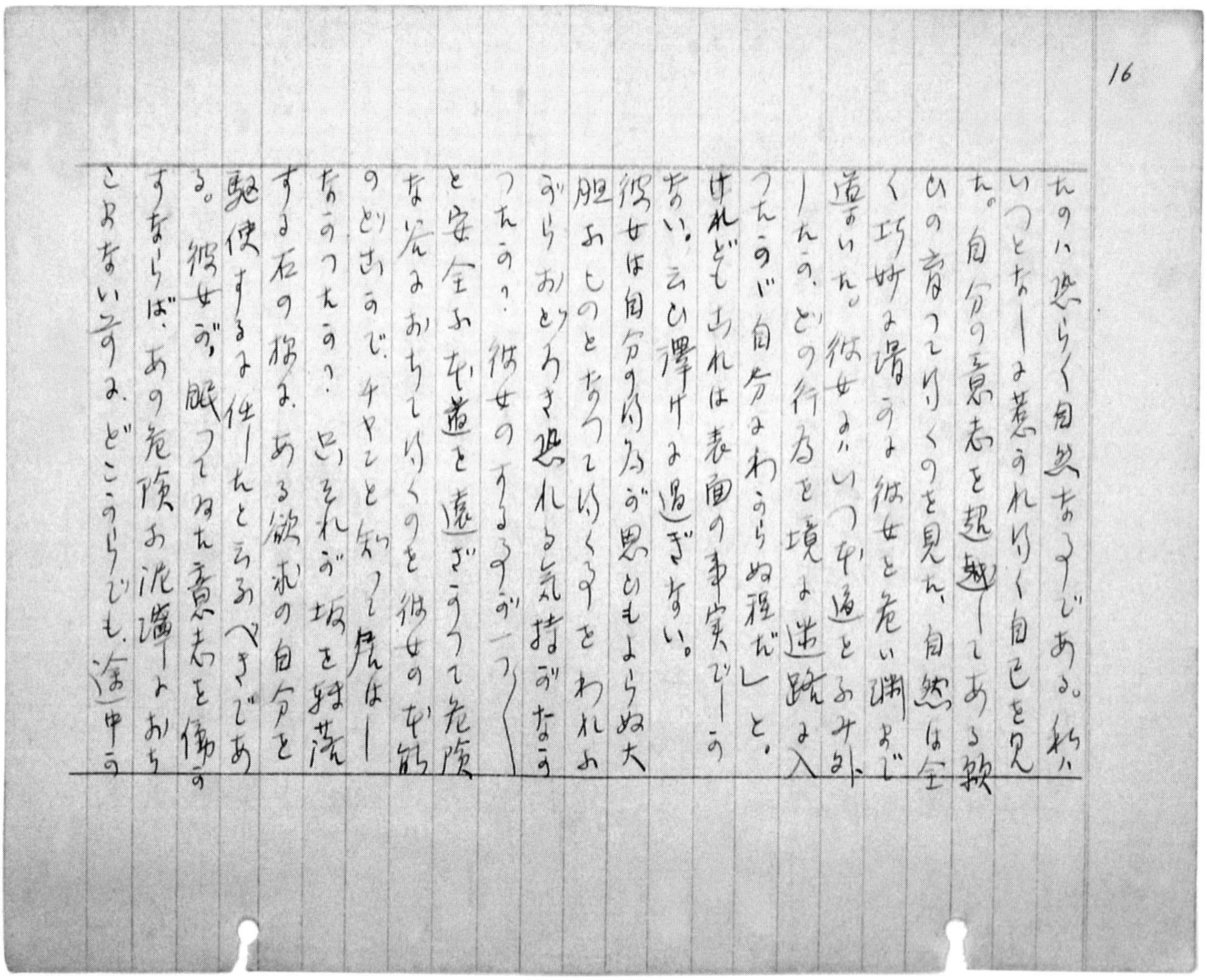

たのは恐らく自然な事である。私はいつとなしに惹《ひ》かれ行く自己を見た。自分の意志を超越してある願ひの育つて行くのを見た、自然は全く巧妙に滑《なめら》かに彼女を危《あぶな》い淵《ふち》まで導いた。彼女にはいつ本道をふみ外したか、どの行為を境《さかい》に迷路《めいろ》に入つたか〝自分にわからぬ程だ」と。けれどもこれは表面の事実でしかない。云《い》ひ譯《わ》けに過ぎない。彼女は自分の行為が思ひもよらぬ大《だい》胆《たん》なものとなつて行く事をわれながらおどろき恐れる気持がなかつたか？彼女のする事が一つ〳〵と安全な本道《ほんどう》を遠ざかつて危険な谷におちて行くのを彼女の本能のどこかで、チヤンと知つて居はしなかつたか？只それが坂を転落する石の様に、ある欲求の自分を駆《く》使《し》するに任《まか》したと云ふべきである。彼女が、眠つてゐた意志を働かすならば、あの危険な泥濘《でいねい》におちこまない前に、どこからでも、途中か

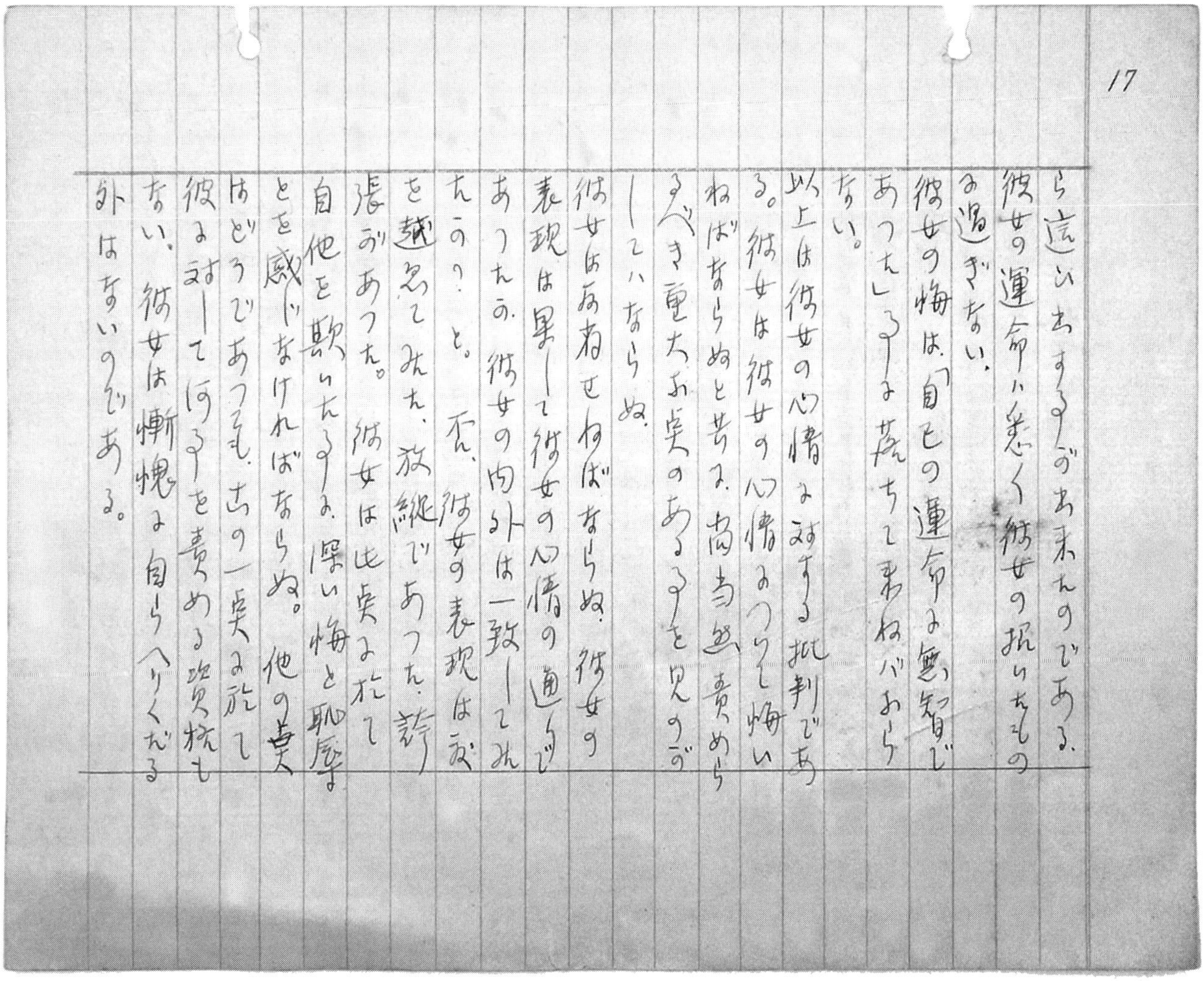
17

ら這ひ出す事が出来たのである。
彼女の運命は悉く彼女の招いたもの
に過ぎない。
彼女の悔は、「自己の運命に無智で
あつた」事に落ちて来ねばなら
ない。
以上は彼女の心情に対する批判であ
る。彼女は彼女の心情について悔い
ねばならぬと共に、尚当然責めら
るべき重大な点のある事を見のが
してはならぬ。
彼女は反省せねばならぬ、彼女の
表現は果して彼女の心情の通りで
あつたか、彼女の内外は一致して居
たか？と。否、彼女の表現は度
を越ゑて居た、放縦であつた、誇
張があつた。彼女は此点に於て
自他を欺いた事に、深い悔と恥辱
とを感じなければならぬ。他の点
はどうであつても、この一点に於て
彼に対して何事を責める資格も
ない。彼女は慚愧に自らへりくだる
外はないのである。

ら這《は》ひ出す事が出来たのである。
彼女の運命は悉《ことごと》く彼女の招《まね》いたもの
に過ぎない。
彼女の悔《くい》は、「自己の運命に無智《むち》で
あつた」事に落ちて来ねばなら
ない。
以上は彼女の心情に対する批判であ
る。彼女は彼女の心情について悔《く》い
ねばならぬと共に、尚《なお》当然責《せ》めら
るべき重大な点《てん》のある事を見のが
してはならぬ。
彼女は反省せねばならぬ、彼女の
表現は果《はた》して彼女の心情の通りで
あつたか、彼女の内外《ないがい》は一致して居
たか？と。否、彼女の表現は度《ど》
を越ゑて居た、放縦《ほうじゅう》であつた、誇《こ》
張《ちょう》があつた。彼女は此点に於て
自他を欺いた事に、深い悔と恥辱《ちじょく》
とを感じなければならぬ。他の点
はどうであつても、この一点に於て
彼に対して何事を責める資格も
ない。彼女は慚愧《ざんき》に自《みずか》らへりくだる
外《ほか》はないのである。

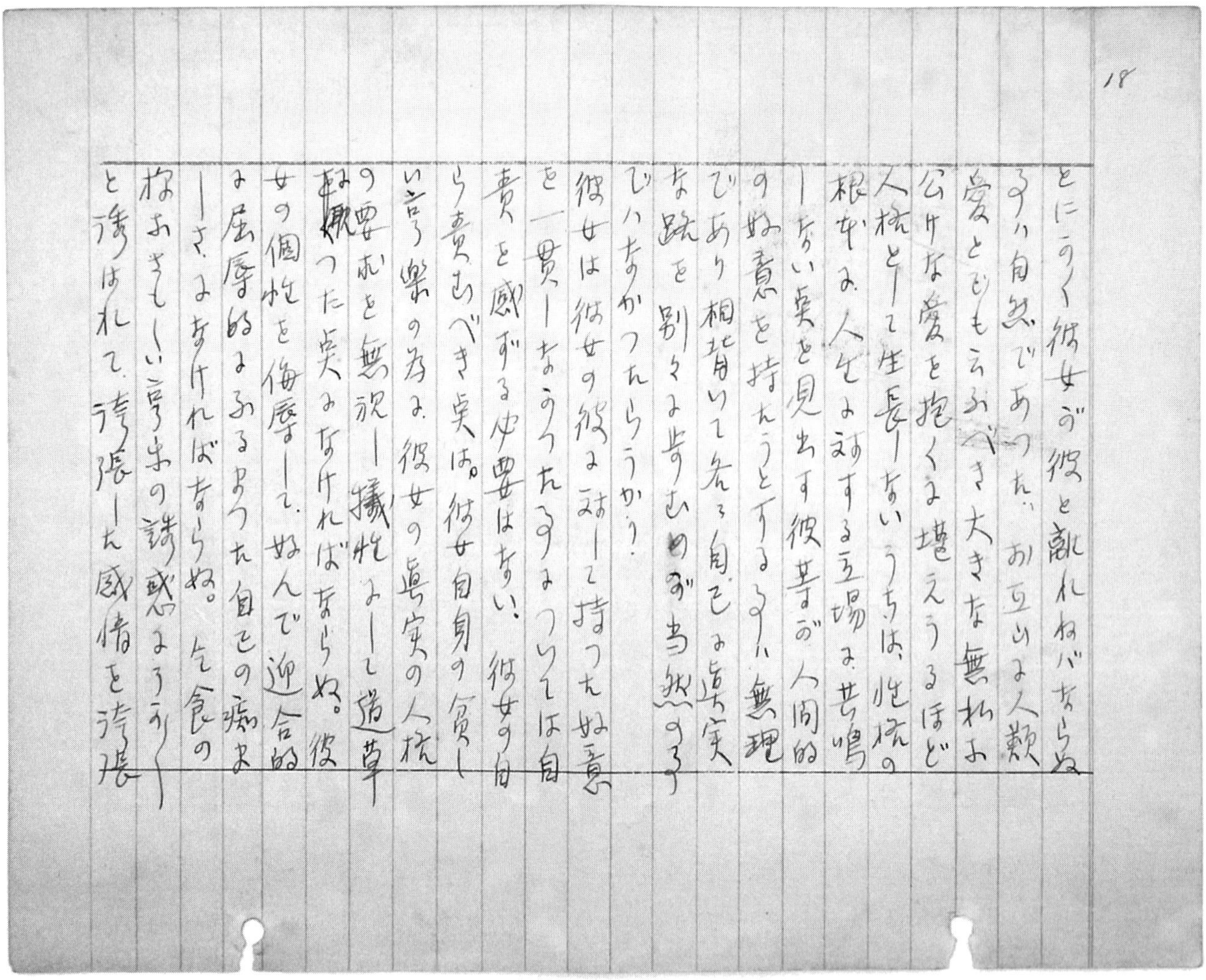

とにかく彼女が彼と離れねばならぬ事は自然であつた。お互ひに人類愛とでも云ふべき大きな無私《むし》な公《おおや》けな愛を抱くに堪《た》えうるほど人格として生長しないうちは、性格の根本に、人生に対する立場に、共鳴しない点を見出《みいだ》す彼等が人間的の好意を持たうとする事は無理であり相背《あいそむ》いて各々自己に眞実《しんじつ》な路を別々に歩むのが当然の事ではなかつたらうか？

彼女は彼女の彼に対して持つた好意を一貫しなかつた事については自責を感ずる必要はない。彼女の自ら責むべき点は。彼女自身の貧しい享楽の為に、彼女の眞実の人格の要求を無視――犠牲《ぎせい》にして道草に耽《ふけ》つた点になければならぬ。彼女の個性を侮辱して、好んで迎合《げいごう》的に屈辱的にふるまつた自己の痴《おこが》ましさ、になければならぬ。乞食《こじき》の様なさもしい享楽《きょうらく》の誘惑《ゆうわく》にうか〳〵と誘はれて、誇張した感情を誇張

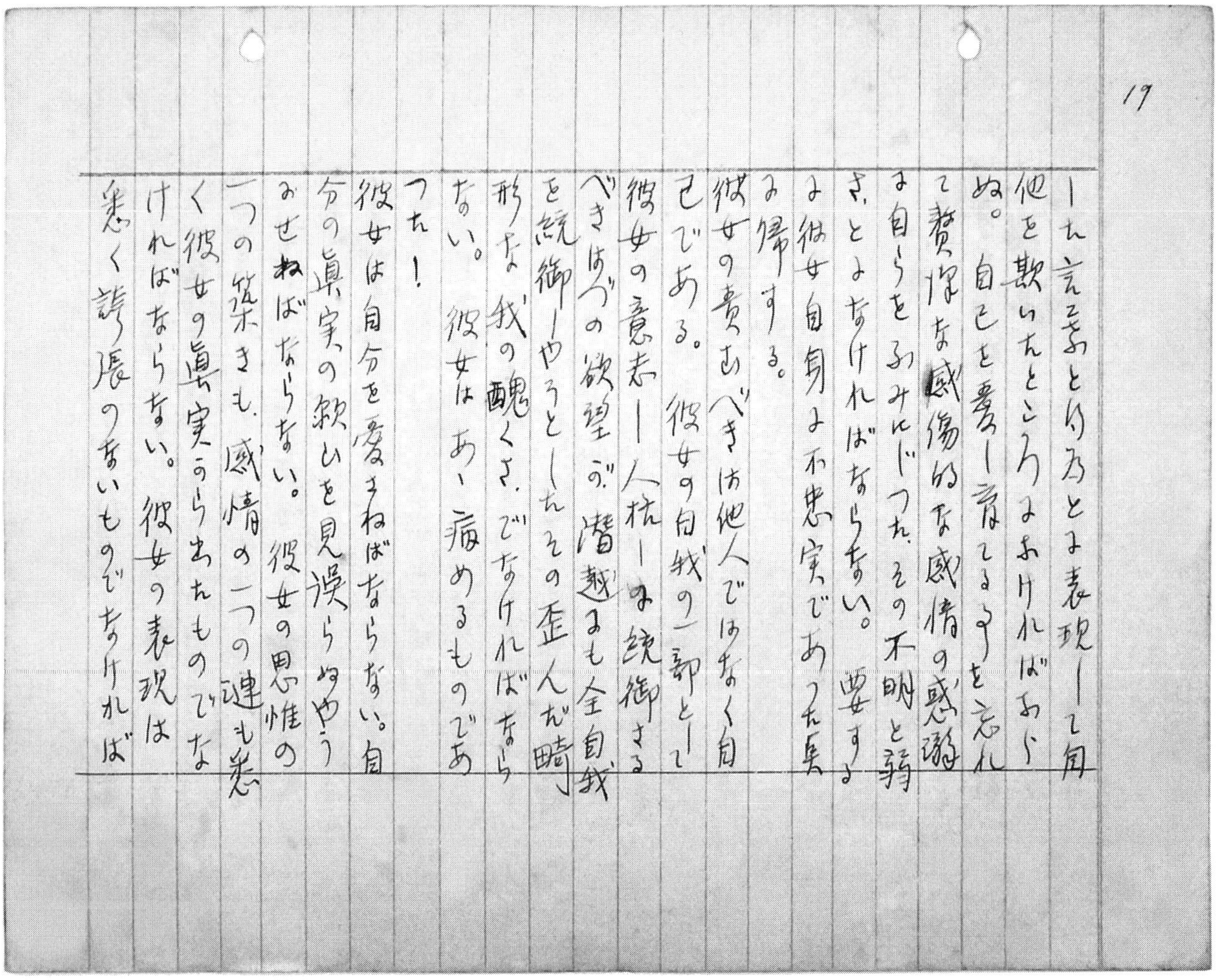

した言葉と行為とに表現して自《じ》他《た》を欺《あざむ》いたところになければならぬ。自己を愛し育てる事を忘れて贅沢《ぜいたく》な感傷的な感情の惑溺《わくでき》に自らをふみにじつた、その不明と弱さ、とになければならない。要するに彼女自身に不忠実であつた点に帰する。

彼女の責《せ》むべきは他人ではなく自己である。彼女の自我の一部として彼女の意志——人格——に統御《とうぎょ》さるべきはづの欲望が、僣越《(せん)えつ》にも全自我を統御しやうとしたその歪んだ畸《き》形《けい》な我の醜《みにく》さ、でなければならない。彼女はあ、病《や》めるものであつた！

　彼女は自分を愛さねばならない。自分の眞実の願ひを見誤《みあやま》らぬやうにせねばならない。彼女の思惟《しい》の一つの築きも、感情の一つの漣《さざなみ》も悉《ことごと》く彼女の眞実から出たものでなければならない。彼女の表現は悉く誇張のないものでなければ

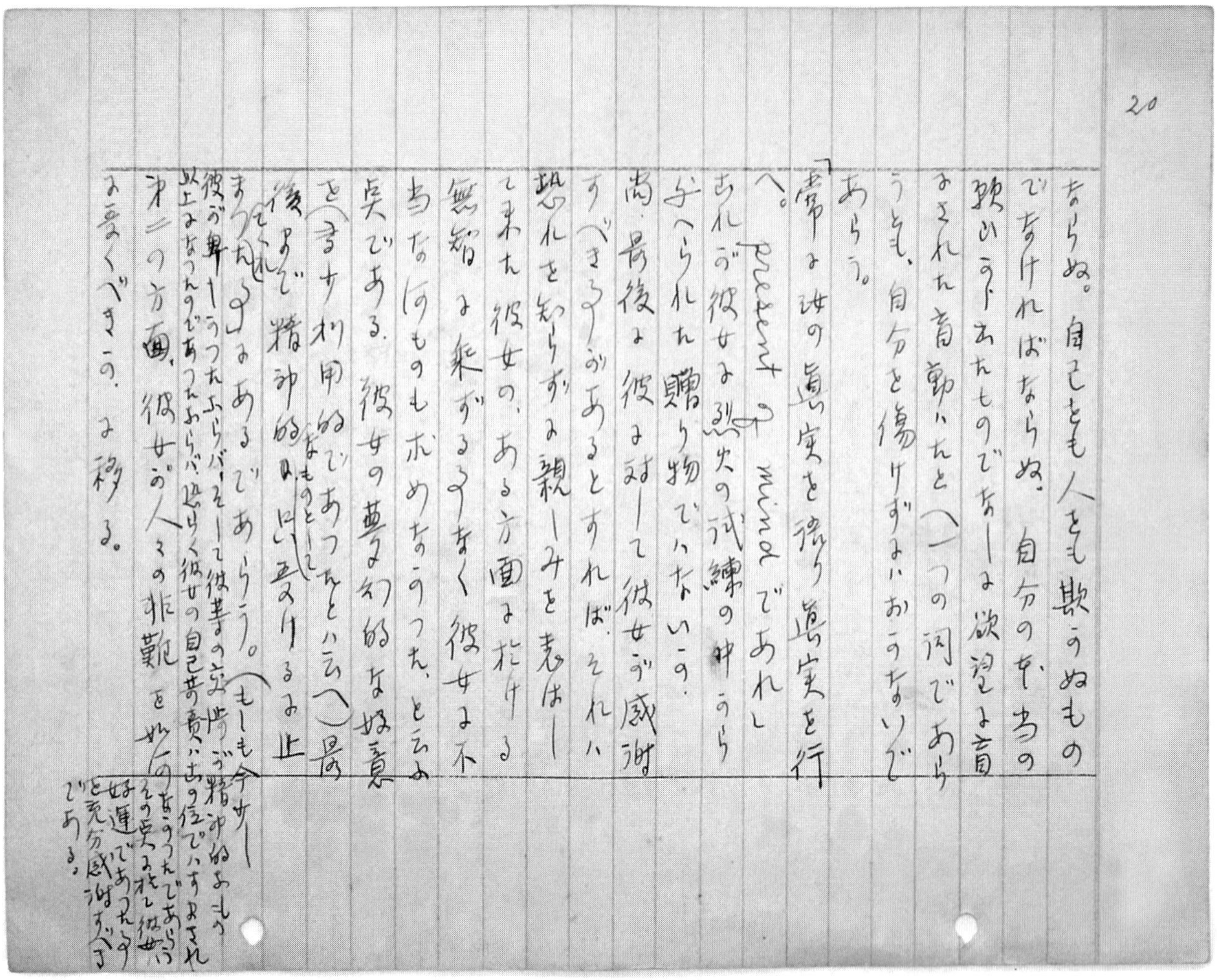

ならぬ。自己をも人をも欺《あざむ》かぬもの
でなければならぬ。自分の本当の
願ひから出たものでなしに欲望に盲《めくら》
にされた盲動《もうどう》はたとへ一つの詞《ことば》であら
うとも、自分を傷《きずつ(ママ)》けずにはおかないで
あらう。
「常に汝の眞実を語り眞実を行
へ。present of mind であれ」
これが彼女に烈火《れっか》の試練《しれん》の中から
与へられた贈り物ではないか。
尚《なお》、最後に彼に対して彼女が感謝
すべき事があるとすれば、それは
恐れを知らずに親しみを表《あら》はし
て来た彼女の、ある方面に於《お》ける
無智に乗ずる事なく彼女に不
当な何ものも求めなかつた、と云
ふ点である、彼女の夢幻的な好意
を（多少《たしょう》利用的であつたとは云へ）最
後まで精神的なものとして、只《ただ》受けるに止
まつてくれた事」にあるであらう。
（もしも今少し彼が卑しかつたならば、そして彼等の交渉が
精神的なもの以上になつたのであつたならば、恐らく彼女の
自己苛責はこの位ではすまされなかつたであらう。その点に
於て彼女は幸運であつた事を充分感謝すべきである。）
第二の方面、彼女が人々の非難を如何《いか》
に受くべきか、に移る。

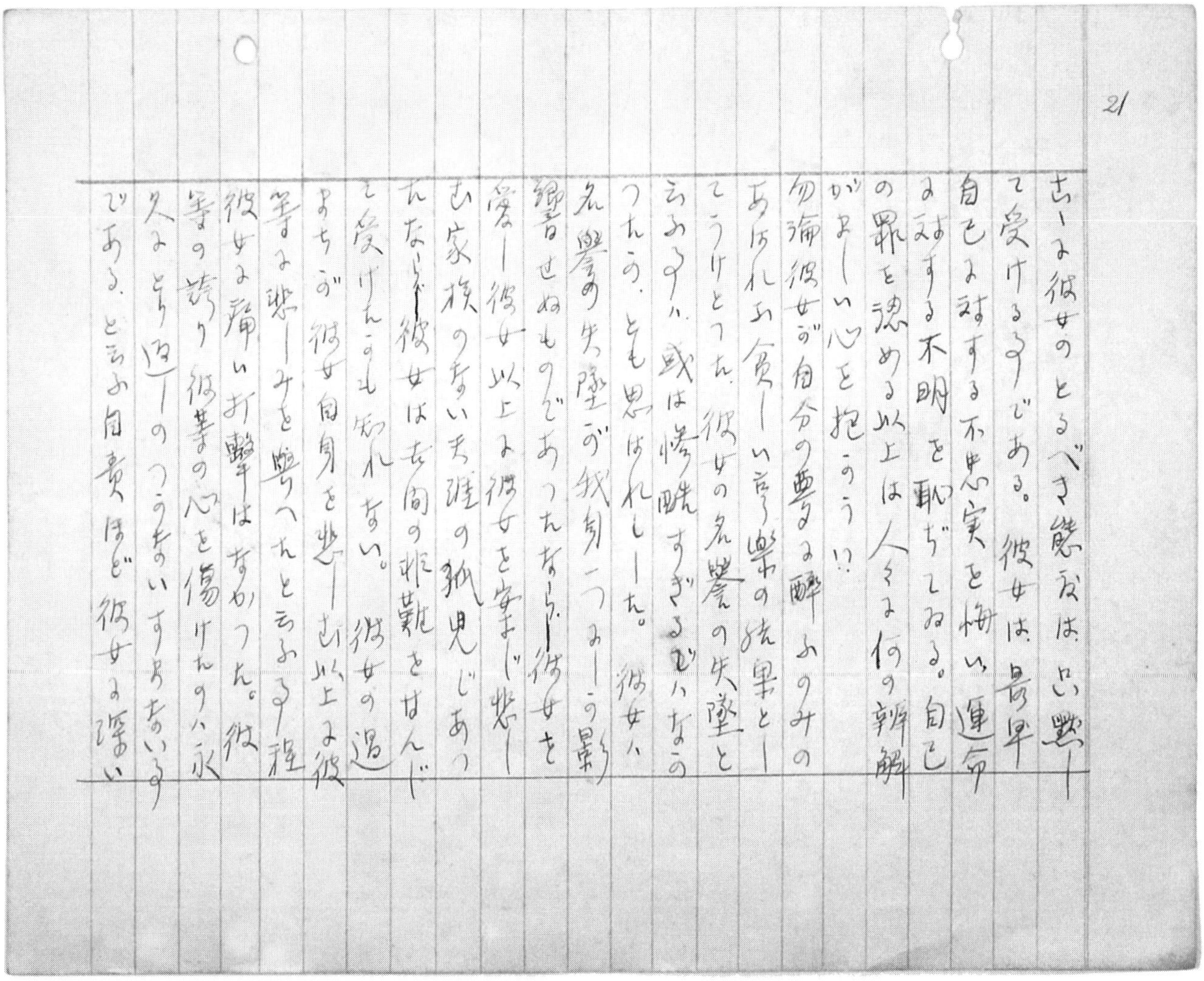

ここに彼女のとるべき態度は、只黙《ただもく》し
て受ける事である。彼女は、最早《もはや》
自己に対する不忠実を悔《く》い、運命
に対する不明を恥《は》ぢてゐる。自己
の罪を認める以上は人々に何の辨解《べんかい》
がましい心を抱《いだ》かう!?
勿論《もちろん》彼女が自分の夢に酔ふのみの
あはれな貧しい享楽の結果とし
てうけとつた、彼女の名譽の失墜《しっつい》と
云ふ事は、或は惨酷《ざんこく》すぎるではなか
つたか、とも思はれもした。彼女は
名譽の失墜が我身一つにしか影《えい》
響《きょう》せぬものであつたなら、——彼女を
愛し彼女以上に彼女を案じ悲し
む家族のない天涯《てんがい》の孤児《こじ》であつ
たなら——彼女は世間《せけん》の非難を甘んじ
て受けたかも知れない。彼女の過《あやま》
まちが彼女自身を悲しむ以上に彼
等に悲しみを與《あた》へたと云ふ事程《ほど》
彼女に痛い打撃はなかつた。彼
等の誇り彼等の心を傷《きずつ（ママ）》けたのは永
久にとり返しのつかないすまない事
である、といふ自責《じせき》ほど彼女に深い

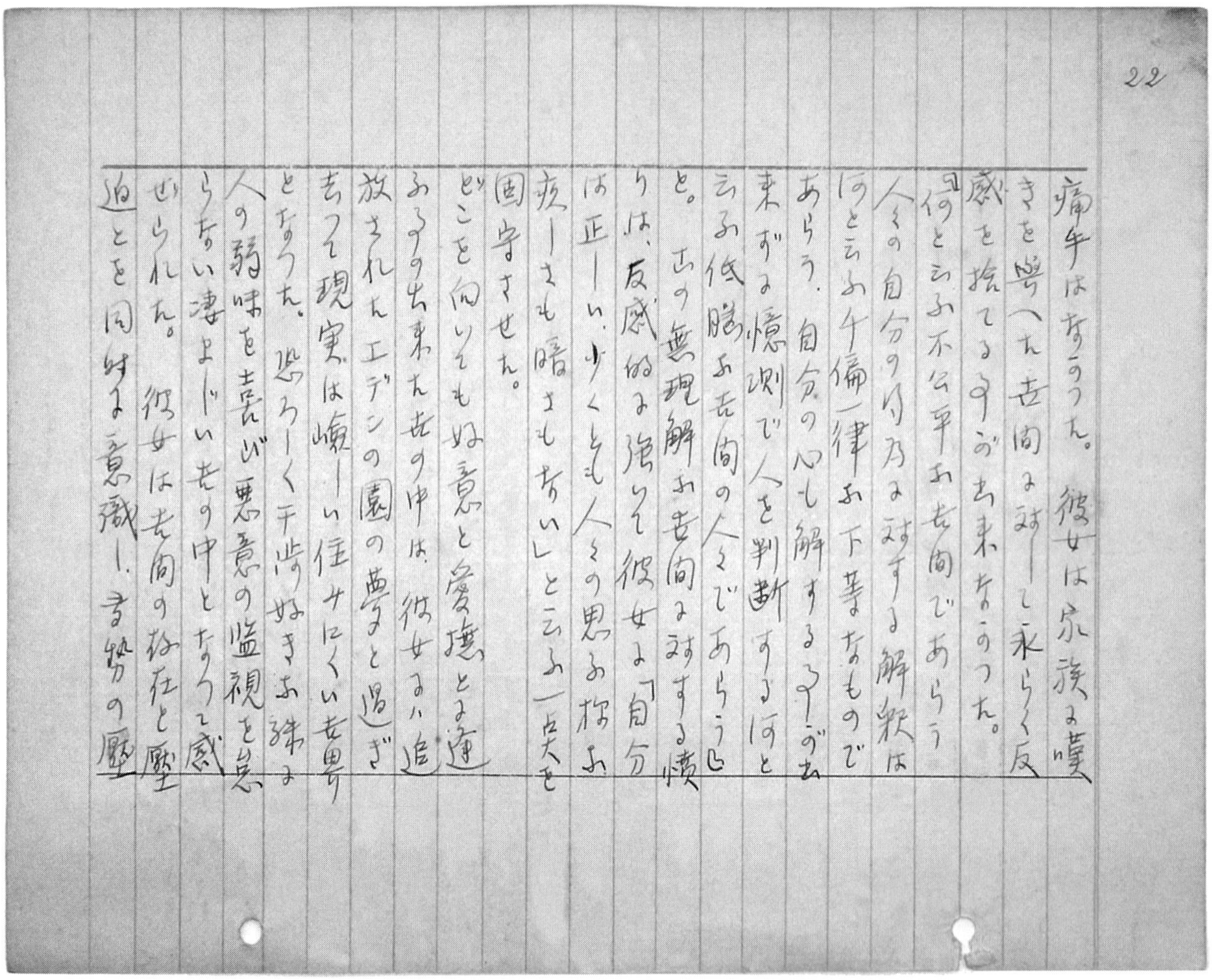

痛手《いたで》はなかつた。彼女は家族に嘆《なげ》きを与《あた》へた世間に対して永らく反感を捨てる事が出来なかつた。
『何と云ふ不公平な世間であらう、人々の自分の行為に対する解釈は何と云ふ千偏一律《せんぺんいちりつ》な下等《かとう》なものであらう、自分の心も解する事が出来ずに憶測《おくそく》で人を判断する何と云ふ低脳《ていのう》な世間の人々であらう』と。この無理解な世間に対する憤《いきどお》りは、反感的に強いて彼女に「自分は正しい、少くとも人々の思ふ様な疾しさも暗さもない」と云ふ一点を固守《こしゅ》させた。
どこを向いても好意と愛撫《あいぶ》とに逢《あ》ふ事の出来た世の中は、彼女には追放されたエデンの園《その》の夢と過ぎ去つて現実は嶮《けわ》しい住みにくい世界となつた。恐ろしく干渉《かんしょう》好きな殊《こと》に人の弱味を喜び悪意の監視を怠《おこた》らない凄《すさ》まじい世の中となつて感ぜられた。彼女は世間の存在と壓《あっ》迫《ぱく》とを同時に意識し、夛勢《たぜい》の壓《あっ》

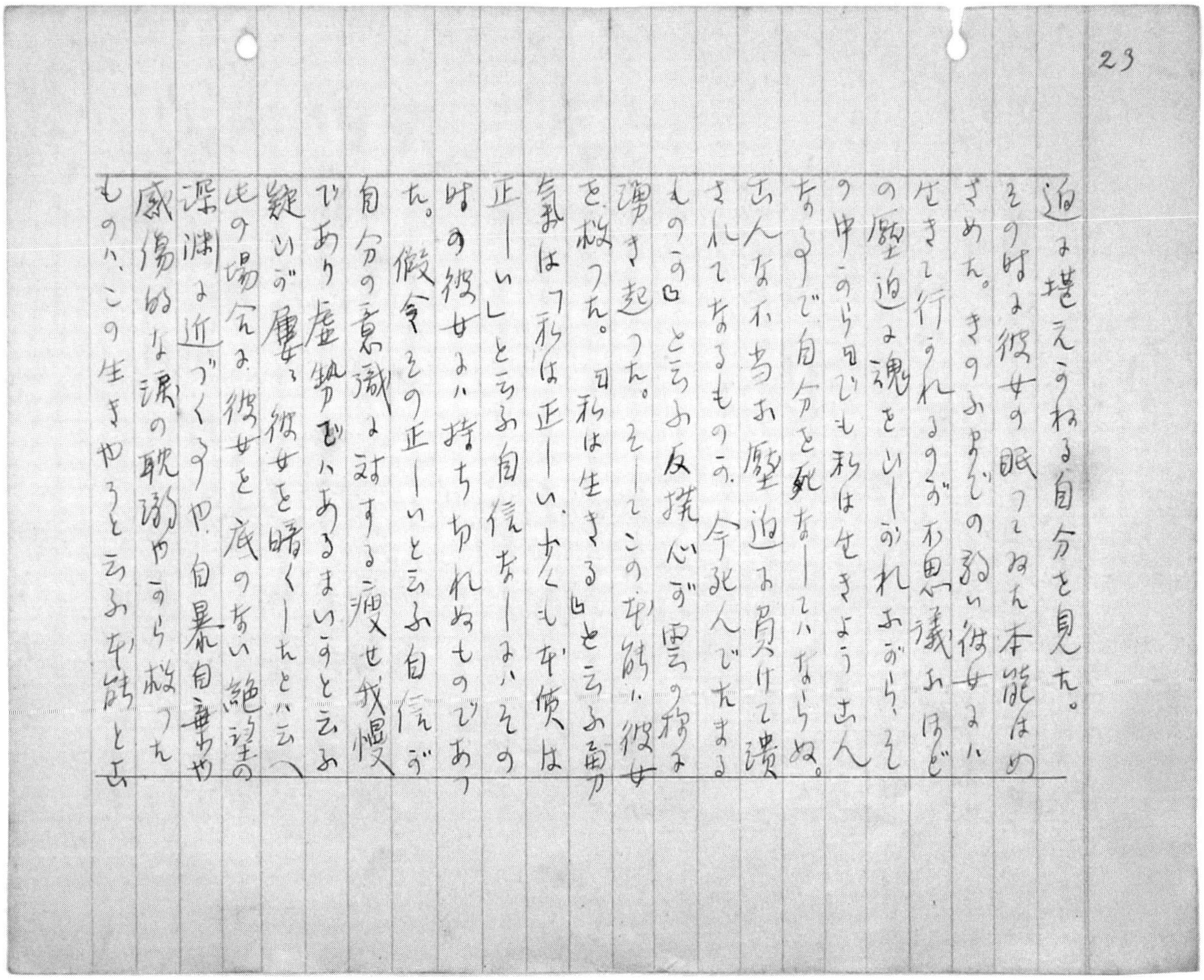

迫《ぱく》に堪《た》えかねる自分を見た。その時に彼女の眠つてゐた本能はめざめた。きのふまでの弱い彼女には生きて行かれるのが不思議なほどの壓迫に魂をひしがれながら、その中から『でも私は生きよう、こんな事で自分を死なしてはならぬ。こんな不当な壓迫に負けて潰《つぶ》されてなるものか、今死んでたまるものか』と云ふ反撥《はんぱつ》心が雲の様に湧《わ》き起つた。そしてこの本能は彼女を救つた。『私は生きる』と云ふ勇《ゆう》氣《き》は「私は正しい、少くも本質は正しい」と云ふ自信なしにはその時の彼女には持ち切れぬものであつた。假令《たとえ》その正しいと云ふ自信が自分の意識に対する痩《や》せ我慢《がまん》であり虚勢《きょせい》ではあるまいかと云う疑ひが屢《しばしば》、彼女を暗くしたとは云へ此《こ》の場合に、彼女を底のない絶望の深淵《しんえん》に近づく事や、自暴自棄《じぼうじき》や感傷的な涙の耽溺《たんでき》やから救つたものは、この生きやうと云ふ本能とこ

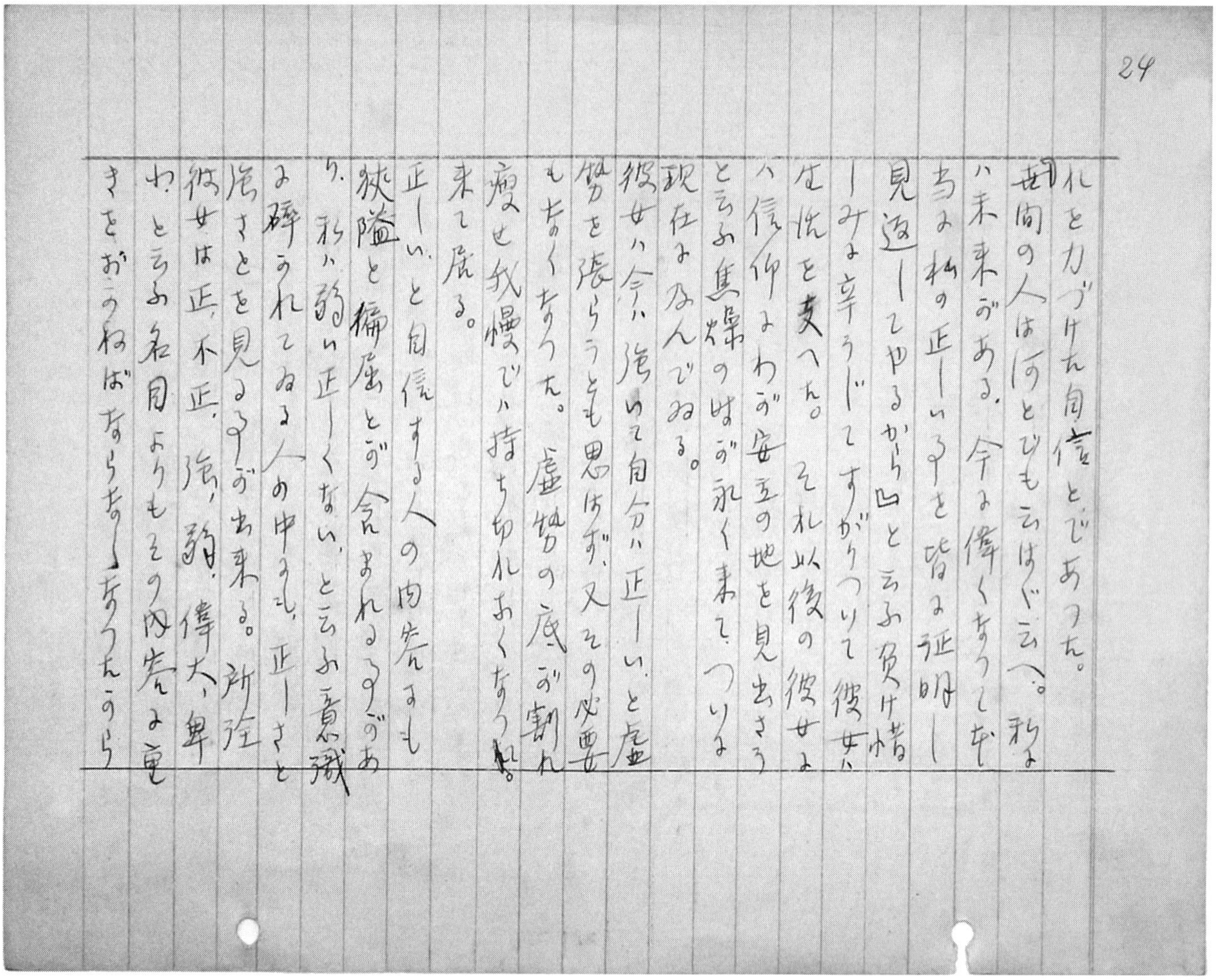

れを力づけた自信とであつた。
『世間の人は何とでも云はゞ云へ。私には未来がある。今に偉くなつて本当に私の正しい事を皆に証明し見返してやるから』と云ふ負け惜しみに辛《かろ》うじてすがりついて彼女は生活を支へた。それ以後の彼女には信仰にわが安立の地を見出《みいだ》さうと云ふ焦燥《しょうそう》の時が永く来て、ついに現在に及んでゐる。
彼女は今は強いて自分は正しい、と虚勢を張らうとも思はず、又その必要もなくなつた。虚勢の底が割れ痩せ我慢では持ち切れなくなつて来て居る。
正しい、と自信する人の内容にも狭隘《きょうあい》と偏屈《へんくつ》とが含まれる事があり、私は弱い正しくない、と云ふ意識に砕《くだ》かれてゐる人の中にも、正しさと強さとを見る事が出来る。所詮《しょせん》彼女は、正、不正、強、弱、偉大《いだい》、卑《ひ》小《しょう》、と云ふ名目《めいもく》よりもその内容に重きをおかねばならなくなつたから

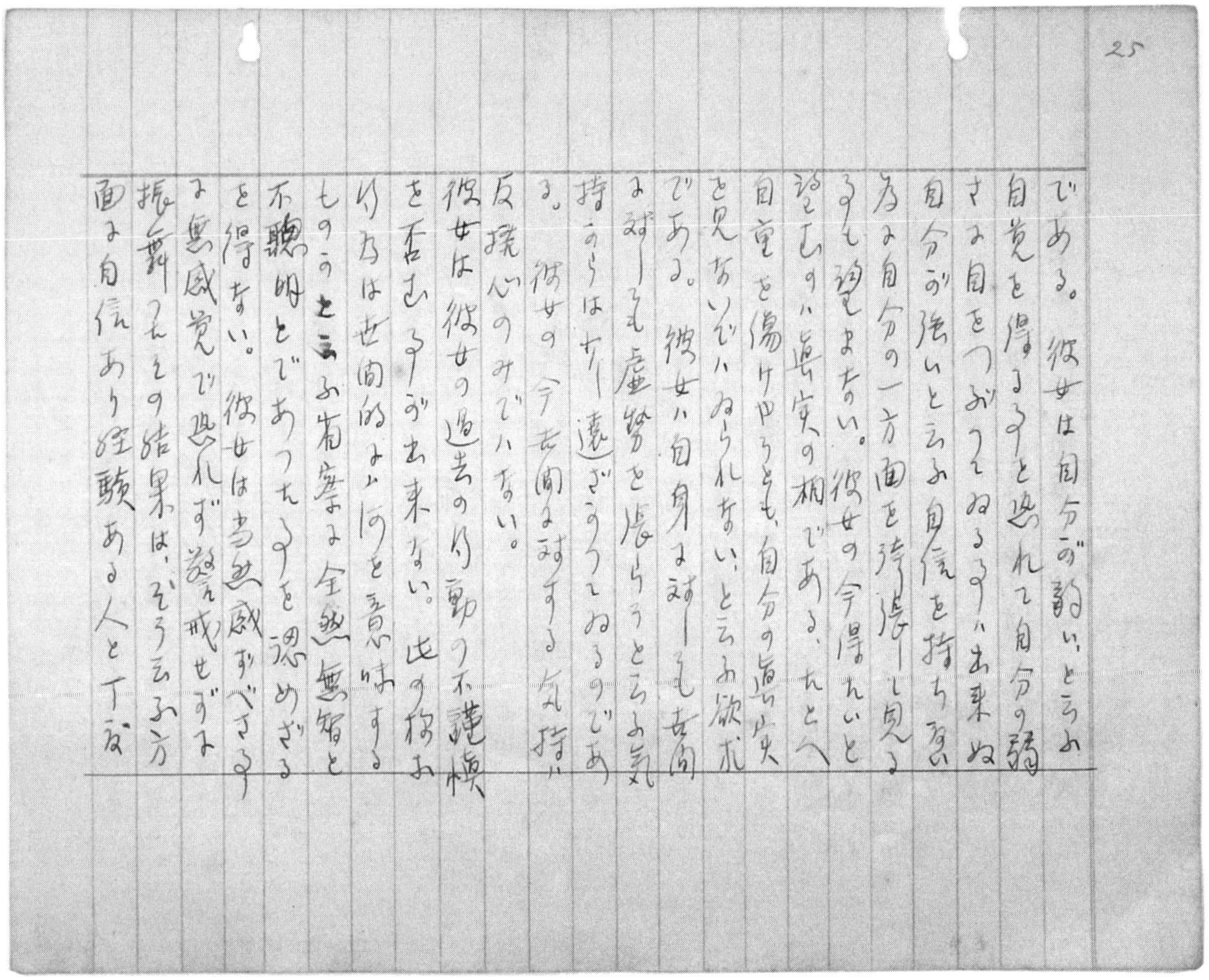

である。彼女は自分が弱い、と云ふ
自覚を得る事を恐れて自分の弱
さに目をつぶつてゐる事は出来ぬ。
自分が強いと云ふ自信を持ち度《た》い
為《ため》に自分の一《いち》方面を誇張して見る
事も望まない。彼女の今《いま》得たいと
望むのは眞実の相である。たとへ
自重《じちょう》を傷《きず》（ママ）けやうとも、自分の眞実
を見ないではゐられない、と云ふ欲求
である。彼女は自身に対しても世間
に対しても虚勢を張らうと云ふ気
持からは少し遠ざかつてゐるのであ
る。彼女の今《いま》世間に対する気持は
反撥心のみではない。
彼女は彼女の過去の行動の不謹慎《ふきんしん》
を否《いな》む事が出来ない。此《こ》の様《よう》な
行為は世間的には何を意味する
ものかと云ふ省察《しょうさつ》に仝然《ぜんぜん》無智と
不聡明《ふそうめい》とであつた事を認めざる
を得ない。彼女は当然感ずべき事
に無感覚で恐れず警戒せずに
振舞《ふるま》つたその結果は、そう云《い》ふ方《ほう》
面《めん》に自信あり経験ある人と丁度《ちょうど》

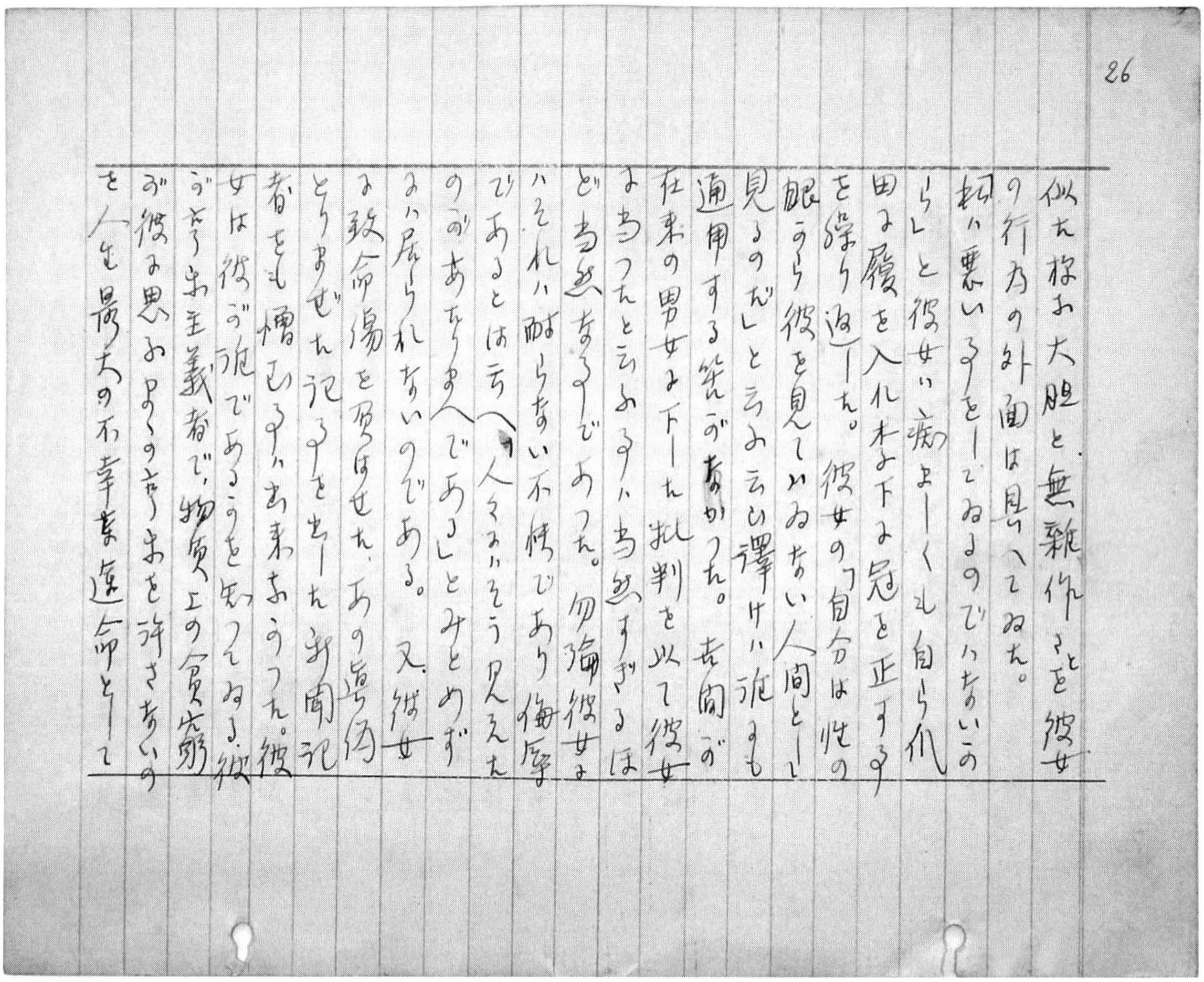

似た様な大胆《だいたん》と無雑作さとを彼女
の行為の外面は具《そな》へてゐた。
「私は悪い事をしてゐるのではないから」と彼女は痴《おこが》ましくも自ら瓜《(か)》田《でん》に履《くつ》を入れ李下《りか》に冠《かんむり》を正す事を繰り返した。彼女の「自分は性の眼から彼を見てはゐない人間として見るのだ」と云ふ云ひ譯《わ》けは誰にも通用する筈がなかつた。世間が在来の男女に下した批判を以て彼女に当つたと云ふ事は当然すぎるほど当然な事であつた。勿論彼女にはそれは耐《たえ》らない不快《ふかい》であり屈辱《くつじょく》であるとは云へ「人々にはそう見えたのがあたりまへである」とみとめずには居られないのである。又、彼女に致命傷を負はせた、あの眞偽《しんぎ》とりまぜた記事を出した新聞記者をも憎む事は出来なかつた。彼女は彼が誰であるかを知つてゐる。彼が享楽《きょうらく》主義者で、物質上の貧窮《ひんきゅう》が彼に思ふま、の享楽を許さないのを人生最大の不幸な運命として

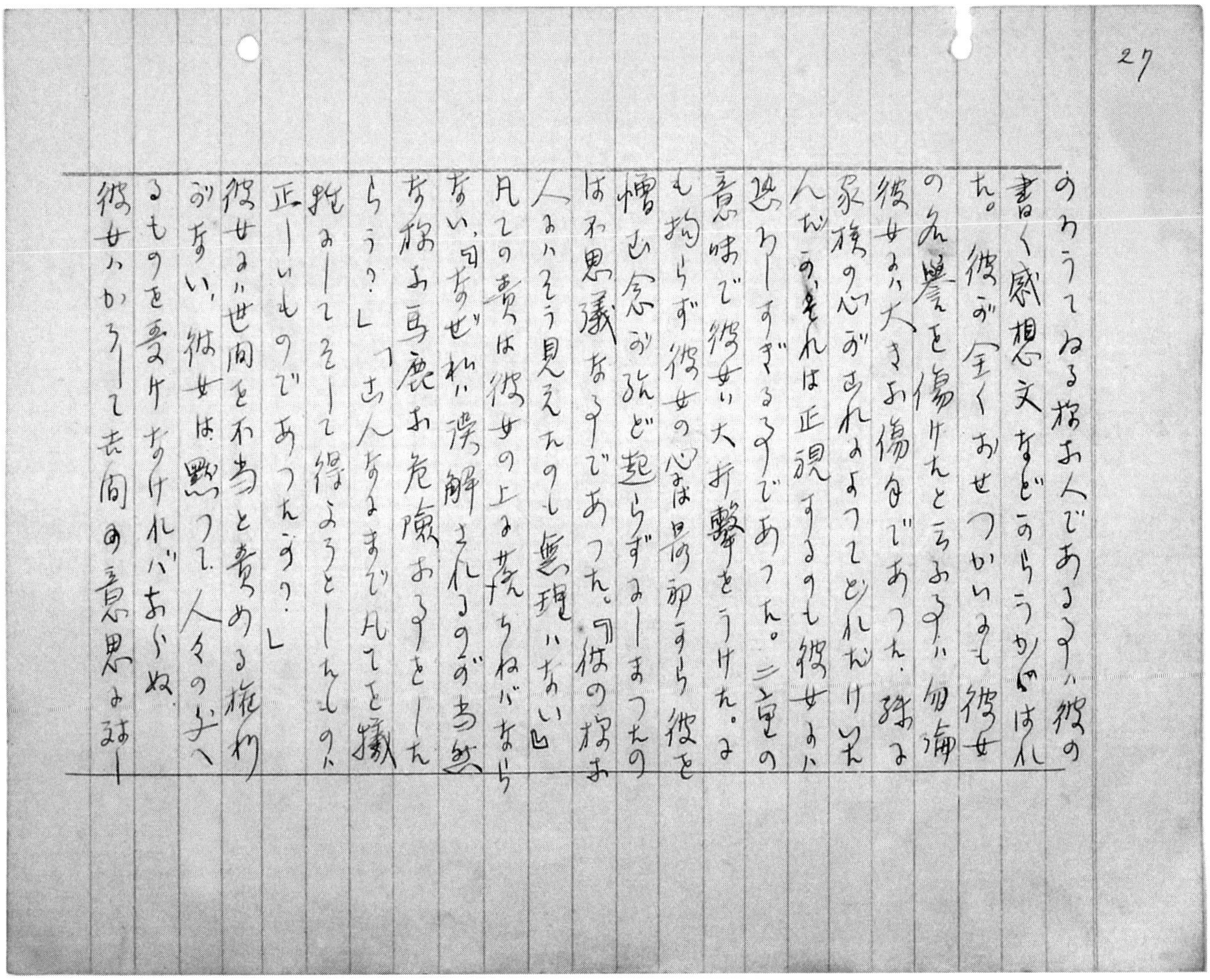

のろうてゐる様な人である事は彼の
書く感想文などからうかゞはれ
た。彼が全くおせつかいにも彼女
の名譽を 傷《きずつ（ママ）》けたと云ふ事は勿論
彼女には大きな傷手《いたで》であつた。殊《こと》に
家族の心がこれによつてどれだけいた
んだか、それは正視《せいし》するのも彼女には
恐ろしすぎる事であつた。二重の
意味で彼女は大打撃をうけた。に
も拘《かかわ》らず彼女の心には最初から彼を
憎む念《おもい》が殆《ばとん》ど起らずにしまつたの
は不思議な事であつた。『彼の様な
人にはそう見えたのも無理はない』
凡《すべ》ての責《せき》は彼女の上に落ちねばなら
ない。『なぜ私は誤解されるのが当然
な様な馬鹿な危険《きけん》な事をした
らう？』「こんなにまで凡てを犠《ぎ》
牲《せい》にしてそして得ようとしたものは
正しいものであつたか？」
彼女には世間を不当と責《せ》める権利
がない。彼女は、黙つて、人々の与へ
るものを受けなければならぬ。
彼女はかうして世間の意思に対し

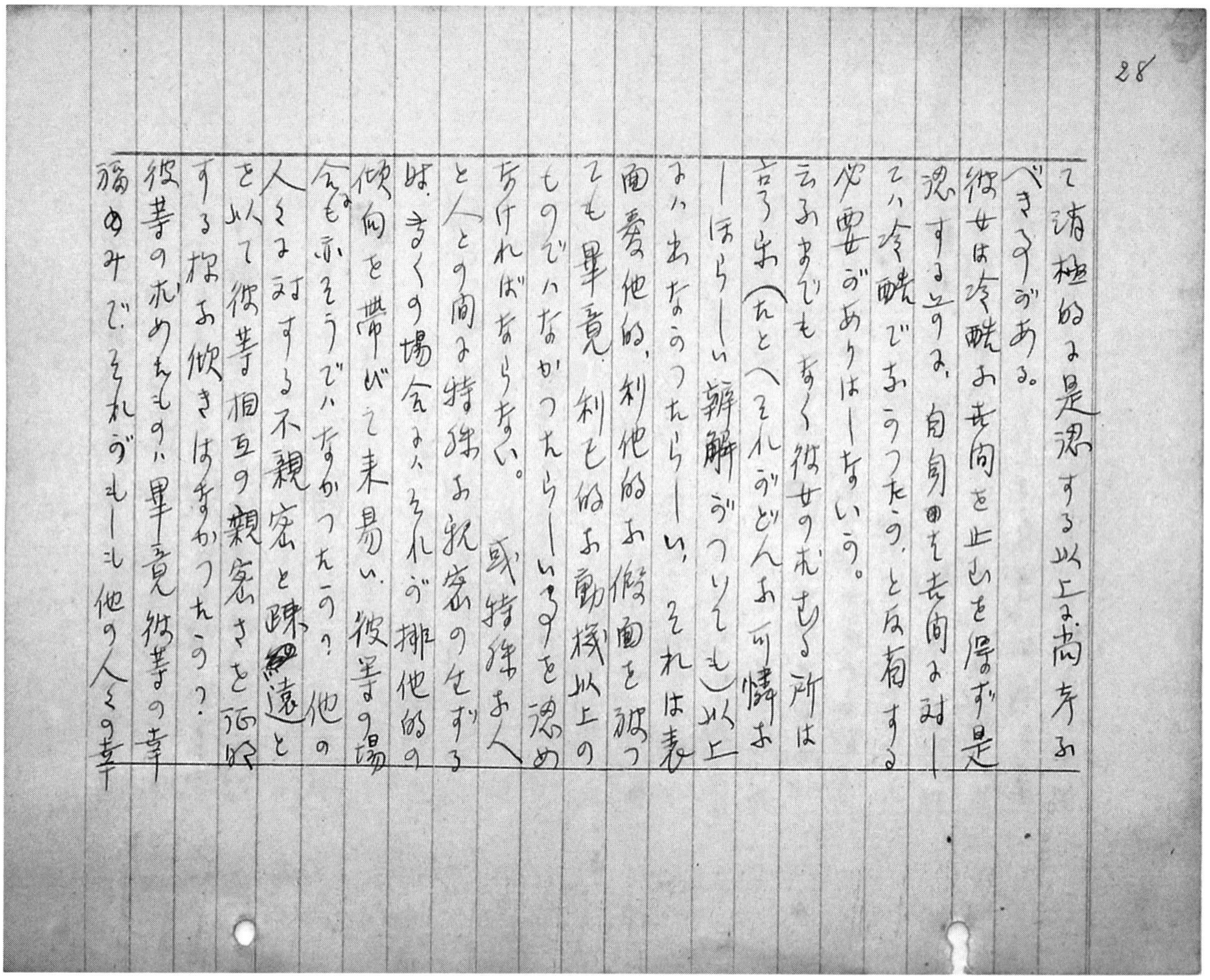

て消極的に是認《ぜにん》する以上に、尚《なお》考ふべき事がある。

彼女は冷酷《れいこく》な世間を止《や》むを得ず是認する前に、自身を世間に対しては冷酷でなかつたか、と反省する必要がありはしないか。

云ふまでもなく彼女の求むる所《ところ》は享楽《きょうらく》（たとへそれがどんな可憐《かれん》なしほらしい辨解《べんかい》がついても）以上には出なかつたらしい、それは表《ひょう》面《めん》愛他《あいた》的、利他《りた》的な假面《かめん》を被《かぶ》つても畢竟《ひっきょう》、利己《りこ》的な動機以上のものではなかつたらしい事を認めなければならない。或《ある》特殊な人と人との間に特殊な親密の生ずる時、夛《おお》くの場合にはそれが排他《はいた》的の傾向を帯びて来易《きやす》い。彼等の場合にも亦《また》そうではなかつたか？ 他の人々に対する不親密と疎遠《そえん》とを以《もっ》て彼等相互の親密さを証明する様《よう》な傾《かたむ》きはなかつたか？

彼等の求めたものは畢竟《ひっきょう》彼等の幸福のみで、それがもしも他の人々の幸

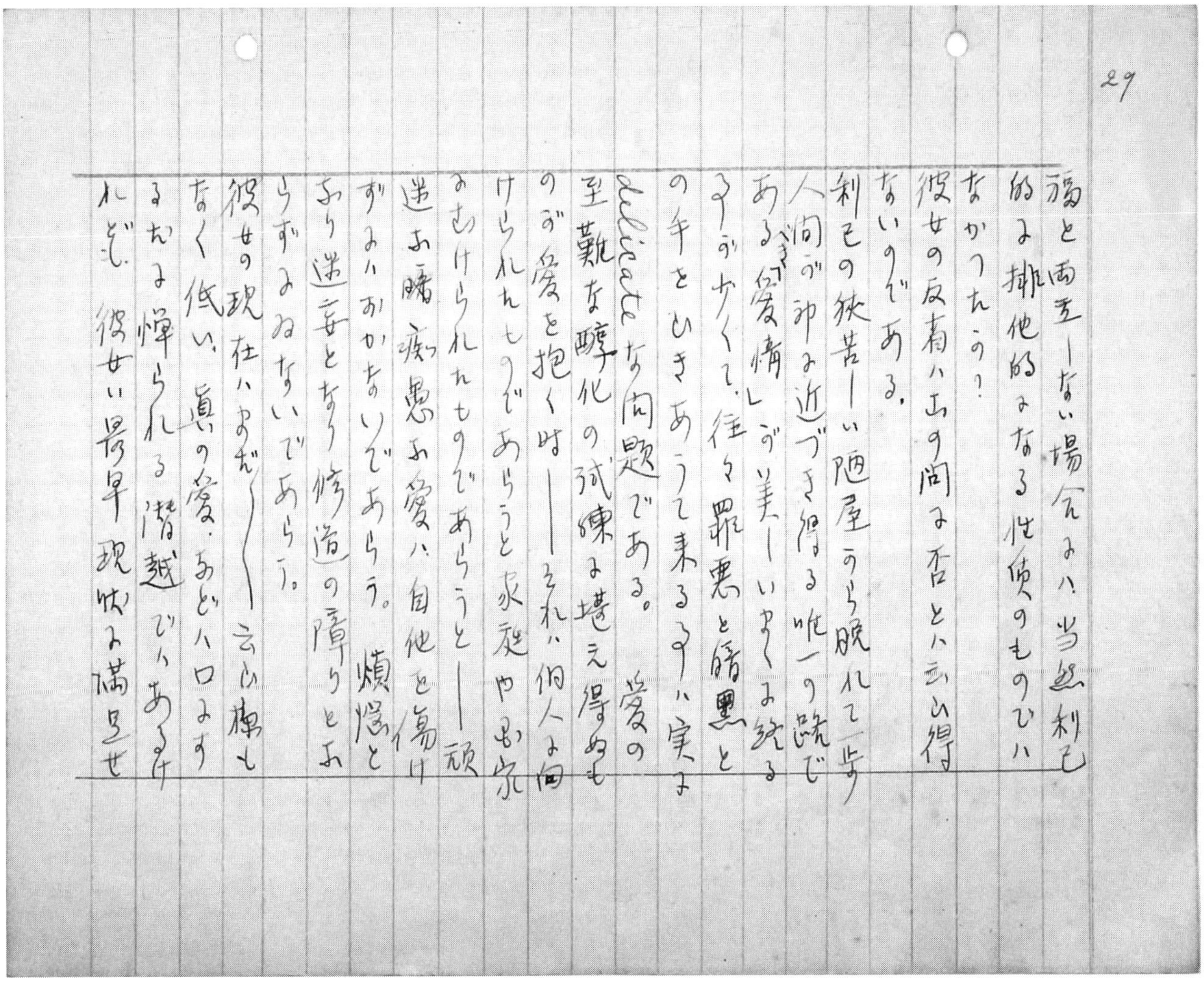

福と両立しない場合には、当然利己《りこ》
的に排他的になる性質のものでは
なかつたか？
彼女の反省はこの問《とい》に否《いな》とは云《い》ひ得
ないのである。
利己の狭苦《せまくる》しい陋屋《ろうおく》から脱《のが》れて一歩
人間が神に近づき得《う》る唯一の路《みち》で
あるべき「愛情」が美しいま、に終る
事が少くて、往々《おうおう》罪悪と暗黒と
の手をひきあうて来る事は実に
delicateな問題である。愛の
至難《しなん》な醇化《じゅんか》の試練に堪《た》え得《え》ぬも
のが愛を抱《いだ》く時――それは個人に向
けられたものであらうと家庭や国家
にむけられたものであらうと――頑《がん》
迷《めい》な痴愚《ちぐ》な愛は、自他を傷《きず》（つ）け
ずにはおかないであらう。煩悩《ぼんのう》と
なり迷妄《めいもう》となり修道《しゅうどう》の障《さわ》りとな
らずにゐないであらう。
彼女の現在はまだ〳〵云ひ様も
なく低い、眞の愛、などは口にす
るだに憚《はばか》られる、僭越《(せん)えつ》ではあるけ
れども、彼女は最早《もはや》現状に満足せ

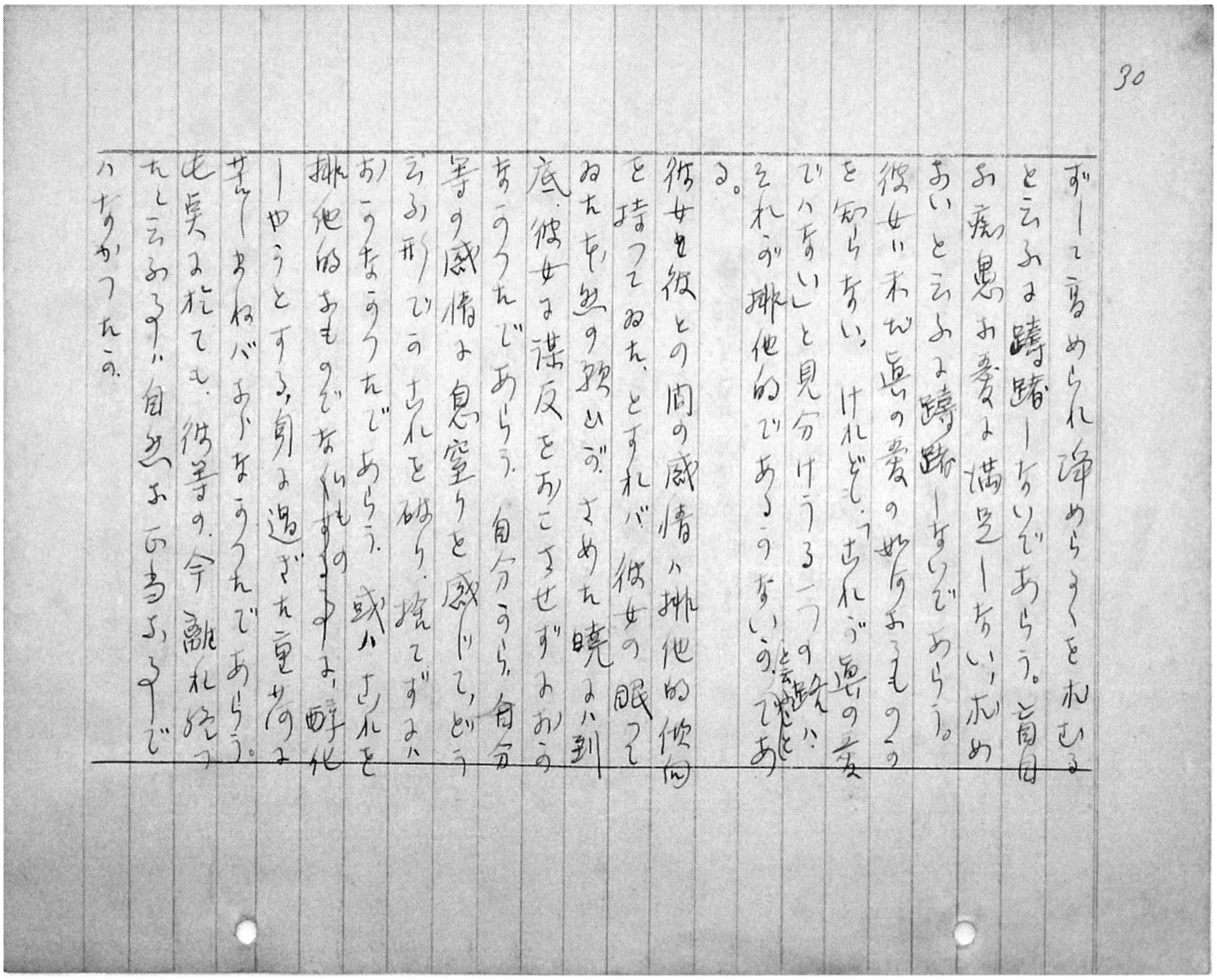

ずして高《たか》められ浄《きよ》めらる、を求むると云ふに躊躇《ちゅうちょ》しないであらう。盲目な痴愚《ちぐ》な愛に満足しない、求めないと云《い》ふに躊躇しないであらう。彼女は未《いま》だ眞の愛の如何なるものかを知らない。けれども、「これが眞の愛ではない」と見分けうる一つの路は、それが排他的であるかないか、と云ふことである。

彼女と彼との間の感情は排他的傾向を持つてゐた、とすれば、彼女の眠つてゐた本然《ほんぜん》の願ひが、さめた暁《あかつき》には到《とう》底《てい》、彼女に謀反《むほん》をおこさせずにおかなかつたであらう。自分から、自分等の感情に息窒《いきづま》りを感じて、どう云ふ形でかこれを破り、捨てずにはおかなかつたであらう。或《あるい》はこれを排他的なものでないものに、醇化《じゅんか》しやうとする、身に過ぎた重荷に苦しまねばならなかつたであらう。此点《このてん》に於ても、彼等の、今、離れ終つたと云ふ事は自然な正当な事ではなかつたか。

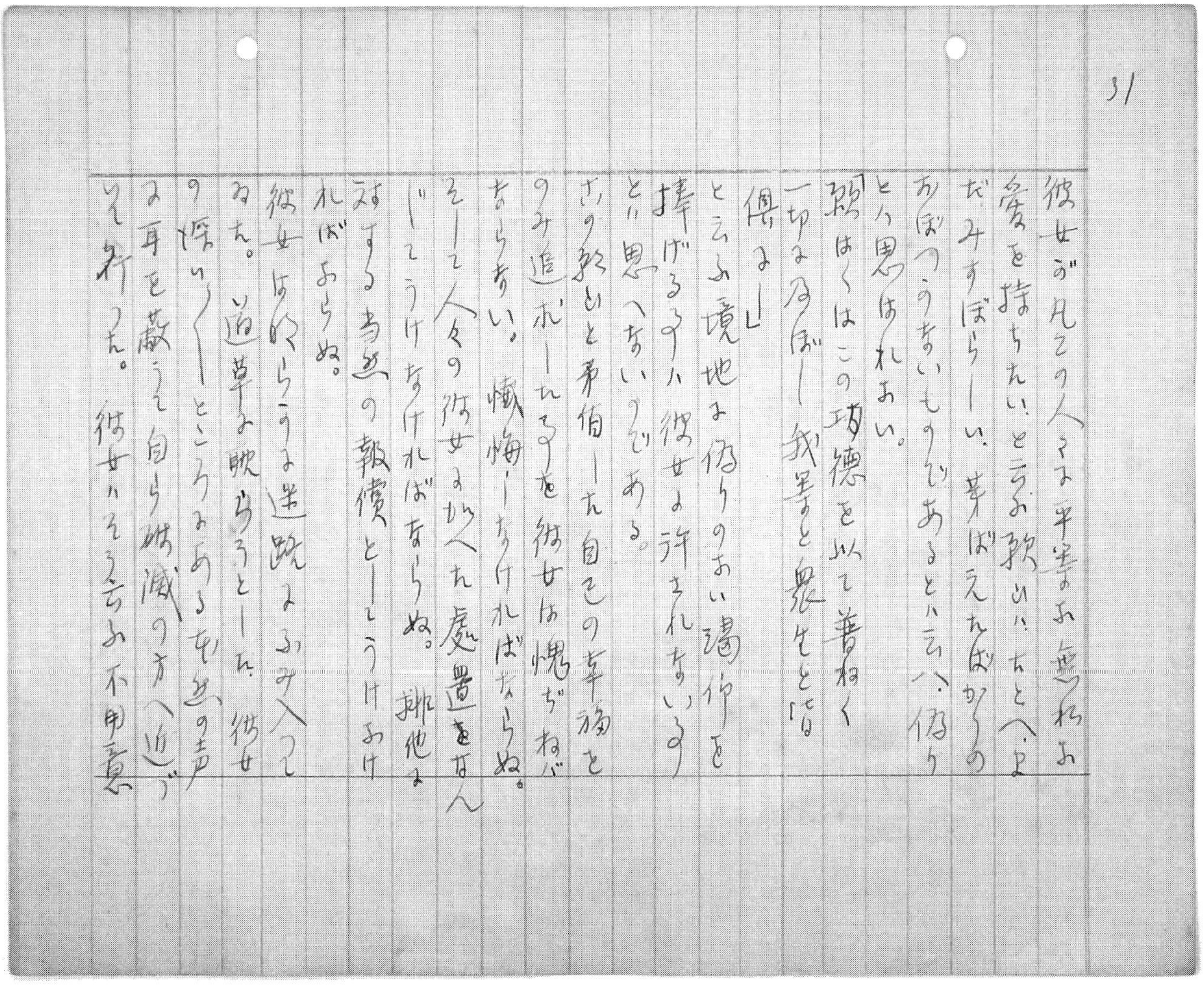

彼女が凡ての人々に平等な無私な愛を持ちたい、と云ふ願ひは、たとへ、まだみすぼらしい、芽ばえたばかりのおぼつかないものであるとは云へ、偽《いつわ》りとは思はれない。

「願はくはこの功徳《くどく》を以て普《あま》ねく一切に及ぼし我等と衆生《しゅじょう》と皆倶《とも》に――」

と云ふ境地に偽りのない渇仰《かつごう》を捧げる事は彼女に許されない事とは思へないのである。

この願ひと矛盾した自己の幸福をのみ追求した事を彼女は愧《は》ぢねばならない。懺悔《ざんげ》しなければならぬ。そして人々の彼女に加へた處置《しょち》を甘んじてうけなければならぬ。排他に対する当然の報償《ほうしょう》としてうけなければならぬ。

彼女は明らかに迷路《めいろ》にふみ入つてゐた。道草に耽《ふけ》らうとした。彼女の深い〳〵ところにある本然《ほんぜん》の声に耳を蔽《おお》うて自ら破滅の方へ近づいて行つた。彼女はそう云ふ不用意

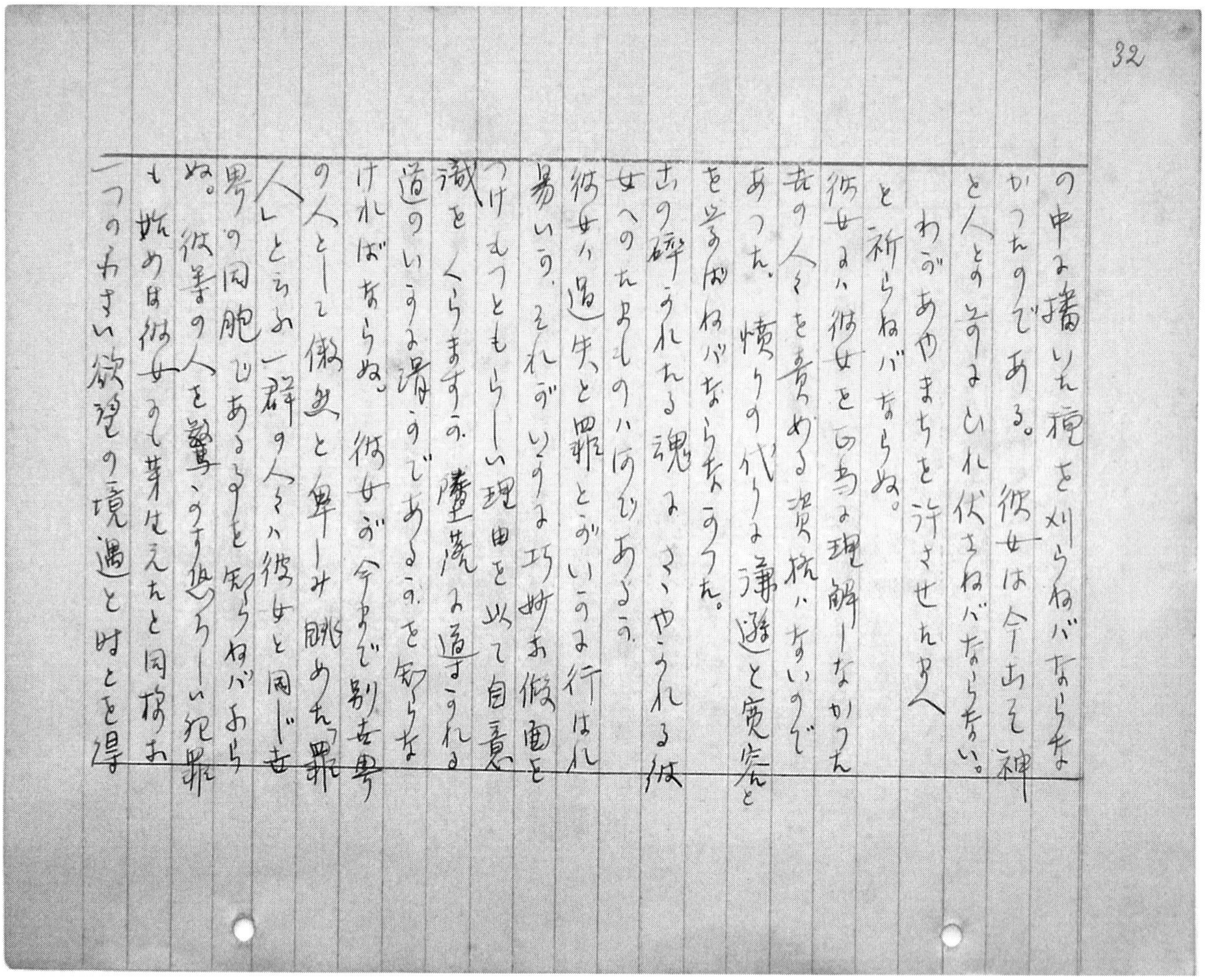

の中に播《ま》いた種《たね》を刈《か》らねばならなかつたのである。彼女は今こそ神と人との前にひれ伏さねばならない。

　わがあやまちを許させたまへ
と祈らねばならぬ。

彼女には彼女を正当に理解しなかつた世の人々を責める資格はないのであつた。憤りの代りに謙遜《けんそん》と寛容《かんよう》とを学ばねばならなかつた。

この砕かれたる魂にさ、やかれる彼女へのたまものは何であるか。

彼女は過失《かしつ》と罪《つみ》とがいかに行はれ易《やす》いか、それがいかに巧妙な假面《かめん》をつけもつともらしい理由を以て自意識をくらますか、堕落《だらく》に導かれる道のいかに滑かであるかを知らなければならぬ。彼女が今まで別世界の人として傲然《ごうぜん》と卑《いや》しみ眺《なが》めた「罪《つみ》人《びと》」と云ふ一群の人々は彼女と同じ世界の同胞《どうほう》である事を知らねばならぬ。彼等の人を驚《おどろ》かす恐ろしい犯罪も始めは彼女にも芽生《めば》えたと同様な一つの小さい欲望の境遇《きょうぐう》と時とを得

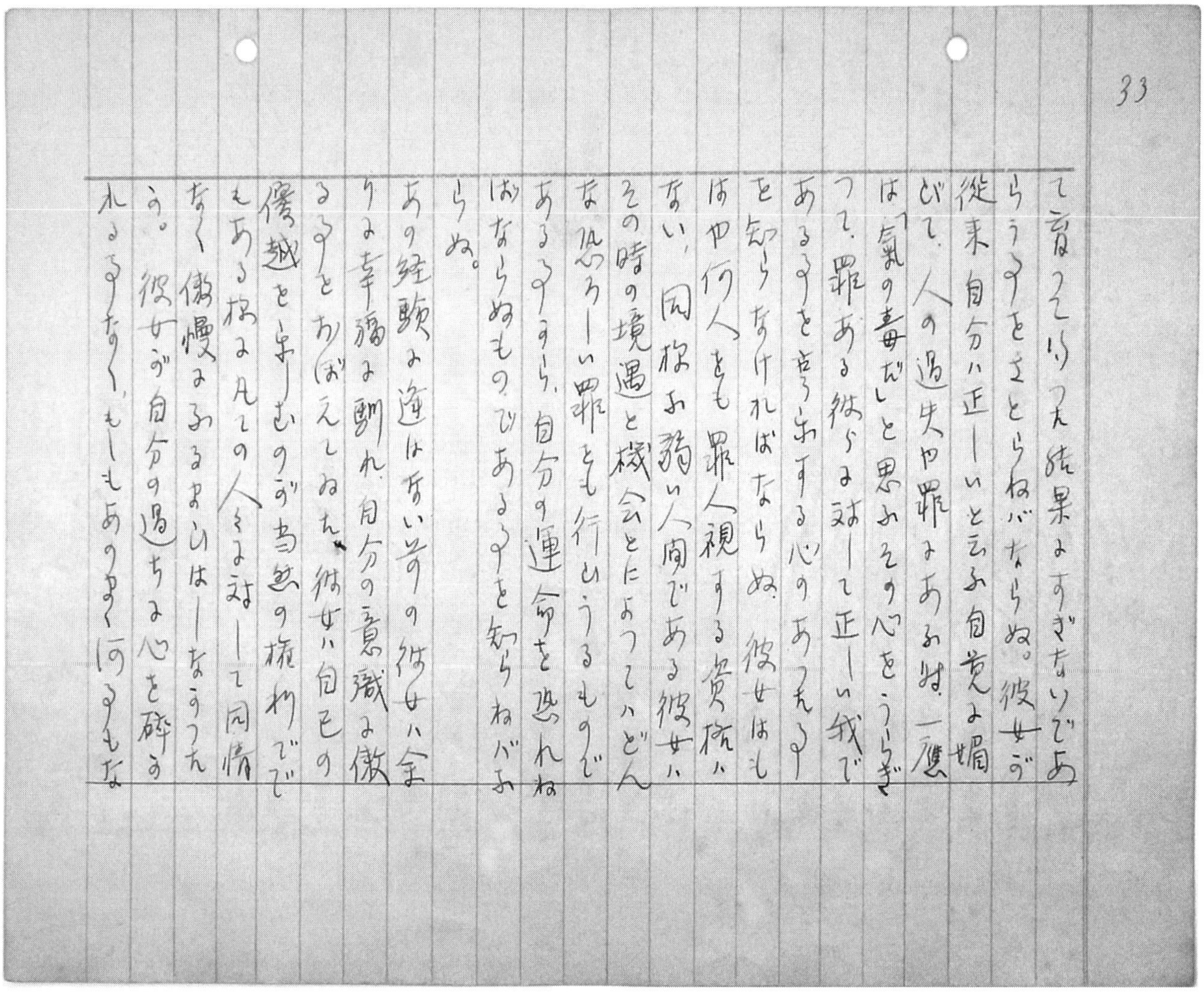

て育つて行つた結果にすぎないであらう事をさとらねばならぬ。彼女が従来《じゅうらい》自分は正しいと云ふ自覚に媚《こ》びて、人の過失や罪にあふ時一應《いちおう》は「氣《き》の毒《どく》だ」と思ふその心をうらぎつて、罪ある彼らに対して正しい我である事を享楽する心のあつた事を知らなければならぬ。彼女はもはや何人をも罪人《つみびと》視する資格はない、同様な弱い人間である彼女はその時の境遇《きょうぐう》と機会とによつてはどんな恐ろしい罪をも行ひうるものである事から、自分の運命を恐れねばならぬものである事を知らねばならぬ。

あの経験に逢《あ》はない前の彼女は余《あま》りに幸福に馴《な》れ、自分の意識に傲《おご》る事をおぼえてゐた、彼女は自己の優越《ゆうえつ》を楽しむのが当然の権利ででもある様に凡ての人々に対して同情なく傲慢《ごうまん》にふるまひはしなかつたか。彼女が自分の過《あやま》ちに心を砕《くだ》かれる事なく、もしもあのまゝ何事もな

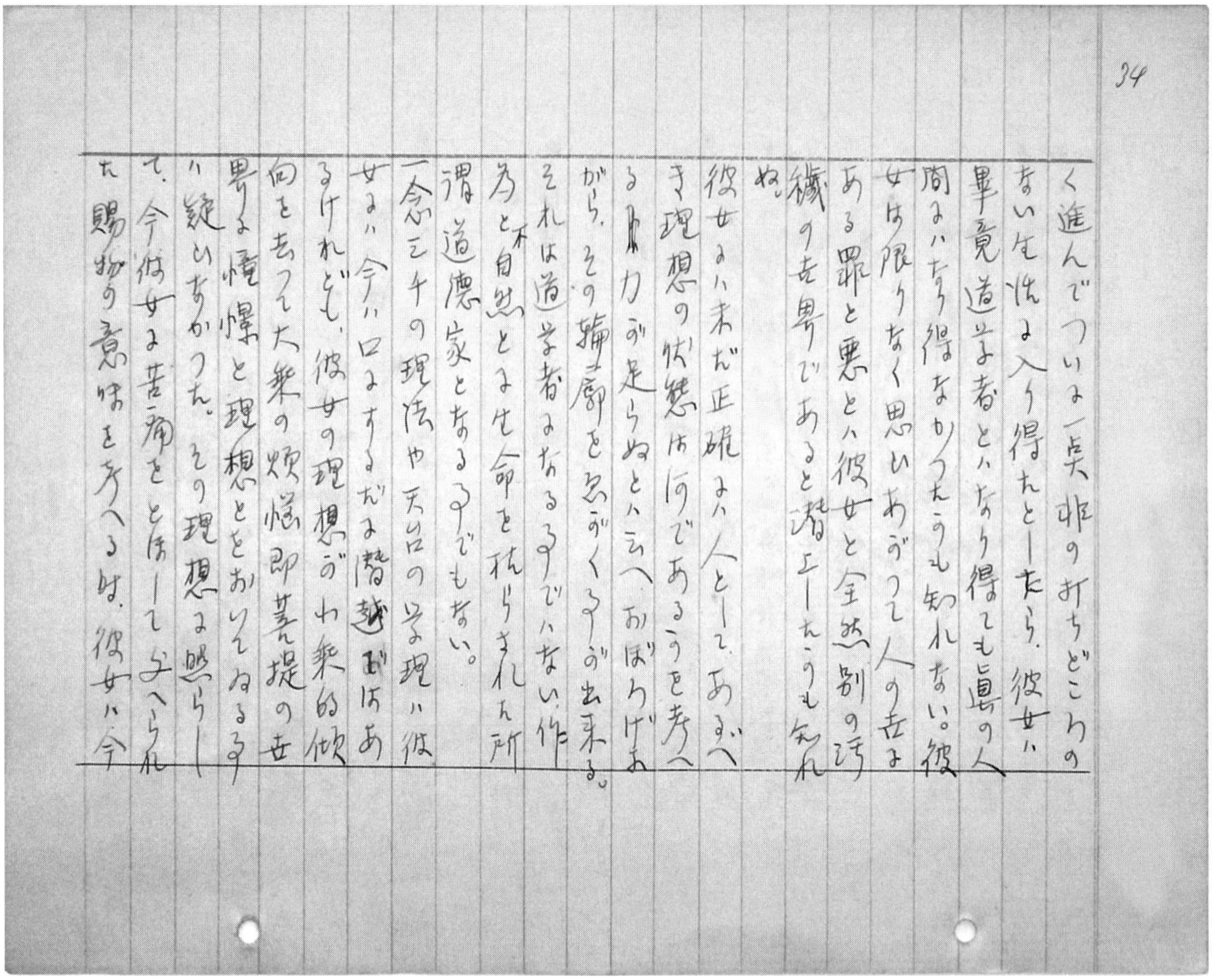

く進んでついに一点非《ひ》の打ちどころのない生活に入り得たとしたら、彼女は畢竟道学者《ひっきょうどうがくしゃ》とはなり得ても眞の人間にはなり得なかつたかも知れない。彼女は限りなく思ひあがつて人の世にある罪と悪とは彼女と全然《ぜんぜん》別の汚《お》穢《わい》の世界であると僭上《（せんじょう）》したかも知れぬ。

彼女には未だ正確には人として、あるべき理想の状態は何であるかを考へる力が足らぬとは云へ、おぼろげながら、その輪廓《りんかく》をゑがく事が出来る。それは道学者になる事ではない、作《さく》為《い》と不自然とに生命を枯《か》らされた所《いわ》謂《ゆる》道徳家となる事でもない。一念三千《いちねんさんぜん》の理法《りほう》や天台《てんだい》の学理《がくり》は彼女には今は口にするだに、僭越《（せんえつ）》ではあるけれども、彼女の理想が小乗的《しょうじょうてき》傾向を去つて大乗《だいじょう》の煩悩即菩提《ぼんのうそくぼだい》の世界に憧憬《しょうけい》と理想とをおいてゐる事は疑ひなかつた。その理想に照らして、今彼女に苦痛をとほして与へられた賜物《たまもの》の意味を考へる時、彼女は今

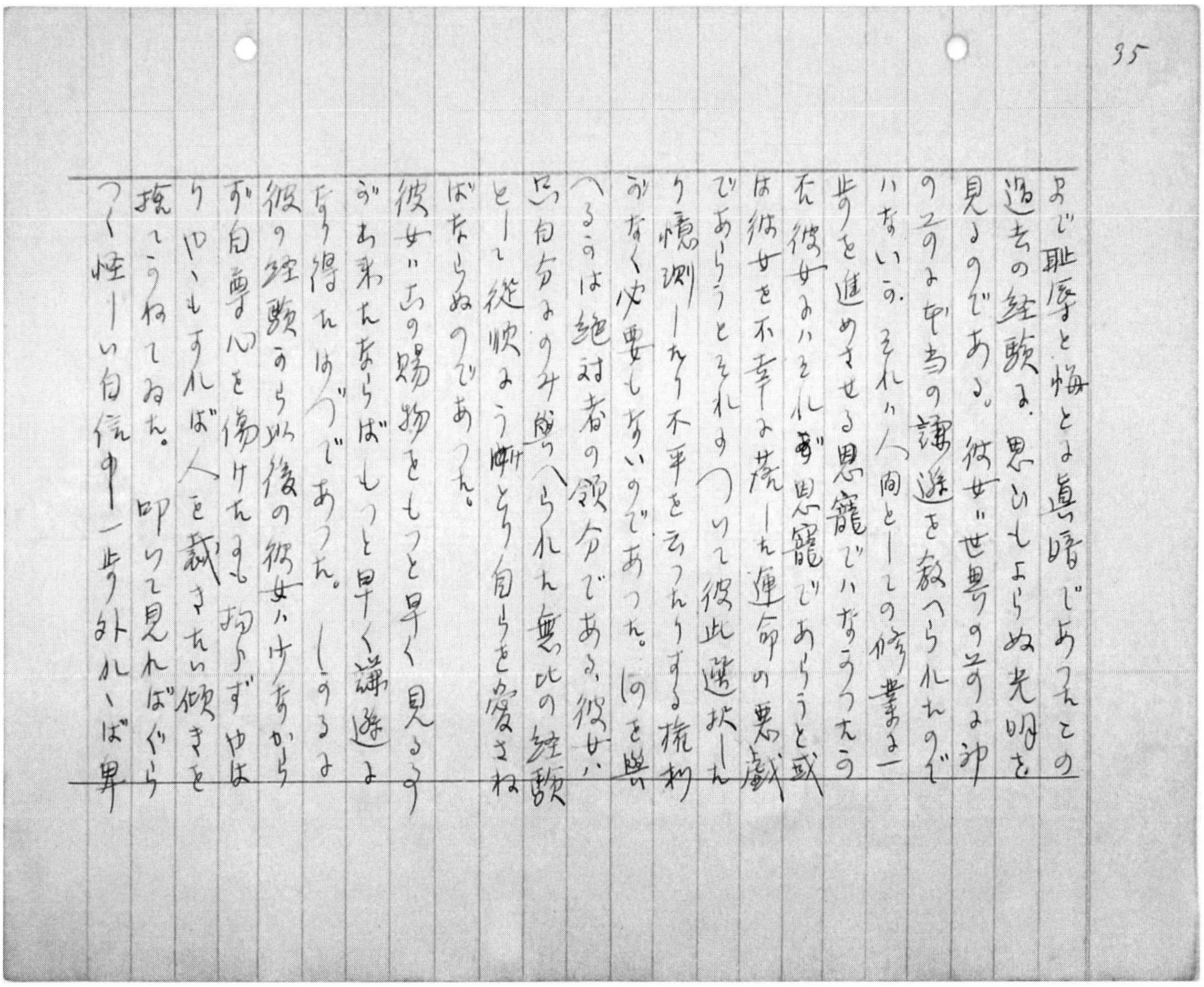

まで恥辱《ちじょく》と悔《くい》とに眞暗《まっくら》であつたとの過去の経験に、思ひもよらぬ光明《こうみょう》を見るのである。彼女は世界の前に神の前に本当の謙遜《けんそん》を教へられたのではないか、それは人間としての修業《しゅぎょう》に一歩を進めさせる恩寵《おんちょう》ではなかつたか否彼女にはそれが恩寵であらうと或は彼女を不幸に落した運命の悪戯《いたづら》であらうとそれについて彼此《かれこれ》選択したり憶測《おくそく》したり不平を云つたりする権利がなく必要もないのであつた。何を与《あた》へるかは絶対者の領分《りょうぶん》である。彼女は只自分にのみ与へられた無比《むひ》の経験として従順《じゅうじゅん》にうけとり自らを愛さねばならぬのであつた。

彼女はこの賜物をもつと早く、見る事が出来たならばもつと早く謙遜になり得たはづであつた。しかるに彼の経験から以後の彼女は少なからず自尊心《じそんしん》を傷《きずつ（ママ）》けたにも拘《かかわ》らずやはりや、もすれば人を裁《さば》きたい傾きを捨てかねてゐた。叩いて見ればぐらつく怪しい自信――一歩外れ、ば卑《ひ》

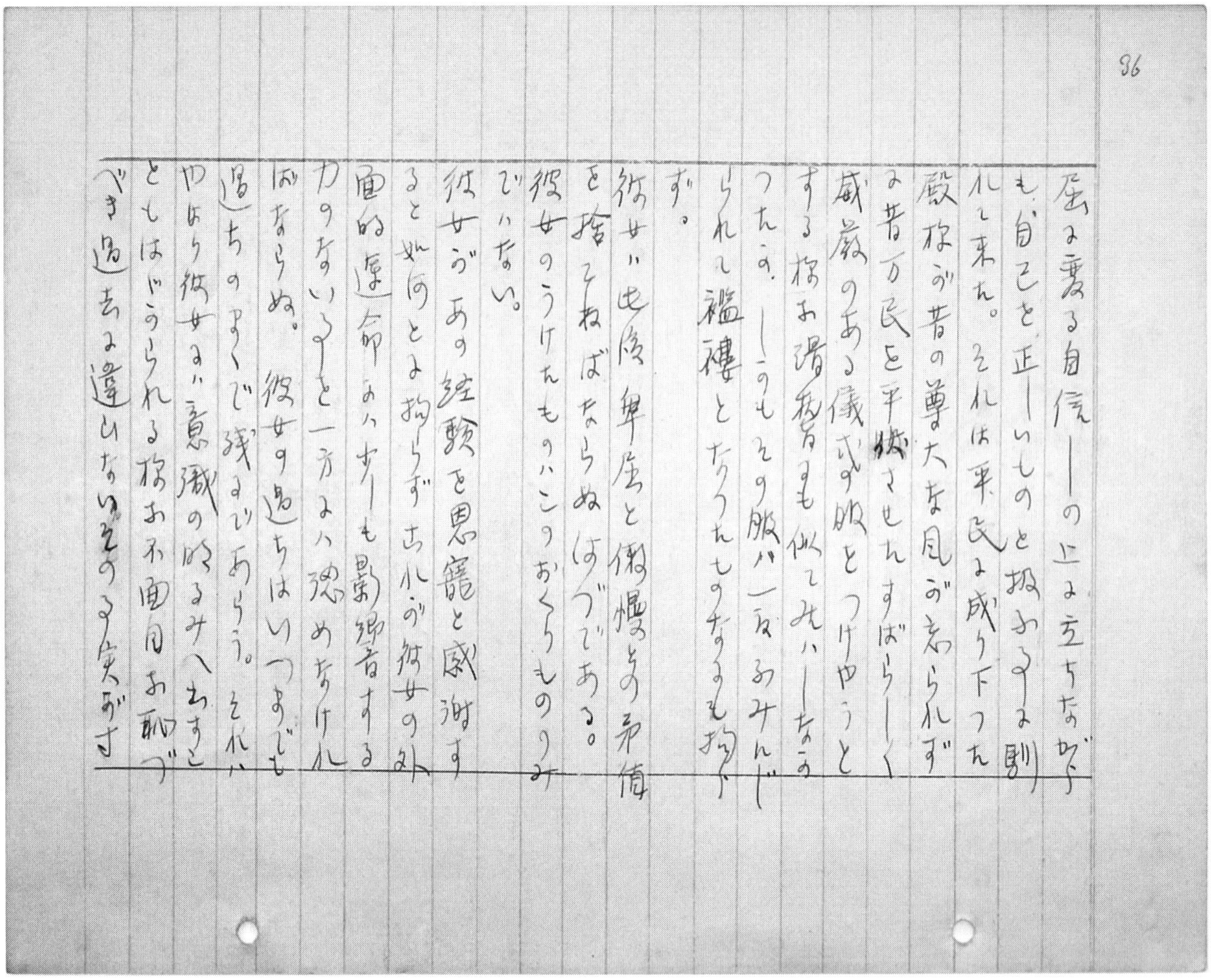

屈《くつ》に変る自信——の上に立ちながらも、自己を正しいものと扱ふ事に馴れて来た。それは平民《へいみん》に成り下つた殿様《とのさま》が昔の尊大《そんだい》な風が忘《わすれ》られずに昔万民《ばんみん》を平伏《へいふく》させたすばらしく威厳《いげん》のある儀式《ぎしき》の服をつけやうとする様な滑稽《こっけい》にも似《に》て居《い》はしなかつたか。しかもその服は一度ふみにじられて襤褸《らんる》となつたものなにも拘《かかわ》らず。

彼女は此後《こののち》卑屈《ひくつ》と傲慢《ごうまん》との矛盾を捨てねばならぬはづである。

彼女のうけたものはこのおくりもののみではない。

彼女があの経験を恩寵と感謝すると如何《いかん》とに拘らずこれが彼女の外面的運命には少しも影響する力のない事を一方には認めなければならぬ。彼女の過《あやま》ちはいつまでも過ちのまゝで残るであろう。それはやはり彼女には意識の明るみへ出すこともはゞかられる様な不面目な恥《は》づべき過去に違ひない。その事実が寸《すん》

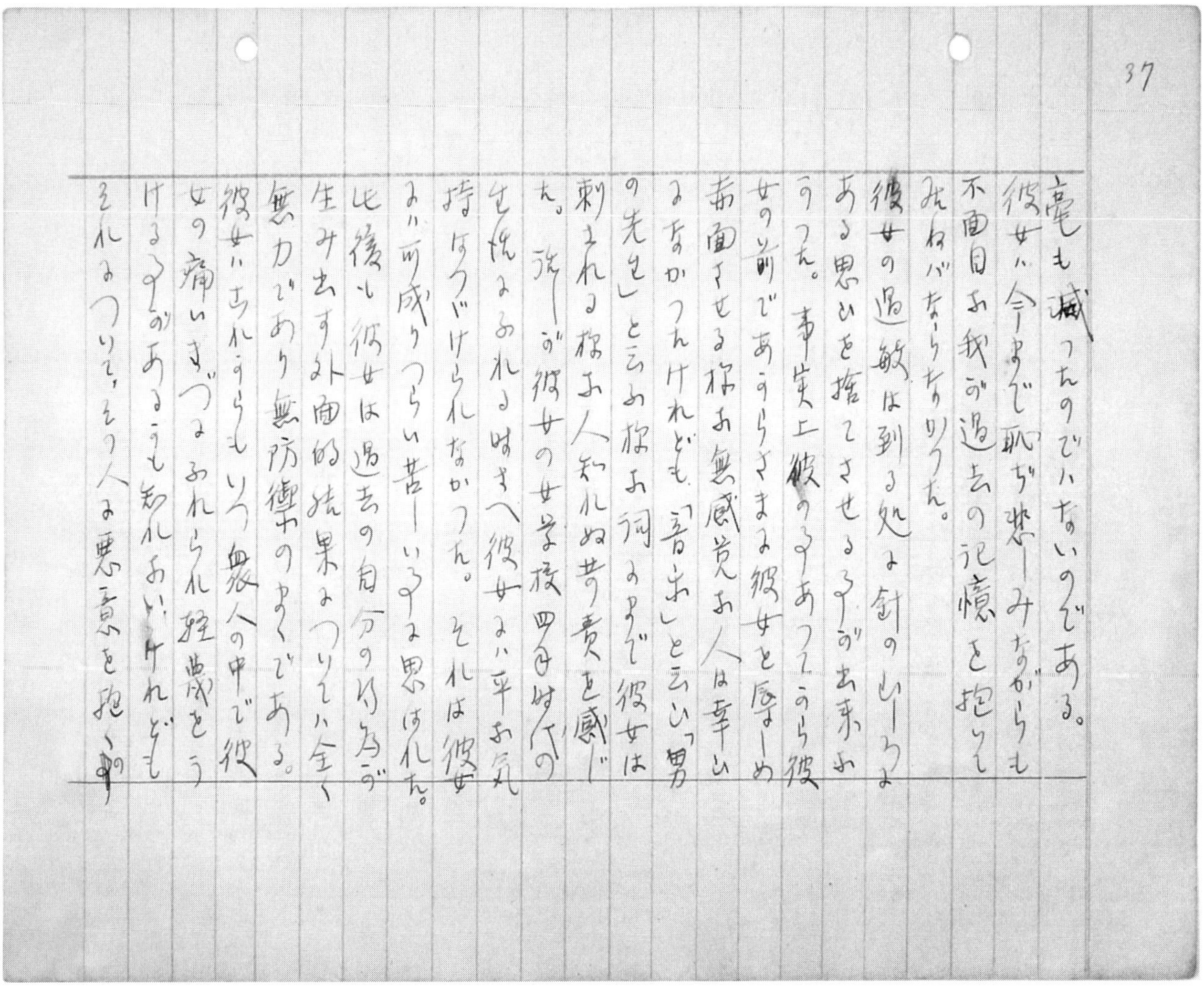

毫《ごう》も減つたのではないのである。彼女は今まで恥《は》ぢ悲しみながらも不面目《ふめんもく》な我《わ》が過去の記憶を抱《いだ》いて居ねばならなかつた。
彼女の過敏《かびん》は到る処に針《はり》のむしろにある思ひを捨てさせる事が出来なかつた。事実上彼の事《ママ》あつてから彼女の前であからさまに彼女を辱《はずか》しめ赤面《せきめん》させる様な無感覚な人は幸ひになかつたけれども、「音楽」と云ひ「男の先生」と云ふ様な詞にまで彼女は刺される様な人知れぬ苛責《かしゃく》を感じた。話しが彼女の女学校四年時代の生活にふれる時さへ彼女には平《たいら》な気持はつゞけられなかつた。それは彼女には可成《かな》りつらい苦しい事に思はれた。
此後も彼女は過去の自分の行為が生み出す外面的結果については全く無力であり無防禦《むぼうぎょ》のまゝである。
彼女はこれからもいつ衆人の中で彼女の痛《いた》いきずにふれられ軽蔑《けいべつ》をうける事があるかも知れない。けれどもそれについて、その人に悪意を抱くの

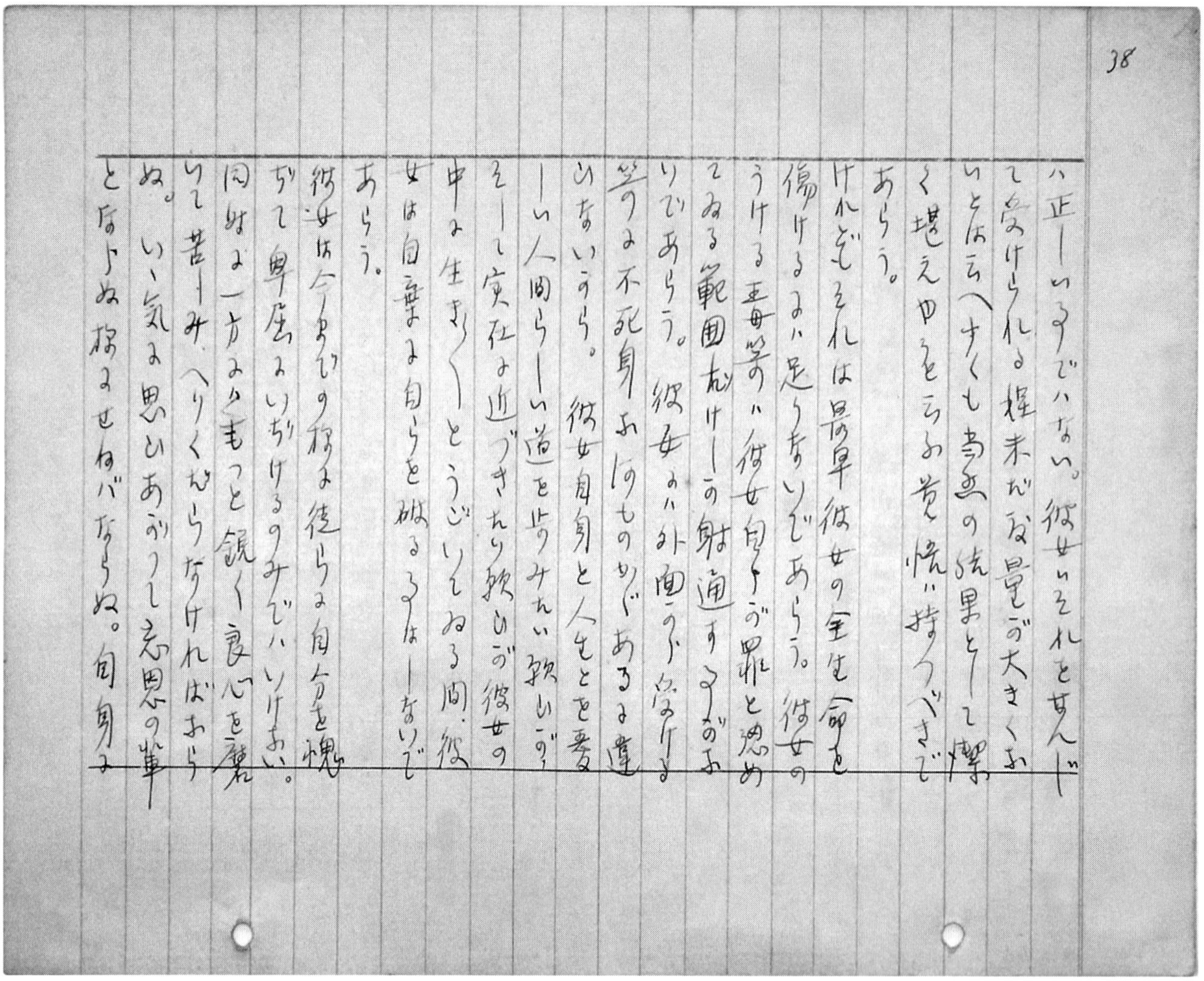

は正しい事ではない。彼女はそれを甘んじて受けられる程未《いま》だ度量《どりょう》が大きくないとは云へ少くも当然の結果として潔《いさぎよ》く堪えやうと云ふ覚悟は持つべきであらう。
けれどもそれは最早《もはや》彼女の全生命を傷《きずつ（ママ）》けるには足《た》りないであらう。彼女のうける毒箭《どくせん》は彼女自らが罪と認めてゐる範囲だけしか射通《いとお》す事がないであらう。彼女には外面から受ける箭《や》に不死身《ふじみ》な何ものかゞあるに違ひないから。彼女自身と人生とを愛しい人間らしい道を歩みたい願ひが、そして実在に近づきたい願ひが彼女の中に生き〳〵とうごいてゐる間、彼女は自棄《やけ》に自らを破る事はしないであらう。
彼女は今までの様に徒《いたず》らに自分を愧《は》ぢて卑屈《ひくつ》にいぢけるのみではいけない。同時に一方にはもつと鋭く良心を磨《みが》いて苦しみ、へりくだらなければならぬ。い、気に思ひあがつて忘恩《ぼうおん》の輩《やから》とならぬ様にせねばならぬ。自身に

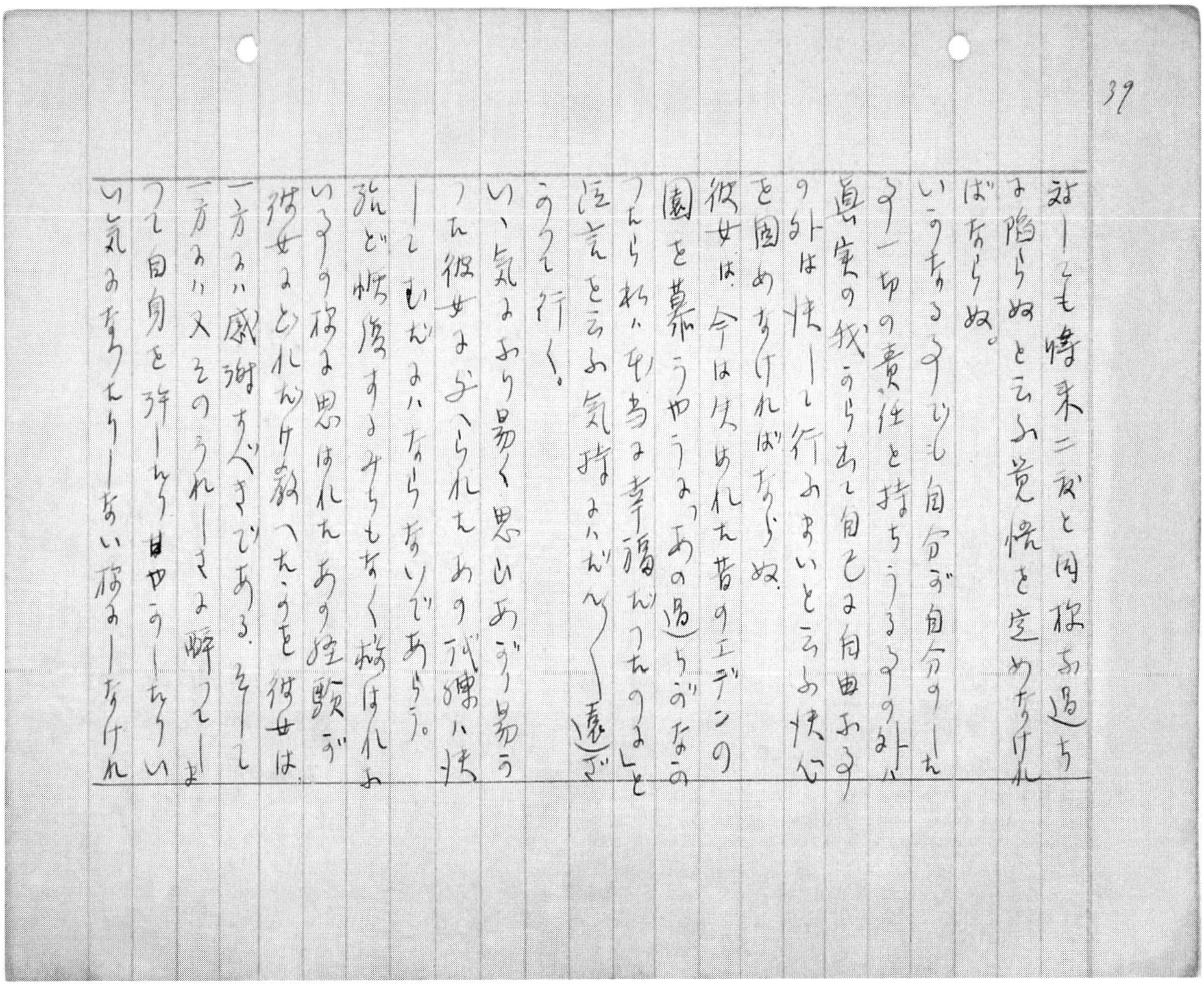

対しても将来二度と同様な過ち
に陥《おちい》らぬと云ふ覚悟を定めなけれ
ばならぬ。
いかなる事でも自分が自分のした
事一切の責任を持ちうる事の外は
眞実の我から出て自己に自由な事
の外は決して行ふまいと云ふ決心
を固めなければならぬ。
彼女は、今は失はれた昔のエデンの
園を慕ふやうに「あの過ちがなか
つたら私は本当に幸福だつたのに」と
泣言《なきごと》を云ふ気持にはだん〳〵遠ざ
かつて行く。
い、気になり易《やす》く思ひあがり易か
つた彼女に与へられたあの試練は決
してむだにはならないであらう。
殆ど恢復《かいふく》するみちもなく救はれな
い事の様に思はれたあの経験が
彼女にどれだけ教へたかを彼女は、
一方には感謝すべきである。そして
一方には又そのうれしさに酔つてしま
つて自身を許したり甘やかしたりい
い気になつたりしない様にしなけれ

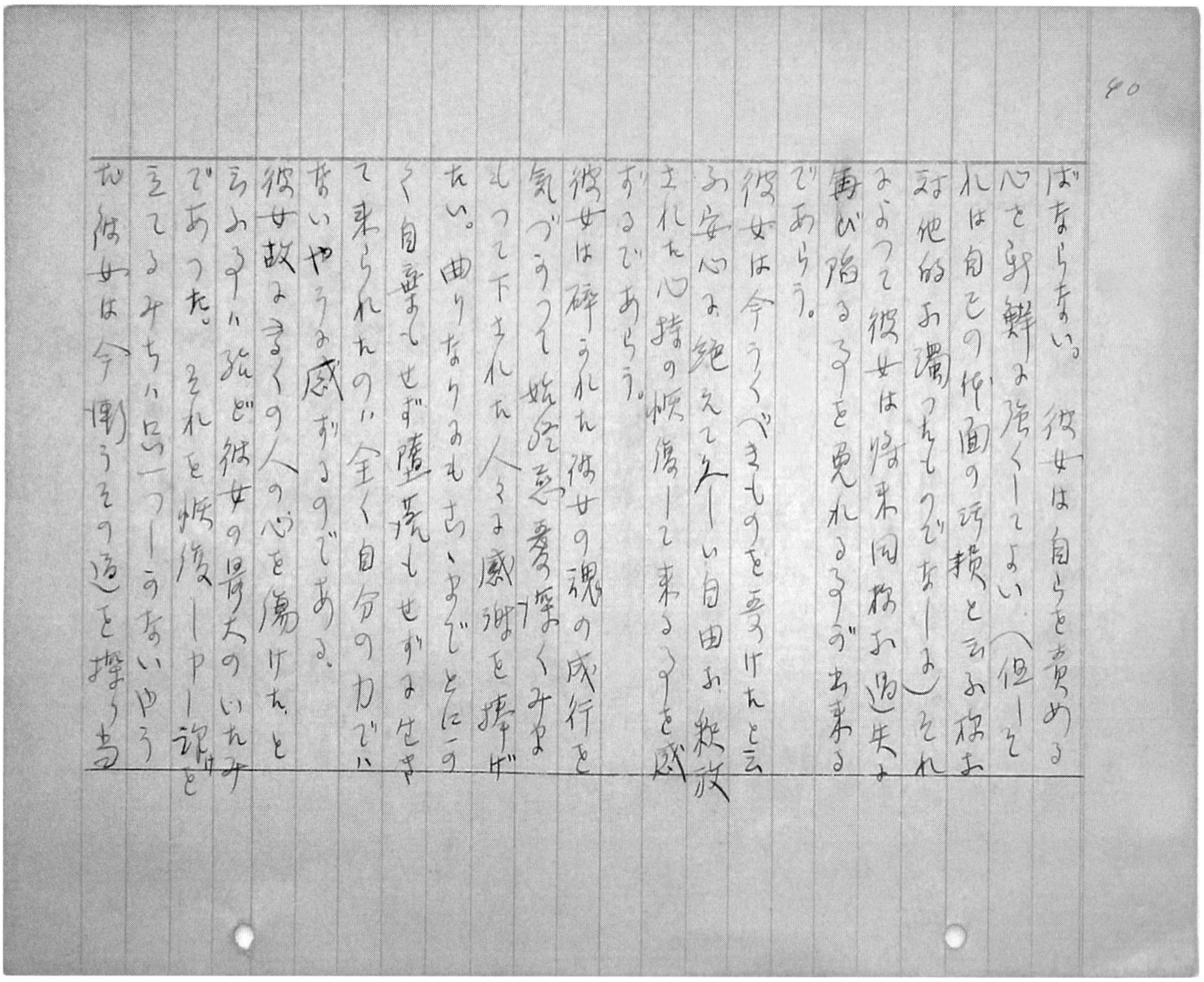

ばならない。彼女は自らを責める
心を新鮮に強くしてよい。（但《ただ》しそ
れは自己の体面《たいめん》の汚損《おそん》と云ふ様な
対他《たいた》的な濁《にご》つたものでなしに）それ
によつて彼女は将来同様な過失に
再び陥る事を免《まぬが》れる事が出来る
であらう。
彼女は今うくべきものを受けたと云
ふ安心に、絶えて久しい自由な釈放
された心持《こころもち》の恢復して来る事を感
ずるであらう。
彼女は砕《くだ》かれた彼女の魂《たましい》の成行《なりゆき》を
気づかつて始終慈愛《しじゅうじあい》深くみま
もつて下された人々に感謝を捧げ
たい。曲《まが》りなりにもこ、までとにか
く自棄もせず堕落もせずに生き
て来られたのは全く自分の力では
ないやうに感ずるのである。
彼女故に多くの人の心を傷《きずつ(ママ)》けた、と
云ふ事は殆《ほとん》ど彼女の最大のいたみ
であつた。それを恢復し申し訳けを
立てるみちは只一つしかないやう
だ　彼女は今　漸《ようよ(ママ)》うその道を探《さぐ》り当《あ》

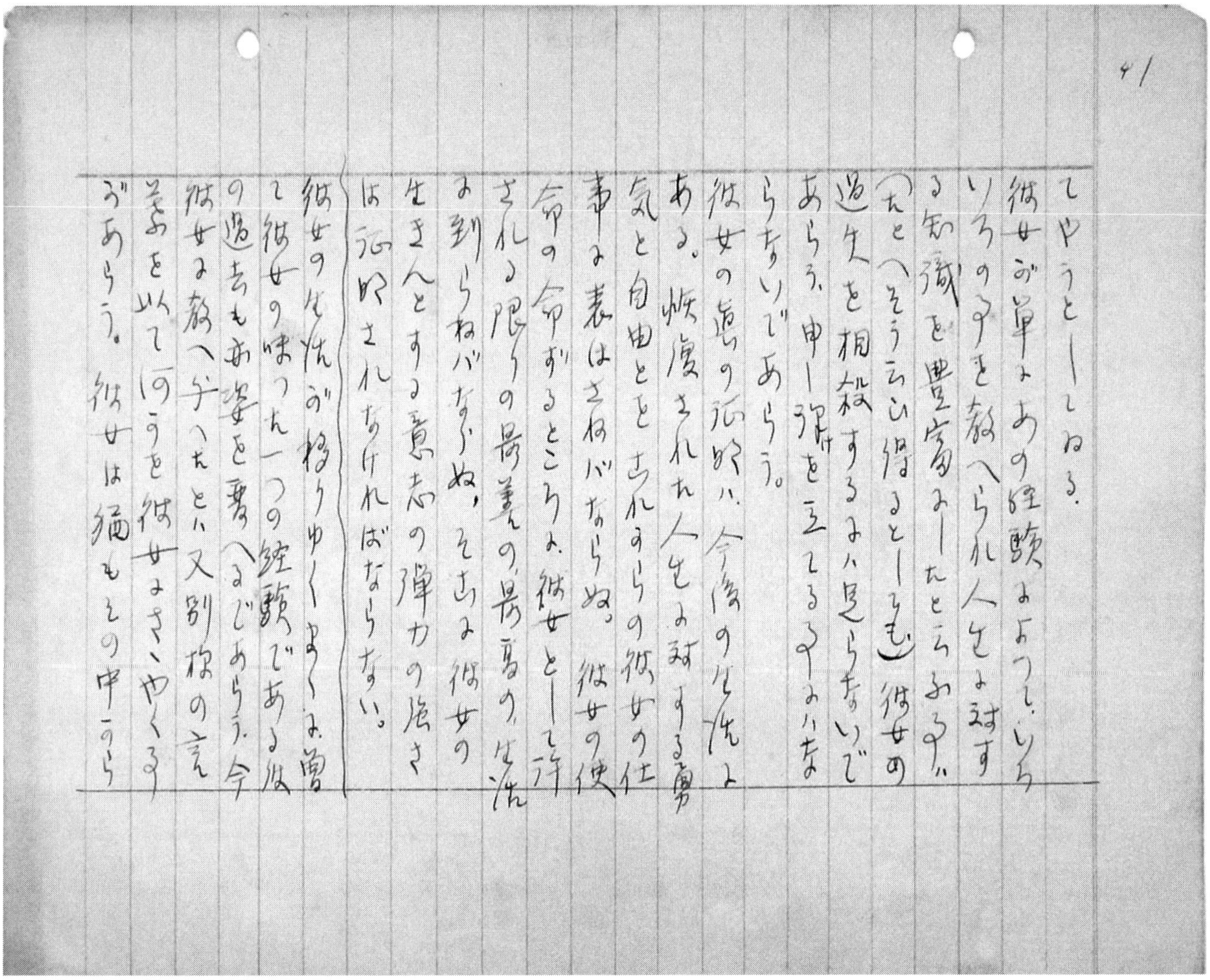

てやうとしてゐる。
彼女が単にあの経験によつて、いろ
いろの事を教へられた人生に対す
る知識を豊富にしたと云ふ事は
（たとへそう云ひ得るとしても、）彼女の
過失を相殺《そうさい》するには足らないで
あらう。申し訳けを立てる事にはな
らないであらう。
彼女の眞の証明は、今後の生活に
ある。恢復された人生に対する勇
気と自由とをこれからの彼女の仕
事に表はさねばならぬ。彼女の使
命の命ずるところに、彼女として許
される限りの最善の、最高の、生活
に到らねばならぬ、そこに彼女の
生きんとする意志の弾力《だんりょく》の強さ
は証明されなければならない。
彼女の生活が移りゆくま、に、曽
て彼女の味《あじわ》つた一つの経験である彼
の過去も亦《また》姿を変へるであらう。今
彼女に教へ与へたとは又別様《べつよう》の言
葉を以て何かを彼女にさ、やく事
があらう。彼女は猶《なお》もその中から

56（C-42）

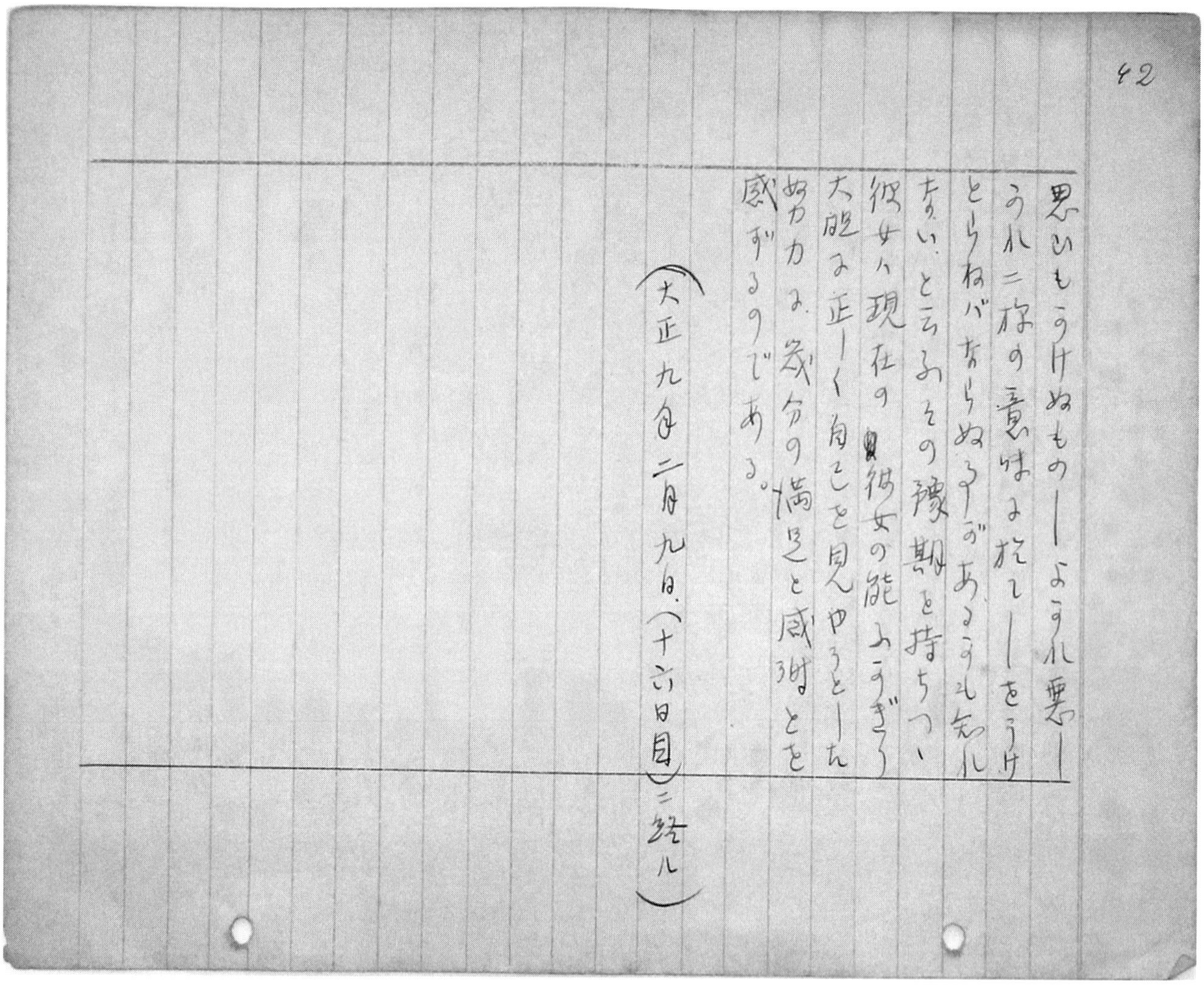

思ひもかけぬもの――よかれ悪《あ》し
かれ二様の意味に於て――をうけ
とらねばならぬ事があるかも知れ
ない、と云ふその豫《よ》期《き》を持ちつ、
彼女は現在の彼女の能《あた》ふかぎり
大胆《だいたん》に正しく自己を見やうとした
努力に、幾分の満足と感謝とを
感ずるのである。

（大正九年二月九日、（十六日目）二終ル）

57（C-43）

58（C-44）

第Ⅰ章　第二部　「自省録（宮澤トシ）」現代文風表記（一部ルビ・語釈・「注」付き）～（中）高校生も考えながら～

（本文は、宮沢淳郎《（ママ）》『伯父は賢治』（八重岳書房、一九八九）所収の「自省録（宮澤トシ）」をそのまま復刻した山根知子『宮沢賢治　妹トシの拓いた道～「銀河鉄道の夜」へむかって～』（朝文社、二〇〇三）によっています。宮澤淳郎関係者からの許諾が得られない当時の事情に基づいたものであり、山根教授からは、非営利的利用に限定しての使用許可を得ていました。なお、山根先生は、山根知子『賢治の前を歩んだ妹　宮沢トシの勇進』（春風社、二〇二三）を発刊して、より原典に近い翻刻を行っています。今回、敢えて実質的に宮澤淳郎本に拠ろうとした理由は、原典にない段落分けを宮澤淳郎が行っており、それに準ずることが一般の方が「自省録（宮澤トシ）」を読む場合には利便性が高いと判断したからです。ルビは、岩井光和（滝沢市）氏の試行版を元にして、望月が、ワープロミス等の修正を行ったものです。また、説の一定し難いものには、両論併記の形としています。

○【語釈】意味は、読んで行く上で邪魔にならないように簡単なものを添えています。

○「注」については、望月が読んで心にかかったところは、望月自身の解釈に過ぎないと思われるものでもできるだけ多くを挙げ、今後に委ねたいという点からつけています。そうした点からは、「解説的」な通常の「注」から逸脱している箇所も少なくないと思います。

○「自省録（宮澤トシ）」は、「自身の心の整理の為のもの」が主な目的ですから、本人ではない読者からすれば、具体性に欠けていると思われるところが少なくありませんが、文章の性質を考えれば必然性があることだと言えると思います。これも、今後にそれを明らかにできるという楽しみが残っているのだと考えてもらえればと思います。

○原文の雰囲気を守ることには気をつけながらも、表記は、現代表記に準ずる形にしています。原文は、旧仮名遣いで書かれているのですが、そのままでは、「古典」扱いになってしまうのではと考えたからです。「自省録（宮澤トシ）」は、現代の文章としても通用する力をもっているというのがその根底にある考えです。当然、賛否は予想されるところで、それも今後の議論に加えて貰えたらと思っています。

○なお、「自省録」現代文の欄外に、「自省録」影印右上に記した通し番号（第Ⅰ章第一部）を記した。この欄外の通し番号下の本文中の文字右に小さく入れた（▼）は、概ね影印頁の文頭を示しています。

▼思いもよらなかった自分の姿を自分の内に見ねばならぬ時が来た（1）。
最も触れることを恐れて居《い》た事柄（2）に今《いま》ふれねばならぬ時が来た。

「自分もとうとうこのことにふれずには済まされなかったか」という悲しみに似た感情と、同時に「永《なが》い間模索してゐたものに今《いま》正面からぶつかるのだ、自分の心に不可解な暗い陰《かげ》をつくり自ら知らずに之《これ》に悩まされていたものの正体を確かめる時が来た。」という予期《よき》から希望を与《あた》えられて居《い》る。

此《こ》の四《し》五《ご》年来《らい》私にとって一番根本な私の生活のバネとなったものは、「信仰（3）を求める」ということであった。

信仰によって私は自己を統一し安立《あんりつ》（「あんりゅう」とも）を得《え》ようと企《くわだ》てた。信仰を得ることほど人生に重大な意義のあることはないと思われた。自分と宇宙との正しい関係（4）に

1　この出だしについて「力強さ」を指摘する人は少なくありません。私も日課としている「自省録（宮澤トシ）」朗読からそれを実感しています。文体とトシの懸命さが一体となったものというのが、私の感じているところですが、しかし、この「力強さ感」の客観的究明は今後の課題でしょう。

2　多くの文章では、この後にその「具体」について示される場合が多いのですが、「自省録（宮澤トシ）」では、その「具体」が示されない場合が少なくありません。「自省録（宮澤トシ）」を読みづらくしている大きなものの一つでしょう。これは、「自省録（宮澤トシ）」が、公表を目的としていないことに由来するのですが、読者が越えなければならない関門の一つとなっていることは確かでしょう。

3　「信仰」や「宗教」の問題は、特に「食物連鎖」の頂点に立っている「人類」にとって必須の「宇宙観・世界観」の確立に大きな役割を果たした点から重要なことですが、近現代の日本人は、これを考えるのが非常に苦手です。こうなってしまったのは明治政府の「神道は宗教ではない。」という強弁とその神道を全面否定したマッカーサーの占領政策に由来するというのが私の考えです。なお、「人類」については、私の用語では、「ホミネス・リングァス・コンプレクサス・トラクタンテス Homines linguas complexas tractantes（複雑言語人）」、略称「ホモ・リンガス homō linguas（言語人）」となります。（→P151「注」参照）

▼2 (A-2)　▼3 (A-3)　▼4 (A-4)

目醒《めざ》めて人として最もあるべき理想の状態にあったと思はれる聖者高僧達の境涯《きょうがい》に対する▼憧憬に強く心を燃やした。

暫《しばら》くの間《あいだ》私には宗教に対する憧憬《しょうけい》と信仰を求める事との間の差異がわからなかった（5）。

忘れもしない二年生の秋、「実践倫理」（6）の宿題に「信仰とは何ぞや、教育とは何ぞや。」と出た時《とき》私は魂を籠《こ》めて可成《かな》り長い論文を書いた。

その時はそれで信仰ということがわかったつもりで満足して居たのだったが今《いま》思えばあれは全く信仰に対する憧憬を書いたに過ぎなかった様に思われる。私に解《わか》って居《い》たのは信仰の輪廓《りんかく》にすぎなかった様に思われる。私は今《いま》同じ問題を書かねばならぬとしてもあの様な大胆で単純な讃美《さんび》あこがれは書かうとしないであろう。今は輪廓よりも内容を求めるからである。そして内容の体験の至難《しなん》【非常に難しいこと】であることを感ずるからである（7）。

自己の現実に対する不満、広い世界に身のおきどころのない不安に始終《しじゅう》おそわれて私は実在を求め絶対者▼をよび救ひを求めて居たにも拘《かかわ》らず私は遂《つい》に求むるものに触れ得たという歓喜《かんき》を得なかった。私の求むる対象は、始めは安立であり、隠れ家《が》であったがその後《あと》少しずつ微《かす》かな推移《すいい》をつづけた。安立が究竟《くっきょう》の目標ではなくなったけれども、とにかく現状を突破して新生を得たい望みはついに今までとげられなかった（8）。私の今尚渇望《いまなおかつぼう》【乾いた者が水を求める様に強く望むこと】するものも亦《また》新生である。甦生《そせい》（慣用読み「こうせい」）である。新たな命によみがえる事である。それが私の今《いま》生きていることの最大意義となって居る（9）。

私は魅力ある言葉をたずねる事に漸《ようや》く倦《あ》きて来た。私の日記には統一を求め調和を求め、自己を精進の道に駈り出す励《はげ》ましの言葉がくりかえし繰り返し書かれた（10）。そして私は疲れて来た。弱い糸を極度まで張《は》った様な一昨年の末《すえ》の状感はついに、身体の病《やまい》となって現《あら》われた。それは当然の結果である▼（11）。そして其後《そのご》一年ばかり今に至るまで心身の休養の時を与えられたのは何という恩恵であったろう。

私は病気の警醒《けいせい》【警告して迷いをさますこと】にあって始めて今までの無理な不自然な努力緊張の生活から脱《のが》れることが出来た。自然は、私に明らかに「出直せ」と教えて居る。

---

4 「宇宙の中における自身の位置」というテーマは、人類にとって根本的なテーマの一つでしょう。トシがそうしたことに関心を抱いていたことは驚くべきことです。こうした考えは兄賢治にも通じ、高僧達の生涯も、そうした点から見ようとしたのです。

5 「宗教に対する憧憬と信仰を求める事との間の差異」は、物事における「知る」ことと「体験すること」の違いにも通じて行く問題でしょう。トシは、この難問にも正面から取り組もうとしたのです。

6 トシの通った日本女子大学校の創始者成瀬仁蔵が、全校学生を対象とした講義の名称です。トシのこの「論文」がまだ発見されていないことは、山根知子『賢治の前を歩んだ妹　宮沢トシの勇進』（春風社、二〇二三）本の中に詳しく述べられています。

7 この箇所も、私としては、トシの格闘と成長を感じさせられる一節として読んでいます。

8 トシの考察の出発点が分かる箇所です、しかし、同時にその願いは、この「自省録（宮澤トシ）」を書き始めた時点では達成されていなかったことは、きちんと知っておくべきことでしょう。

9 トシ自身に十分な自覚があったかの判断は難しいところですが、今抱えている問題の解決は「新生」であり「蘇生」であることの認識のあったことも見逃せないところでしょう。

10 トシが「日記」をつけていたことも無視出来ないことでしょう。万一、今後、それが発見されるようなことがあれば、私達の「自省録（宮澤トシ）」の読みは一変する可能性もあるでしょう。（実は、賢治にも日記をつけていたという言があります。こちらも、発見されるようなことがあれば、賢治に対する見方が一変することがあるかも知れません。）

11 伝記的事実の上では、トシの健康は当時流行した「スペイン風邪」によるものだったと言われています。しかし、トシの自覚としては、健康を損ねた原因は、自身の持つ精神的問題だと考えたのです。確かに、これだけの精神体験を潜ろうとすれば健康を損ねることも止むを得ないとも言えるでしょう。なお、山根教授は上掲本の中で、成瀬仁蔵が、精神が肉体に与える影響について話していることを指摘されています。

私は今までの努力に緊張し、精神に駈《か》り立《た》てられた生活を反省してそこに欠陥《けっかん》を見出さねばならなくなった。そこに私の病気の偶然に起ったのではないことを見た。この苦しく病気にまで導いた原因は一朝一夕《いっちょういっせき》のものでなく、五年前から私の心身に深く食いこんでいたものであった(12)。

その病根が強い力で私に影響して来たというごく自然な必然な事実を無視しようとして意志を以《もっ》てこの力の影響に抵抗を試みたのが五年間の不自然な苦しい努力の生活であった、と思われて来た。

▼5 (A-5)

▼私は常に全我をあげて道を求めていた、と思っていた。Concentration《集中》こそは私を救う唯一《ゆいいつ》の路《みち》であろうと思った。只管《ひたすら》、祈りに自分の凡《すべ》てを投げ込もうと努めて来た(13)。が、私は今はそれを疑う。全我をあげて信仰を求めていると思ったのは自分に対する省《せい》察《さつ》(「しょうさつ」も)の欠けていた為ではなかったか。と。

確かに、私の意識が只《ただ》一つに神を求め自分の働き所を見出す事に向けられている瞬間にも、尚《なお》私のうちにはそれと全く別な何ものかがありはしなかったか。祈りに燃えていると思われる時にも尚《なお》その火の光の届かぬ暗い部分がありはしなかったか?

▼6 (A-6)

その不思議な力を持つ私の内のあるものを今までその存在さえも認めようとしなかったというのは、自分を見詰める眼の曇っていた為であったとはいえ特別の原因があった様に思われる。私はこの自分のうちの暗い部分を常《つね》に常に恐れていたに違いない。▼意識されない間にも。何かの機会にその部分に眼を向けねばならぬようなはめが来ても、痛いものに触《さわ》った様にはっとして目をそらしてしまったにちがいない。その不可解《ふかかい》な部分の近くまでを動かす何かの刺戟《しげき》をも、おどろいてその危険区域から遠ざからせたにちがいない。この部分こそは——私は今は恐れなく躊躇《ちゅうちょ》を斥《しりぞ》けて云おう——私の性に関する意識の住《す》み家《か》であったのだ(14)。

そしてその範囲に一歩足をふみ込むや否《いな》や私はそこに、過去の私の傷ついたいたましい

▼7 (A-7)

姿を見ねばならなかったのだ。丁度《ちょうど》あの時と同じように私の心が痛み、取り返しのつかない過去を悲しまねばならなかったのだ。そしてこの悲しみにじっと堪《た》えて自分の真相を見ようとする強みの足《た》りなかった当時の私には重荷でありすぎる問題と思われた。悲しみに打ち砕かれながらも、尚《なお》生きようとする▼勇気を失わずに進んで行けるという自信のない間は、目を過去に向けることは徒《いたず》らに自分を感傷的にし意気をはばむに過ぎない事を知った為に、私はわざと過去のこの部分に追想をむける事を避け同時にその問題に関連する凡《すべ》ての考えに触れることを恐れたのである。「今《いま》少し私が強く人らしくなって感傷的な涙に溺《おぼ》れる事なしに自分を正しく批判する事の出来るまでは。」と意識の領域を侵《おか》す事を禁じて居たのである。

勿論《もちろん》私の心には常に、「あの事」について懺悔《ざんげ》【罪を告白し悔い改める】し、早く重荷を下して透明な朗《ほが》らかな意識を得たいという願いがあったが、自己を冷静に凝視して正《まさ》に受く

12　「五年前」に大きな事件があったことが示唆されています。この事件とその影響こそが、健康を損なった原因だと言うのです。しかし、その具体については、ここでも語られていません。

13　Concentration（集中）は、有限な人類がそれを超越する一つの有効な手段でしょう。ところで、Concentration（集中）のように、「自省録（宮澤トシ）」の中に時折混じる英語についてはその使用の可否について論者の評価の分かれる問題です。この英語の使用は成瀬仁蔵の教育意図の一環でありました［上述山根本参照］。また、それが、当時創成を目指していた我が国の散文文体の中でどうした位置を占めるかについて関心のある方は、本書中の大野論を参照してください。

14　「火の光の届かぬ暗い部分」を「性」だとします。但し、「自省録（宮澤トシ）」における「性」が、あのフロイト（Sigmund Freud、一八五六〜一九三九）、や現代の多くの人々が考える「性」とどう重なるのかには慎重な検討が必要でしょう。いずれにしても、トシは「性」を暗く否定的に捉える傾向があったことは指摘できるでしょう。

▼8 (A-8)

べき責罰《せきばつ》を正視しないうちは、懺悔の内容は只《ただ》空虚な悔恨《かいこん》にすぎないであろうということを知った私は、懺悔に急ぐ前に懺悔に堪えうる性格の強さを養《やしな》わねばならなかった。先《ま》ず、自己を養▼い育てねばならなかった。不幸な過去の過失を償《つぐな》う為にも、その事の満足な解決をつける為にも二重の意味で私は未来へ、未来へ、と向かねばならなかった。(15)

私の努力を此《こ》の様《よう》な方向にむけたというのは私には余儀《よぎ》ないことであった。然《しか》し、恐れ避《さ》け強《し》いて意識の外《そと》に追い出して居たと思うに拘《かかわ》らず此《こ》のことが如何《いか》に密《ひそ》かに力強く私に影響を及ぼして居たかは今《いま》明らかである。(16)

▼9 (A-9)

私の生活の不徹底と矛盾とは凡《すべ》てこの遁《のが》るべからざるものをのがれ、見まいとした不自然から来た様に思う。まことに私はそれについて意識に上《のぼ》す事を恐れ、自分の眼にさえ秘《ひ》めたに拘らず、その出来事以後の私の性格も思想も、意識されない程《ほど》の深みに於《おい》て影響され囚《とら》はれて居た事を疑ふ事が出来ない。この根本的の不合理の上に立ちながら自己の統一に、信仰を求める事に、費《ついや》した努力は行▼き詰ったのが当然である。現在何をなすべきか、将来いかにあるべきか、の問題も、この不合理のままに考へるならば、理想として抽象的には何かを考へる事が出来ても具体的な生活の力と成《な》って来ない事は今までと同様であろう。

▼10 (A-10)

私は自分を知らなければならぬ。過去の自分を正視しなければならない。悪びれずに。五年前に遭逢《そうほう》した一つの事件によって(17)、私に与えられたものが何であったかその教へる正しい意味を理解し旧《ふる》い自分を明らかに見《み》、ひいて私の未《いま》だ償《つぐな》わずに居るものを償ひ恢復《かいふく》すべきものを恢復して新しい世界にふみ出したい、過去の重苦しい囚《とら》われから脱し超越して新しい自分を見出し度《た》い。善かれ悪しかれ自分を知る事によって、私は自由をとりかへす事が出来よう。受けとるものが責罰《せきばつ》のみであろうとも正しくうくべき良心の苛責《かしゃく》を悪びれずにう▼ける事によってのみ私の良心は自由を得る事が出来よう。

「過去の財宝を引き出す為には自分が強者であると言う自覚を持った時に入って行くべきである」とメーテルリンクは教える(18)。

私は自分が強い、とは今《いま》思われない。しかし此《こ》の後《あと》も尚《なお》過去の鉄鎖につながれて、曽《かつ》て私のした事が未来にかかる自分の希望や理想をさんざんにふみ荒し、萎縮させるに任せる事はもはや堪えられない事である。私は自分のした事を本当に知《し》り度《た》い、そしてこの執拗な束縛から脱れたい、新たに生れ変りたい、という願いに押されて私は過去に目をむけようとするのである。

「過去に向って何を企てる事が出来よう。どの様に努めても過去に行った一つの小さい行為をも今はとり消す事が出来ず、一言《ひとこと》の言葉も訂正する事が出来ぬ」(19)とそれは一面《いちめん》の真理▼ではあるけれども、しかし過去になした自分の行為を今《いま》如何《いか》に取

▼11(A-11)

---

15 「あの事」の範囲をどう決めるかについても微妙な問題を含むことは、これから「自省録（宮澤トシ）」を読み進むと皆さんも納得されることでしょう。「自己の冷静に凝視」や「懺悔に堪えうる性格の強さ」には、成瀬仁蔵やその教えを通したメーテルリンク（Maurice Maeterlinck, 一八六二〜一九四九）の影響があったことについても、山根本（上掲）が詳しく指摘しています。

16 「此のこと」は、次の段落に出て来る「遁るべからざるもの」、「見まいとしたもの」と並んで、その範囲が、もう一つはっきりしなかったというのが私の読みでした。

17 引き続いて明示されない「五年前の事件」の具体。しかしこれに正面から向かい合おうとするトシの気迫に圧倒される思いです。

18 現在の多くの人に童話「青い鳥」の作者という程度に考えているメーテルリンクは、当時の世界や日本では、むしろ思想家として影響を与えていたのです。私も山根先生に導かれて、次の三冊本などから学びました。

マーテルリンク（栗原元吉訳）『萬有の神秘』（玄黄社、一九一六）。
マーテルリンク（栗原古城訳）『死後は如何』（玄黄社、一九一六）。
マーテルリンク（栗原古城訳）『霊智と運命』（玄黄社、一九一九）。

19 当時の散文における「　」の使われ方は、必ずしも現在のものとは同じでないことについては、本書中の大野論を参照してください。

扱うか過去の自分に対し何を感じ何を教えられ如何なる思想や力を与えられる事が出来るか。という事こそは全く自由でなければならぬ。

私は自分に力づけてくれたメーテルリンクの智慧《ちえ》を信じる。

▼12 (A-12)

（次の文までの間は余白と空白頁一枚）(20)

▼13 (B-1)

過去の自分の心情と行為とを冷静な鏡にうつして批判しようとする私の仕事にとりかかってから数日を経た。(21)

批判に先立ってなすべき事は誤りなく過去のわが姿を観察し凝視するという事であった。そしてその仕事に指を染めてはじめて私にわかったのはその事の如何に難事であるかという事である。

忘却の波に洗い侵《おか》されるに任《まか》した記憶の頼りなさ、これが正しく自分のありし姿である、という自信の得《え》がたい事、外面的叙述《じょじゅつ》、歴史的考察の煩《わずら》わしさ、である。私は殆《ほとん》ど疲れて来た。

詮《せん》ずるところ私は未だ純客観的に表現しうる程《ほど》の修練に欠けている事を認めなければならない。(22)

▼14 (B-2)

私はこの一経験を曾《かつ》て私がふれた人生の一つの現象、生活のすがた、として完全に客観的に、（それは歴史的事実と完全に適合すると否《いな》とに拘らず）見る事の出来るまでは—即ち自分の利害に濁《にご》らせられる事なしに見るまでは——客観的表現を見合せようと思うのである。

止むを得ず私は結論のみを得ることを以《もっ》て満足しなければならない(23)。

▼15 (C-1)

（次の文までの間は余白）

▼彼女の心のいたみは渾沌《こんとん》としている。その中から正しい判断を求めようとするに当り、之《これ》を二つの方面に分《わ》けて考える方が都合がよいように思う(24)。

一つは「彼」と「彼女」との間におかるべき批判、第二には、「彼女」と「世間」との関係を明らかにすべき解決、である(25)。

先《ま》ず第一から始めなければならない。仮りに、彼と彼女との間にあった感情が、誰にも知られず誰にも干渉されずに終ったならば、と仮定して見る。「彼女はそれについて、こ

---

20 元の文章は大学ノートの表裏を用いて書かれており、余白の状況を示したことも本書の意味の一つです。

21 ここからの一枚は、前後を繋ぐ役目をもっているものです。

22 「純客観的表現」という中に、トシはどうした表現法を考えていたのでしょうか。よく知られているコージブスキーの「地図は現地ではない」を挙げるまでもなく、表現対象と言語は同一のものでないことは、現代言語学の常識の一つですが、トシの時代にそれを求めるのは無理でもあるでしょう。

23 この段階でトシの得た結論とはどうしたものだったのでしょう。本書の末尾で到達する結論とは異なったものであろうとの一応の推察は可能ですが、それ以上の断言は難しいと言わざるを得ないでしょう。

24 「話者（語り手）」が、第一人称の「私」から、何の断りもなく、「彼・彼女」に変わるのは「自省録（宮澤トシ）」をめぐる大きな問題です。私の考えについては、第二章第一節を参照してください。

25 この二分法は、この後の文章を厳密に見て行くと少しズレが生じている部分もあります。どんなところでズレが生じているかを確かめながら読むのも一つの楽しみとなるでしょう。

の様に悩まされはしなかったろう」と思われる。もっともっと単純に雑作《ぞうさ》【「造作」とも。面倒】なく超越出来たろう、と思う。彼女に対して否難《ひなん》【他の箇所で使われている「非難」。】が加えられず、そして「彼女以上に彼女の家族に悲しみと傷手《いたで》とを与えた」と言う二重の意味の苛責《かしゃく》【責めさいなむこと。】を彼女は味《あじわ》わずに済んだであろう(26)。

そして彼に対して持った彼女の行為心情は人格的の不用意に充《み》ちたものではあっても、

▼16(C-2)

罪としては考えられなかった▼かも知れない(27)。

彼に対する彼女は只《ただ》感傷的な、そして人生のdark side(暗い部分)に関する知識の全く欠けたdreamer(空想家)であり殉情【感情に全てを任せる】者であったと思われる(28)。

彼女のその感情にも、推移と生長《せいちょう》と歴史とがある。

「彼女が最初彼に心を惹《ひ》かれはじめた」と言うその偶然らしい一《いち》事実も彼女には自覚されないさまざまの原因から生れた必然であったかも知れない。只《ただ》彼女に最も明らかにその原因と思われたのは、「彼女の漸《ようや》く目醒めはじめた芸術に対するあこがれと渇仰《かつごう》(「かつぎょう」とも)【喉が渇いた者が水を求めるように仰ぎ慕うこ。】とであった(29)。

彼女の彼に対する好意と親愛との表現は正直すぎるほど正直に無技巧《むぎこう》を極めていた。その表現の程度が彼女の意思の命ずる範囲以上に出る事に彼女は気づかなかった。

▼17(C-3)

彼女は恐れや疚《やま》しさが頭をもたげる事があってもすぐそれを否定する▼事が出来るほど、わが画《えが》いた幻影を実在と思い込み、空想の酒に酔いしれて白日に夢みようとしたのである。

彼女は「世間は此《こ》の様《よう》な態度を何と解《かい》するか」について無智であり、世間の人の悪意に対する警戒やおそれにも全《まった》く無智であった。がそれよりも更《さら》に更に彼女自身の運命に無智であった(30)。

「これが私の当然の義務であり、むくいる事である」と言うのが彼女自身に対する弁解であった。が彼女の過激な感受性は、正当に反応すべき以上に反応し正当に報《むく》いるべき以上に報いなければ承知《しょうち》出来なかった。彼女が「正当の義務」と言う詞《ことば》に強いて自分を包ん

▼18(C4)

で自意識の目をくらまさうとしたその皮一枚下には若い日の華やかな享楽《きょうらく》【快楽にふけり楽しむこと】(31)を求める心の喘《あえ》いで【荒々しい息遣い。困難な状況で苦しむことに用いる。】いた事はその時の彼女の覚束《おぼつか》ない【はっきりしない】自己省察《しょうさつ》(「せいさつ」とも)【自身を省みて、深く考えること】の眼には見徹《みとお》す事が出来なかった。

▼「私共《ども》はお互ひに好意を持ち合って居る」その確信だけが間違いなく摑《つか》む事が出来れば彼女は満足であった。その外には何も求めなかった。仮令《たとえ》時時《ときどき》物足らなさを微《かす》かに感ずる事があっても彼に対してはそれ以上を求むべきではない事を本能【生まれつき持っている行動や能力】的に知って居た。そこに淋《さび》しいあきらめに似た感情もあり同時にそれが彼女には気安《きやす》かった。

彼はいつであったか、彼と他《ほか》の人との間に結婚を勧められた事を彼女に語って、それに

26　考察が家族から始まっていることは「自省録(宮澤トシ)」の特徴の一つでしょう。トシにとって家族の存在がどんなに大切なものであるかを示しているでしょう。トシは、この家族の中で慈しみをもって育てられ、この家族がいたからこそ、「自省録(宮澤トシ)」の困難な闘いを貫くことが出来たのでしょう。

27　トシの考えた「罪」もどうしたものであったかは、それほど明白なものではないことも「自省録(宮澤トシ)」を読み進めて行く際に多くの人の感じるところでしょう。

28　dark side(暗い部分)は、「性」に関わるものでしょうが、「注14」にも記したように「性」の示すものが、必ずしも明白ではありませんから、厳密に言うとこの部分にもあいまいさが残ることになるでしょう。

29　「芸術」(特に音楽)に関する憧れは、トシのみのものではなく花巻高等女学校全般にも及ぶものであることは、『同校六十年史』からもうかがうことができるでしょう。なおこの「芸術」が「音楽」であることは、この「自省録」の終わり近くになって初めて示されます。(「注85」参照のこと。)

30　「運命」も「自省録(宮澤トシ)」のキーワードの一つですが、この示す範囲にもあいまいなところがあります。

31　恋愛感情のこと。恋愛感情を超越すべきものとしてとらえることは「自省録(宮澤トシ)」の特徴の一つです。私の場合は、それも人類にとって欠かすことのできない「愛」の一種だと考えることについては第二章などを参照してください。

対する意見を彼女に尋ねた事があった。（たとえ彼が其時《そのとき》何か下心《したごころ》あってその事を言ったのであったとしても彼女には単純に、相談をかけられたとしか解《かい》されなかった）(32)そんな時殊《ときとく》にも彼女は気安く感じた。ややもすれば彼女をとらえようとした「疚《やま》しさ」から確実に逃れられる様な気がして、友情に似たうれしさを以《もっ》てそれに対する平気なうけ答
▼19(C-5)
えをした事▼のあったのをおぼえて居る(33)。

Oさんに対する彼の心がわかった時にも、彼女には意外ではあったが顛倒《てんとう》【びっくりして、度を失うこと】させられはしなかった。「おどろかねばならぬ事だ」と言う意識よりは、実際に感じたおどろきは小さかった。心の隅のどこかに「それがあたりまえだ」とも思えた(34)。

そしてOさんの事を知ってから少しの間の考えと苦しみとは、じきに彼女を救った。彼女はいよいよたしかに彼に対して何を求むべきかを知った。今までの様に相互が好意の交換をし合う事に享楽をえようとすれば彼女は絶望に陥《おちい》る外はないのを知った(35)。
▼20(C-6)
「彼は到底《とうてい》私の満足するような誠意を与えてくれる人ではない」とわかった▼(36)。が彼女は尚《なお》も若いあこがれの夢を捨て兼ねた。「よし彼に対しては何ものも求めまい。求めるほど苦しむばかりだから。私は実在の彼はどうともあれ決して私の心を嫉《ねた》みや憎みに汚す事をしまい。私は最後まで彼に対する好意と愛とを持ち通そう」と(37)。そして此《こ》の決心は彼女自らを、悲劇の主人公と見るやうな自己耽溺《たんでき》【溺れ切る】に導く事によって淋しい満足を購《あがな》う【満足を得る】事が出来たのであった。彼女は一日も早く実在の彼と遠ざかりたいとねがった。近づいて居れば居るほど、現実曝露《ばくろ》【はっきりと現れること】の悲哀に、彼女の築いた幻影は破られる危険があったから。彼女は一方幻滅の予覚《よかく》に脅かされながらも、一切

32「彼」は、教師であること（伝記的には、東京音楽学校（現東京芸術大学）を終えたばかりの鈴木竹松教諭）が、後に示されることになりますが、同じ学校の「教師VS.生徒」の関係を考えれば異常な行動だと言っても良

いでしょう。一般的にはこうした行動は、多く、好意をもっている異性に対してその真意を確かめる場合に行われることも少なくありませんから、「下心」という語を用いていることにも頷かれます。なお、伝記的考察では、新任教師であった「彼」は、しっかり者のトシに対して「相談」をしてしまったという解釈の余地もあるでしょう。

33 トシが意図したものではないのでしょうが、恋愛感情とそれを抑えたい気持ちとの葛藤が美しく描かれている一節ともいえるでしょう。

34 「Oさん」、ローマ字表記とはいえ、「自省録（宮澤トシ）」の中に（メーテルリンクを別にして）唯一出て来る固有名詞です。トシの衝撃がいかに大きかったかを示しているともいえるでしょう。伝記的には「大竹イホ」であることが明らかになっています。但し、鈴木竹松教諭と大竹イホとの関係についても慎重な検討が必要でしょう。私などが確認できたのは、次の三点の範囲でした。

①鈴木の目から見た時、イホの音楽才能は優れたものだと判断できた。（それまで、学級会などのオルガン伴奏はトシであり、イホは「対読」の一人として出てくる程度であったが、東京音楽大学の広田龍太郎助手（鈴木の大学における同級生でもあった。）を迎えての花巻女学校音楽会においては、イホがオルガン演奏を行っている。

②イホは、体育関係の委員でもあったから、そうした方面は他の教科と比べれば、並外れて優れていなかったのではと判断できるトシには臆するところがあったかも知れません。「あたりまえだ」の背後に、そうした可能性を考えたことも記しておきましょう。

③イホは、実際は、現在の花巻市石鳥谷地区の出身。花巻高等女学校時代は、大竹家は旧花巻市内にも居宅があり、学校に届けられたイホの住所はそこになっています。

35 「相互が好意の交換をし合う事」が、具体的にどうした行為なのかは、ここでも示されておりません。

36 第三人称「話者（語り手）」であるにもかかわらず「誠意」のような評価的な側面の強い用語を使うことも「自省録（宮澤トシ）」の特徴の一つです。（「注71」「注76」も）

37 揺れる心を見事なまでに描いています。また、「よし彼に対しては何ものも求めまい。求めるほど苦しむばかりだから。私は実在の彼はどうともあれ決して私の心を嫉《ねた》みや憎（し）みに汚す事をしまい。私は最後まで彼に対する好意と愛とを持ち通そう」という決心は、果たされないことになることを「自省録」の後半の文章で読むことになるでしょう。

の欲望をすてて、只《ただ》この美しい夢に生き度《た》い望みをのみ後生《ごしょう》大事【一生懸命に大切にすること】に守った。

▼21 (C-7)

「せめてどうか卒業まで。卒業まで何事もない様に。互いに別れてさえしまえば美しい夢は安全にいつまでも▼美しく保つ事が出来る」彼女ののぞみは只《ただ》一つであった。(38)がついに、その最後の希望も破れる時が来た。恐れに恐れた幻滅をまのあたりに味わねばならぬ時が来た。彼女が今までの通りの態度を以て彼に対する、と言う事は、或他《あるほか》の人人《ひとびと》(彼に何かを求むる)の意思とは全然《ぜんぜん》両立しない事であった。衝突と軋轢《あつれき》とは免かれない運命と思はれた。彼女は始めて味ふ人情の嶮《けわ》しさと、彼女に明《あき》らかな強い敵意を以て企《たく》らまれる術策【謀略】との激浪《げきろう》【激しい波】の中に揉《も》まれねばならなかった。きのうまで友人とのみ信じていた人の思いがけない裏切りに対する悲しみやおどろきや苦しみ、は魂を圧し潰《つぶ》すかと思われた。それからの彼女には平安が去った。喜びと希望と安《やす》き眠りとが去った。(39)

▼22 (C-8)

自分が今《いま》どう言う位置にあるかと言う事も見る事の出来ない程《ほど》動乱に身を任《まか》せねばならなかった。▼彼女に火を睹《み》る【じっと見る】よりも明らかなのは只《ただ》、「苦しい現在の我《われ》」のみであった。彼女は今はのがれるにものがれる路のない泥濘《でいねい》(「ぬかるみ」とも)の中に日一日と深く陥《おちい》りつつあると知りながら、悲しみと悔《くい》とに打たれながら、不可坑《ふかこう》【抗うことの出来ない】の力にひきづられる外はなかった。そして彼女に感じられたものは曽《かつ》て味わった事のない痛い痛い衆人の非難冷笑の眼と、彼からの明らかな疎隔《そかく》【親しみを失くし、へだたること。＊「自省録(宮澤トシ)」のキーワードの一つになっている用語。】とであった。成行きのままに引かれて行くところまで行って、受けとったものは、この二つの彼女に向けられた痛い贈物であった。彼女は否応なしに夢の国から現実の地べたにひきずりおとされた。彼女はそこで自分が痴《おこが》ましい【みっともない】夢を守る事に全力をあげていた間にそれがあたりの人人にはどんなに写ったかを始めて見せられた。もっと彼女が自分の名誉を守る事に忠実で、若《も》しくは打

▼23 (C-9)

算的であったならば彼女は今更皆《いまさら》のひるがえされた▼唇【憎んで悪口をいう喩え。】を見ておどろく事は全《まった》くなかったはずであった。彼女は余《あま》りに永《なが》い間《あいだ》人人の好意と称賛《しょうさん》との中に馴れていた為に(40)「人の口を恐れる」という様な用心や警戒にはまるで無謀《むぼう》【少しも考えていないこと】であった。

彼女が不用意のうちに播《ま》いた種《たね》の気付かぬ間に生長《せいちょう》した正当の結果であるとしても、彼女が夢から醒めてはじめて見た現実の姿は余りに恐ろしくいたましく思われた。

浪漫的な白日の幻影はみごとに砕けた。そしてそこに一つの真実にぶつからねばならなかった。

▼24 (C-10)

没我《ぼつが》的な無我《むが》な美しい夢に酔って居られるのは畢竟《ひっきょう》【つまり】自分が安全である限りに於《お》てのものでしかないではなかろうか。遊戯《ゆうぎ》に過ぎなかったのではないか。自分の上に痛い誹謗《ひぼう》【悪口】の矢を雨の様に受け、それのみならずその原因を彼女に与えた責任を分け負《お》うべき彼の打って変った▼背信【裏切り】を見て、自己のきのうまでの人にすぐれた名誉心も自重心【自分自身を大切に思う心】も凡《すべ》て【全て】ふみにじられねばならぬ時、自分を守るものは、自分に最も真実なものは、「愛する我《われ》」でなければならなかった。「然《しか》るに私の今まで夢中になっていた事は何であったか、自分を愛する事であったか?」「私は自分を愛さなかった、

---

38 彼女の必死な願いもかなえられることがないことは、これから皆さんが読み進むところです。その困難の状況と格闘する彼女の苦闘が読む人の心を打つのでしょう。

39 ここでも、その経緯がどうしたものであったかの具体的経緯は示されていません。(後に言及する「新聞記事」の中では、トシが鈴木教諭宛に書いた恋文めいた文章を、拾った友人がそれを学校内に広めてしまうのですが)信じていた友人の裏切りという、特に青春時代には堪えられない衝撃を彼女は受けたのです。

40 よく知られているように、トシは「成績抜群、品行方正な優等生」でした。だからこそ、衝撃は余計に多かったのです。

自己に不忠実【実際にそれを正確に行うこと】であった」(41)
　彼女の悔《くい》はついにここまで落ちて来《こ》ねばならない。
　もしも彼女の失ったものが名誉だけで彼からの疎隔《そかく》にあわなかったなら、彼女の夢は
そう急にはさめなかったかも知れない。彼女が彼から疎隔をうけとったと言う事は彼女
には意外であり唯一の心外であった。彼女の暗《あん》に【それとなく】予期【あらかじめ期待したこと】
したものは「すまなかった私の為にあらぬ名《な》を負《お》わせて。けれども誰もが信じなくても、
▼25 (C-11)
私共《ども》だけはお互ひにやましくなかった事を、人人の考えの見当違▼いである事を信じよう」
と言う彼の心、であった。彼女に対する侮辱《ぶじょく》と憎しみの詞《ことば》（それはあの三人のうちの一
人からきかされたのだから全然信ずべきではないとしても）を間接に聞いた時、恐らく
彼女の心の痛みは絶頂に達した。(42)
　彼女は重ね重ねの打撃に魂を打ち砕かれて、人に涙を見せずにじっと堪えて生きる事
——針のむしろ【針を植えた莚のように非常に苦しい場所】に、何気《なにげ》ない様《よう》自分の命を支《ささ》えて卒
業前の長い長い一ヶ月を過す事——だけがもう力いっぱいの努力であった。重ねて彼と
の間の了解を回復して二人の関係に明らかな結末をつけようとする事は重荷にすぎた。
　彼女はもう一日も早くこの苦しい学校と郷里《きょうり》とからのがれ度《た》いという願いの外には、
麻《あさ》の様に乱れた現在を整理する気力も勇気も全く萎《な》え果《は》て【全くなくなって】▼ていた。そし
▼26 (C-12)
て全く文字通りに彼女は学校から逃《のが》れ故郷《こきょう》を追われたのであった。そして遂に彼との了
解を得る機会を永久に捨てたのである。(43)
　が彼女は人を通してわずかに彼の疎隔《そかく》の原因らしいものを伝えられた。それは彼女が彼
との交渉を、ある程度までかくす所《ところ》なく、信頼するある人と友だちとに告《つ》げていた(44)事《こと》
が彼の自重【自分（のみ）を大切にする心】心を傷つけて「あざむかれた」という憤《いきどお》りを起さ
せたものと考えられた。原因はそれのみではなかったけれどもその他の原因は彼女には痛《つう》
痒《よう》【痛みとかゆみだが、ここでは、痛み】を感ぜしめなかった。即《すなわ》ち彼女は、彼にとって最も不

名誉なるべき事実を人人の噂《うわさ》にきいて始めて知ったまでで自分から人人に云いふらしたと言う記憶はどうしても思いおこす事が出来なかったから（45）。

彼女はそれは彼の誤解であり彼女には冤罪《えんざい》【ぬれぎぬ】であるとしか思われなかったからである。

▼27（C-13）

けれども第一の原因については彼女は一言《ひとこと》もなかった。それは事実であったから。しかし彼女はその時《とき》彼女自身の▼軽率を悔《く》い彼に謝罪の意《い》を持ったその底から一つの疑いが力強く頭をもたげざるを得なかった。

「なぜ自分はこの事を誰にも秘密にしなければならなかったか？　どうして私が友だちに打ちあけたのが悪いのか？・」と言うたがい（46）。おおこれこそは彼と彼女との間の心

41　自分自身を愛すること、本来の自分を大切にし、心を込めてその道を一心に行うことこそが大切であることだというところに達しようとしたのです。

42　彼女の期待したものが率直に示されたことは、そこに至るまでの彼女の闘いが示されてもいると考えられるでしょう。

43　伝記的事実からすれば、同年三月　二三日が卒業式でしたから、彼女の事件が表ざたになったのは、その一ヶ月前ほどのことであったと言えるでしょう。トシは、卒業後に慌ただしく上京して日本女子大学校予科に入学します。決定的な資料は探せませんでしたが、日本女子大学（含む同校「成瀬記念館」）への問い合わせや岩手県立花巻南高校における「教務日誌」（岩手県立花巻高等女学校）調査からは、トシの入学は推薦入学ではなく、一般入試ではなかったか、上京自体が急に決まったものではなかったかという感触を私は得ています。この確定も、後の世代の方々に期待していることの一つです。

44　その人達が具体的には誰であるかについては、ここでも示されていません。

45　彼女が話した具体はここでも記されていない訳ですが、それが、どうして「彼にとって不名誉なこと」であるかの客観的評価は、やはり検討しなければならないことでしょう。

情の偽《いつわ》らざる各各《おのおの》の実相を解く事の出来る鍵ではなかったか？彼女は今《いま》五年目にこの疑問を解こうとしている。

彼と彼女との一つのものとして見た彼等の感情は、元来《がんらい》焦点がちがっていた。彼にとっての彼等の間の感情は純粋に彼自身の為《ため》のものであり利用的なものとは解《かい》されて居なかったか？　彼が人人にうちもらした彼女を憤《いきどお》った心持《こころもち》は今《いま》の彼女には無理もなかったと思われる。同時に、彼女にはそれが秘密にする必要がないと思えたのも彼女にとっては無理がなかった。

▼28 (C-14)

▼彼女の見た彼は実在の彼とは少しちがっていなかったか、理想化された幻影の彼、ではなかったか(47)。

彼女は時時《ときどき》彼の利己的な、又物質的な、或《あるい》は男らしくない打算的な性格に触れる事を感じた。それは彼女には苦痛であった。彼女は自然と彼の性格の持つ暗《くら》い半面《はんめん》に目を背《そむ》けて之《これ》を見まいとする様《よう》になった。そうしてまで自分のえがく美しい夢に酔おうとした。彼女は時として彼が自分の好意をうけるのに実利的であり、肝心の的《まと》を外《はず》れているではなかろうかと言う事を直覚《ちょっかく》して悲しみにとらわれる事があったにも拘らず強《し》いて醒《さ》めがちな夢をゆめみようとした。それは明らかに自らを欺《あざむ》く事であった。自意識の正しい批判をくらます事であった。彼等の破綻《はたん》は早晩《そうばん》来るべき運命であったと思われる。強いて理性の眼を蔽《おお》う【隠し】て彼等は（主に彼女は）めいめいの自分の都合のよい様に、

▼29 (C-15)

▼彼等の感情を解《かい》しあったと見るのが正当ではあるまいか(48)。

只《ただ》彼女が自分から徐徐《じょじょ》に理性に覚めて正しい現実を見て離れたのでなくて彼女には急激な受動的な余儀《よぎ》なくされた覚醒《かくせい》【目覚め】であった為に、彼女にしばし未練な夢に執着させたに過ぎないではあるまいか。全人格的の共鳴を欠いた彼等は所詮《しょせん》始めから人生の過《すご》し方に於《お》いて別別《べつべつ》の道にあるべき運命ではなかったか？(49)美しい理想的の好意同情を持つ事が出来ると思ったのは彼女が未《いま》だ自己に醒《さ》めない間の暫《しば》しの妄想に過ぎないではなかった

▼30 (C-16)

か？　自己の個性の独立が早晩《そうばん》【遅かれ早かれ】彼の個性とは共鳴《きょうめい》しなくなる事を見出し得なかった自己省察《しょうさつ》（「せいさつ」も）の不足、否《いな》盲目ではなかったか。

彼女ははじめ彼に対する自己を反省して、こう思った。「自分が彼に好意を感じ、それが行為に表現された▼のは恐らく自然な事である。私はいつとなしに惹《ひ》かれ行く自己を見た。自分の意志を超越してある願いの育って行くのを見た。自然は全《まった》く巧妙《こうみょう》に滑《なめら》かに彼女を危《あやう》い淵まで導いた。彼女にはいつ本道《ほんどう》をふみ外したか、どの行為を境《さかい》に迷路に入ったかが自分にはわからぬ程《ほど》だ」と(50)。

けれどもこれは表面の事実でしかない。云《い》い訳《わけ》に過《す》ぎない。

彼女は自分の行為が思いもよらぬ大胆なものとなって行く事をわれながらおどろき恐れる気持がなかったか？彼女のする事が一つ一つと安全な本道を遠ざかって危険な谷におちて行くのを彼女の本能のどこかで、チャンと知って居《い》はしなかったか？　只《ただ》それが坂を転

46　詳しくは、第二章を読んで貫いたいと思いますが、トシは、ほとんどの判断を道徳的規準でしようとしています。道徳的には、誤りでなくても、男女の愛（恋愛）という点では適当でないものはあるのだというのが私の考えです。まして、「教師と生徒の恋愛」ともなればなおさらです。成就したいのであれば「誰にも告げない。」というのは常識的な第一歩ではないでしょうか。

47　恋愛対象への理想化という現象は、きわめて普通のことでしょう。これに続く「彼女」の「彼」に対する評価も客観的なものとするのには、多くの検証が必要となるでしょう。

48　こうしたことも恋愛においては極めて通常な現象だともいえるでしょう。

49　恋愛も倫理的・道徳的に見ようとする彼女からすれば、必然の物言いだとも言えますが、恋愛においては相手と違うからこそ惹かれ合うということもあるという常識を記しておきましょう。一般的に言ってしまえば、この後に続く「自己省察の不足」などではないのだともいえるでしょう。

50　「危ない淵」の具体も示されていませんね。

落する石の様に、ある欲求の自分を駆使《くし》【自由に使いこなす】するに任《まか》したと言うべきである。彼女が、眠っていた意志を働かすならば、あの危険な泥濘《ぬかるみ》（「でいねい」とも）におちこまない前に、どこからでも、途中から▼這い出す事が出来たのである。彼女の運命は悉《ことごと》く彼女の招いたものに過ぎない（51）。

▼31 (C-17)

彼女の悔《くい》は、「自己の運命に無智であった」事に落ちて来ねばならない。

以上は彼女の心情に対する批判である。彼女は彼女の心情について悔いねばならぬと共に、尚《なお》当然責《せ》めらるべき重大な点のある事を見のがしてはならぬ。

彼女は反省せねばならぬ。彼女の表現は果して彼女の心情の通りであったか。彼女の内《ない》外《がい》は一致して居たか？　と（52）。否《いな》、彼女の表現は度《ど》を越えて居た、放縦《ほうじゅう》【気まま】であった、誇張《こちょう》があった。彼女は此点《このてん》に於《おい》て自他を欺《あざむ》いた事に、深い悔と恥辱とを感じなければならぬ。他の点はどうであっても、この一点《いってん》に於て彼に対して何事を責める資格もない。彼女は慚愧《ざんき》【恥じ入ること】に自らへりくだる外はないのである。

▼32 (C-18)

▼とにかく彼女が彼と離れねばならぬ事は自然であった。お互いに人類愛とでも言うべき大きな無私《むし》な公《おおや》けな愛を抱《いだ》くに堪えうるほど人格として生長《せいちょう》しないうちは、性格の根本に、人生に対する立場に、共鳴しない点を見出す彼等が人間的の好意を持たうとする事は無理であり、相背《あいそむ》いて各各《おのおの》自己に真実な路を別別《べつべつ》に歩むのが当然の事ではなかったらうか？（53）彼女は彼女の彼に対して持った好意を一貫しなかった事については自責《じせき》を感ずる必要はない（54）。彼女の自ら責《せ》むべき点は、彼女自身の貧しい享楽の為に、彼女の真実の人格の要求を無視し犠牲にして道草《みちくさ》に耽《ふけ》った点になければならぬ。彼女の個性を侮《ぶ》辱《じょく》して、好《この》んで迎合《げいごう》【自身の本来の立場を棄てて合わせること】的に屈辱《くつじょく》的にふるまった自己の痴《おこが》ましさ【愚かさ】、になければならぬ。乞食の様なさもしい享楽の誘惑にうかうかと誘われて、誇張した感情を誇張▼した言葉と行為とに表現して自他《じた》を欺《あざむ》いたところになければならぬ。自己を愛し育てる事を忘れて贅沢な感傷的な感情の惑溺《わくでき》【心が奪われ溺れる】に自ら

▼33 (C-19)

▼34 (C-20)

をふみにじった、その不明と弱さとになければならない。要するに彼女白身に不忠実であった点に帰《き》する。

彼女の責《せ》むべきは他人ではなく自己である。彼女の自我の一部として彼女の意志――人格――に統御《とうぎょ》【まとめおさめる】さるべきはづの欲望が、僭越《せんえつ》【本来の場を越えて】にも全自我を統御しようとしたその歪《ゆが》んだ崎形《きけい》【本来の姿から変わった】な我《われ》の醜《みに》くさ、でなければならない。彼女はああ病《や》めるものであった！

彼女は自分を愛さねばならない。自分の真実の願いを見誤《みあやま》らぬようにせねばならない。彼女の思惟《しい》【深い考え】の一つの築きも、感情の一つの漣《さざなみ》も悉《ことごと》く彼女の真実から出たものでなければならない。彼女の表現は悉《ことごと》く【全て】誇張のないものでなければならぬ。▼自己をも人をも欺かぬものでなければならぬ。自分の本当の願いから出たものでなしに欲望に盲《めくら》にされた盲動《もうどう》はたとえ一つの詞《ことば》であろうとも、自分を傷つけずにはおかないであろう(55)。

「常に汝《なんじ》の真実を語り真実を行へ。present of mind《＊presence of mind 平常心》であれ」こ

---

51 「運命」もキーワードの一つですが、その内容を厳密に特定するのが困難な用語の一つです。

52 一般的には、心情と表現が一致することはないと言えるでしょう。それは、「内情と表現」の関係からも、「言語とその指示するもの」の関係からも指摘できるでしょう。

53 「お互いに人類愛とでも言うべき大きな無私《むし》な公《おおや》けな愛を抱《いだ》くに堪えうるほど人格として生長《せいちょう》しないうちは、性格の根本に、人生に対する立場に、共鳴しない点を見出す彼等が人間的の好意を持たうとする事は無理」という認識は、男女の愛の実態からすれば、無理で強引な物言いだと言えるでしょう。しかし、その無理で強引な物言いが彼女の切実さを示しているとも読め、読者の心を打つのでしょう。

54 「注37」を参照してください。

55 「盲《めくら》にされた盲動《もうどう》」は、現在であったら控えられる表現でしょう。

れが彼女に烈火《れっか》【激しく燃える火】の試練《しれん》の中から与えられた贈り物ではないか。(56)

尚《なお》、最後に彼に対して彼女が感謝すべき事があるとすれば、それは恐れを知らずに親《した》しみを表《あら》わして来た彼女の、ある方面に於《お》ける無智に乗《じょう》ずる事なく彼女に不当な何《なに》ものも求めなかった、と言う点《てん》である。彼女の夢幻《むげん》的な好意を（多少利用的であったとは言え）最後まで精神的なものとして、只《ただ》受けるに止《とど》まってくれた事にあるであろう。（もしも今少《いま》し彼が卑しかったならば、そして彼等の交渉が精神的なもの以上になったのであったならば、恐らく彼女の自己苛責《かしゃく》はこの位《ぐらい》ではすまされなかったであろう。その点に於て彼女は幸運であった事を充分《じゅうぶん》感謝すべきである。）(57)

第二の方面、彼女が人人の非難を如何に受くべきか、に移る。

▼35 (C-21)

▼ここに彼女のとるべき態度は、只《ただ》黙して受ける事である。彼女は、最早《もはや》自己に対する不忠実を悔い、運命に対する不明、を恥じている。自己の罪を認める以上は人人に何の弁解がましい心を抱こう!?）(58)

勿論《もちろん》彼女が自分の夢に酔うのみのあわれな貧しい享楽の結果としてうけとった、彼女の名誉の失墜《しっつい》【失う】と言う事は、或《あるい》は惨酷《ざんこく》【残酷】すぎるではなかったか、とも思われもした。彼女は名誉の失墜が我身《わがみ》一つにしか影響せぬものであったなら、――彼女を愛し彼女以上に彼女を案じ悲しむ家族のない天涯《てんがい》【世界・天下】の孤児であったなら――彼女は世間の非難を甘んじて受けたかも知れない。彼女の過ちが彼女自身を悲しむ以上に彼等に悲しみを与えたという事程《ことほど》彼女に痛い打撃はなかった。彼等の誇り、彼等の心を傷つけたのは永久にとり返しのつかないすまない事である、という自責《じせき》【自分で自分を責める】ほど彼女に深い

▼36 (C-22)

▼痛手はなかった(59)。彼女は家族に嘆《なげ》きを与えた世間に対して永《なが》らく反感を捨てる事が出来なかった。『何と言う不公平な世間であろう。人人の自分の行為に対する解釈は何と言う千篇一律《せんぺんいちりつ》【千篇の詩の調子が同じ様に変化に乏しい】な下等なものであろう。自分の心も解《かい》する事が出来ずに憶測《おくそく》【いい加減な判断】で人を判断する何と言う低能な世間の人人であろう』と。

▼37(C-23)

この無理解な世間に対する憤《いきどお》りは、反感的に強《し》いて彼女に「自分は正しい、少くとも人人の思う様な疚《やま》しさも暗さもない」と言う一点《いってん》を固守《こしゅ》【しっかり守る】させた。

どこを向いても好意と愛撫《あいぶ》【さすってかわいがる】に逢《あ》う事の出来た世の中は、彼女には追放されたエデンの園の夢(60)と過ぎ去って現実は嶮《けわ》【険しい】しい住みにくい世界となった。恐ろしく干渉好きな殊《こと》に人の弱味を喜び悪意の監視を怠《おこた》らない凄《すさ》まじい世の中となって感ぜられた。彼女は世間の存在と圧迫とを同時に意識し、多勢《たぜい》の圧▼迫に堪《た》えかねる【こらえることの出来ない】自分を見た。

その時に彼女の眠ってゐた本能はめざめた。きのうまでの弱い彼女には生きて行かれるのが不思議なほどの圧迫に魂をひしがれ【勢いをつぶす。連語「うちひしがれる」の形でも。】ながら、その中から『でも私は生きよう、こんな事で自分を死なしてはならぬ。こんな不当な圧迫に負けて潰《つぶ》されてなるものか、今《いま》死んでたまるものか』と言う反撥《はんぱつ》心が雲の様に湧《わ》き起《おこ》っ

---

56 「烈火《れっか》の試練《しれん》」は、言うまでもなく比喩的表現ですが、比喩を越えた彼女の率直な思いではないかと私など読む度に感じられるのです。

57 この（ ）の部分については、第一章の説明を参照してください。

58 ここでの表現通りにその後の考察を止めてしまっていたら、「自省録（宮澤トシ）」の存在はなかったことになったでしょう。また、言語には対象物を写すだけでなく、考えをまとめ拓くという働きもありますから「書く」ということによって、人は自身の心を深く見つめることになって行くのだという事実も記しておきましょう。

59 考察が家族から始まっていることについては「注26」を参照してください。

60 エデンはヘブライ語で「歓喜」を示し、「旧約聖書・創世記」では、人類の始祖のアダムとエバが居た楽園。二人は、神の戒めを破ってこの楽園を追放されたのでしたが、ここでは、再び帰ることのできない楽園の比喩として使われていると考えたら良いでしょう。

▼38 (C-24)

▼39 (C-25)

た(61)。そしてこの本能は彼女を救った。『私は生きる』という勇気は「私は正しい、少《すくな》くも本質は正しい」と言う自信なしにはその時の彼女には持ち切れぬものであった。仮令《たとえ》その正しいと言う自信が自分の意識に対する痩《や》せ我慢であり虚勢【うわべだけの勢い】ではあるまいかという疑いが屢《しば》しば彼女を暗くしたとは言え此《こ》の場合に、彼女を底のない絶望の深淵《しんえん》に近づく事や、自暴自棄《じぼうじき》【どうにでもなっても良いとやぶれかぶれになる】や感傷的な涙の耽溺《たんでき》【溺れ切ること】やから救ったものは、この生きようと言う本能とこれ▼を力《ちから》づけた自信とであった(62)。

『世間の人は何とでも言わばいえ。私には未来がある。今《いま》に偉くなって本当に私の正しい事を皆《みな》に証明し見返してやるから』と言う負け惜しみに辛《かろ》うじて【やっと】すがりついて彼女は生活を支《ささ》えた(63)。それ以後の彼女には信仰にわが安立の地を見出そうという焦躁《しょうそう》の時が永《なが》く来て、ついに現在に及《およ》んでいる。

彼女は今は強《し》いて自分は正しい、と虚勢を張《は》ろうとおもわはず、又《また》その必要もなくなった。虚勢の底《そこ》が割《わ》れ【真意が見破られてしまい】痩《や》せ我慢では持ち切れなくなって来て居《い》る(64)。正しい、と自信《じしん》する人の内容にも狭隘《きょうあい》【狭さ】と偏屈《へんくつ》【かたくな】とが含まれる事があり、私は弱《よわ》い正しくない、と言う意識に砕《くだ》かれている人の中にも、正しさと強さとを見る事が出来る。所詮《しょせん》【つまり】彼女は正、不正、強、弱、偉大、卑小《ひしょう》【ちっぽけ】、と言う名目よりもその内容に重きをおかねばならなくなったからで▼ある。彼女は自分が弱い、と言う自覚を得《え》る事を恐れて自分の弱さに目をつぶってゐる事は出来ぬ。自分が強いと言う自信を持ち度《た》い為《ため》に自分の一方面を誇張《こちょう》して見る事も望まない。彼女の今《いま》得たいと望むのは真実の相《そう》である。たとえ自重《じちょう》【自身を大切にすること】を傷つけようとも、自分の真実を見ないではいられない、という欲求である。彼女は自身に対しても世間に対しても虚勢を張ろうと言う気持ちからは少し遠ざかっているのである。彼女の今《いま》世間に対する気持は反発心のみではない(65)。

彼女は彼女の過去の行動の不謹慎【つつしみがない】を否《いな》む【否定する】事が出来ない。此《こ》の様《よう》な行為は世間的には何を意味するものかと言う省察《しょうさつ》（「せいさつ」とも）に全然《ぜんぜん》無智と不《ふ》聡明《そうめい》とであった事を認めざるを得ない。彼女は当然《とうぜん》感ずべき事に無感覚で恐れず警戒せず

61 人の決断は多くの要素が複雑に絡まって行われますから単純な物言いは危険ですが、トシの実生活に引き付けて言いますと、政次郎一家が養って来た修養がその大きな要素になったのではというのが私の解釈です。

62 「痩《や》せ我慢」、「虚勢」などの自身に対する負の側面も記しているのは、彼女の冷静な自己分析を示す一端とも言えるでしょう。

63 「負け惜しみ」という語句に示されているように、「今《いま》に偉くなって本当に私の正しい事を皆《みな》に証明し見返してやるから」という内容は、倫理的・道徳的には意味のないものであることも「彼女」は感じてもいたのでしょうか。

64 三つのことを指摘しておきましょう。一つは「焦躁《しょうそう》の時が永《なが》く来て、ついに現在に及《およ》んでいる」とありますから、「現在」にも「焦燥の時」は続いているということです。二つは、「今は強《し》いて自分は正しい、と虚勢を張《は》ろうとおもはず、又《また》その必要もなくなった。」とありますから、「現在」と「今」との間には時間の差があるのではないかということです。三つは「今」においてなされたことは、「自省録（宮澤トシ）」の中でも大きなことだと思われますが、そのきっかけになったことは何かということは、やはり具体的には示されていないということです。

65 「名目よりもその内容に重きをおかねばならなくなったからである。」とありますから、彼女はここで挙げている対比を「名目」と「内容」の点から整理しようとしていることは明らかでしょう。もちろん、それは誤りではありません。しかし、この対比は、「人生における正負（プラス・マイナス）の両面」だとも見ることもできるのではというのが私の解釈です。彼女の視野は「マイナス」に向かっても開かれたのです。数学の世界においてマイナスの発見がどれほど、数学を発展させたかは多くの人の知っておられるところでしょう。「彼女」にその自覚があったかどうかは、別として、このマイナス面への着目によって、「自省録（宮澤トシ）」の世界は飛躍的に大きなものとなって行くのです。

▼40 (C-26)

に振舞ったその結果は、そう言う方面に自信あり経験ある人と丁度▼似た様な大胆と無造作さとを彼女の行為の外面は具《そな》えていた(66)。

「私は悪い事をしているのではないから」と彼女は痴《おこが》ましくも【愚かにも】自ら瓜田《かでん》に履《くつ》を入れ李下《りか》に冠《かんむり》を正《ただ》す事を繰り返した(67)。彼女の「自分は性《せい》【男性と女性という】）の眼から彼を見てはいない、人間として見るのだ」と云ふ言い訳《わけ》は誰にも通用する筈《はず》がなかった。世間が在来《ざいらい》の男女に下《くだ》した批判を以《もっ》て彼女に当《あた》ったと云う事は当然すぎるほど当然な事であった。勿論《もちろん》彼女にはそれは堪《たえ》られない不快であり侮辱《ぶじょく》であるとは言え、「人人にはそう見えたのがあたりまえである」とみとめずには居られないのである(68)。又、彼女に致命傷を負《お》はせた、あの真偽《しんぎ》とりまぜた記事を出した新聞記者をも憎む事は出来なかった。

▼41 (C-27)

彼女は彼が誰であるかを知っている。彼が享楽主義者で、物質上の貧窮《ひんきゅう》が彼に思うままの享楽を許さないのを人生最大の不幸な運命として▼のろうている様《よう》な人である事は彼の書く感想文などからうかがわれた(69)。彼が全《まった》くおせっかいにも彼女の名誉を傷つけたと言う事は勿論《もちろん》彼女には大きな傷手《いたで》であった。殊《こと》に家族の心がこれによってどれだけいたんだか、それは正視するのも彼女には恐ろしすぎる事であった(70)。二重の意味で彼女は大打撃をうけた。にも拘らず彼女の心には最初から彼を憎む念《おもい》(「ねん」も)が殆ど起らずにしまったのは不思議な事であった。『彼の様な人にはそう見えたのも無理はない』。『なぜ私は誤解されるのが当然な様な馬鹿な危険な事をしたろう?』「こんなにまで凡《すべ》てを犠牲にしてそして得ようとしたものは正しいものであったか?(71)」

66「その結果は、そう言う方面に自信あり経験ある人と丁度《ちょうど》似た様な大胆と無造作とを彼女の行為の外面は具《そな》えていた」というのは所謂「世間知」に相当するものでしょう。「彼女」の理解はここにまで達していたのです。トシの伝記的事実に引き付けていうと、トシはそうした「世間知」からは距離のあるところに育っていたというのが私の解釈です。そこから出発してトシの辛い体験が、こうした事象の理解にまで及んだのだと私は解釈するのです。

67 「瓜田《かでん》に履《くつ》を入れず」、「李下《りか》に冠《かんむり》を止《ただ》さず」（まくわ瓜の畑では脱げたくつをはき直そうとかがむと瓜を盗むのではないかと疑われるし、李の木の下で冠の曲がっているのを直そうとすると李を盗むのではないかと疑われるから、そうした疑いをかけられるような行いはしないように注意しなさい。）という諺は、皆さんも知っておられる方も少なくないでしょう。実は、彼女のそうした行為は具体的にはどうした行為であったかが重要なのですが、やはり、ここでもその具体は示されていません。

68 「自省録（宮澤トシ）」では「愛」を分化せず、一括し、それを倫理的・道徳的観点から統合しようとしていることについては既に述べているから繰り返しません。（「注31」、「注46」を参照してください。）

69 「彼の書く感想文など」は確認できませんでしたが、当時の『巌手民報』（マイクロフィルム）記事からすれば、同花巻市局担当の春日百外である可能性が極めて高いと思われます。

「広告 社告 花巻支局設置」：同町郵便局前松田屋旅館内にて事務所を置き春日百外氏を臨時出張致させ候（大正四年三月四日三頁）：

（参考）大正四年二〜三月同紙スタッフ

（武田源助［主筆］。佐久山惣太郎［発行兼編輯人］、百川六郎（白洋）、菅野美光（三勝）

菊池東醉［粋］［江刺支局主任］／田鎖凌山（大正四年：）

なお、この記述は、岩手県立図書館サービス第二課（郷土資料）の渡辺美知氏の格別な御尽力によっています。記して感謝したいと思います。

また、当時の花巻市における旧川口町（賢治やトシの家はこちらにありました。）と狭義の旧花巻町の関係は、その支持政党の違いの形でも表れていました。旧川口町は、原敬率いる「民政党」、旧花巻町は大隈重信率いる「立憲改進党」支持でした。『巌手民報』は、立憲改進党系の新聞でした。この対立が、トシのスキャンダル記事にも反映されているという考察もあります。［今野勉『宮澤賢治の真実　修羅を生きた詩人』（新潮社、二〇一七）］

70 くり返すことになりますが、「家族」への思いが常に「彼女」の考えの中にあること、その意味するところについては「注26」などでふれています。

71 「正しい」という評価的用語で示すことの多いのも「自省録（宮澤トシ）」の特徴の一つです。

▼42 (C-28)

彼女には世間を不当と責める権利がない。彼女は、黙って、人人の与えるものを受けなければならぬ。彼女はこうして世間の意思に対して▼消極的に是認《ぜにん》【よしと認める】する以上に、尚《なお》考うべき事がある。

彼女は冷酷な世間を止むを得ず是認する前に、自身を世間に対しては冷酷でなかったか、と反省する必要がありはしないか(72)。

言うまでもなく彼女の求むる所《ところ》は享楽(たとへそれがどんな可憐《かれん》なしおらしい弁解がついても)以上には出なかったらしい。それは表面愛他的《ひょうめんあいた》【他の人を愛する】、利他的《りた》【自分の利益を第一としない、他の人の利益を優先する。】な仮面を被っても畢竟《ひっきょう》【つまるところ】、利己的な動機以上のものではなかったらしい事《こと》を認めなければならない(73)。或《ある》特殊な人と人との間に特殊な親密の生ずる時、多くの場合にはそれが排他的の傾向を帯《お》びて来易《きやす》い。彼等の場合にも亦《また》そうではなかったか? 他《ほか》の人人に対する不親密と疎遠とを以《もっ》て彼等相互の親密さを証明する様《よう》な傾《かたむ》きはなかったか?

▼43 (C-29)

彼等の求めたものは畢竟《ひっきょう》彼等の幸福のみで、それがもしも他の人人の幸福▼と両立しない場合には、当然《とうぜん》利己的に排他的になる性質のものではなかったか?

彼女の反省はこの問に否《いな》とは言い得《え》ないのである。

利己《りこ》の狭苦《せまくる》しい陋屋《ろうおく》【むさくるしい家】から脱れて一歩《いっぽ》人間が神に近づき得《う》る唯一の路であるべき「愛情」が美しいままに終る事が少くて、往往《おうおう》【繰り返し起こる】罪悪と暗黒との手をひきおうて来る事は実にdeli-cateな問題である(74)。愛の至難な醇化《じゅんか》【純化】の試練《しれん》に堪《た》え得ぬものが愛を抱《いだ》く時——それは個人に向けられたものであろうと家庭や国家にむけられたものであろうと——頑迷《がんめい》【かたくな】な痴愚《ちぐ》【おろか】な愛は、自他を傷つけずにはおかないであろう。煩悩《ぼんのう》となり迷妄《めいもう》となり修道の障(さわ)りとならずにいないであろう。

彼女の現在はまだまだ言い様《よう》もなく低い。真の愛、などは口にするだに憚《はばか》られる僭越《せんえつ》【出
▼44 (C-30)
過ぎること】ではあるけれども、彼女は最早《もはや》現状に満足せ▼ずして高められ浄《きよ》めらるるを求むる

▼45 (C-31)

と言うに躊躇しないであろう。盲目な痴愚《ちぐ》な愛に満足しない、求めないと言うに躊躇しないであろう。彼女は未《いま》だ真の愛の如何なるものかを知らない。けれども、「これが真の愛ではない」と見分《みわ》けうる一つの路は、それが排他的であるかないか、と言うことである(75)。彼女と彼との間の感情は排他的傾向を持っていた、とすれば、彼女の眠っていた本然《ほんぜん》の願いが、さめた暁《あかつき》には到底《とうてい》【どうしても】、彼女に謀反《むほん》【ひそかに事を起こしそむくこと】をおこさせずにおかなかったであろう。自分から、自分等《じぶんら》の感情に息詰《いきづま》りを感じて、どう言う形《かたち》でかこれを破り、捨てずにはおかなかったであろう。或《あるい》はこれを排他的なものでないものに、醇化《じゅんか》しようとする、身《み》に過《す》ぎた重荷に苦しまねばならなかったであろう。此点《このてん》に於《おい》ても、彼等の、今《いま》、離《はな》れ終《おわ》ったと言う事は自然な正当な事ではなかったか(76)。

▼彼女が凡《すべ》ての人人に平等な無私《むし》な愛を持ちたい、と言う願いは、たとえ、まだみすぼらしい、芽《め》ばえたばかりのおぼつかないものであるとは言え、偽《いつわ》りとは思はれない。「願わくはこの功徳《くどく》を以て普《あまね》く一切に及ぼし我等と衆生《しゅじょう》と皆倶《みなとも》に――」と言う境地に偽りのない渇仰《かつごう》「かつぎょう」とも）【喉が渇いた者が水を求める様に憧れのぞむこと】を捧げる事は彼女

72　自身に対するこの厳しい問い詰め。これも「自省録（宮澤トシ）」の一つの特徴でしょう。

73　男女の愛を倫理的・道徳的に考えようとする「自省録（宮澤トシ）」の語り手の必然的結論でもあるでしょう。（「注46」なども参照してください。）

74　delicate　英語使用の可否については評価は分かれましょうが、この場合の delicate は正しく言い得て妙の感もある様に感じられますが、いかがですか。

75　男女の愛において「排他的」であることは、必ずしも非難されるものではないというのが、私の考えですが、「自省録（宮澤トシ）」がそうした立場に立っていないことは繰り返して述べているところです。

76　「自省録（宮澤トシ）」の立場からすれば、この評価は当然でしょうが、そこに問題のあることは「正当」という評価語の問題も含め繰り返し指摘しているところです。（「注36」「注71」）

に許《ゆる》されない事とは思えないのである（77）。

この願《ねが》いと矛盾した自己の幸福をのみ追求した事を彼女は愧《は》じ【恥じ】ねばならない。懺悔《ざんげ》【（主にキリスト教などで）罪を告白し悔い改めること。】しなければならぬ。そして人人の彼女に加《くわ》えた処置を甘んじてうけなければならぬ。排他に対する当然の報償《ほうしょう》【償い】としてうけなければならぬ。

▼46 (C-32)

彼女は明らかに迷路にふみ入っていた。道草《みちくさ》に耽《ふけ》ろう【道草のような行為にのみ心をかたむける】とした。彼女の深い深いところにある本然▼【本来あるべき】の声に耳を蔽《おお》うて自ら破滅の方《ほう》へ近づいて行った。彼女はそう言う不用意の中に播《ま》いた種《たね》を刈らねばならなかったのである。彼女は今こそ神と人との前にひれ伏さねばならない。

わがあやまちを許させたまえ
と祈らねばならぬ。

彼女には彼女を正当に理解しなかった世《よ》の人々を責《せ》める資格は、ないのであった。憤《いきどお》りの代《かわ》りに【憤るのではなく】謙遜と寛容とを学ばねばならなかった。

この砕《くだ》かれたる魂【（キリスト教などで）心が徹底的に打ち壊される】に、ささやかれる彼女へのたまものは何であるか。

彼女は過失と罪とがいかに行《おこな》われ易《やす》いか、それがいかに巧妙な仮面をつけ、もっともらしい理由を以《もっ》て自意識をくらます【わからなくする】か、堕落《だらく》に導《みちび》かれる道のいかに滑《なめら》かであるか、を知らなければならぬ。彼女が今まで別世界の人として傲然《ごうぜん》【おごりたかぶって】と卑《いや》しみ眺《なが》めた「罪人《つみびと》」と言う一群《いちぐん》の人人は彼女と同じ世界の同胞である事を知らねばならぬ。彼等の人を驚《おどろ》かす恐ろしい犯罪も始《はじ》めは彼女にも芽生えたと同様な一つの小さい欲望の【が】境遇と時《とき》とを得▼て育って行った結果にすぎないであろう事をさとらねばならぬ。

▼47 (C-33)

彼女が従来《じゅうらい》自分は正しいと言う自覚に媚《こ》び【迎合し】て、人の過失や罪にあう時、一応は「気の毒だ」と思うその心をうらぎって、罪ある彼らに対して正しい我《われ》である事を享楽《きょうらく》【たのし

▼48 (C-34)

む】する心のあった事を知らなければならぬ。彼女はもはや何人《なんびと》をも罪人《つみびと》視する資格はない。同様《どうよう》な弱い人間である彼女はその時の境遇と機会とによってはどんな恐ろしい罪をも行いうるものである事から、自分の運命を恐れねばならぬものである事を知らねばならぬ(78)。

あの経験に逢《あ》わない前の彼女は余《あま》りに幸福に馴《な》れ、自分の意識に傲《おご》る事をおぼえていた。彼女は自己の優越を楽しむのが当然の権利ででもある様《よう》に凡《すべ》ての人人に対して同情なく傲《ごう》慢《まん》にふるまいはしなかったか。彼女が自分の過ちに心を砕かれる事なく、もしもあのまま何事もなく▼進んでついに一点非《ひ》の打ちどころのない生活に入り得《え》たとしたら、彼女は畢竟《ひっきょう》【行き着くところ】道学者とはなり得ても真の人間にはなり得なかったかも知れない。彼女は限りなく思いあがって人の世にある罪と悪とは彼女と全然別《ぜんぜんべつ》の汚穢《おじょく》（「おわい」とも）【汚い】の世界であると僭上《せんじょう》【自分の分を越えた行い】したかも知れぬ。

彼女は未《いま》だ正確には人として、あるべき理想の状態は何であるかを考える力が足らぬとは言え、おぼろげながら、その輪廓をえがく事が出来る。それは道学者になる事ではない、

---

77 「願わくはこの功徳《くどく》を以て普《あまね》く一切に及ぼし我等と衆生《しゅじょう》と皆倶《みなとも》に（仏道を生ぜん）」は、妙法蓮華経「化城喩品第七」の一節で、大意は「この功徳を広く全ての人々に及ぼし、私たちと衆生とが皆一緒に悟りをえられますように。」となります。しかし、この一節は浄土真宗等において会合の終わりに唱える「回向文《えこうもん》」としても知られています。「自省録（宮澤トシ）」におけるこの引用が、賢治の影響を受けた妙法蓮華経によるものか、父政次郎の浄土真宗の影響によるものかについては、それらが一体となったものではなかったかというのが、現在の私の考えですが、意見の分かれるところでもあるでしょう。

なお、この一節に関連して、以下を参照されることをお勧めします。広い視野に基づいた分かり易い解説は、この一節についてだけでなく、宮澤賢治を理解する上で沢山のものを与えて貰えるでしょう。

浜垣誠司「トシの願以此功徳普及於一切」【『宮澤賢治詩の世界』https://ihatov.cc/blog/archives/2018/09/post-923.htm】

78 一連の記述は、まるで、キリスト教における「罪」の意識の告白であると言っても通るものでしょう。

作為《さくい》【ことさら手を加える】と不自然とに生命を枯《か》らされた所謂《いわゆる》道徳家となる事でもない（79）。

一念三千の理法《りほう》や天台の学理《がくり》（80）は彼女には今は口にするだに僭越ではあるけれども、彼女の理想が小乗《しょうじょう》的傾向を去って大乗《だいじょう》の煩悩即菩提《そくぼだい》の世界に憧憬と理想とをおいている事は疑いなかった（81）。

▼49（C-35）

その理想に照らして、今《いま》彼女に苦痛をとおして与られた賜物《たまもの》の意味を考える時、彼女は今▼まで恥辱《ちじょく》と悔《くい》とに真暗《まっくら》であったとの過去の経験に、思いもよらぬ光明を見るのである。彼女は世界の前に神の前に本当の謙遜を教えられたのではないか、それは人間としての修業に一歩を進めさせる恩寵《おんちょう》ではなかったか、否《いな》【いやいや】彼女にはそれが恩寵であろうと或《あるい》は彼女を不幸に落した運命の悪戯《いたずら》であろうとそれについて彼此《かれこれ》選択したり憶測したり不平を云ったりする権利がなく必要もないのであった。何を与《あた》えるかは絶対者の領分である。彼女は只《ただ》自分にのみ与えられた無比《むひ》【比べることのできない】の経験として従順にうけとり自らを愛さねばならぬのであった（82）。

▼50（C-36）

彼女はこの賜物をもっと早く、見る事が出来たならばもっと早く謙遜になり得たはずであった。しかるに彼の経験から以後の彼女は少なからず自尊心を傷つけたにも拘らずやはりややもすれば人を裁きたい傾《かたむ》きを捨てかねていた。叩《たた》いて見ればぐらつく怪しい自信――一歩外《はず》れれば卑屈▼に変る自信――の上に立ちながらも、自己を正しいものと扱《あつか》う事に馴《な》れて来た。それは平民に成り下った殿様が昔の尊大《そんだい》な風《ふう》が忘られずに昔《むかし》万民を平伏させたすばらしく威厳のある儀式の服《ふく》をつけようとする様《よう》な滑稽にも似《に》て居《い》はしなかったか。しかもその服は一度ふみにじられて襤褸《ぼろ》（「らんる」も）となったものなるにも拘らず（83）。

彼女は此後《このあと》卑屈【自分自身を本来の自身より卑しめること】と傲慢【自分自身を実際の自分より高いものにおごり高ぶらせること。】との矛盾を捨てねばならぬはずである。彼女のうけたものはこのおくりもののみではない。

彼女があの経験を恩寵《おんちょう》【与えられた恵】と感謝すると如何《いかん》とに拘らずこれが彼女の外面的

▼51(C37)

運命には少しも影響する力《ちから》のない事を一方には認めなければならぬ。彼女の過《あやま》ちはいつまでも過ちのままで残るであろう。それはやはり彼女には意識の明《あか》るみへ出すこともはばかられる様な不面目な恥ずべき過去に違いない。その事実か寸毫▼【少し】も減ったのではな

---

79 ここにおける「道学者」や「道徳家」は、否定的に捉えられていることは、少し前のところに「道学者」と「真の人間」を対比的にとらえていることからも明らかでしょう。「道学」や「道徳」の側からは、別の言も予想されるところでしょう。

80 一念（一瞬の心の動き）の中に、宇宙三千世界のあらゆるものが含まれているという思想で、天台宗の根本原理の一つです。

81 大乗（大きな乗り物）で「小乗（ちいさな乗り物）」に対する語。専門家集団（小乗仏教諸派）に抗って、非専門家集団にも教えを広めようとしたところに、その特徴があったと言えるでしょう。どちらのグループが一方的に正しいというものではありませんが、歴史的には、当時、後進の少数勢力であった大乗仏教グループが、当時の先進多数派であった「初期仏教」グループに対してつけて呼んだ語です。但し、中国を経て日本に伝えられたのは大乗仏教でしたから、日本の仏教界の言は、大乗仏教を優れたものとするのも当然でしょう。なお、「煩悩即菩提《そくぼだい》」というのも、大乗仏教の説くところの一つで、「煩悩も悟りのきっかけとなり得る」という考えです。

82 「自省録（宮澤トシ）」の頂点を示す部分だと言っても良いだろういうのが私の解釈です。「彼女にはそれが恩寵であろうと或《あるい》は彼女を不幸に落した運命の悪戯《いたずら》であろうとそれについて彼此《かれこれ》選択したり憶測したり不平を云ったりする権利がなく必要もないのであった。何を与《あた》えるかは絶対者の領分である。彼女は只《ただ》自分にのみ与えられた無比《むひ》【比べることのできない】の経験として従順にうけとり自らを愛さねばならぬのであった」というところにまで、「自省録（宮澤トシ）」の「彼女」は達したのです。

83 或る種の「到達点に達したにもかかわらず、探究の姿勢を緩めていないこともおそるべきことです。なお、この部分における長い比喩についても注目すべきものでしょう。

いのである。彼女は今まで恥《は》じ悲しみながらも不面目な我《わ》が過去の記憶を抱《いだ》いて居ねばならなかった(84)。

彼女の過敏《かびん》【鋭敏過ぎること】は到《いた》る処《ところ》に針のむしろにある思いを捨てさせる事が出来なかった。事実上彼の事あってから彼女の前であからさまに彼女を辱《はずか》しめ赤面させる様な無感覚な人は幸いになかったけれども、「音楽」と言い「男の先生」と言う様な詞《ことば》にまで彼女は刺される様な人知れぬ苛責《かしゃく》【責めさいなまれること】を感じた。話しが彼女の女学校四年時代の生活にふれる時さえ彼女には平《たいらか》な気持はつづけられなかった。それは彼女には可成《かな》りつらい苦しい事に思われた(85)。

▼52 (C-38)

彼女は過去の自分の行為が生み出す外面的結果については全《まった》く無力であり無防備のままである。彼女はこれからもいつ衆人《しゅうじん》の中で彼女の痛いきずにふれられ軽蔑をうける事があるかも知れない。けれどもそれについて、その人に悪意を抱くの▼は正しい事ではない。彼女はそれを甘んじて受けられる程未《ほどいま》だ度量《どりょう》が大きくないとはいえ少くも当然の結果として潔《いさぎよ》く堪《た》えやうと云ふ覚悟は持つべきであらう。

けれどもそれは最早《もはや》彼女の全生命を傷つけるには足《た》りないであろう。彼女のうける毒箭《どくや》【毒矢】は彼女自らが罪と認めてゐる範囲だけしか射通《いとお》す事がないであろう。彼女には外面から受ける箭《や》に不死身な何ものかがあるに違いないから。彼女自身と人生とを愛しい人間らしい道を歩みたい願いが、そして実在に近づきたい願いが彼女の中に生き生きとうごいている間、彼女は自棄《やけ》(「じき」も)に自らを破る事はしないであろう(86)。

▼53 (C-39)

彼女は今までの様に徒《いたずら》に自分を愧《は》じて卑屈《ひくつ》にいじけるのみではいけない。同時に一方にはもっと鋭く良心を磨いて苦しみ、へりくだらなければならぬ。いい気に思いあがって忘恩《ぼうおん》の輩《はい》(「やから」とも)とならぬ様にせねばならぬ。自身に▼対しても将来二度と同様な過ちに陥《おちい》らぬと言う覚悟を定めなければならぬ。

いかなる事でも自分が自分のした事一切の責任を持ちうる事の外《ほか》は真実の我《われ》から出て自

己に自由な事の外は決して行うまいと云ふ決心を固《かた》めなければならぬ（87）。

彼女は、今は失われた昔のエデンの園を慕《した》うように「あの過ちがなかったら私は本当に幸福だったのに」と泣音《なきごと》を言う気持にはだんだん遠ざかって行く。

いい気になり易《やす》く思ひあがり易かった彼女に与えられたあの試練は決してむだにはならないであろう。

▼54（C-40）

殆《ほとん》ど恢復《かいふく》するみちもなく救われない事の様に思われたあの経験が彼女にどれだけ教へたかを彼女は、一方には感謝すべきである。そして一方には又《また》そのうれしさに酔ってしまって自身を許《ゆる》したり甘やかしたりいい気になったりしない様にしなければならない。彼女は自らを責める心を新鮮に強くしてよい。（但《ただ》しそれは自己の体面の汚損《おそん》【汚れや傷】と言う様な対他的【自身ではなく他人を意識した時に現れるマイナス的考え】な濁《にご》ったものでなしに）それによって彼女は将来同様な過失に再び陥《おちい》る事を免《まぬが》れる事が出来るであろう。

彼女は今《いま》うくべきものを受けたと言う安心に、絶《た》えて久しい自由な釈放《しゃくほう》された心持《こころもち》の恢復《かいふく》して来る事を感ずるであらう。

84　或る到達点に達しても、それは、過去の行ったことを抹消できるものではないこともしっかりと把握しているのです。

85　「彼女」の起こした恋愛事件らしいものは、「高等女学校四年」のことで、その対象は、「音楽の男性教師」であったことが、ここで初めて明らかにされたのです。

86　「彼女」は或る事象に対する一方的な受け入れを越え、それが影響する範囲について見きわめられるところに達したのです。

87　それが実際問題として可能かどうかというより、「彼女」の決意が表されたものだとするのが私の解釈です。

彼女は砕《くだ》かれた彼女の魂の成行《なりゆき》を気づかって始終《しじゅう》慈愛深くみまもって下された人人に感謝を捧げたい(88)。

彼女故《ゆえ》に多くの人の心を傷つけた、と言う事は殆《ほとん》ど彼女の最大のいたみであった。それを恢復《かいふく》し申し訳を立てるみちは只《ただ》一つしかないようだ、彼女は今漸《ようよう》その道を探り当て▼ようとしてゐる。 ▼55 (C-41)

彼女が単にあの経験によって、いろいろの事を教えられた人生に対する知識を豊富にしたと言う事は（たとえそう言い得るとしても）彼女の過失を相殺《そうさい》【互いに差し引いて無しにする】するには足らないであろう。申し訳を立てる事にはならないであろう。

彼女の真の証明は、今後の生活にある。恢復《かいふく》【回復】された人生に対する勇気と自由とをこれからの彼女の仕事に表わさねばならぬ。彼女の使命の命ずるところに、彼女として許される限りの最善の、最高の、生活に到《いた》らねばならぬ。そこに彼女の生きんとする意志の弾力《だんりょく》の強さは証明されなければならない(89)。

彼女の生活が移《うつ》りゆくままに、曽《かつ》て彼女の味った一つの経験である彼の過去も亦《また》姿を変えるであろう。今《いま》彼女に教へ与えたとは又《また》別様の言葉を以《もっ》て何かを彼女にささやく事があろう。彼女は猶《なお》もその中から思いもかけ▼ぬもの――よかれ悪しかれ二様の意味に於て――をうけとらねばならぬ事があるかも知れない、と言うその予期を持ちつつ彼女は現在の彼女の能《あた》う【できる】かぎり大胆に正しく自己を見ようとした努力に、幾分の満足と感謝とを感ずるのである(90)。 ▼56 (C-42)

（大正九年二月九日、（十六日目）に終る）(91)

▼以下影印は、57(C-43)、58(C-44)と空白となる。

88 全力を出し切った者のみが出せる「感謝」であるというのも私の解釈です。

89 成瀬仁蔵の説く「使命」の思いの中に、実際の「生活」の中に決意を実現しようとする祈りの中に「自省録（宮澤トシ）」は実質的終わりに達したのです。トシの実生活に即しますと、具体的には岩手県立花巻高等女学校の「教諭心得」となり、「舎監心得」（週三日の宿直もありました。）までも引き受けるのです。病後で、健康に問題もあったでしょうトシには過酷な務めであったとも言えるでしょう。しかし、トシの「使命感」は、これを引き受けるのです。その志を良しとしながらも、健康のことも考えてくれていたらというのが私の率直な思いです。

90 いわゆる「あとがき」の部分です。渾身の力をこめて到達した自身の考察が将来的には、今考えているものと違うものとなるかもしれない可能性にも触れながら、自身の「能《あた》う【できる】かぎり大胆に正しく自己を見ようとした努力に、幾分の満足と感謝と」の中に「自省録（宮澤トシ）」は閉じられることになりましたね。

91 日付の問題については、第二章第一節を参照してください。

第Ⅰ章 第三部 「自省録（宮澤トシ）」現代語訳

＊（中）高校生にも読んでもらえたらの願いをこめて、現代語化したもの。「デス・マス体」を採り、一部、原文にない語句を補って意味を通り易くしています。なお、【】は難語句に説明を加えたものです。詳しくは、《第Ⅰ章第二部「自省録（宮澤トシ）」現代文風表記（一部ルビ・語釈・「注」付き）》を見て下さい。

思いもよらなかった自分の姿を、自分のうちに見なければならない時が来てしまいました。最も触れることを恐れていた事柄に、今、触れならない時が来たのです。

「自分もとうとう、このことに触れずに済ますことはできなかったのでしょうか。」という悲しみに似た感情と、同時に「永い間、手探りで探していたことに、今、正面からぶつかるのです、自分の心に不可解な暗い陰をつくり、自分でも分からないままに悩まされていたものの正体を確かめる時が来たのです。」という期待から希望を与えられています。

この四、五年。私にとって一番根本な私の生活のバネとなっていたものは、「信仰を求める」ということでした。信仰によって、私は自己を統一し、安心立命【心やすらかで、動揺のないこと】を得ようとしたのです。信仰を得ることほど、人生において重大な意義のあることはないと思われたのです。自分と宇宙との正しい関係に目覚めて、人として最もあるべき理想の状態にあったと思われる聖者や高僧達の境涯に対する憧憬に強く心を燃やしたのです。実は、暫くの間、私には宗教に対する憧憬と信仰を求めることとの問の違いが分からなかったのです。

忘れもしません。日本女子大学校二年生の秋、担当の成瀬仁蔵校長先生から「実践倫理」の宿題に「信仰とは何でしょう、教育とは何でしょう」と出た時、私は魂を籠めてかなり長い論文を書きました。その時はそれで信仰ということが分かった積りで満足していたのでしたが、今思えばあれは、全く信仰に対する憧憬を書いたに過ぎなかったように思われます。私に解っていたのは信仰の輪廓にすぎなかったように思われるのです。私は、今同じ問題を書かねばならないとしても、あのような大胆で単純な讃美や憧れは書こうとはしないでしょう。何故なら、今は、信仰の輪廓よりも内容を求めるからです。そして、その「内容」を「体験」することが、どんなに難しいことであるかを惑じるからです。

自己の現実に対する不満、広い世界に身の置き所のない不安に、いつもいつも襲われて、意識や現象の背後に在る真実を求め、絶対者を呼び、救いを求めていたにもかかわらず、私は遂に求めるものに触れることが出来たという歓喜を得ることがなかったのです。私の求める対象は、始めは安心立命であり、隠れ家と呼んでもよいものでしたが、それは、その後少しずつ微かな移り変わりを続けたのです。安心立命が、最後の最後の目標ではなくなりましたけれども、とにかく、このどうしようのない現状を突き破って新生を得たい望みは遂に今まで遂げられなかったのです。

私の今なお、心から望むことも、また、新しく生れることです。よみがえることです。新しい命によみがえることです。

それが私の今生きていることの最も大きな意義となっています。

私は魅力ある言葉を尋ねることが、次第に嫌になって来ました。私の日記には統一を求め調和を求め、自身を精進の道に駈り出す励ましの言葉が繰り返しくりかえし書かれました。そうして、私は疲れて来たのです。弱い糸を極度まで張ったような一昨年の末の状態は、遂に、身体の病いという形になって現われたのです。それは当然の結果なのです。そして、その後一年ばかり、今に至るまで心身の休養の時を与えられたのは、何という恩恵であったでしょう。私は病気が警告を与え、目を醒ましてくれたことよって、初めて今までの無理な不自然な努力と緊張の生活から脱れることが出来たのです。自然は、私に明らかに「出直せ」と教えているのです。

私は今までの、努力に緊張し、精神的に追い立てられた生活を反省して、そこに欠陥を見出さねばならなくなったのです。この苦しく病気にまで導いた原因は、一朝一夕のものでなく、五年前から私の心身に深く食いこんでいたものでした。その病気の原因が強い力で私に影響して来たという、極めて自然な必然な事実を無視しようとして、意志を以てこの力の影響に抵抗を試みたのが、この五年間の不自然な苦しい努力の生活だったのだ、と思われて来ました。

私は常に、自分の全てを出し尽くして、すなわち、全我をあげて道を求めていた、と思っていました。Concentration【集中】こそは、私を救う唯一の路ではないかと思ったのです。一途に、祈りに自分の凡てを投げ込もうと努めて来ました。が、私は今はそれを疑います。自分の全てを出し尽くして、信仰を求めていると思ったのは、自分に対して、よくよく考えることが欠けていた為ではなかったか、と思えたのです。

間違いなく私の意識が只一つに神を求め自分の働き所を見出すことに向けられている瞬間にも、それでも、私のうちにはそれと全く別な何ものかがありはしなかったでしょうか。祈りに燃えていると思われる時にも、それでも、その火の光の届かない暗い部分がありはしなかったでしょうか。

その不思議な力を持つ私の内にあるものを今までその存在さえも認めようとしなかったというのは、自分を見詰める眼の曇っていた為であったとはいえ、特別の原因があったように思われます。私はこの自分のうちの暗い部分を、常に常に恐れていたに違いないのです。意識されない間にも。何かの機会に、その部分に眼を向けねばならぬような場合になっても、痛いものに触ったようにはっとして目をそらしてしまったに違いないのです。その不可解な部分の近くまでを動かす何かの刺戟をも、驚いて、その危険区域から遠ざからせたに違いないのです。この部分こそは——私は今は恐れなく躊躇を斥けて言おうと思います——私の性に関する意識の住み家であったのです。

そしてその範囲に一歩足をふみ込むと、直ちに私はそこに、過去の私の傷ついた痛ましい姿を見なければならなかったのです。丁度、その時と同じように、私の心が痛んで、取り返しのつかない過去を悲しまねばならなかったのです。そして、この悲しみにじっと堪えて自分の真相を見ようとする強みの足りなかった当時の私には、この問題は、重荷でありすぎる問題と思われたのです。悲しみに打ち砕かれながらも、それでも、生きようとする勇気を失わずに進んで行けるという自信のない間は、目を過去に向けることは、必要以上に、自分を感傷的にし、意気をはばむに過ぎないということを知った為に、私はわざと過去のこの部分を思い出すことを避け、同時にその問題に関連する全ての考えに触れることを恐れたのです。「今少し、私が強く一人前の人間らしくなって、感傷的な涙に溺れることなしに自分を正しく批判することの出来るまでは。」と、上に述べたことを意識することを禁じていたのです。

勿論私の心には常に、「あの事」について懺悔【ざんげ、キリスト教などで罪を告白し、悔い改めること】し、早く重荷を下して透明な朗らかな意識を得たいという願いはあったのです。しかし、自分自身を冷静によくよく見て本当に受けるべき罪とその罰を真正面から見ないうちは、懺悔の内容は、只空虚な悔恨にすぎないだろうということを知った私は、懺悔に急ぐ前に懺悔に堪えうる性格の強さを養わねばならなかったのです。先ず、自分自身を養い育てねばならなかったのです。不幸な過去の過失を償う為にも、そのことへの満足な解決をつける為にも、二重の意味で、私は未来へ、未来へ、と向かわねばならなかったのです。

私の努力をこのような方向に向けたということは、私には仕方のないことでした。しかし、そのことを恐れ、避けて、無理に意識の外に追い出していたと思うにもかかわらず、此のことが、どんなに、密かに力強く私に影響を及ぼしていたかは、今や明らかです。

私の生活の不徹底と矛盾とは、すべてこの逃げてはいけないものから逃れ、見るまいとした不自然から来たように思われるのです。本当に私はそれについて意識することを恐れ、自分の眼にさえ秘密にしたにかかわらず、その出来事以後の、私の性格も思想も、意識されない程の深みにおいて影響され囚われていたことを疑うことが出来ないのです。この根本的な不合理の上に立ちながら、自己を統一することに、信仰を求めることに、費した努力は行き詰ったのが当然でしょう。現在何をなすべきか、将来いかにあるべきか、の問題も、この不合理のままに考えるならば、理想として抽象的には何かを考えることが出来ても、具体的な生活の力とは成って来ないことは、今までと同様ではないかと思います。

私は自分を知らなければなりません。過去の自分を正視しなければなりません。悪びれずに。

五年前に出会った一つの事件によって、私に与えられたものが何であったか、その教える正しい意味を理解し、古い自分を明らかに見、ひいては、私の未だ償なわずにいるものを償い、恢復すべきものを恢復して新しい世界に踏み出したい、過去の重苦しい囚われを脱け、超越して新しい自分を見出し度い、善かれ悪しかれ自分を知ることによって、私は自由を取り返すことが出来るでしょう。受け取るものが責罰だけであろうとも、正しく受けるべき良心の苛責を悪びれずに受けることによってのみ、私の良心は自由を得ることが出来るでしょう。

「過去の財宝を引き出す為には自分が強者であるという自覚を持った時に入って行くのがよい。」とメーテルリンクは教えています。

しかし、私には、今、自分が強い、とは思われないのです。でも、此の後も、やはり過去の鉄の鎖につながれて、かつて私がしたことが、未来に関係する自分の希望や理想をさんざんに踏み荒し、萎縮させるままにすることは、もう堪えられないのです。私は、自分のしたこと（の意味）を本当に知りたい、そしてこの執拗な束縛から脱れたい、新たに生れ変わりたい、という願いに押されて、私は過去に目を向けようとするのです。

（次の文までの間は余白）

過去の自分の心情と行為とを冷静な鏡にうつして批判しようとする私の仕事に取りかかってから数日を経ました。

批判に先立ってなすべきことは、誤りなく過去のわが姿を観察し凝視するということでした。そして、その仕事に指を染めて、はじめて私に分かったのはそのことがどんなに難しいことであるかということでした。

忘却の波に洗い浸食されるままにした記憶の頼りなさ、これが正しく自分のありし姿である、という自信の得がたいこと、外面的叙述、歴史的考察の煩わしさ、などです。私はほとんど疲れて来ました。

つまり、私は未だ純客観的に表現することができる程の修練に欠けていることを認めなければならないのです。

私はこの一経験を、かつて私が触れた人生の一つの現象、生活のすがた、として完全に客観的に、（それは歴史的事実と完全に一致するかどうかとは関係なく）見ることが出来るまでは――即ち、自分の利害に濁らせられることなしに見ることが出来るまでは――客観的表現を見合せようと思うのです。

止むを得ず、私は結論のみを得ることを以て満足しなければならないと思うのです。

〈次の文までの間は余白〉

〈訳者注〉

＊余白と白紙一枚。

＊また、次からは、話者が、第三人称話者【更に言えば「彼女」（この余白以前の「私」）に限りなく近い限定視点】となります。

彼女の心の痛みは渾沌としています。その中から正しい判断を求めようとするに当り、これを二つの方面に分けて考える方が都合がよいように思います。

一つは「彼」と「彼女」との間に置くことが相応しい批判、第二には、「彼女」と「世間」との関係を明らかにすることによってもたらされる解決についてです。

先ず第一のことから始めなければなりません。

仮に、彼と彼女との間にあった感情が、誰にも知られず誰にも干渉されずに終ったとしたら、と仮定して見ましょう。「彼女は、それについて、このように悩まされはしなかったでしょう。」と思われます。もっともっと単純に雑作なく『この苦しみを』超越出来たでしょう。彼女に対して非難が加えられず、そして「彼女以上に、彼女の家族に悲しみと傷手とを与えた」という二重の意味の苛責を彼女は味わずに済んだでしょう。そして彼に対して持った彼女の行為と心情は、人格的には、色々と不用意があったものではあっても、罪としては考えられなかったかも知れないのです。

彼に対する彼女は、只、感傷的な、そして人生のdark side【暗い面】に関する知識の全く欠けたdreamer【夢想者】であり、感情に溺れる者であったと思われるのです。

彼女のその感情にも、推移と生長と歴史とがあるのです。

「彼女が最初彼に心を惹かれはじめた」というその偶然のような一つの事実も、実は彼女には自覚されない様々な原因から生れた必然であったかも知れません。只、彼女に最も明らかにその原因だと自覚できたのは、「彼女の漸く目醒めはじめた芸術に対するあこがれとそれを仰ぎ慕うこと」でした。

彼女の彼に対する好意と親愛との表現は正直すぎるほど正直に無技巧を極めていたのです。

その表現の程度が、彼女の意思が命じる範囲以上に出る事に彼女は気づかなかったのです。

彼女は恐れや疾しさが頭をもたげることがあっても、直ぐそれを否定することが出来るほど、自身が画いた幻影を実際に在ると思い込み、空想の酒に判断力がきかなくなり、白日夢【非現実的な空想】をみようとしたのです。

彼女は「世間はこのような態度をどう解釈するか」について無智であり、世間の人の悪意に対する警戒やおそれにも全く無智だったのです。しかし、それよりも更に更に彼女自身の運命に無智だったのです。

「これが私の当然の義務であり、彼の行為に報いることです。」というのが、彼女自身に対する弁解だったのです。しかし、彼女の過敏な感受性は、正当に反応すべき以上に反応し、正当に報いるべき以上に報いなければ承知出来なかったのです。彼女が「正当の義務」という言葉に強いて自分を包んで自意識の目をくらまそうとしたその皮一枚下には、若い日の華やかな享楽を求める心が苦し気に呼吸していたことは、その時の彼女の頼りない自己省察【自分自身を省みて考えをめぐらす】の眼には見抜くことが出来なかったのです。

「私共はお互いに好意を持ち合っている」その確信だけを、間違いなく摑むことが出来れば、彼女は満足だったのです。その外には何も求めなかったのです。たとえ、時々物足らなさを微かに感ずることがあっても、彼に対してはそれ以上を求むべきではないことを本能的に知っていたのです。そこに、淋しいあきらめに似た感情もあったのですが、同時にそれが彼女には気安かったのです。

彼はいつでしたか、彼と他の人との間に結婚を勧められたことを彼女に語って、それに対する意見を彼女に尋ねたことがありました。（たとえ、彼がその時、何か下心あってそのことを言ったのであったとしても、彼女には単純に、相談をかけられたとしか思えませんでした。）そんな時、特に彼女は気安く感じたのです。どうかすると、彼女をとらえようとした「疾しさ」から、確実に逃げることが出来るような気がして、友情に似た嬉しい思いで、それに対する平気な受け答えをしたことのあったことを覚えています。

Oさんに対する彼の心が分かった時にも、彼女には意外ではありましたが、度を失わさせられることはありませんでした。「驚かねばならないことだ」という意識より、実際に感じた驚きは小さかったのです。心の隅のどこかに「それが当たり前だ」とさえ思えたのです。

しかし、彼女は「驚かねばならないことだ」という意識に興奮した彼女を、真実の彼女と思い込んで実際以上の悲しみと驚きとで、反応する敏感な、誇張の態度を捨てることが出来なかったのです。

そしてOさんのことを知ってからの、少しの間の考えと苦しみとは、直ぐに彼女を救ったのです。彼女は、いよいよはっきりと彼に対して何を求めるべきかを知ったのです。今までのように、お互いが、好意の交換をし合うことに楽しみを得ようとすれば彼女は絶望に陥る他はないのを知ったのです。「彼は、到底私の満足するような誠意を与えてくれる人ではない。」と分かったのです。それなのに、彼女は、やはり、若い憧れの夢を捨てることが出来ませんでした。「ああ、彼に対しては何も求めません。求めるほど苦しむばかりですから。私は実際の彼がどうであっても、決して私の心を嫉みや憎しみに汚さないようにしましょう。私は最後まで彼に対する好意と愛とを持ち通しましょう。」と。そして此の決心は彼女自身を、悲劇の主人公と見るように、自分自身に溺れることに導くことによって淋しい満足を買うことが出来たのでした。彼女は一日も早く実際の彼と遠ざかりたいと願ったのでした。近づいていればいるほど、ひどい現実が暴かれる悲しみに、彼女の築いた幻影は破られる危険がありましたから。彼女は一方、幻滅の予感に危うく思いながらも、一切の欲望を捨てて、只この美しい夢に生きたい望みをのみ後生大事に守ったのです。

しかし、遂に、その最後の希望も破れる時が来てしまったのです。恐れに恐れていた自分が美化していたことは幻に過ぎなかったのだということを実際に味わねばならない時が来てしまったのです。彼女が今までの通りの態度を以て彼に接するということは、或る他の人々（彼に何かを求めている）の意思とは、全く両立しないことであったのです。私とその人達との衝突と不和とは免がれることのできない運命だと思われました。彼女は初めて味う人情の険しさと、彼女に対して、はっきりと強い敵意を以てくわだてられる企みとの激しい浪の中に揉まれねばならなかったのです。昨日まで友人に違いないと信じていた人の思いがけない裏切りに対する悲しみや驚きや苦しみ、は魂を圧し潰すかと思われました。それからの彼女には平安が去ってしまいました。喜びと希望と安き眠りも去ってしまいました。

自分が今どういう位置にあるかということも見ることの出来ない程の、騒がしい乱れのなすがままにするしかならなかったのです。彼女にとって、火を見るよりも明らかであったのは、只、「苦しい現在の我」だけでした。彼女は、今は逃げるにも逃げられる路のない泥濘の中に、日一日と深く落ちつつあると知りながら、悲しみと悔とに打たれながら、抵抗することのできない力に引きづられる他はなかったのです。そして、彼女に感じられたものは、今まで味わったことのない痛い痛い、多くの人の非難や冷笑の眼と、彼からの明らかな疎隔【疎まれ隔てられること】だったのです。成り行きのままに引かれて、行くところまで行って、受けと取ったものは、この二つの彼女に向けられた痛い贈物だったのです。彼女は否応なしに夢の国から現実の地べたに引きずり落とされたのです。彼女は、そこで自分が愚かしい夢を守ることに全力をあげていた間に、それが周囲の人々にはどんなに映ったかを始めて見せられたのです。もっと、彼女が自分の名誉を守ることに忠実であったり、又は、打算的であったならば、彼女は、今になって、多くの人の悪口を言う唇を見て驚くことは、全くなかったはずだったのです。彼女は、余りに永い間、人々の好意と称賛とに馴れていた為に「人の口を恐れる」というようなことに用心することや警戒することを、全く深く考えることが出来なかったのです。

彼女が不用意のうちに播いた種が、気付かぬ間に生長した当然の結果であるとしても、彼女が夢から醒めてはじめて見た現実の姿は余りに恐ろしくいたましいものに思われたのです。

浪漫的な白日夢のような幻は見事に砕けてしまいました。そして、そこに一つの真実にぶつからねばなりませんでした。

自分を亡くしてしまったような、自分自身をどこかに置き忘れたような美しい夢に酔っていられるのは、つまりは、自分が安全である限りにおいてのものでしかないではないでしょうか。私のしてきたことは、遊戯に過ぎなかったのではないのでしょうか。自分の上に痛い非難の矢を雨のように受け、それだけでなく、その原因を彼女に与えた責任を分け負うべき彼の打って変った裏切りを見て、自分自身の昨日までの人に優れた名誉心も自愛心も全て踏みつけて粉々にされねばならない時、自分を守るものは、自分に最も真実なものは、「自分自身を大切にすること」でなければならなかったのです。「それなのに、私の今まで夢中になっていたことは何だったのでしょうか。肝心な自分を大切にすることであったでしょうか。」「私は自分を大切にしませんでした。つまり、自己に不忠実だったのです。」

彼女の悔は、ついにここまで落ちて来ねばならないのでした。

もしも彼女の失ったものが名誉だけで、彼からの疎まれ隔てられることに遭わなかったなら、彼女の夢はそう急にはさめなかったかも知れませんでした。彼女が彼から疎まれ隔てられたということは、彼女に取っては意外であり唯一の心外のことでした。彼女のそれとなく期待したものは「すまなかった。私の為にとんでもない評判を受けさせて。けれども誰もが信じなくても、私共だけは、お互いにやましくなかったこと、世間の人々の考えの見当違いであることを共に信じましょう。」という彼の心でした。それなのに、彼女に対する侮辱と憎しみの詞（それはあの三人のうちの一人から聞かされたかされたのだから、全く信ずべきではないとしても）を間接に聞いた時、恐らく彼女の心の痛みは絶頂に達したのです。

彼女は重ね重ねの打撃に魂を打ち砕かれて、人に涙を見せずにじっと堪えて生きること――針を植えた莚に耐えながら座るようにしながら、何気ないように、自分の命を支えて卒業前の長い長い一ヶ月を過すこと――だけがもう力一杯の努力だったのです。重ねて、彼との間の了解を回復して、二人の関係に明らかな結末をつけようとすることは重荷に過ぎたのです。

彼女はもう一日も早く、この苦しい学校と郷里とから逃れたいという願いの他には、麻のように乱れた現在を整理する気力も勇気も全く萎え果てていたのです。そして全く文字通りに彼女は学校から逃れ、故郷を追われたのでした。そして、遂に彼との了解を得る機会を永久に捨てたのでした。

しかし、彼女は人を通して、僅かですが、彼から疎まれ隔てられた原因らしいものを伝えられたのです。それは、彼女が彼との交渉を、ある程度まで隠すところなく、信頼する或る人と友達とに告げていたこと、が彼の自尊心を傷つけて「あざむかれた」という憤りを起させたものと考えられたのです。原因はそれだけではありませんでしたが、その他の原因は彼女には痛みを感じさせなかったのです。つまり、彼女は、彼にとって最も不名誉に違いない事実を人々の噂で聞いて初めて知ったのであり、自分から人々に言いふらしたという記憶はどうしても、思い起こすおこすことが出来なかったからなのです。だから、以上のことは、それは彼の誤解であり、彼女には冤罪であるとしか思われなかったのです。

けれども、第一の原因については彼女は一言もありませんでした。それは事実でしたから。しかし、彼女はその時彼女自身の軽卒を後悔し、彼に謝罪の意を持ったのですが、その思いの底から一つの疑いが、強い力で頭を持ち上げざるを得なかったのです。

「なぜ自分はこのことを誰にも秘密にしなければならなかったのでしょうか。どうして、私が友だちに打ちあけたのが悪いのでしょうか。」という疑いです。おおこれこそは彼と彼女との間の心情の偽らざるそれぞれの実相を解くことの出来る鍵ではなかっ たでしょうか。彼女は今五年目にこの疑問を解こうとしているのです。

その時、彼女は彼女自身の軽卒を悔い、彼に謝罪の気持ちを持った、その気持ちの底とも言えるところから、一つの疑いが、強く強く頭を持ち上げざるを得なかったのです。

「なぜ、私は、このことを、誰に対しても、秘密にしなければならなかったでしょうか。どうして私が友達に打ちあけたことが悪いのでしょうか。」と言う疑いが。おお、これこそは、彼と彼女との間の心情の、嘘偽りのない各々の実相を解くことの出来る鍵ではなかったでしょうか。彼女は、今、あの事件から、五年目にこの疑問を解こうとしているのです。

彼と彼女との、一つのものという観点から見た彼等の感情は、元来、焦点が違っていたのでした。彼にとっての二人の間の感情は全く彼自身の為のものであり、彼女を利用すべきものとしてしか考えられてはいなかったのではなかったのでしょうか。彼が人々に漏らした彼女を憤った心持は、今の彼女には無理もなかったと思わるのです。同時に、彼女には、自分達の行動が秘密にする必要がないと思えたのも、彼女にとっては無理がないことだったのです。

彼女の見た彼は、実際に客観的に存在する彼とは少し違っていなかったでしょうか、それは、理想化された幻影の彼、ではなかったでしょうか。実は、彼女は、時々彼の利己的な、又物質的な、或は男らしくない打算的な性格に触れることを感じたのです。それは彼女には苦痛だったのです。彼女は、自然と彼の性格の持つ暗い半面に目を背けて、これを見まいとするようになったのです。そんなにしてまで、自分の描く美しい夢に酔おうとしたのです。彼女は時として、彼が自分の好意を受けるのに現実の利益を求めるような傾向があり、大切な的を外れているではないだろうかということを直接に感じることもあり、悲しみにとらわれることがあったにも拘らず、強いて醒めがちな夢を夢みようとしたのでした。それは明らかに自らを欺くことでした。自意識に基づく正しい批判を見えないようにすることでもあったのです。彼等の破綻は、早かれ遅かれ来るべき運命であったと思われます。強いて理性の眼をつぶって彼等は（主に彼女は）めいめいの自分の都合のよいように、彼等の感情を理解し合ったと見るのが、道理にかなっているとしてよいのではなかったでしょうか。只、今度のことは、彼女が自分から徐々に理性に目覚めて、正しい現実を見て離れたのでなくて、彼女には、急激な受動的な余儀なくされた目覚めであった為に、彼女に、少しの間、未練な夢に執着させたに過ぎなかったのではないでしょうか。全人格的の共感を欠いた彼等は、結局は、始めから人生の過し方において、別々の道にあるべき運命ではなかったのではなかったでしょうか。美しい理想的の好意・同情を持つことが出来ると思ったのは、彼女が未だ、自己に醒めない間の暫くの妄想に過ぎないのではなかったでしょうか。自己の個性が独立した際には、早かれ遅かれ、彼の個性とは一致しなくなることを見出し得なかった自己省察の不足、それどころか、盲目ではなかったでしょうか。

彼女は、はじめは、彼に対する自分自身を反省して、こう思ったのです。「自分が彼に好意を感じ、それが行為に表現されたのは恐らく自然なことです。私はいつとなしに惹かれて行く自分自身を見たのです。自分の意志を超越して、ある願いの育って行くのを見たのです。自然は、全く巧妙に滑かに彼女を危い淵まで導いたのです。彼女はいつ正しい道をふみ外したのでしょうか、どの行為を境に迷路に入ったのかが、自分に分からない程です。」と。けれども、これは表面の事実でしかありません。言い訳に過ぎないのです。

彼女には、自分の行為が思いもよらぬ大胆なものとなって行くことをな我ながら驚き恐れる気持がなかったでしょうか。彼女のすることが一つ一つと安全な本来の道を遠ざかって危険な谷に落ちて行くのを彼女の本能のどこかで、きちんと知ってはいなかったでしょうか。只、それが坂を転落する石のように、或る欲求が、自分を思うままにするに任したというべきでしょう。彼女が、眠っていた意志を働かすならば、あの危険な泥濘に落ち込まない前に、どこからでも、途中から這い出すことが出来たのです。彼女の厳しい運命は、全て彼女の招いたものに過ぎないのです。

彼女の後悔は、「自己の運命に無智だった。」ということに落ちて来ねばならなかったのです。

以上は彼女の心情に対する批判です。彼女は、彼女の心情について悔いねばならぬと共に、まだ、当然責められても仕方のない重大な点のある事を見逃してはいけないのです。

つまり、彼女は反省しなければならないのです。彼女の表現は、果して彼女の心情の通りだったかと。彼女の心の内と外は一致していたでしょうか、と。いえいえ、彼女の表現は度を越えていました。周囲のことを考えない気ままなものでした。心の内と比べれば、行動には誇張がありました。彼女は、此の点において自分も他人をも欺いたことに、深い後悔と聡辱とを感じなければならないのです。他の点はどうであっても、この一点において、彼に対して何事を責める資格もないのです。彼女は消え入りたいほどの恥に 自らへりくだる他はないのです。

こうしたことを考えると、とにかく、彼女が彼と離れねばならないことは自然なことでした。お互いに、人類愛とでもいうべき大きな無私な公けな愛を抱くに堪えうるほど人格として生長しないうちは、性格の根本に、人生に対する立場に、共鳴しない点を見出す彼等が、人間的の好意を持とうとすることは無理であり、互いに背中を向け合って、それぞれが、自己に真実な路を、別々に歩むのが、当然のことではなかったでしょうか。

彼女は、彼女の彼に対して持った好意を一貫しなかったことについては自責を感ずる必要はないのです。彼女の自ら責むべき点は、彼女自身の貧しい享楽の為に、彼女の真実の人格の要求を無視し、犠牲にして、道草に耽った点になければなりません。彼女の個性を乞食のようなさもしい享楽の誘惑にうかうかと誘われて、誇張した感情を誇張した言葉と行為とに表現して、自分も他人も欺いたところになければなりません。自己を愛し育てることを忘れて贅沢な感傷的な感情に心を奪われ正しい判断力を失って、自分自身を踏みにじった、その不明と弱さとになければならないのです。つまり、彼女自身に不忠実であった点、に帰するのです。

彼女の追及すべきものは、他人ではなく自己なのです。彼女の自我の一部として彼女の意志、つまり人格に統一されるはずの欲望が、あるべき位置を越えて、全自我を統一しようとしたその歪んだ異常な自分自身の醜くさ、でなければならないのです。彼女は、ああ、病めるものでした。

彼女は、自分を愛さねばなりません。自分の真実の願いを見誤らぬようにしなければなりません。彼女の心に深く考えることへの築きも、感情の一つの漣も、すべて彼女の真実から出たものでなければならないのです。彼女の表現は、全く誇張のないものでなければならないのです。自己をも人をも欺かないものでなければならないのです。自分の本当の願いから出たものでなく、欲望に盲にされた、理非の分別のなくなった行動は、仮に一つの言葉でも、自分を傷つけずにはおかないでしょう。

「常に汝の真実を語り真実を行え。present of mind【平常心】であれ」これが彼女に烈火の試練の中から与えられた贈り物ではないのでしょうか。

尚、最後に彼に対して彼女が感謝すべき事があるとするると、それは、恐れを知らずに親しみを表わして来た彼女の、或る方面における無智につけこむことなく、彼女に不当な何ものも求めなかった、という点です。彼女の夢幻的な好意を（多少利用的であったとは言え）最後まで精神的なものとして、只、受けるに止まってくれたことにあるでしょう。（もしも、今少し彼が卑しかったならば、そして彼等の交渉が精神的なもの以上になったのであったならば、恐らく彼女の自己苛責はこの位ではすまされなかったでしょう。その点において、彼女は幸運であったことを充分感謝すべきなのです。）

第二の方面、彼女が人々の非難をどのように受けるべきか、に移りましょう。

ここに、彼女のとるべき態度は、只、黙って受けることです。彼女は、最早、自己に対する不忠実を後悔し、運命について良く分かっていなかったことを恥じています。このうに、自己の罪を認める以上は、人々に対してどうして何の弁解がましい心を抱くことがありましょう。

勿論、彼女が自分の夢に酔うのみの憐れな快楽にふけった結果として、受け取った彼女の名誉の失墜ということは、惨酷すぎるではなかったか、とも思われました。彼女は、名誉の失墜が、我身一つにしか影響するものであったなら、――彼女を愛し彼女以上に彼女を案じ悲しむ家族のない天涯の孤児であったなら――彼女は世間の非難を甘んじて受けたかも知れないのです。彼女の過ちが彼女自身を悲しむ以上に彼等すなわち家族に悲しみを与えたということ程、彼女に痛い打撃はなかったのです。彼等の誇り、彼等の心を傷つけたのは永久にとり返しのつかないすまないことだいう自責ほど彼女に深い痛手はなかったのです。彼女は家族に嘆きを与えた世間に対して永く反感を捨てることが出来なかったのです。「何と言う不公平な世間でしょう。人々の自分の行為に対する解釈は何という千篇一律な下等なものでしょう。自分の心も理解する事が出来ずに憶測で人を判断する何と云う低能な世間の人々でしょう。」と。この無理解な世間に対する憤りは、反感的に強いて彼女に「自分は正しい、少くとも人々の思うような疾しさも暗さもありません。」という一点を固く守らせたのです。

どこを向いても好意と愛撫とに逢うことの出来た世の中は、彼女には追放されたエデンの圏、つまりなくなってしまった楽園の夢のように過ぎ去って、現実は険しい住みにくい世界となったのです。恐ろしいほどに干渉好きな、殊に人の弱味を喜び悪意の監視を怠らない凄じい世の中となったと感じられたのです。彼女は世間の存在と圧迫とを同時に意識し、多勢の圧迫に堪えることのできない自分を見たのです。

その時に彼女の眠っていた本能は目覚めたのです。昨日までの弱い彼女には生きて行くことが出来るかのかが不思議なほどの圧迫に魂をひしがれながらも、その中から「でも私は生きよう、こんな事で自分を死なしてはなりません。こんな不当な圧迫に負けて潰されてなるものですか、今死んでたまるものですか。」と言う反発心が雲のように湧き起ったのです。そしてこの本能は彼女を救ったのです。

「私は生きる」と言う勇気は「私は正しい、少くも本質は正しい」という自信なしには、その時の彼女には持ち切れぬものでした。たとえ、その正しいという自信が自分の意識に対する痩せ我慢であり、虚勢ではないのかという疑いが、しばしば彼女を暗くしたとは言うものの、此の場合に、彼女を底のない絶望の深淵に近づくことや、自暴自棄や感傷的な涙に溺れることなどから救ったものは、この生きようという本能と、これを力づけた自信だったのです。

「世間の人は何とでも言いなさい。私には未来がある。今に偉くなって本当に、私の正しいことを皆に証明し見返してやりますから。」という言う負け惜しみに辛うじてしがみついて、彼女は生活を支えたのです。それ以後の彼女には、信仰にわが安立の地を見出そうという焦りの時が永く来て、遂に現在に及んでいるのです。

彼女は、今は、無理して自分は正しい、と虚勢を張ろうとも思わず、又、その必要もなくなったのです。虚勢の底が割れ、痩せ我慢では持ち切れなくなって来ています。

正しいと、自信があるする人の内容にも、狭さや性質のねじれが含まれることがあり、対照的に、私は弱い正しくない、という意識に思いわずらっている人の中にも、正しさと強さとを見ることが出来るのです。つまり、彼女は、正・不正、強・弱、偉大・卑小、という名目よりも、その内容に重きをおかねばならなくなったからです。彼女は自分が弱い、という自覚を得ることを恐れて自分の弱さに目をつぶっていることは出来ません。自分が強いと言う自信を持ちたい為に、自分の一方面を誇張して見ることも望まないのです。彼女の今得たいと望むのは、彼女の真実の姿なのです。たとえ、自分の品位を傷つけようとも、自分の真実を見ないではいられない、と言う欲求なのです。彼女は自身に対しても世間に対しても虚勢を張ろうという気持からは、少し遠ざかっているのです。彼女の、今世間に対する気持は反発心だけではないのです。

彼女は彼女の過去の行動が慎みのないものであったことを否定することが出来ないのです。このような行為は、世間的には何を意味するものかということに考えをめぐらすことに、全く、無智であり聡明でもなかったことを認めざるを得ないのです。彼女は 当然、感じなければならないことに無感覚で、気遣いや警戒もせずに振舞ったその結果は、そういう方面に自信があり経験もある人と、丁度似たような大胆と無雑作さとを、彼女の行為の外面は具えていたのです。

「私は悪いこと事をしているのではないから。」と彼女は、愚かしくも、自分自身諺にもなって戒められている「瓜田に履を入れ【瓜畑で履物をはきかえようとすると瓜を盗むのではないかと疑われる。】」、「李下に冠を正す【李（すもも）の木の下で冠を直すと、李を盗むのではと疑われる。】などの、人に疑いをもたれることを繰り返したのです。彼女の「自分は性の眼から彼を見てはいない、人間として見るのだ。」という言い訳は誰にも通用する筈がなかったのです。世間の人々が、通常の男女に下した批判を以て彼女に当ったということは当然すぎるほど当然なことであったのです。勿論、彼女にとっては、それは堪えることのできない不快であり、屈辱だったとはいえ、「人々には、そう見えたのが当たり前である。」と認めずはいられないのです。

又、彼女に致命傷を負わせた、あの真偽とりまぜた記事を出した新聞記者をも憎むことは出来ませんでした。彼女は、彼が誰であるかを知っています。彼が享楽主義者で、物質上の貧しさが、彼に思うままの享楽を許さないのを人生最大の不幸な運命として呪っているような人であることは彼の書く感想文などからうかがわれたのです。彼が全くお節介にも彼女の名誉を傷つけたということは、勿論、彼女には大きな痛手でした。殊に、家族の心がこれによってどれだけ痛んだか、それは正視するのも彼女には恐ろし過ぎることでした。二重の意味で彼女は大打撃を受けたのです。それにも拘らず、彼女の心には最初から彼を憎む思いがほとんど起らなかったのは不思議なことでした。「彼のような人には、そう見えたのも無理はありません。」、「なぜ私は誤解されるのが当然なような馬鹿な危険なことをしたのでしょうか。」、「こんなにまで、全てを儀牲にして、そして得ようとしたものは正しいものだったのでしょうか。」

彼女には世間を不当と責める権利がないのです。彼女は、黙って、人々の与えるものを受けなければならないのです。彼女はこうして世間の意思に対して消極的に認める以上に、やはり、考えるべきことがあるのです。

つまり、彼女は冷酷な世間を止むを得ず認める前に、自身を世間に対して冷酷でなかったか、と反省する必要があるのではないでしょうか。

言うまでもなく彼女の求めるところは快楽にふけること（たとえ、それがどんな可憐な、しおらしい弁解がついていても）以上には出なかったらしいのです。それは表面上は、他人を愛し、自身の利益を第一としないような仮面を被っていても、つまりは、利己的な動機以上のものではなかったらしいことを認めなければならないのです。

或る特殊な人と人との間に特殊な親密さが生れる時、多くの場合は、それが排他的の傾向を帯びて来易いのです。彼等の場合にも、また、そうではなかったでしょうか。他の人々に対して親密さを欠いたり交際を疎くすることによって、彼等の互いの親密さを証明するような傾向はなかったでしょうか。

彼等の求めたものは、結局、彼等の幸福だけで、それが、もしも他の人々の幸福と両立しない場合には、当然、利己的、排他的になる性質のものではなかったでしょうか。

彼女の反省はこの問に否とは言うことが出来ないのです。

利己の狭苦しい、むさくるしい家から脱れて、一歩人間が神に近づくことのできる唯一の路であるはずの「愛」が、美しいままに終ることが少くて、ともすれば、罪悪と暗黒との手をひき合って一緒に来ることは実に delicate【微妙な】問題です。愛を本当にまじりけのないものできるかという試練に堪えることができない者が愛を抱く時――それは個人に向けられたものであろうと家庭や国家に向けられたものであろうと――頑なで正しい判断はできないものです。頑な愚かな愛は、自分をも他人をも傷つけずにはおかないでしょう。煩悩となり心の迷いとなり修道の障りとならずにはいられないでしょう。

彼女の現在は、まだまだ言いようもない程に低い。真の愛、などは口にするさえ憚られるほどの僭越なことですが、彼女は最早。現状に満足せず、高められ浄められることを求めることに躊躇しないでしょう。盲目な愚かな愛に満足しないですし、そんなものは求めないということに躊躇しないでしょう。彼女は未だ、真の愛の如何なるものかを知りません。けれども、「これが真の愛ではない」と見分けることのできる一つの路は、それが排他的であるかないか、ということです。

彼女と彼との間の感情は、排他的傾向を持っていました、とすれば、彼女の眠っていた本来あるべき願いが、さめたその時には、どうしても、彼女に謀反を起こさせずにおかなかったでしょう。自分から、自分等の感情に行き詰りを感じて、どういう形にしても、これを破り、捨てずにはおかなかったでしょう。或いは、これを排他的でないものに、純粋なものに変えるという、自分の力を越えた重荷に苦しまねばならなかったでしょう。此の点においても、彼等が、今、離れて終ったということは、自然な正当なことではなかったでしょうか。

彼女の、全ての人々に平等な無私な愛を持ちたい、という願いは、たとえ、まだみすぼらしい、芽ぼえたばかりのおぼつかないものであるとはいえ、偽りとは思われないのです。「どうか、この功徳を、全てに渡って、全てのものに一及ぼし、私達と生きとし生けるもの、皆共に、（仏道を生ぜん＝釈迦の説く真理に到達致しましょう。）【妙法蓮華経「化城喩品第七の文章／浄土真宗等の「回向文」にも用いられる。】」という境地に対して、偽りのない仰ぎ慕う思いを捧げることは、彼女に許されないこととは思えないのです。

この願いと矛盾して、自己の幸福をのみ追求したことを彼女は恥じねばならないのです。懺悔しなければならないのです。そして、人々の彼女に加えた処置を甘んじて受けなければならないのです。自分以外の他の者を排斥したことに対する当然の報いとして受けなければならないのです。彼女は明らかに迷路に踏み入っていました。道草に耽ろうとしました。彼女の深い深いところにある本来の声に耳を蔽うて自ら破滅の方へ近づいて行ったのです。

彼女はそういう不用意の中に播いた種を刈らねばならなかったのです。彼女は今こそ神と人との前にひれ伏さねばならないのです。「私の過ちをお許しください。」と祈らねばならないのです。彼女には、彼女を正当に理解しなかった世間の人々を責める資格は、なかったのです。憤りの代りに謙遜と寛容とを学ばねばならなかったのです。この砕かれた魂に、囁やかれる彼女への賜物は何でしょうか。

彼女は、過失と罪とがいかに行われ易いか、それがいかに巧妙な仮面をつけ、もっともらしい理由を以て自意識をくらます、か、堕落に導かれる道が、いかに滑らかである、かを知らなければならないのです。彼女が今まで、別世界の人として驕り高ぶって、卑しみ眺めた「罪人」という一群の人人々は彼女と同じ世界の仲間・同胞であることを知らねばならぬのです。彼等の人を驚かす恐ろしい犯罪も、始めは彼女にも芽生えたと同様な一つの小さい欲望が、境遇と時とを得て育って行った結果にすぎないであろうこと悟らねばならないのです。彼女が、以前から、自分は正しいという自覚に時を重ねて、他人の過失や罪に会う時、一応は「気の毒だ」と思う、その心に背いて、罪ある彼らに対して正しい自分であることを楽しむ心のあったことを知らなければならないのです。彼女はもはや、どんな人に対しても、罪人視する資格はないのです。自分も同様な弱い人間である彼女は、その時の境遇と機会とによっては、どんな恐ろしい罪をも行うことができる者ですから自分の運命を恐れねばならない者であることを知らねばならないのです。

あの経験に逢わない前の彼女は、余りに幸福に馴れ、自分の意識に思いあがることを自覚していました。彼女は自己の優越を楽しむのが当然の権利ででもあるように全ての人々に対して、同情なく傲慢に振る舞いはしなかったでしょうか。彼女が自分の過ちに心をわずらわすこともなく、もしもあのまま何事もなく進んでついに一点非の打ちどころのない生活に入ることができたとしたら、彼女は、つまりは、道学者とはなることができても、真の人間には成ることができなかったかも知れないでしょう。彼女は限りなく思いあがって、この世にある罪と悪とは彼女とは、全く別の汚れた世界であるかも知れません。

彼女はまだ正確には人間として、あるべき理想の状態は何であるかを考える力が足りないとはいえ、おぼろげですが、その輪郭を描くことはできます。それは、道学者となることではありません。ことさらに手を加えられ、不自然に生命を枯らされた所謂道徳家になることでもありません。

「妙法蓮華経の説く」「一念三千【日常の心である「一念」の中に宇宙存在の全てが含まれること】の理法、すなわち、天台（宗）の学理についてあれこれ言うことは、彼女には、今は口にするのさえ、僭越ではありますけれども、彼女の理想が小乗仏教的傾向を去って、大乗仏教の説く「煩悩は即ち菩提に通じるという世界」に、憧憬と理想とを置いていることは疑いなかったのです。その理想に照らして、今、彼女に苦痛を通して与えられた賜物の意味を考える時、彼女は今まで恥辱と悔とで、真暗であったとだけ思っていた過去の経験に、思いもよらぬ光明を見ることができたのです。彼女は、世界の前に、神の前に、本当の謙遜を教えられたのではなかったでしょうか、それは人間としての修業に一歩を進めさせる恩寵ではなかったでしょうか。いやいや、彼女には、それが恩寵であろうと或いは彼女を不幸に落した運命の悪戯であろうとそれについて彼れ此れ、選択したり憶測したり不平を言ったりする権利はなく必要もないのでした。何を与えるかは絶対者の領分であるからです。彼女は只、自分だけに与えられた比べるものもない貴重な経験として、従順に受け取り、自らを愛さねばならないのでした。

彼女はこの賜物をもっと早く、見ることが出来たならば、もっと早く謙遜になり得たはずでした。それなのに、彼との経験から以後の彼女は、少なからず自尊心を傷つけたにも拘らず、やはり、ともすれば、人を裁きたい傾向を捨てかねていました。叩いてみれば、ぐらつく怪しいような自信――一歩外れれば卑屈に変わる自信――の上に立ちながらも、自己を正しいものと扱うことにに馴れて来たのです。それは、平民に成り下った殿様が、昔の尊大な風が忘れられずに、昔万民を平伏させた素晴らしく威厳のある儀式の服をつけようとするような滑稽にも似ていなかったでしょうか。しかもその服は、一度ふみにじられて襤褸となったものなのにかかわらずです。

彼女はこの後、卑屈と傲慢との矛盾を捨てねばならぬはずです。

彼女の受けたものは、この贈物だけではないのです。

彼女が、あの経験を恩寵と感謝するかどうかに拘らず、これが彼女の外面的運命には少しも影響する力のないことをも、一方では、認めなければならないのです。彼女の過ちは、いつまでも過ちのままで残るでしょう。それは、やはり彼女には意識の明るみへ出すことも憚られるような不面目な恥ずべき過去に違いないのです。その事実が、少しでも減ったのではないのです。彼女は、今まで恥じ悲しみながらも、不面目な自分の過去の記憶を抱いていなければならなかったのです。

彼女は、過敏さのために、到る処に、針を植えた莚に座らされているように耐えがたい思いを捨てさせること出来なかったのです。事実上、彼のことがあってから、彼女の前であからさまに彼女を辱しめ赤面させるような無感覚な人は、幸いになかったのですけれども、彼のことを示す「音楽」といい「男の先生」というような言葉にまで、彼女は刺されるような人知れず、責めさいなまれる思いを感じたのです。。話が彼女の高等女学校四年生の時の生活に触れる時さえ、彼女には平な気持は続けられなかったのです。それは、彼女には、かなり辛い苦しいことに思われました。この後も、彼女は、過去の自分の行為が生み出す外面的結果については全く無力であり、無防禦のままなのです。彼女は、これからもいつ多くの人の中で、彼女の痛い傷に触れられ軽蔑を受けることがあるかも知れないのです。けれども、それについて、その人に悪意を抱くのは正しいことではないのです。彼女は、それを甘んじて受けられる程、未だ度量が大きくないとはいえ、少くも当然の結果として潔く堪えようという覚悟は持つべきでありましょう。

けれども、それは、もう彼女の全生命を傷つけるには足りないでしょう。彼女の受ける毒矢は、彼女自らが罪と認めている範囲だけしか、射通すことがないでしょう。彼女には、外面から受ける矢に対して、不死身な何物かがあるに違いない訳ですから。彼女自身と人生とを、愛しい人間らしい道を歩みたい願いが、そして実在に近づきたい願いが、彼女の中に生き生きと動いている間は、彼女は自棄に自らを破ることはしないでしょう。

彼女は、今までのようにむやみに自分を恥じて卑屈に、いじけるのみではいけないのです。同時に、一方にはもっと鋭く良心を磨いて苦しみ、へりくだらなければならないのです。いい気に思いあがって、忘恩の人とならないようにしなければならないのです。自身に対しても、将来二度と同様な過ちに陥らぬという覚悟を定めなければならないのです。どんなことでも、自分が自分のしたこと一切の責任を持ち得ること以外は、真実の我から出て、自己に自由なこと以外は、決して行うまいという決心を固めなければならないのです。彼女は、今は失われた昔の理想の園であったエデンの園を慕うように「あの過ちがなかったら私は本当に幸福だったのに」と泣言を言う気持には、段々遠ざかって行くのです。いい気になり易く、思いあがり易かった彼女に与えられたあの試練は決して無駄にはならないでしょう。

ほとんど回復する道もなく救われないことのように思われたあの経験が彼女にどれだけ教えたかを彼女は、一方には感謝すべきです。そして、一方には又その嬉しさに酔ってしまって自身を許したり甘やかしたりいい気になったりしないようにしなければならないのです。彼女は自らを責める心を新鮮に強くするのが良いのです。（但しそれは、自己の体面の汚損というような、自分ではなく他の人を基準とした自分というような濁ったものでなく）それによって彼女は将来、今回と同様な過失に再び陥ることを免れることが出来るでしょう。

彼女は今、受けるべきものを受けたという安心に、本当に長い間体験することのできなかった自由な釈放された心持が回復して来ることを感じることでしょう。

彼女は、粉々にされた彼女の魂の成り行きを気づかって、いつも慈愛深く見守って下さった人々に感謝を捧げたいのです。曲りなりにも、ここまで、とにかく捨て鉢にならず、堕落もせずに生きて来られたのは、全く自分の力ではないように感ずるのです。

彼女故に、多くの人の心を傷つけた、ということは、ほとんど彼女の最大の痛みでした。それを回復し、言い開きが出来る道は、只一つしかないようです。彼女は、今、漸くその道を探り当てようとしているのです。

彼女が単にあの経験によって、色々なことを教えられた人生に対する知識を豊富にしたということ事は（たとえ、そう言うことができるとしても）彼女の過失を相殺するには足りないでしょう。言い開きが出来ることにはならないでしょう。

彼女の真の証明は、今後の生活にこそあるのです。恢復された人生に対する勇気と自由とをこれからの彼女の仕事に表わさなければならないのです。彼女の使命の命ずるところに、彼女として許される限りの最善の、最高の、生活に到らねばならないのです。そここそ、彼女の生きようする意志の弾力の強さは証明されなければならないのです。

彼女の生活が移って行くにつれて、かつて彼女が味わった一つの経験である彼の過去もまた、姿を変えることでしょう。今、彼女に教え与えたことは、また別の姿の言葉を以て何かを彼女に囁くことがあるでしょう。彼女は、やはり、その中から思いもかけぬもの——よかれ悪しかれ両様の意味において——を受け取らねばならぬことがあるかも知れません、という、そうした推測をしながら、彼女は、現在の彼女の出来るかぎり大胆に正しく自己を見ようとした努力に、幾分の満足と感謝とを感じるのです。

（大正九年二月九日、（十六日目）に終わる）

第Ⅱ章　「自省録（宮澤トシ）」をどんなところから読むか

「自省録（宮澤トシ）」を読むための十の扉

望月　善次

～　どんなところから「自省録（宮澤トシ）」に関わりを持ったらよいでしょうか。

もう何度か繰り返して来ましたが、〈「自省録（宮澤トシ）」は、日本女性史に残る文章だ。〉といのが私の考えです。

でも、率直に言って、難しいところもある文章ですね。

この「自省録（宮澤トシ）」に取り掛かるには、どんなところに注意したら良いのかについて、十の扉から見て行くことにしましょう。

第一の扉：百年の奇跡

「自省録（宮澤トシ）」が、百年前の形そのままの形で、私達の前に姿を現してくれたことは、「奇跡」としか言いようのないことですね。皆さんの周りに１００年前のものはどれほどありますか。

私の高校の先輩で、自分のお父さんが住んでいたところを確認するという作業を通して自分の原点を探ろうとした方がおられました。（志田寿人『僕の町の戦争と平和』（東京図書出版、二〇二〇）その方のお父さんは、警察署長などを務められた方で、多く所謂「署長官舎」に住まわれておられた方でしたので、一般の方に比べるとその跡は辿り易かったのではないかと思われますし、その方も大学に勤務していて調査は素人ではありませんでしたから、その跡を辿ることは割合、容易ではないかと思われたのですが、実際は、そうではなく、なかなか難航したり、結局は確定できないところなども出てくるのです。

百年という歳月とは、こうしたものだということを改めて思わせられたのです。

第二の扉：「自省録（宮澤トシ）」という名前

さて、この本で問題にする文章を「自省録（宮澤トシ）」と呼んでいるのですが、この名前は誰によって付けられたのでしょうか。書いた本人の宮澤トシによるものだと思った人もいる知れませんが、そうではないのです。発掘者の宮澤淳郎氏によって名付けられたものです。トシの兄の宮澤賢治のあの「雨ニモマケズ」にも元々は題名はなく（賢治研究では、題名がないものは、その一行めの文章を題名にすることが多く、その慣例にならったのですが）、後の世の人が勝手に呼んでいるところなど、共通していて興味を抱く人がいるかもしれませんね。

「自省録」と言えば、マルクス・アウレリウスという人の「自省録」が有名で、おそらく宮澤淳郎氏もここからその名前をつけたのではないかと思われますが、宮澤淳郎氏は明言はしていません。本書で「自省録（宮澤トシ）」と、トシの名前に（　）を付けているのは、こうした事情を踏まえてのものです。

第三の扉：実物というものの力

私達は、今こうして「自省録（宮澤トシ）」の実物を目にする機会に恵まれたのですが、そこには、どんな魅力などが含まれているのでしょうか。いくつかの点に触れておきましょう。

三―1　用紙問題

先ず、気が付くことは、この文章が、「大学ノート」らしきものに書かれているということです。「大学ノート」と言えば、現在では割合安価なものというイメージもあるでしょうが、当時の大学ノートは決して安価なものではなかった点は、注意しておかなければいけないことでしょう。トシは、清書用に用いているのですが、当時の大学ノートは、それに値するものであったということです。

今回提供している写真版では、はっきり示せませんでしたが、表・裏の両面を用い、所謂「ルーズリーフ」形式で綴っています。（但し、このルーズリーフ（の罫線）は、トシの書いた時のものであったか、宮澤淳郎氏が整理したものであるのかについては確認できませんでした。）

三―2　罫線の利用

この大学ノートには、両脇に罫線があるのですが、トシは、この罫線を生かして、文章は原則として、この二つの罫線の中に納まるように書かれていますね。

三―3　文語文

所謂「文語文」で書かれています。但し、文章の表記をどうするかの「正書法」は、当時定まっていませんから、現在の学校教育で見るような文語文とは異なっている点のあるのは当然でしょう。

三―4　段落意識・句読点

元々の「自省録（宮澤トシ）」の文章は、ご覧になるように、「段落」に分かれていません。読みやすさの点を考慮して、本書では、宮澤淳郎氏が用いた段落分けを原則として生かしていることは、既に述べている通りです。

また、句読点も不明確な箇所も含めて、現代仮名遣いと異なった点のあるのは、当時まだそうした整理は行われていませんでしたので当然のことでしょう。

三―5　「下書き」の存在と更なる見直し

本書で見ていただいている「自省録（宮澤トシ）」には、（一部を除いて）ほとんど書き直しの跡がありません。これだけの文章であるのにもかかわらずです。ということは、「自省録（宮澤トシ）」には、「下書き」に相当するものがあった可能性は高いと思われます。（第〇次まであったかは特定することはできません。）しかも、清書の後も見直しを行ったことは、翻刻34（C-20）頁の小さく書かれた箇所を見れば、明らかでしょう。

三―6　書き始めた内容と月日

「自省録（宮澤トシ）」は、最後に【大正九年二月九日（十六日目）ニ終ル】と書かれて終わっています。ちょっと考えると、この清書版の「自省録（宮澤トシ）」が、書かれ始めて十六日目になるから、二月九日から十六日前に清書が書かれ始めたということになりそうです。しかし、上にも述べたように、書き始めたものはどうしたものであったか、それと下書きとの関係はどうなるのか問題は残ることになるのだということは記しておきたいと思います。

三—7　現物の魅力

いずれにしても、私達は、「自省録（宮澤トシ）」の現物に近いものに触れることができることになりました。その恩恵は計り知れないものだと言ってよいでしょう。喩えて言えば、作家本人や作家が生活した場所に触れる魅力に通じるものだとも言えるでしょう。

同時に実物や本人、現地などの魅力は大変なものですから、他の要素を押しつぶしてしまう力をもっていることも心にとどめておくことは必要となるでしょう。その魅力の大きさに押しつぶされないことにも、覚悟と知恵とは必要になるでしょう。

作品の魅力は、その作品だけで存在するのではなく、読者がどう読んだかの堆積とともにも在るのです。

第四の扉：書いた動機～具体性の欠落

「自省録（宮澤トシ）」が書かれた動機は何だったでしょう。

トシが、かつてその在学時代に、その音楽教師との恋愛スキャンダルのあった母校、岩手県立花巻高等女学校（現岩手県立花巻南高校）に、教師として戻って行くための心の整理のために書かれたと言われています。そうしたスキャンダルのあった母校に戻ることとの心の整理は並大抵のことではできることではありません。

しかし、トシは、日本女子大学校校長の成瀬仁蔵の説く「使命感」の教えにも支えられて、この難関を乗り越えるのです。「心の整理」のために書かれたものであって、発表を目的にしたものではありませんでしたから、自分自身で納得できれば良い訳でしたので、第三者から見れば「具体性が欠けた抽象的」な部分が散見されます。しかし、文章の性質からすると、当然なことでもあり、トシにとっては何の支障もなかったのです。

第五の扉：発掘者の宮澤淳郎氏以外に読んだ人

「自省録（宮澤トシ）」の発掘者宮澤淳郎氏は、その発掘の経緯について次のように書いています。

> 昭和六十二年の三月から七月まで、筆者は入院生活を送る羽目になった。日ごろからの不摂生がたたり、肝臓を痛めたのである。退院後、大学が夏期休暇中なのをいいことに、自宅で寝たり起きたりのきままな時間を過ごしていた。体力はまだ本調子でなかったが、ひまだけはたっぷりあったので、テレビを見、書斎を整理した。そのうちふと、七年前に死んだ親父の書類を点検してみようという気になった。
>
> 雑多な書類の中に、晩年の手帳が二十年分ぐらい交っているのは前から分かっていたが、それを入れた紙箱から、約三十枚のノート用紙をとじたものが出てきた。
>
> 女の筆跡なので、たぶんおふくろが書いたものだろうと思いながら目を走らせた。ノート用紙のおもてうらに、細字用万年筆でびっしり書き込まれた文章はいかにも読みにくかった。もちろん旧漢字旧かなづかいで、変体がなも使われている。しかしまもなく、母クニの文章ではないことに気がついた。通読するうちに、これはもしかすると、叔母トシが書き残したものではないかと考えるようになっ

たのである。（上掲書、一一一～一一二頁）

最初に真贋の件であるが、賢治の弟妹中ただひとりの生存者宮沢清六の鑑定によれば、ほんものであることに間違いないとのことであった、思うに、トシ他界後の形見分けに際し、筆者の母である妹クニがもらったのであろう。クニが昭和五十四年に死亡し、翌年主計がそのあとを追うように亡くなったのち、当人たちの遺品にまじってトシ自省録が生き残り、筆者が思いがけず目にすることになったというわけである。（上掲書、一三六頁）

さて、ここに関連して私が問題にしたいのは、「トシの生前に「自省録（宮澤トシ）」に目を通した人はいたのか。」という問題です。実は、宮澤淳郎氏の母、クニについては、自信のないところもあるのですが、私は、誰もいなかったという立場です。先の引用に記したところから、清六が目を通していなかったことは間違いないでしょう。

父政次郎や兄賢治も目を通していなかったと思います。目を通していれば、政次郎や賢治がこの文章の重要さについて気が付かなかったはずはないと思うのです。この文章の重要さに気が付けば、具体的な対処としては、私には二つしか思いつきません。一つは、「これほどの文章だから、他人の目に曝すことは行うべきではない。」として棺などに入れ焼却することでしょう。もう一つは、「非常に重要なものだから、大切に保管するように。」として誰かに委ねることでしょう。

宮澤淳郎氏の記述からすれば、そのどちらも行われていなかったことは明白でしょう。

いずれにしても、この点は、「自省録（宮澤トシ）」をめぐる大きな論点の一つでしょうから、それぞれの論者が、いかなる立場に立とうとも、その立場を理由とともに説明することが重要であることを記しておきたいと思います。

第六の扉：言葉と現実世界の関係

ここで「言葉（言語）」と「現実世界」との関係について触れたおきましょう。

言うまでもなく、「言葉」は、「現実世界」とは別のものです。

コージブスキーと言う人の、有名な言葉を使えば「地図は現地ではない。」ということになるでしょうし、「画餅《がべい》：絵に描かれた餅」という語句を思い浮かべる方もいるかもしれませんね。

言葉は、非常に便利なもので、実は私達現代人は、「複雑化した言葉をつかいこなす」ことによって、現在「食物連鎖」の頂点に立っているのです。しかし、その余りの便利さの故に原則的なことを忘れてしまい、言葉と現実世界を一体化してとらえるということも起きてしまうのです。

本書で考察対象としている「自省録（宮澤トシ）」も、勿論、この基本的な考えの中にあり、「自省録（宮澤トシ）」は、宮澤トシの生《なま》の生活事実とすっぽり同じものではないことは繰り返し、強調しておこうと思います。

この問題は、なかなか複雑な問題も含むものですから、ここでは深入りはしませんが、私は、この認識はとても大切な認識だと考えていて、本書もこうした認識を基本にしてまとめているのだということ記しておきましょう。

第七の扉：言語の三つの方面～意味論・統語論・語用論～

話が少し複雑なところに進んだついでに、言語はどうしたものかについて研究する学問を「言語学」と言うのですが、その言語学おける有名な三つの分類についても触れておきましょう。

副題に挙げましたように「意味論・統語論・語用論」という三分類です。ごくごく簡単に言ってしまうと、「語や文章の意味を研究する」のが「意味論」、「語や文章が、語順・文法などによって、どのように構成されているかを研究するのが「統語論」、その使われた語や文章が実際に使われた場面でどのような影響を与えるかを研究するのが「語用論」だと言えるでしょう。

しかし、こうした三分法は、生成途上のもので、例えば、三つの区分けの仕切りはどうなっていて、どう重なり、どう重なっていないかは、論ずる人によって違いがあるのが実情ですし、賢治研究においても、この区分を明確にして論じようとすることが整っている訳でもありません。

しかし、私は、将来、こうした区分による整理が必要となるだろうという予感を抱いていることは申し上げておこうと思います。

第八の扉：「話者（語り手）」の変化をどう考えるか

「自省録（宮澤トシ）」における問題点の一つは、語る人（「話者（語り手）」）が途中から変わるということでしょう。

「わたし」として始まった文章が、「彼女」に変わるのです。「話者（語り手）」論の用語を用いると「第一人者話者（語り手）（「私」など）」から「第三人称「話者（語り手）（「彼女」）」変わるのです。第一人称「話者（語り手）」から第三人称「話者（語り手）」への変換は、一般的には「客観性」を高めるものだと言われていますし、「自省録（宮澤トシ）」の中にも「客観性」を目指すのだという叙述もあります。

しかし、ことはそう簡単ではありません。同じ第三人称「話者（語り手）」でも、登場人物に極めて近い「話者（語り手）」もいますし、そこから距離を置いている「話者（語り手）」もあるのです。皆さんの中で、「話者（語り手）」について学んでいる方は、それを適用すると納得される方もおられると思いますが、ここでは、そうした学習を行わなかった方を対象として、結論のみを述べておくことにしましょう。

「自省録（宮澤トシ）」の「話者（語り手）」は「彼女」と呼ばれていても、「私」に非常に近いところにいる「話者（語り手）」だといえます。

試みに、「彼女」を「私」に置き換えて読んでみるというのも一つの方法でしょう。ほとんど違和感がないことに気が付かれると思います。しかもこの「彼女」は、語彙的にも「正しい」などの評価的語彙を頻繁に用いるのです。

実際に、「私」が「彼女」に変わっているのですから、そこに客観化の志向があったことは間違いがないでしょうが、この「客観性」を過大評価することには危ういところもあるのだと言っておきましょう。

第九の扉：文章としての特徴

「自省録（宮澤トシ）」は、文章としてどのような特徴をもっているのでしょうか。

全体的な特徴については、是非、こうした面の専門家である、第三節の大野眞男先生の文章を読んでくだされればと思います。

私としては、少し素人的面から、他のところで、比喩の問題や「〜ねばならない」などの特定語彙の集中繰り返し使用などについて触れています。比喩の問題で言えば、通常とは異なった語句の組み合わせ（私の用いている比喩分類では「結合比喩」となります。）の多用が「自省録（宮澤トシ）」の力強さと難しさを産んでいるのだという結論のみを記しておきましょう。

また「～ねばならない。」の多用は、そこに「自省録（宮澤トシ）」の語り手の強い願望と意志とが示されているのではないかという解釈を伝えておきましょう。

第十の扉：「自省録（宮澤トシ）」の評価

朗読性や教材性などにも触れたい思いもありますが、もうお約束の「十の扉」を迎えることになりました。

「十の扉」の最後に、「自省録（宮澤トシ）」をどう評価するか、という問題に触れておきましょう。

私としては「日本女性史に残る輝かしい文章だ。」という評価です。が、もちろん、その評価は、本質的には、読む人それぞれの方のそれぞれの時におけるもので良いと思っています。

実際、発掘者の宮澤淳郎氏が、「自省録（宮澤トシ）」の文章をそれほど評価していなかったのは次の引用が示す通りです。（実は、私自身も、長い間、宮澤淳郎氏の評価の延長線上にいたのです。賢治にしか目の行っていなかった当時の私は、トシへの関心が薄かったのです。だから、賢治の「作品」が描いたトシの像を、トシの実生活の像だとする誤りにも気が付きようがなかったのです。）

> しかし同時に、新資料公表に伴う弊害が予想されないでもない。その最たるものは、トシのイメージが崩れることである。伝記類を見る限り、賢治を上回るほどの能力を持っていたと受けとられかねない神秘の女性トシは、実は普通の女子大生なみの文を書く人間だったと分かって、あるいは失望する読者がいるかも知れない。少なくとも、筆者はその口であった。
>
> 一読して、同じ内容のくり返しが多いことにうんざりさせられる、何が言いたいのか、その要点をつかむのがむずかしい。途中でいきなり「彼」と「彼女」の話に変わるので面くらってしまう。ところどころに挿入される英単語がいかにもぎこちない。実名が出てこないのでいらいらしてしまう。徹頭徹尾、自己中心的な内容で、その我の強さに辟易させられる。おそらく、こんな読後感を持つ人が大多数であろう。
>
> 【宮澤淳郎、一三七～一三八頁】

そして、もう一つ注意しなければならないことは、評価は、プラスVSマイナス評価で完結するのではなく、両者が一体となった時、より豊かな評価が生まれるということです。

「はじめに」においては、プラス・マイナスの評価が和音のように重なり合ってより美しい音を出すのだということを記しましたが、この節の終わりでもそのことの重要さを繰り返しておきたいと思います。同時に、そのマイナス的評価の文章を集めることが出来なかったのは、本書の一つの限界であり、今後の課題であることも率直に述べておきたいと思います。

「自省録（宮澤トシ）」において、マイナス面への開眼がなされたのだという箇所を再度引きたいと思いますが、トシは、私などのようにこうした事実を頭の中のみでひねりだしたのではなく、人生との苦闘の中で、結果的にこの境地に達したのだというのが、私の解釈であることを告げておきましょう。（「第Ⅰ章　第二部「注65」も参照）

「自省録（宮澤トシ）」におけるトシの格闘五種
～「苦闘」としか呼びようのない格闘が読む者の心を打つのです～

望月 善次

「自省録（宮澤トシ）」は、人間としての在り方を正面から取り組もうとした、類稀《たぐいまれ》な文章ですが、その背景にあったのは、いかにも苦しいトシの闘いです。

以下、こうした観点から、トシの苦闘を五点から考察したいと思います。

一・失恋体験の受容と教員としての母校岩手県立花巻高等女学校への赴任

第一節でも述べましたが、「自省録（宮澤トシ）」は、普通ではとても考えられないような困難な状況を背景にして書かれています。かつて、そこで過ごし、恋愛体験を潜り（それは、対象とした相手男性（当校の音楽教師）は、他の人に好意を持ち、しかも、そのことが、スキャンダラスな新聞記事によって、卒業式直前の三日間、地元新聞【『巌手民報』】に連載されてしまったのです。

トシは、この母校に（その経緯の細かいところは明らかになっていないのですが）「教諭心得」としての赴任を打診されたのです。通常からすれば、とても受け入れがたいところでしょうが、日本女子大学校校長の恩師成瀬仁蔵の「使命感」の教えもあり、トシはこれを受け入れ、そのための心の整理のために、この「自省録（宮澤トシ）」を書き上げたのです。

しかも、この「教諭心得」の仕事には、週三日はその学寮に泊まり込まねばならない「舎監」の仕事もついていたのです。決して丈夫だとは言えなかったトシの健康状態からすれば、幾重にも重い務めであったのです。

二・エロスとアガペーの未分離

「自省録（宮澤トシ）」の文章を読むと「愛」が出てくるのですが、この「愛」の中には、男女の愛（「エロス」）と親が子供に持つような愛（「アガペー」）があることは、知られています。

人間にとって、この「愛」は、どちらも必要な愛なのですが、「自省録（宮澤トシ）」においては、この両者は、一体のものとして考えています。そして、この愛を「アガペー」や倫理・道徳的の側から解決しようとするのです。

こうした取り組み方は、どうしても無理なものだと私などは、解釈するのですが、この無理に正面から向かって行く「自省録（宮澤トシ）」の態度が、その無謀さ故に心を打つのだというのが私の解釈です。

三・心情と表現（内外）の未分離

無理・無謀と言えば、心情と表現（人間の心と外形に現れるところ）についての取り扱いも同じように、私には映ります。私の考えでは、両者はレベルの異なるもので、理念型としてはともかく、現実的には一致しないもの、というのが前提になります。

理想として、両者の一致を目指すことは一定の意味を持つのですが、「自省録（宮澤トシ）」の「話者（語り手）」は、ここでも両者の一致を目指して突進するのです。

四．マイナス面をも繰り入れた複合的人生観

この問題につきましては、前節でも問題にしました。

「自省録（宮澤トシ）」の「話者（語り手）」は、理念的・哲学的探究においてではなく、体験を通してその境地に達したのだというのが私の解釈です。

その箇所を挙げておくことに致しましょう。

> 正しい、と自信《じしん》する人の内容にも狭隘《きょううあい》【狭さ】と偏屈《へんくつ》【かたくな】とが含まれる事があり、私は弱《よわ》い正しくない、と言う意識に砕《くだ》かれている人の中にも、正しさと強さとを見る事が出来る。所詮《しょせん》【つまり】彼女は正、不正、強、弱、偉大、卑小《ひしょう》【ちっぽけ】、と言う名目よりもその内容に重きをおかねばならなくなったからである。彼女は自分が弱い、と言う自覚を得《え》る事を恐れて自分の弱さに目をつぶってゐる事は出来ぬ。自分が強いと言う自信を持ち度《た》い為《ため》に自分の一方面を誇張《こちょう》して見る事も望まない。彼女の今《いま》得たいと望むのは真実の相《そう》である。たとえ自重《じちょう》【自身を大切にすること】を傷つけようとも、自分の真実を見ないではいられない、という欲求である。彼女は自身に対しても世間に対しても虚勢を張ろうと言う気持ちからは少し遠ざかっているのである。
> 彼女の今《いま》世間に対する気持は反撥心のみではない

五．宗教的背景：キリスト教 vs. 仏教（浄土真宗／妙法蓮華経）
～成瀬仁蔵教育を背景にして～（注）

「宗教」について考えることは、近現代の日本人にとっては、なかなか難しい問題です。

どうしてそうしたことが起こり、その原因はどうしたところにあり、「人類」にとって、「宗教」をどうしたものとして考えたらよいのかについての私の考えは、第Ⅰ章　第二部「注3」などを見てくだされればと思います。

こうした「宗教」を前提にして、私は、「自省録（宮澤トシ）」における「宗教」を次の三重の構造だと考えています。

一番根底にあるのは、父政次郎によって養われた浄土真宗的信仰です。この浄土真宗的信仰は、明治政府の「神仏分離・廃仏毀釈」という方針に対処すべく行われた仏教側からの対抗手段の一環で、従来の浄土真宗的信仰を乗り越えようとした「新しい浄土真宗信仰」でした。あの多くの人に知られている「歎異抄」もこうした運動の中で復活したのです。政次郎は、この新しい浄土真宗信仰を熱心に行い、その徳が「賢治、トシ、シゲ、清六、クニ」の子どもたちの上に及び、それぞれの人格と運命とによって具体的な形として現れたというのが、私の宮澤政次郎とその家族に関する基本的考えです。

この家族によって養われた信仰は、本人たちの意識の段階では、明確に意識されなくとも、その深いところで影響を与えていたというのが私の考えです。

「自省録（宮澤トシ）」における浄土真宗的影響もそうしたものだと考えています。

第二は、兄賢治を通して影響を受けた、妙法蓮華経的信仰です。敬愛する兄が信ずる信仰であるが故にその考えを受け入れたのだと思います。

但し、兄賢治の妙法蓮華経信仰は、基本的には、その属していた「国柱会」（田中智学創始）による妙法蓮華経信仰でした。賢治の「宗教的メモ」だとしてよいあの「『雨ニモマケズ』手帳」に引かれている妙法蓮華経の経典は、全て、「国柱会」の「信仰手引き書」だと言える「妙行正軌《みょうぎょうしょうき》」からのものであるという小倉豊文研究（『宮沢賢治「雨ニモマケズ手帳」研究』筑摩書房、一九九六）などを紹介しておきましょう。

第三は、トシが学んだ日本女子大学校の創始者（校長）の成瀬仁蔵の提唱した「帰一協会」的信仰です。成瀬は、彼が信ずるあらゆる宗教に通じる統一原理を求めてこの協会を設立し、日本女子大学校においても、その考えに基づいた教育を行い、トシも大きな影響をうけたのです。もっとも、成瀬は、元々はキリスト教の牧師でありましたから、その現れているところは、キリスト教的意匠をまとっているところが少なくないのです。

「自省録（宮澤トシ）」が、この三重構造からなる宗教的影響をどう受けたかは、奥の深い問題で簡単な結論を出すことは、かえって危険であることを告げておきたいと思います。

（注）

近現代の日本において、「宗教」の問題を考えることは非常に難しいことです。そこには、二つの原因があると思います。一つは、明治政府の強弁です。「神道」を国家運営の中心におこうとした明治政府は、一方外国に対しては「いかなる宗教も平等に扱う」ことを求められていました。そこで、明治政府が採ったものは「『神道』は宗教ではない。」という理屈でした。「神道が宗教ではないのなら、宗教とは何なのだ。」という難問を当時の人はつきつけられたのでした。簡単に言えば、「宗教は何か。」ということをまともには考えられないところに当時の日本人は置かれたのです。その日本人に対して、第二次世界大戦で勝利し、乗り込んできたマッカーサーは、その「神道」を全面否定したのです。

混乱していた日本人の頭は更に混乱し、ぐちゃぐちゃになったと言って良いでしょう。

近年のオーム真理教事件や統一教会事件を通して、現在多くの日本人が抱いている「宗教」への思いは「非科学的なもの」「うさんくさいもの」としてあるというのが、私の解釈です。

こうした考えでは、現在の世界において、少なからざる影響力を持っている「宗教」の問題を解くことはできないでしょう。

ここでは、その試論の一つとして、私は、宗教をどう考えているかを示しておきましょう。

（但し、この考えは、全く私独自の考えですので、煩わしい方は、どうぞ、飛ばして読んで戴いて結構です。）

私の基本的考えは、私達人類を宇宙の歴史から考えようとする考えで、それを「ベール（veil）・洗練（sophisticate）の法則と呼んでいます。もし、関心のある方は、第Ⅰ章　第二部「注3」にも触れた「ノート的考察」（望月善次「「ベール（veil）・洗練（sophisticate）の法則」その後」国際啄木学

会 盛岡支部会報 第30号 二〇二〇・三 九〇～九三頁）などを残していますので参照してください。

現代科学の示すところでは、宇宙の歴史は「一三八億年＋α」、地球の歴史は「約四六億年」、人類の歴史五〇〇～七〇〇万年、「ホモ・サピエンス（homō sapiens）」約二〇万年と言えるでしょう。

この「ホモ・サピエンス（homō sapiens）」のうち、脳の異常発達により複雑言語を操り、「食物連鎖」の頂点に立っている現代人【これを私は、「ホミネス・リングァス・コンプレクサス・トラクタンテス（Homines linguas complexas tractantes）:「ホモ・リンガス（homō linguas）:言語人」と呼ぼうとしています。】は、あの「ホモ・サピエンス(homō sapiens)」の中から取り出して論ずるべきだというのが、私の強調点の一つとなりますが、その歴史は五～七万年だと言われています。

いずれにしても、私達「ホモ・リンガス（homō linguas）:言語人」の存在が宇宙の中の一瞬でしかないことは疑いのないところでしょう。

ところが、「ホモ・リンガス（homō linguas）:言語人」である私達は、同時に「自分達が生きる意味は何か。」「この一瞬である存在を超越するにはどうしたらよいか。」を考えざるを得ない、そうしなければ精神が安定しないという代償・宿命を、「脳の異常発達」に伴う代償として負ってしまったのです。

この瞬間性を越えようとする営みの一つが「宗教」だというのが私の考えです。

「自省録（宮澤トシ）」が用いている言葉を使えば「concentration（集中）」を用いて、「瞬間性」を越えようとするのです。「concentration（集中）」には、日常的な「夢中」から「趣味」・「芸術」等様々なものがあるのですが。「宗教」は、そのうちの一つとして長い歴史を潜って来たというのが私の考えです。

おそらく、集団の統一や複数意見の調整のために発生したというのが「宗教」の歴史ではないかと考えるのですが、（また、その中には、人間の他の行動と同じく長短を含んでもいるのですが）釈迦やキリストによって拓かれ、蓄積されたもののような良質な部分は、「人間とは何か。」を考える上で一定の役割を果たしているのでは、というのが、現在における私の「宗教」に関する考えです。

「自省録（宮澤トシ）」はなぜあんなに読みにくいか

大野眞男

一．宮澤淳郎氏による指摘

宮澤トシ「自省録」の存在をはじめて紹介した宮澤淳郎氏の『伯父は賢治』（一九八九年）には、その文章の難解さを以下のように説明しています。

しかし同時に、新資料公表に伴う弊害が予想されないでもない。その最たるものは、トシのイメージが崩れることである。伝記類を見る限り、賢治を上回るほどの能力を持っていたと受けとられかねない神秘の女性トシは、実はふつうの女子大生なみの文を書く人間だったと分かって、あるいは失望する読者がいるかも知れない。少なくとも、筆者はその口であった。

一読して、同じ内容のくり返しが多いことにうんざりさせられる。何が言いたいのか、その要点をつかむのがむずかしい。途中でいきなり「彼」と「彼女」の話に変わるので面くらってしまう。ところどころに挿入される英単語が、いかにもぎこちない。実名が出てこないのでいらいらしてしまう。徹頭徹尾、自己中心的な内容で、その我の強さに辟易させられる。おそらく、こんな読後感を持つ人が大多数であろう。（『伯父は賢治』一三七～一三八頁）

宮澤淳郎氏は、賢治の妹クニの長男であり、親しい身内である叔母トシの書いた文章を公表するにあたって若干の遠慮のような意識も働いたことでしょう。そして「自省録」が現代人にとってたいへん読みにくいことも事実なのですが、「ふつうの女子大生なみの」文章とはちょっと言いすぎのような気がします。

筆者の専門は日本語学ですが、その立場から「自省録」の文章の難解さに対する弁明をさせていただくとすると、「百年前に書かれた文章なのだから、読みにくくて当然なのだ」の一言に尽きます。でも、それでは身も蓋もない言い方になってしまい、話の続けようもないことになってしまいますので、百年前の文章は現代語とどう違うのか、宮澤淳郎氏の指摘する読みにくさに沿って検証していくことにしましょう。なお、本稿でご説明する内容は、論文の体裁で「宮澤トシ『自省録』の文体」（岩手大学人文社会科学部／宮澤賢治いわて学センター『賢治学』第4集・二〇二四年九月）という拙文で詳細に論述したことですが、ここでは論文という堅苦しい形式ではなく、一般の方や高校生のみなさんにもわかりやすい形で説明し直してみましょう。

二．書き言葉と話しことばの違い

日本は明治時代に近代化を果たしたとよく言われますが、言葉についても全く同様のことが言えます。江戸時代までは諸国諸国で話し言葉（つまり方言）が違っていて、全国に通用する話し言葉というものはありませんでした。それでは近代国家として困るので国として統一した国語を持とうということで、明治三〇年代に標準語という話しことばの規範（お手本）を文部省が決めて、学校教育の場を通じて全国に通用する話し言葉が広まっていきました。標準語励行運動とか方言撲滅運動とか、皆さんも聞いたことがあると思います。

ところが、書き言葉の場合は、話し言葉のようにすんなりとはいきませんでした。江戸時代まで、庶民たちが楽しむ洒落本（当時の通俗小説）や黄表紙（当時のまんが本）などは会話の口語体で書かれているものの、武家社会の公的文脈での書き言葉はあくまでも漢文が規範でした。新しい明治という時代に入ると、因循姑息な漢文からいかに脱却するかが社会的課題となったものの、漢文に代わる新たな書き言葉文体の模索は遅々として進みませんでした。むしろ逆に、漢文脈で培われた文化伝統が強く作用していたことがよく知られています。ことに公的文脈においては、言文一致の小説家たちのようにやすやすと口語体に移行することはできませんでした。加藤周一という日本の近代を見つめ続けた評論家によれば、『日本思想史体系十六　文体』（一九八九年）の解説（四六七頁）において、

> 明治期の文章は、その大筋において、江戸時代に発達した文体、その語彙と修辞法を継承した。後者の多様性は、そのまま前者の多様性を保証したということができる。

と江戸期と明治期の文章の連続性を断定しています。そのような漢文伝統から強く影響された明治期の文体を国語史の世界では「普通文」と言っています。

書き言葉に漢文の伝統が残っただけではありません。明治という時代は、欧米から膨大な近代的知識を、翻訳という形で日本社会の中に取り込む時代でもありました。標準語という話しことばの規範がつくられたのは明治三〇年代ですから、翻訳の受け皿にはなることはできません。その代わりに、漢文の影響を強く残している当時の書き言葉が翻訳の受け皿として機能していたわけです。加藤周一はさらに、明治期の文体と江戸期の文体とを分ける特徴として、前者が直接あるいは間接に西洋の影響を受けていることを指摘しています。

> 私は先に、人称代名詞の一人称単数と二人称複数の役割を指摘し、さらに直接の要因として、定義の習慣と、分類殊に列挙の形式を検討した。文章の論理的構造からいえば、つけ加えて検討を要するのは、第一に、句読法及び括弧の用法、第二に、いわゆる論理用語、第三に、西洋近代の文において頻りに用いられる接続詞であろう。（同上書四七四頁）

と翻訳を通して日本語の書き言葉が受けた影響を列挙しています。宮澤トシが教育を受けた時代、ことに日本女子大学校の成瀬仁蔵のもとで学んだ時代においては、公的文脈あるいは高等教育の場においては、書き言葉としてはまだまだ漢文と翻訳の影響を受けた文体が規範（お手本）として使われていて、その影響によって「自省録」の文体が形成されていると考えられるのです。

三．成瀬仁蔵からの影響

宮澤賢治が盛岡高等農林学校に入学した一九一五（大正四）年四月に、トシもまた東京の日本女子大学校に入学しました。彼女が在籍した四年間は、日本女子大学校の創設者である成瀬仁蔵校長の宗教教育が最も深まりを見せた最晩年に当たっています。成瀬は、世界のすべての諸宗教は本来同根であると考える帰一思想にもとづく帰一協会の中心メンバーであり、日本女子大学校はミッションスクールであることを掲げながらも、成瀬校長の宗教教育は「宇宙の意志」という原動力を意識することで学生たちに自我を啓発させるというものでした。具体的には、成瀬による全校生必修の講義「実践倫理講義」が重要な役割を果たしました。講義自体がどのような文体において弁述されたものであったかについては、山根知子氏が筆記原稿をもとに作成した『実践倫理講話筆記』（日本女子大学成瀬記念館・二〇〇二～二〇〇九年・同館HPで閲覧可能）によって知ることができます。その一端として、トシも聴講したであろう大正五年六月二一日の「宇宙の大霊」と題された二千四百字余りの講話の冒頭部分を覗いてみましょう。

> 我々ノ心ノ中ニ憎ミトカ不親切トカ我ガ儘、利己的感情、恨ム、嫉妬ノココロト云フヤウナモノガ潜在的意識ノ中ニ少シデモアルトスレバ、ドー云フ結果ガ現ハレルカト言フト必ズ病気トナル。故ニ我々ノ身体ニイロイロノ結果ガ生ズルノハ似タモノガ似タモノヲ起シテ来ルノデアリマス。夫レデ私共ハ私共ノ世界ニ大キイ二ツノ世界ガアルト言ッテモヨイ。其ノ一ツヲUniverse、宇宙或ハ世界ト言ッテモヨイ。我々ガ意識デ直グ判別スル事ノ出来ル世界デアル。我々ノ身体ト云フ小宇宙ハ大宇宙ト始終関係ヲ持ッテ居ル。故ニ此ノ大宇宙ト小宇宙トヲ常ニ調度スルコトガ、食物ヲトルコトヤ呼吸スルコト、又我々ガ始終トッテ居ル温度ヤ光ナドデアル。

トシ「自省録」の読みにくさについて宮澤淳郎氏が指摘する「ところどころに挿入される英単語が、いかにもぎごない。」と同じように、Universeという英単語がむき出しで使われています。それだけではなく、この短い講話の中に十一もの英単語のキーワードが使われているのです。

もう一つ、宮澤淳郎氏が「徹頭徹尾、自己中心的な内容で、その我の強さに辟易させられる。」と述べていることと関連して、大正五年五月三十一日の講話の冒頭を見てみましょう。

> 此ノ前ニ我々ノ内カラ湧キ出ヅル所ノ力、自動自発シテ発現致シマスル力ノ要素ヲ六種類ニ分ケ、第一交通的本能、第二同情的或ハ劇的本能、第三美術的本能、第四音楽的本能、第五尋問的本能、第六建設的本能。之レハ互ニ分ケル事ノ出来ナイ一ツノ力デアル。…（中略）…夫レデ斯ウ云フ力ガ相互ニ如何ニ関係ヲシテ居ルカト云フ事ヲ考ヘナケレバナラヌ。之レハ多分銘々デ考ヘテ此ノ間ニ一ツノ統一点ヲ見出ダス事ニオ勉メニナッタラウト思フ。併シ之レハ我々ノ力ノ解剖ヲ致スヨリモモー一層ムツカシイ科学ノ研究ヨリモ哲学ヲ考ヘル事ガムツカシイ様ニ、此ニ統一点ヲ見出ダス事ハ誠ニムツカシイ。此ノ点ガ今日ノ教育ニ欠ケテ居ル。之レハヨク考ヘネバナラヌ。故ニ斯ウ云フ研究フスルニハ多クノ時間ヲ使ハネバナラヌ。此ノ中デ先ヅ割合ニ多クノ時間ヲトル人ハ一週間ニ三時間。之レヲ一日割リ当テルト二十分ダケヲ毎日ノ生活ノ為ニ使フト云フ事デアル。タゴール氏ノ如キハ毎日七時間ノ黙想時間ヲ要スルト云フ。古来偉人ト言ハル、人ハ此ノ精神ヲ統一スル為ニ最モ多クノ時間ヲ得ルノデアル。斯ウ云フ事ヲアナタガ自ラ考ヘ自ラ研究ヲナサッテ実行シテ行カネバナラヌ。

と文末に「ナケレバナラヌ」「ネバナラヌ」が多用されており、成瀬の提唱する実践倫理は「実践」されなければ意味がないということが、くどいほどに強調されています。トシの「自省録」においても「～なければならない」などの当為《とうい》（哲学でいう、まさになすべきこと、まさにあるべきこと）に関する表現の使用はあまりにも過剰であって、宮澤淳郎氏が「その我の強さに辟易」させられていることの大きな源流の一つは、成瀬の実践倫理講義にあったということができるでしょう。このような文体は成瀬に限ったものでなく、少なくとも西洋の学術の影響を受けた当時の教養人の文章としては一般的だったことでしょう。日本女子大学校時代の宮澤トシも、成瀬を通じてこのような文体を読み、そして自らも書く修養を経験したと考えられます。

四．当時の翻訳書、とくにメーテルリンクからの影響

トシが読んだ可能性の高い翻訳書としては、成瀬が実践倫理参考書として取り上げている西洋の思想家たちの著作があります。ことに童話劇『青い鳥』で有名なメーテルリンクについては、その著書であるマーテルリンク著・栗原元吉訳『万有の神秘』（一九一六年）が「自省録」中で言及されています。また、マーテルリンク著・栗原古城訳『死後は如何』（一九一六年）についても、山根知子『宮澤賢治 妹トシの拓いた道―「銀河鉄道の夜」へ向かって―』（二〇〇三年）で、同書が成瀬の死生観の内容とも深く関わっており、トシも読んだ可能性が高いことを推測しています（一〇三～一〇四頁）。

これらの翻訳書においては、原語である外国語がそのまま用いられることはさすがにありませんが、「本性《インスティンクト》の衝動」「ヘブライ人の冥途《シエオール》とか希臘人の所謂他界《ヘーデス》とか、キリスト教の所謂地獄《ヘル》とか」のようにルビを使って訳語と言語が対照できるようになっています。トシの原語へのこだわりに通じるものかと思います。

区切り符号の一部を構成するカギ（「」や『』）の使い方においても、現代語のように引用符として用いるのではなく、以下のように命題概念を呈示するためにカギが使われています。

此憐れな果敢《はか》ない小さな意識のみが独り存在してゐると云ふことは、『最早其上に何者も加はらず、何時までも封鎖し、孤立し、制限されて、永久に見られず聞かれざる荒唐無稽な宝と夢との不思議なる神秘の真中《まんなか》に立たされてゐる』と云う条件が付いてこそ始めて尤も千萬だと肯かれ得るのである、而して斯様なことは、確かに吾々の上に起り得る最悪の死であり、最悪の運命であるに相違ない。（『死後は如何』七〇頁）

区切り符号も含めて、現代日本語の文章表記の規範はまだまだ流動的であったと言わなければならないでしょう。このようなカギの使用は、成瀬仁蔵の文章にもみられることであり、また、トシの「自省録」中にも以下のようにくどいくらいに使われ、現代人である宮澤淳郎氏を辟易させる一因にもなっています。

「彼女が最初彼に心を惹かれはじめた」と云ふその偶然らしい一事実も彼女には自覚されないさま〳〵の原因から生れた必然であつたかも知れない。只彼女に最も明らかにその原因と思はれたのは、「彼女の漸く目醒めはじめた芸術に対するあこがれと渇仰と」であつた。
【翻刻16（C-2）／本文三六頁】

『自分もとう〲この事にふれずには済まされなかつたか』と云ふ悲しみに似た感情と、同時に「永い間模索してゐたものに今正面からぶつかるのだ、自分の心に不可解な暗い陰をつくり自ら知らずに之に悩まされてゐたものの正体を確かめる時が来た」と云ふ予期から希望を与えられて居る。【翻刻1(A-1)／本文二一頁】

翻訳書から影響された、このような命題概念を表すためのカギの使用は、あまりに理屈っぽい印象をトシの文章に与えてしまっており、宮澤淳郎氏は直接このことには触れてはいませんが、文章のくどさ、我の強さ、読みにくさを感じさせる要因の一つとなっていることでしょう。

五．自分を「彼女」という代名詞で言及すること

以上、恩師であった成瀬仁蔵と、愛読書であった可能性の高いメーテルリンクの翻訳書からの影響を論じてきました。しかしながら、「自省録」の読みにくさのすべてが成瀬や翻訳書からの影響というわけではありません。宮澤淳郎氏が「途中でいきなり「彼」と「彼女」の話に変わるので面くらってしまう。」と述べている部分は、トシ独自の判断による工夫、あるいは苦し紛れの窮余の一策であったかと思います。

「彼」とか「彼女」とかいう、いわゆる人称代名詞自体が、明治初期の翻訳語として生まれ、近代日本の文章語として広まっていった言葉なのですが、ここではそのような語誌的観点ではなく、語りの構造の観点から宮澤淳郎氏が感じた違和感の正体を捉え直してみましょう。

物語の語りの構造を論じる分野を物語論（ナラトロジー）と言いますが、物語の語りは大きく二つに分けられ、一つは「私」が物語る「一人称語り」と、もう一つは物語世界には登場しない語り手が物語を語る「三人称語り」です。国語の授業の教材研究や「読み」の指導においても、よく使われる考え方ですね。

トシの兄の賢治の作品世界でいえば、『春と修羅』（特に第一集）は、「おれ」「わたし」「わたくし」が作中人物（主人公）でもあると同時に詩の語り手でもあるという構造で語りが進められていく「一人称語り」の世界です。その一方で、ほとんどの童話作品は作品中に直接登場しない作者である賢治が背後で語り手として作品世界を展開する「三人称語り」の構造になっています。もっと広く言えば、作者自身の生活体験を素材としながら、その中に作者の心境や感懐を吐露していく私小説は一人称語りに当たるでしょう。三人称語りは、物語論的には私小説の対義語といっていいかもしれません。

「自省録」の書き出しは、一人称語りで書かれています。最初の段落は、「思ひもよらなかった自分の姿を自分の内に見ねばならぬ時が来た。」【翻刻1(A-1)／本文二一頁】と、再帰代名詞「自分」を用いた文で始まり、次の段落は「此の四五年来私にとつて一番根本な私の生活のバネとなつたものは、「信仰を求める」と云ふ事であつた。」のように、「私」という一人称代名詞によって語りが進められています。そして、「過去の財宝を引き出す為には自分が強者であると云ふ自覚を持った時に入っていくべきである」とするメーテルリンクの言葉に励まされ、「私は自分に《ママ》力づけてくれたメーテルリンクの智慧を信ずる。」と記しつつも、そこで立ちすくんでしまったように、「自省録」は中断してしまいます。

余白を挟んで次の部分は、「過去の自分の心情と行為とを冷静な鏡にうつして批判しやうとする私の仕事にとりかかつてから数日を経た。」と再び書き起こされていきますが、その余白には「数日」のブランクがあったろうことが推察されます。ここでも、やはり一人称語りの手法で書き

進められていますが、わずか八つの文を以て終わってしまいます。そして、

詮ずるところ私は未だ純客観的に表現しうるほどの修練に欠けてゐる事を認めなければならない。私はこの一経験を曾て私がふれた人生の一つの現象、生活の姿、として完全に客観的に、（それは歴史的事実と完全に適合すると否とに拘はらず）見る事のできるまでは―即ち自分の利害に濁らせられる事なしに見うるまでは―客観的表現を見合わせようと思ふのである。止むを得ず私は結論のみを得ることを以て満足しなければならない。【翻刻 13-14（B-1/B-2）／本文三三 - 三四頁】

として、再び余白の沈黙に入ってしまうのです。客観的に過去の事態を理解し表現することができず、おそらくは強い挫折の念にとらわれて、二度目の執筆放棄がおこなわれただろうことが想像されます。

ところが、この余白を挟んで、「自省録」は不死鳥のように復活を果たしていきます。そして、そこにはトシ自身に言及するための「彼女」という三人称代名詞が唐突に使用されているのです。

彼女の心のいたみは混沌としてゐる。その中から正しい判断を求めようとするに当り、之を二つの方面に分けて考へる方が都合がよいやうに思ふ。【翻刻 15（C-1）／本文三五頁】

という文で始まり、以降「自省録」の末尾まで、トシに言及する「彼女」が一貫して使用されていきます。つまり、二回目の余白（沈黙）を挟んだ時点で、語りの構造が大きく転換したということができるでしょう。「自省録」の書き出しでは、過去の物語世界に登場するトシと、「自省録」執筆時点でのトシが、「私」という一人称代名詞において重なっています。ところが、二回目の余白以降においては、過去の物語世界のトシとは別に、物語世界の外に位置づく語り手としてのトシが物語を語り進めるという形に物語の語りの構造が転換していることになります。一回目の余白の後で、「純客観的に表現」するための手法を「一人称物語」の語りの中で模索したが失敗し、そこで「自省録」は一旦は挫折したかに思われました。しかし、二回目の余白以降においては、執筆時点でのトシ自身を物語世界の外に括り出して「語り手」として設定し直すことにより、過去のトシ自身を三人称「彼女」として分離客体化することで、過去の自らの行動や感情を冷静に客観視するための文体的仕掛けを獲得したということができるでしょう。「自省録」の文体的諸特徴の中で、あるいは当時の他の著作からの影響もあったのかもしれませんが、この語りの構造の転換が最も顕著な工夫であるように思われます。

六．「自省録」は、なぜあのような文体で書かれたのか

トシの書いた手紙類を見ると、父親に宛てた手紙は「存じ奉り候」ですが、それ以外は柔らかな口語文体が用いられています。その一方で、日本女子大学校時代の実践倫理の答案類は基本的に「自省録」と同様の文体です。このことは、トシは「自省録」のような固い文体以外の文章も書けたにもかかわらず、敢えて実践倫理の答案のような文体を選んで「自省録」を執筆したことを物語っています。

宮澤淳郎氏の「賢治を上回るほどの能力を持っていたと受けとられかねない神秘の女性トシは、実はふつうの女子大生なみの文を書く人間だった」とする評価の前提には、賢治はこのような難解な文章を書かなかっただろうという思い込みがあるように思えます。しかしながら、賢治の

盛岡高等農林学校の得業論文（卒業論文）も以下のように始まります。

緒論。腐植質中ハ土壌中動植物質ノ分解ノ途中ニアリテ、普通ハ暗褐色ヲ呈シ、種々ノ無機成分ヲモ含有セル、複雑ナル膠状複合体乃至ハソノ他ノ混合物ナリ。

トシの「自省録」の文章よりもさらに難解な、漢文の書き下し文そのものに近い文章ですね。つまり、当時の高等教育においては、平易な口語で答案や論文を提出することは想定されておらず、「自省録」がトシにとっては花巻女学校の教壇に立つに当たっての卒業論文のようなものだとするならば、実践倫理講義の答案のような固い文体にならざるを得なかったことは当然と言えるでしょう。「ふつうの女子大生」というよりは、成瀬仁蔵の教えを受けた日本女子大学校の優秀な「女学生」らしい文章なのだと思います。

「自省録（宮澤トシ）」の自然言語処理

吉田　等明

一．自然言語処理とは

近年発展著しい「自然言語処理（NLP）」とは、我々が日常的に使っている言語をコンピュータに理解させる技術のことである。近年人工知能（AI）の発展により、専門家以外でも容易に応用が可能になってきている。例えば、外国語の翻訳（Google 翻訳など）、顧客への自動応答（チャットボット）、そして大量のテキストデータからの有用な情報の抽出（テキストマイニング）などがあげられる。一般的に以下のような手順で行うが、今回は主に形態素解析と構文解析の結果を示す。これにより文章の持つ特徴が解析でき、結果として得られる統計データを図で表現して感覚的に理解することも良く行われている。

(i)形態素《けいたいそ》解析《かいせき》　文章を、形態素（意味を持つ最小の単位）に分割する解析。

(ii)構文解析　単語の関係性の解析。例えば、単語間の修飾関係（係り受け関係）、主語・述語の関係などを解析する。

(iii)意味解析　文章の意味を理解するための解析。単語同士の関連性を調べ、正しい意味を導き出す。

(iv)文脈解析　複数の文を通し、文章の意味を理解する。

二．解析の方針と解析の手法

ここでは以下に示す、A 全体的傾向把握と、B 個別事例考察の２つに分けて解析する。

A 全体的把握

まず、自然言語処理の結果そのものを用いて統計的結果を示す。次に応用として、著者の専門である人工知能や時系列解析を生かした分析の結果を示す。

B　個別事例考察

自省録の特徴を解析するために、統計的結果のみならず、解析者の考えや解釈を適用することによって、別の角度からの解析を行う。

三．解析器の選択

用いる方法を採用することとする。用いる形態素解析器を選択するため、複数の解析器で比較実験を行い、ワークス徳島人工知能NLP研究所で開発されているSudachiを選定した。(1)-(3) 主な選定理由は、Sudachiは文語体であってもより適切に解析できているためである。(4) 構文解析の際には、前段階で形態素解析が必要になる。ここではSudachiを採用している構文解析器であるGiNZAを用いることとした。(5)

四．全体的把握の結果

四．一　名詞出現頻度（Sudachiによる形態素解析結果）

自省録は章立てなどがされておらず、形式的には連続した1つの文章

図1. 自省録のワードクラウド・名詞（巻頭カラーⅲ頁参照）
小さい文字が見難くならないように文字色を指定してあるが、それ以外は基本的にランダムである。

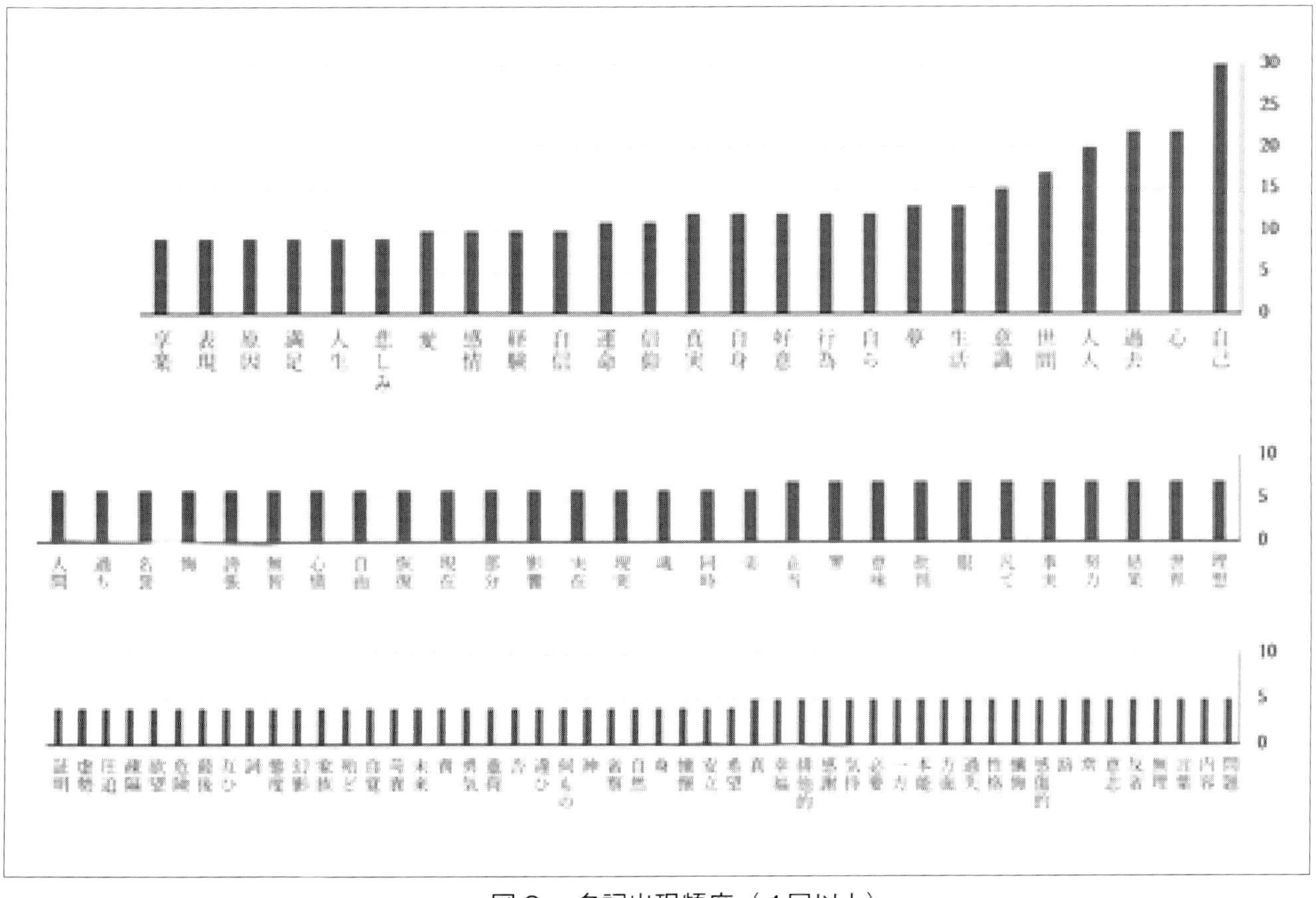

図2. 名詞出現頻度（4回以上）

である。自省録全体についての解析結果のうち、名詞の出現頻度を文字の大きさで表現した図（ワードクラウド）を図1に、棒グラフを図2に示す。通常良く使う語は元々頻度が高いので除くことになっている、これはストップワードと呼ばれる語である。ここでは公開されているリストを利用して、ストップワードを除いた。このリストの具体的内容は、数字や単位を現わす単語、私、自分、彼、彼女といった良く使われる単語など、合計310単語からなっている。(6) ただし、「五　個別事例考察」での議論には、ストップワードを除いていない解析結果を用いる。ワードクラウドは、最近、盛んに用いられている。ここでは、縦書きのワードクラウドであるので、積乱雲をイメージした形状に合わせた。図2は棒グラフで、具合的な頻度値を読み取ることができる。図2に載せた以外にも、3回出現した語が71語ある。これらの結果は、使った語がきわめて多く、かつ特定の語に偏っていないことを意味する。以上から推測されることは、用語の統一などを行っていないこと、特定の宗教、思想、観念等に執着せずにまんべんなく考察を行っていることである。執着から離れた高僧ならともかく、一般人としては実に冷静かつ沈着な考察と思われる。

図3. 自省録のワードクラウド・形容詞（巻頭カラーⅳ頁参照）
図では、低頻度の語及び「ない」、「なかっ」、「なけれ」、「なく」は図から除いてある。

インターネットに公開されている実例を見ると、宮沢賢治の童話「銀河鉄道の夜」を形態素解析してワードクラウドを作成している例や、与謝野晶子による現代語訳の『源氏物語』の感情分析の例もみられる。(7)

四．二　形容詞出現頻度(Sudachiによる解析結果を基にした結果)

形容詞の解析結果を図3に示す。文字の大きさは頻度によって決定し、ポジティブな形容詞とネガティブな形容詞で色分けしてある。ポジティブな形容詞は暖色系で、ネガティブな形容詞は寒色系の文字色にしてある。類似していると思われる単語もあるが、異なる意味の場合もあるため、敢えて一括りにしていない。その代わり、類似する語は近くに表示するようにしている。一般的な雷雲では、マイナスの電荷は下側に、プラスの電荷は上側に分布するのに倣って配置している。

図3では、ネガティブな形容詞の種類は多いが頻度は低い。一方、ポジティブな形容詞「正しい」、「正しく」、「強い」、「美しい」などの頻度は高い。ネガティブな事象ともポジティブな事象とも向き合う、これはトシの向上心の表れと受け取れる。

一般的なワードクラウドで用いる手法としては、重要度（コンピュータ用に収集した大量のテキスト中の頻度が低く、希少価値があるなど）を加味して表現する方法がある。(8) しかし自省録は文語体の文章であり、現代では使われなくなった単語が強調されてしまう傾向が確認されたため、ここではそのような手法は用いていない。

四．三　その他の特徴

トシの書いた書簡における表現（文献[9]などに掲載の書簡）は他人に見せるためのものであるが、自省録の文体はそれとは異なっている。例えば書簡では、尊敬の意や謙遜の意を表す接頭辞「御」が221回、御で始まる名詞（御世話、御馳走、御父様など21語）が51回使われているが、自省録ではこのような「御」は1語も使われていない。名詞以外でも、書簡では「御座候」という表現が51回使われているが、自省録では1回も使われていない。

また日本女子大学校（以下、日本女子大と略記）及び予科における答案[9a]では、その殆どが「漢字カタカナ交じり文」の形式をとっている。これは当時、公文書や学問的な文書で使われていた形式である。これに対して、自省録は「漢字ひらがな交じり文」で書かれており、課題に対する答案とは考え難い。ただし、一九一六年五月頃に書いた答案「大学生活に入る決心」では、自省録と同じ漢字ひらがな交じり文を使っている。この文章は比較上、重要であるので下段に全文を引用する。[9a]

この文章の中にも、「〜なければならぬ」、「〜ねばならぬ」と言った自省録と共通する表現も使われている。そして、自分の地位や処世のためではなく、いかに生きるべきか、先人の残した多種多様の説の中から何を取捨選択すべきかといった問題に真摯に向き合う姿勢が読み取れる。新しい生活に入る直前に書いたものとして、自省録と共通するものを感じる。またこの文章での一人称は「私」が使われている。この文章では、題名と氏名が明記されているが、自省録には元々題名は付けられておらず署名もない。すなわち自省録には、題名に相当する主題が省略されており、一番重要な基礎が暗黙のうちに文底に潜んでいると思えてならない。

この点については著者の個人的な考えが中心になるため、「五．個別事例考察」で詳細に議論する。

大学生活に入る決心

家政一年　宮澤トシ

大学生活を為し得る幸福を感じ、その使命を感じて起る所の抱負を満足させなければならぬ。それには全く真面目であり真剣であらねばならぬ。大学生活は地位を得たい為にするのではない。処世上一の便宜を得やう為にするのではない。私の目的は怜悧に巧みに此世を過す事を余り願はない。私は決してそれで満足は出来ないのである。

今は過渡の時代である。そして私の頭脳も亦過渡期にある。如何に生活すべきかは日々繰り返さるる問題である。外界は限りなく広い。森羅万象到る所に充ちて居る。幾億の現人、多種多様の説を称へる。過去の人なる、我々人類の先祖が云ひ遺したこともいかばかり多い事であらう。その中に生存する私の貧弱な頭脳は、その何れを採りいづれを捨つべきか、又如何に応対すべきかに迷ふのである。「如何に生きるか」この問題程、大切なものは私には無いのである。如何にもしてこれに満足な解決を与へなければならぬ。今後三年間の大学生活を空費するも有効にするも私の決心次第である。多くの同胞の望みて得られないこの生活を、我が最善を尽して生活し進み得られる限りどこまでも進めて行かうと云ふのが私の決心である。

（宮澤トシ「大学生活に入る決心」[10]）

四．四　推定される時間経過による変化

自省録は、トシが16日間かけて書きあげた長文である。下書きが見つかってはいないが、下書きが存在した可能性は大いに考えられる。しか

し章立てされておらず、用語は統一されているとは考えにくいため、後から見直しを行っていたとしても、ここでは自省録はその時々のトシの心を映したものとして、始めから終わりへと一方向に続く時系列であると仮定する。

まずこの時系列を解析するために、解析後の形態素等に1～12676の通し番号を振った。(11) 次に解析するための区間を、各500個程度の形態素等からなる均等な25区間に分割した。(12) この時、余りが出ると最後の区間だけ値が異常になるため、余りがほぼ出ないように507個の形態素等で一区間とした。その区間内で注目したい語の出現頻度をグラフにしたものが図4～図6である。図4では、通常ストップワードとして除かれて見ることのできない「私」、「彼女」、「彼」が、推定される時間経過とともにどのように変化しているかを示している。横軸の数値は区間に相当する形態素等の番号で、仮定が正しければ経過時間に相当するため「推定経過時間」としている。

図4. 推定される時間経過による変化 a)

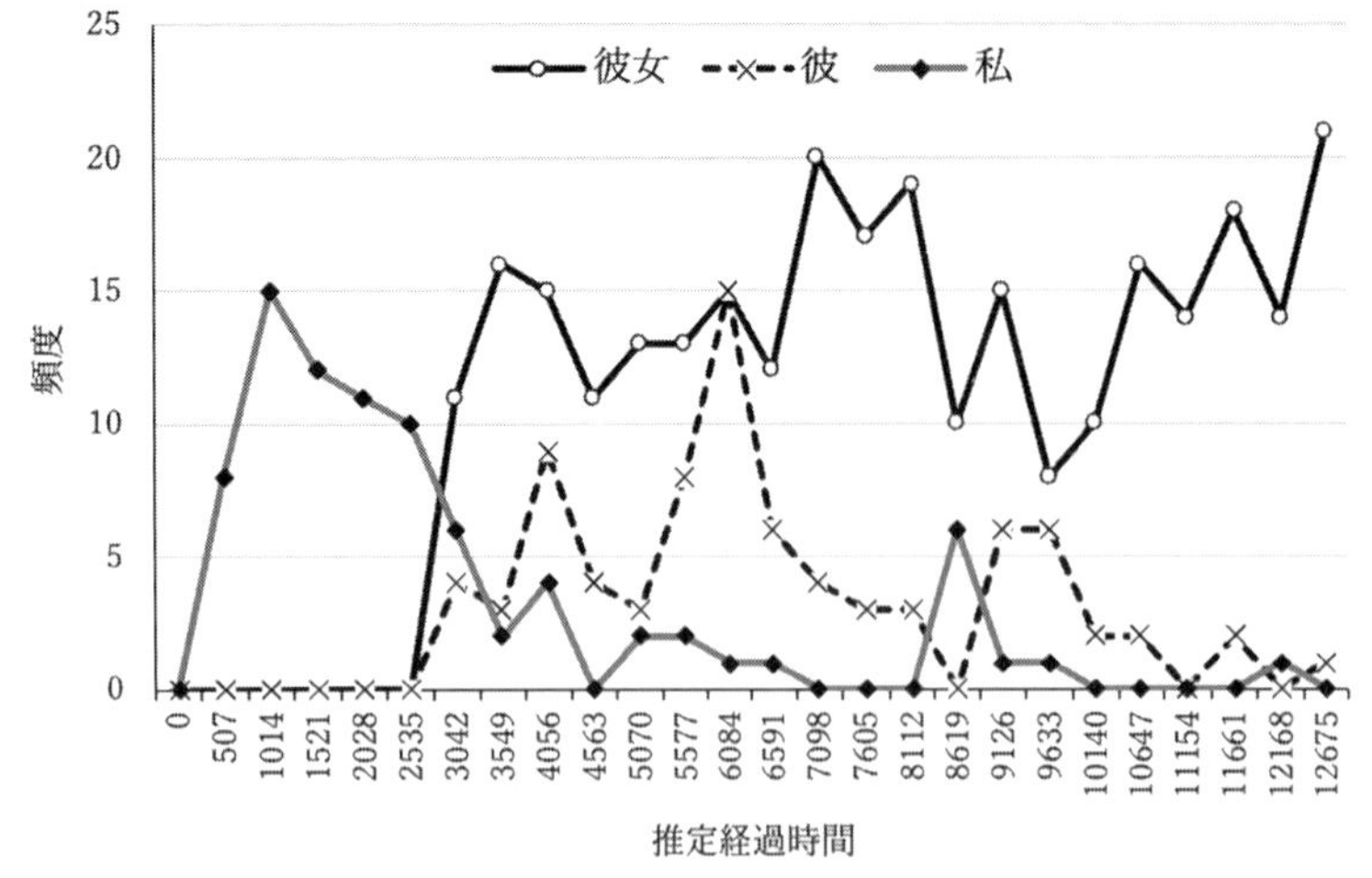

一方、図5と図6は、いくつかの類似する語をグループにまとめた場合の変化を表している。「再帰代名詞G」は、「自分、自己、自ら、自身」をまとめたもので、「時系列G」は、「今まで、今、時、時々、過去、現在、今更」、「ねばならぬG」は、後述する「ねばならぬ」表現をまとめたグループである。図5では、3種の頻度値が比較的小さな値を取る区間、3042、3549、5577、9633、10140がある。これらの区間で、逆に比較的大きな値を取っているものを図6に示す。

図5. 推定される時間経過による変化・グループ別（1）

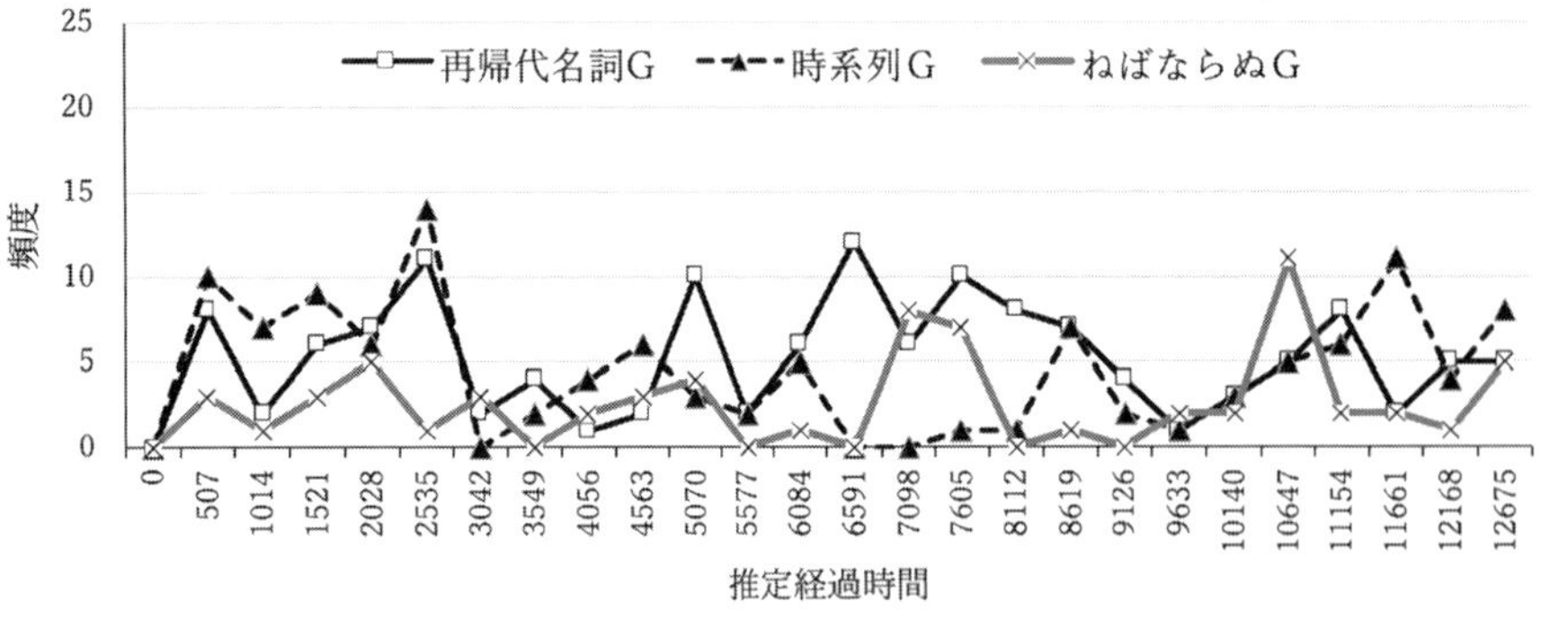

図6. 推定される時間経過による変化・グループ別（2）

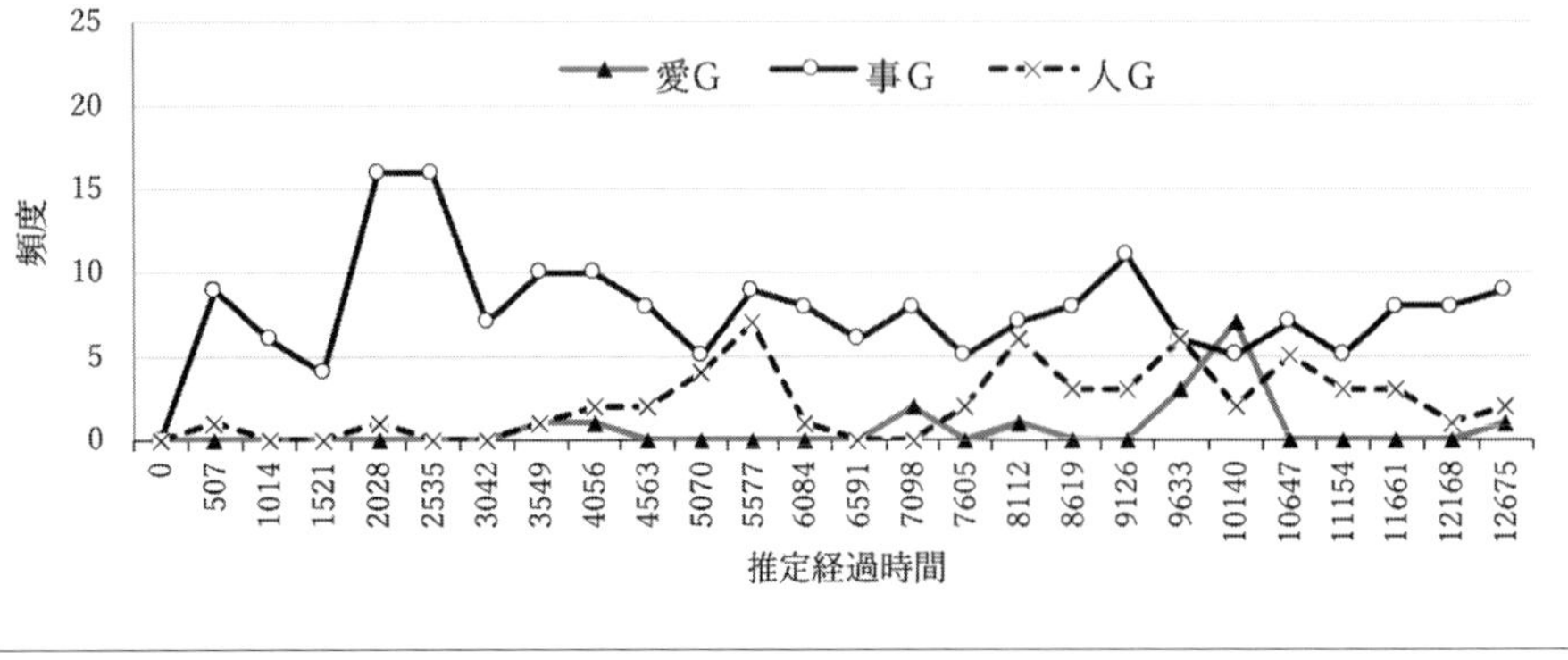

「事G」は「事、事柄、事実、出来事、事件、事実上」をまとめたもので、「人G」は「人、人人」をまとめたもので、「愛G」は「愛、親愛、人類愛、慈愛、愛他、愛撫、愛情」をまとめたものである。「愛G」が10140で最大となっているのは興味深い。この他には、図4で示した名詞の中にも大きな値を取っているものがある他、3042の区間では補助記号（括弧や句読点など）の頻度が、最大の52個となっている

著者の意見は「五　個別事例考察」で詳しく述べるが、一つだけ指摘しておきたいことは敢えて主語を変えているのは何故かということである。可能な仮説の一つは、著者の視野が時間経過とともに変化しているとする仮説である。初めは「私」が「私」を論じるという一番狭い視野、次にやや視野が広がり「彼女」という形で外部から論じ、次第に視野が広がり成瀬の言う宇宙意思に近づいた視野から論じるようになる。これは成瀬の講話で強調されていた「自我発展」に基づく考えである。視野の広がり以外にも、家族・仲間・社会等への責任感の増大、生き物全体の幸福を考える価値観の獲得など種々考えられるが、ここでは分かりやすくするため単に視野の広がりに注目して考察している。[9b] そして最後には、日常的な一瞬の心の中に世界全体を含む境地（一念三千《いちねんさんぜん》）に近づいた視野で論じるようになったと考えられる。これが目的達成につながったのであろう。

五．個別事例考察

五．一　副題について

「四．三　その他の特徴」で触れたように、「自省録」の主題を明らかにするために、副題を付けるとすればどうなるであろうか？　自省録の執筆時期は一九二〇年一月下旬～二月九日とされており、その後トシは、九月から岩手県立花巻高等女学校の教諭心得となった。[9] 宮澤トシ「大学生活に入る決心」[10] に倣って仮の副題を付加し、「自省録 ―教育者となる決心―」として議論を進めることにする。それによって、文底に潜んでいる一番重要な基礎に光を当てるのが本考察の目的である。

さて日本女子大でのトシの成績（一九一六―一九二〇）は、入学以来トップの成績を維持していたので、成瀬仁蔵《なるせじんぞう》（一八五八―一九一九）の晩年の思想を忠実に学び取っていたと考えて間違いないであろう。問題は成瀬の思想である。成瀬は一八七八年にキリスト教の洗礼を受けているが、一九一二年には帰一《きいつ》協会を設立し、諸宗教・諸道徳が同一の目的に向かって相互理解と協力を推進する運動をはじめている。成瀬は、日本女子大は帰一協会と同一の主義精神で教育すること、教育に信念（真の宗教心）を離すべからずと明言している。また晩年はキリスト教信仰を捨てて、混交宗教を奉じたとされている。[9][13] 成瀬の思想の根本は、大いなる自我（宇宙意思、絶対者）との融合である。成瀬は、その実現のための「自我発展」を、次のように述べている。身体的自我→家族的自我→学校的自我→国家的自我→人類的自我→宇宙的自我と広がる同心円状の図を挙げて「此の小さい自我と、大なる自我との障壁を破って、段々に広くなり大きい我を作って行くことが、内面から言えば自我実現と云う事である」としている。[9b][23]

自我発展の段階で常に中心にあるのは「自我」であり、トシは瞑想を活用しつつしだいに自我を大きくすることで、大学校入学前からの未解決問題に対峙し、長期間（十六日間）に渡って繰り返し、繰り返し問題に立ち向かっていたに違いない。しかし、自我発展を考慮していない第三者から見れば、自我ばかりの退屈な繰り返しに思えたかもしれない。

それによって自我実現がなされたことは、成瀬によれば、行動で示さなければならない。

聴くことを多くし、語ることを少なくし、行うことに力を注ぐべし

（成瀬仁蔵）

個人的な意志（例えば煩悩）を弱めることができれば、絶対者との融合も可能かもしれないが、常人には困難であろう。では、どんな行動をすれば良いのか?それはトシが答案「大学生活に入る決心」[10]で書いていた、「如何に生きるか」ということの答えでもあったろう。成瀬も勿論、そのような学生たちのために行動の例を示していたはずである。その第一が、まさに日本女子大を設立し、「教育者として人々を導いた」ということで間違いないであろう。トシの在学中に来校したインドの詩人タゴールは、行動の例としてベンガルの子どもたちのために教育施設を創めたことをあげている。[9b]トシが、「世界のために、人々のために教育を行へ」という啓示を得ていたことは想像に難くない。トシは卒業後、一九二〇年九月より母校の花巻高等女学校教諭心得となり、英語と家事を担当するようになった。因みに兄の賢治も、翌年の十二月に稗貫郡立稗貫農学校（現岩手県立花巻農業高等学校）の教諭となっている。

もし、「自省録―教育者となる決心―」という題名が付いていたら、「教育者になるという行動こそが他人のための行動である」という大前提が示されることになる。例え文中で自身のことを書き続けていたとしても、決して自己中心的ということにはならないのである。

（今後の課題）

また、文中に登場する「彼女」が全てトシのことであるのか? 語っている者がトシであるのか? についても絶対確実というわけではない。最初に登場する「私」や語っている者はトシであるとしても、「自我発展」によって後に行くほど「大いなる自我」に近づき、たとえ一瞬であっても「大いなる自我（あるいは社会的人格）」として語っている可能性がある。

五．二　「与えられた贈り物」についての考察

前述の解析結果の図には表れていない、「与へる」と「与へられる」という語は非常に重要と考えられるため、構文解析を行って考察する。自省録には全部で16か所「与へ」が出てくるが、「与へられ」が8か所、「与へた」が4か所、その他「与へる」、「お教へ与へる」などが4か所ある。その解析結果の一例を図7に示す。

「与へた」は主に、事件が家族に「与えた」悲しみ、傷手、嘆きなどネガティブなものが多い。それに対して、「与へられ」たものとして挙げているのは、希望、心身の休養の時、贈り物、賜物などポジティブなものである。また、「与へられ」たものとは「絶対者から与へられたもの」と考えられる。

何を与へるかは絶対者の領分である。（自省録より）

まず、図7の「与へられた贈り物」とは何かであるが、大野眞男氏が指摘したように[15]、引き続く英語混じりの部分は、成瀬仁蔵の講義スタイルに忠実な表現である。おそらく大学で習った混交宗教的な考え方であろう。しかし、成瀬の言う「絶対者との融合」ではなく、（絶対者からの）「贈り物」という表現にしているのは、トシらしい控え目な表現と思われる。「贈り物」を与えらえたということは、絶対者と何らかの交流があったということである。絶対者であれば教育者としてどんな行動をとるのかを、トシは問い続けたはずである。その回答が「贈り物」であり、「常に汝の真実を語り真実を行へ。present of mind であれ」であった。こうして、他人のために「教育者になるという決心」を成就するための方策を与え

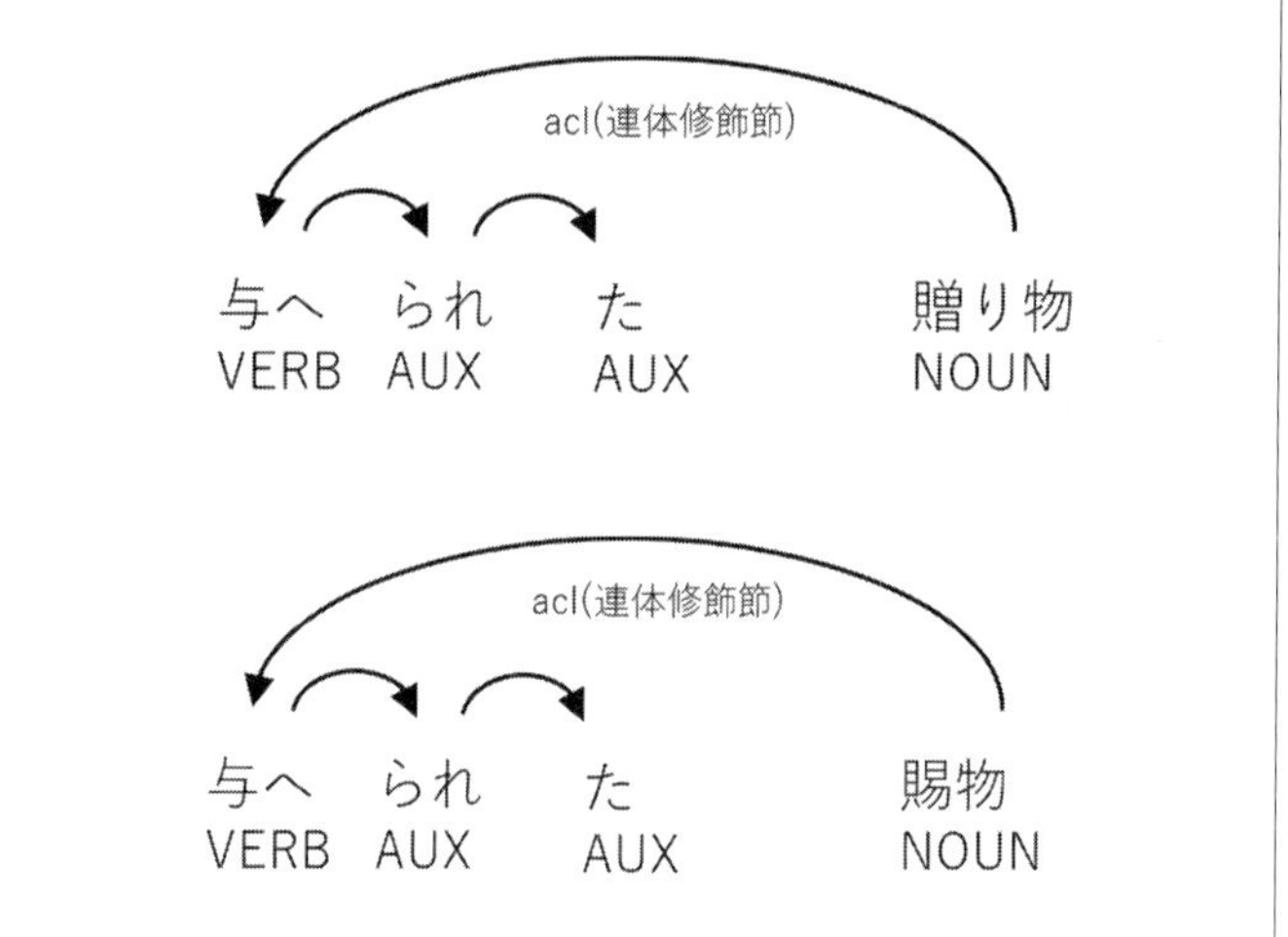

図 7. GiNZA による構文解析の結果の一例[14]

られたのである。絶対者に近づくことは、成瀬の教えに従えば瞑想によって経験するということになる。自省録執筆期間には瞑想の時間も含まれていたに違いない。

　次に、トシが自省録にあげた固有名詞は、解析結果からすると「メーテルリンク」と「天台」の二つのみである。「メーテルリンク」については成瀬仁蔵の授業の影響と考えられ、比較的初期段階で現れている。[9]

　さて、もう一つの「天台（天台宗）」が登場するのは、文章の最後の部分であり、自我発展を考えるならば最終段階に相当する。この部分では、「煩悩即菩提《ぼんのうそくぼだい》」に照らして「与へられた賜物」としている。この部分には英語は混じっておらず、代わりに一念三千、天台の学理、煩悩即菩提という仏教用語で説明されていることから、ここでの絶対者は仏教での絶対者であろう。「天台」に関しては、賢治の影響以外は考えられない。

　次に天台宗の根本教説である「一念三千」について触れるとともに、「与へられた賜物」と自我の変化について考察する。

　一念三千の理法や天台の学理は彼女には今は口にするだに僭越ではあるけれども、彼女理想が小乗的傾向を去って大乗の煩悩即菩提の世界に憧憬と理想とをおいてゐる事は疑ひなかった。その理想に照らして、今彼女に苦痛をとほして「与へられた」賜物の意味を考へる時、彼女は今まで恥辱と悔とに真暗であったとの過去の経験に、思ひもよらぬ光明を見るのである。彼女は「世界の前に神の前に本当の謙遜を教へられた」のではないか、

（自省録より）

五．三　「一念三千」についての考察

　仏教的な内容ではあるが、仏、日蓮、法華経、題目、念仏、親様という一般人が思いつくキーワードは、自省録の中には出て来ない。しかしながら、賢治が仏教を学んだ島地大等及び田中智学の中心的な思想と深く係わる用語である「一念三千の理法」、「天台の学理」についてトシが言及していることは重要である。[16] 天台宗の総本山は比叡山延暦寺《ひえいざんえんりゃくじ》であるが、八二二年には開山の伝教大師最澄《でんぎょうだいしさいちょう》の長年の夢であった戒壇《かいだん》が設立された。それにより延暦寺は、独自に僧を養成できるようになり、日本仏教史に残る数々の名僧を輩出し、当時の最高学府とも考えられる教育機関となった。ここでも、絶対者であれば教育者としてどんな行動をとるのかを、トシは問い続けたはずである。その回答として与えられた「賜物」は、「本当の謙遜を教へられた」ということである。トシは日本女子大での答案に「神或ハ佛トモ名付クベキ絶対者」と書いていることから、当時日本女子大では「絶対者」を限定的に考えず、広く考えていたことが分かる。[9] さて、絶対者との融合と一念三千の視野を比較してみると、絶対者との融合は宇宙意思とも言われるように宇宙規模の視野である。一方の一念三千では、宇宙は三千世間《さんぜんせけん》とされている。世間は移ろいゆく世界のことであり、時間変化を含む概念である。世間は衆生世間《しゅじょうせけん》（生き物の世間）、五蘊世間《ごうんせけん》（主観的な世間）、国土世間（環境世間）の三つ

からなる。生き物の住む世間はさらに十界に分かれ、仏の悟りの世界である十如是《じゅうにょぜ》によって、三千世間を形成している。この宇宙全体を表わす三千世間が、普通の人間の一瞬の心の中に完備されているということである。すなわち「宇宙を包含する究極の自我」であるが、擬人化する必要はなく単に「世界」としても良い。トシも「世界の前に神の前に」と述べている。勿論、トシはこのような自我には至っていないものの、世界や神と何らかのやりとりをして「賜物」を得たのである。成瀬の授業内容から推察すると、前項でも述べたように、自省録執筆中にもトシは時折瞑想を行って、日本女子大学校で学んだ成果である自我発展をもって問題に立ち向かっていたに違いない。

初め「私」という狭い個人の視野から考察していた自省録であるが、苦難と闘いながら次第に視野が広がり、広い視野から「彼女」という形で考察するようになり、絶対者に近い視野、そして最後には宇宙を包含する視野（あるいは自我）に近い状態で考察したものと考えられる。ただし、考えているだけでは単なる夢想に過ぎない、何か行動を起こして形にしなければ意味がないのである。トシにとってそれは、成瀬に倣って「教育者となり世間の役に立つ」ということであったとするのが、本仮説の結論である。

成瀬の混交宗教と仏教（天台宗）という、異なる二つの視点から考察していても特に矛盾が感じられず、他人のために教育者を目指すという一つの目的に向かっている。そして、たとえ試練を乗り越えて「絶対者」あるいは「移ろいゆく世界全体（三千世間）」とのやりとりがあったとしても、「贈り物」や「賜物」としているのが慎ましいトシの美徳であろう。また「煩悩即菩提」は、「煩悩」と「悟り」はともに空であり、対立するように見える事象も本来は一体（不二《ふに》・相即《そうそく》）であるため、「煩悩」も決してむだではなく、そのまま「悟りの縁」となることである。「煩悩即菩提」という考え方は、大いにトシに力を与えたと思われる。

成瀬仁蔵の説では、「絶対者との融合」はあらゆる宗教に共通するものとされている。

トシからの影響で、この考えを賢治も知っていたはずであるが、賢治の考える絶対者とは明らかに異なっていることは明白である。童話「銀河鉄道の夜」には、以下の場面が出てくる。[17][18]

青年「ほんとうの神さまはもちろんたった一人です」
ジョバンニ「ああ、そんなんでなしに、たったひとりのほんとうのほんとうの神さまです」

（宮沢賢治「銀河鉄道の夜」より）

五．四　「ねばならぬ」表現についての考察

「ねばならぬ」に関する表現は、自省録に特徴的である。トシが書いた書簡の中で、参考文献[9a]掲載の26通の中で「ねばならぬ」を使っているのは一通のみである。また答案の中では、「大学生活に入る決心」の中で使っているのみである。[10]

ところが、「ねばならぬ」に関する表現には様々なバリエーションがあり、構文解析しなければ探しにくい。GiNZAで構文解析すると、図8aのように助動詞「ね」を基にした表現であることが分かる。この結果を基にして、このような「ね」を検索すれば良いことになる。これと類似する表現をさがせば、「なけれ」を基にした表現も容易に見つけることができる（図8b）。

自省録中の出現頻度は、「ね　ば　なら　ぬ」が41、「なけれ　ば　なら　ぬ」が30、その他が3である。さらに、「なら　ぬ」に関連した表現として、「なら　ない」、「なら　なかった」なども見つけられる。これら

の自省録中の頻度は、「なら　ぬ」が42、「なら　ない」が16、「なら　なかった」が14、その他が2である。

「四．四　推定される時間経過による変化」では、「ねばならぬG」について考察しているが、ここでのグループは、上記の様々なバリエーションを全てまとめたものである。その時系列上の位置をどうやって決めるかが問題であるが、共通する品詞は従属接続詞（SCONJ）の「ば」であるので、今回はこの位置を採用している。

　このように自省録は、「ねばならぬ」に関する表現が多く見られる点が特徴である。また、上記のような様々なバリエーションが存在するが、

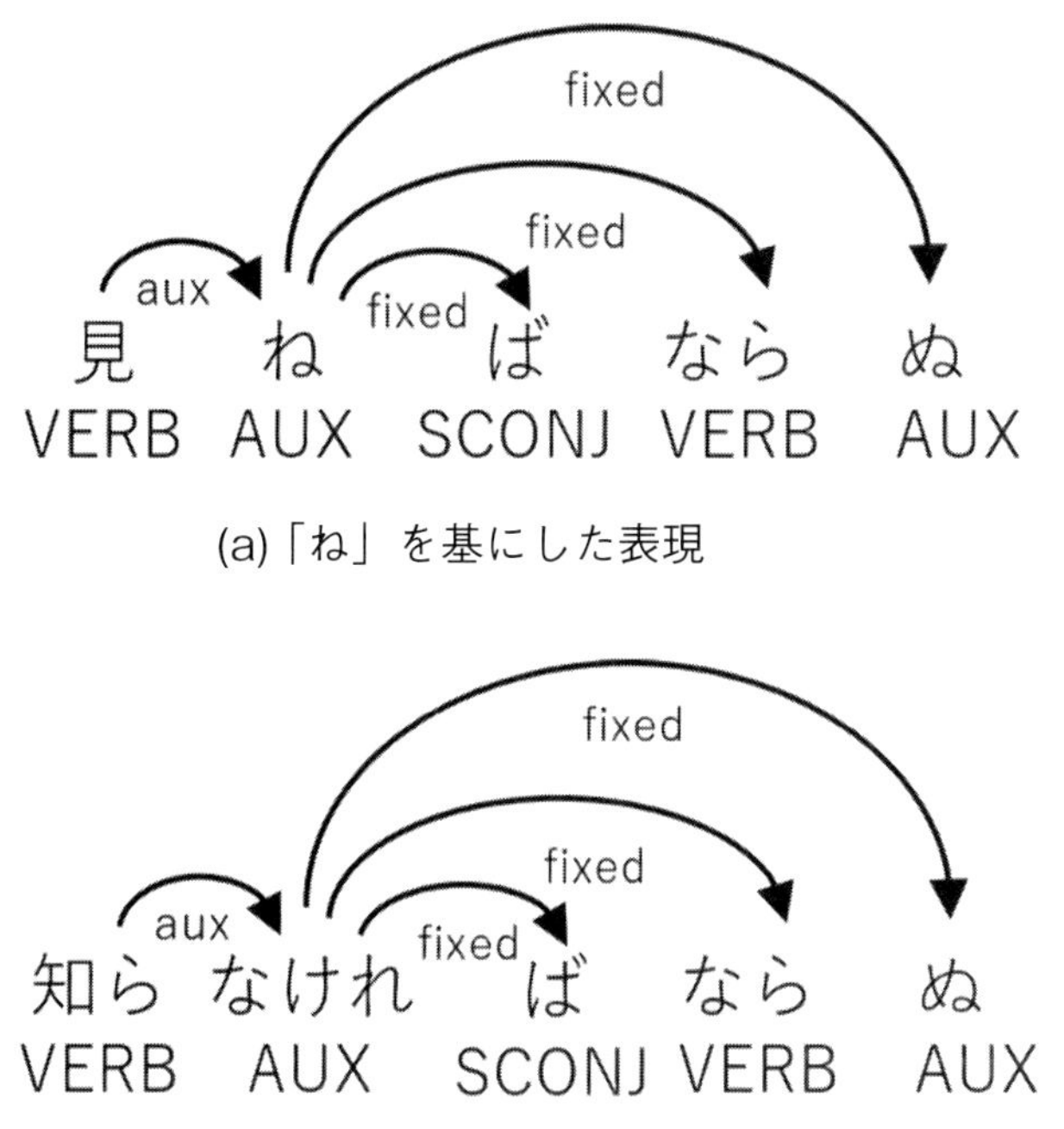

(a)「ね」を基にした表現

(b)「なけれ」を基にした表現

図 8.「ねばならぬ」の GiNZA による構文解析結果の一例

現在のところバリエーションの意味は不明であるが、同じ表現が連続して現れる傾向があるのも事実で、バリエーションには何らかの意味がある可能性もある。今後のさらなる研究、解析に期待する。

　また、賢治に強い影響を与えた盛岡市願教寺《がんきょうじ》住職の島地大等《しまじだいとう》は、盛岡高等農林の校友会々報に「現今の思想問題」として寄稿しているが、(19) その文中にも「なければならぬ」という表現が見られる。トシが、日本女子大学校予科から大学校に進学する一九一六年二月のことである。賢治は盛岡高等農林在学中で、毎日、島地大等訳『漢和対照《かんわたいしょう》妙法蓮華経』を読経していた頃であるから、当然この寄稿を読んでいたであろう。またトシは、毎週賢治宛に手紙を送っていたという時期であるから、トシも賢治からこの内容を聴かされていたかもしれない。トシは、ここでいう「永久的自我」と成瀬仁蔵の「大いなる自我」をどう捉えたのであろうか。

> 刹那満足ではない永久的自我の上に立つ光輝ある
> 永久の生命を見出すべく努力せなければならぬのである。
> （島地大等(19)）

ただし、当時流行していたこのような思考は、場合によっては精神的に弱っている者を追い詰める可能性があり、「ねばならぬ思考」や「すべき思想」は現在ではカウンセリングの対象にもなっている。(20) 一九一五年三月に「岩手民報」紙上に掲載されたゴシップ記事はトシを深く傷つけており、精神的肉体的に弱っていたトシを待ち受けていた「ねばならぬ思考」の影響はいかばかりであったろうか。

　書簡や記録からは、身体が弱っていても気力で立ち向かおうとするトシの姿が想像される。一九一八年には流行中のスペインかぜに罹患した

5、6人の仲間の看病を続けた結果、自らも罹患してしまっている。(21)この十一月の手紙には、自らの体調を家族に心配させまいとする配慮が感じられるが、実際はどうであったろうか。十一月末には、冬休みには家に帰らなくても良いかどうか父宛ての手紙で訊ねているが、許しが出なかったらしく結局帰省している。この頃の花巻東京間の列車の旅は、かなり長時間を要しており、列車の故障などで五、六時間遅れることもあり、寒い年末年始の列車の旅はさぞかし大変だったと想定される。おそらく、混みあう時は座席に座ることもできず、車内は煙草の煙で満ちていたことであろう。トシは、一九一九年十二月には永楽病院に入院した。この頃には既に結核の兆候があったが三月には退院し、一九二〇年九月には花巻高等女学校教諭心得となっている。一九二一年四月には学校からの依頼で教員斡旋のため、母校の日本女子大を訪れたが、この旅の疲労が取れず五月の創立十周年の記念撮影の際は倒れそうになり、六月からは病床に伏した。(9)

　このように、トシは自らの身体の不調を押して、仲間や学校のためになる行動を取り続けたのである。トシの自我がどれだけ高い境地に達していたかは、容易に想像できるであろう。「小さな個人としてのトシ」を妬んだり、誹謗中傷したりする者がいたとしても問題にせず、もっと広く、高い次元の視野から世間のためになる行動を取り続ける、これこそトシが求めていた生き方だったのではないだろうか。

〈参考文献・脚注〉

(1) Kazuma Takaoka, Sorami Hisamoto, Noriko Kawahara, Miho Sakamoto, Yoshitaka Uchida, Yuji Matsumoto: "Sudachi: a Japanese Tokenizer for Business," LREC 2018: Eleventh International Conference on Language Resources and Evaluation (May 2018), pp.2246-2249.

(2) Taku Kudo, Kaoru Yamamoto, Yuji Matsumoto: "Applying Conditional Random Fields to Japanese Morphological Analysis," Proceedings of the 2004 Conference on Empirical Methods in Natural Language Processing (July 2004), pp. 230-237.

(3) 解析に用いた文章は、文献(9b)、一四一～一七七頁に掲載されている文章を用いた。ただし、2行目からある参考文献の記述、※印で始まる注釈は除いた。題名や改行などトシの書いた原文にはないものも含まれるがそのまま用いた。

(4) 例えば、「云ふ」の解析結果では、MeCabは「云」名詞、「ふ」動詞としているのに対し、Sudachiは「云ふ」動詞、一般、文語四段-ハ行としている。この他Sudachiでは、分割単位の併用、文字正規化及び表記正規化、まとめ上げ、補正処理なども可能とされている。

(5) GiNZAは、Megagon Labsと国立国語研究所との共同研究の成果として提供されているオープンソースの日本語自然言語処理ライブラリである。構文解析の処理の共通化、言語横断的な学習、言語間の定量的な比較などを目的としているため、純粋な日本語の構文解析とはやや異なる。松田寛『GiNZA - Universal Dependenciesによる実用的日本語解析』(自然言語処理、27巻、3号、二〇二〇年)六九五～七〇一頁

(6) 左のストップワードに加え、著者の判断で「なし」、「ひ」、「為」、「於」を削除してある。

SlothLib プロジェクトによるストップワードリスト
http://svn.sourceforge.jp/svnroot/slothlib/CSharp/Version1/SlothLib/NLP/Filter/StopWord/word/Japanese.txt

（7）「銀河鉄道の夜」の解析例
https://qiita.com/uminchu987/items/07baa1a354cf96d2564b
「源氏物語」の現代語訳の解析例　B. Wu, arXiv:1912.01068（2019）
後者に関してはPN Tableを用いた感情分析を行っている。これは二値変数で作られた単語感情極性対応表である。PN Tableの構成を調べると、ポジティブな語が5,122語、ネガティブな語は49,983語登録されている。

（8）単語の重要度評価の一般的な方法としてTF-IDFがある。これはTF（Term Frequency、出現頻度）とIDF（Inverse Document Frequency　逆文書頻度）の積でスコアを計算する方法である。実際自省録についてTF-IDFを用いてみると、現在使われなくなった古い表現が強調される傾向が見られ、重要度が正しく評価されているとは考えられなかった。

（9）(a)山根知子『賢治の前を歩んだ妹　宮沢トシの勇進』（春風社二〇二三年）
(b)山根知子『宮沢賢治妹トシの拓いた道—「銀河鉄道の夜」へむかって』（朝文社二〇〇三年）
比較に用いたトシの書簡は、(a)に掲載されているものであるが、近角常観への書簡については、参考文献（22）に掲載のものを用いた。

（10）「大学生活に入る決心」大正五年五月頃のトシによる答案。参考文献（9a）より。

（11）ここで番号付けしている「形態素等」とは、Sudachiを用いて形態素解析した結果の出力全てを含んでいる。そのため、EOS等の記号（EOSは文の最後を表す）、空白、補助記号（括弧や句読点等）なども含まれる。引き続く解析のため、これらの記号を除去していない。以下に25の分割の最後の形態素等を太字と傍線で示す。番号はその形態素等の通し番号である。
507　救ひを求めて居たにも**拘ら**ず　　1014　投げ込まうと努めて来た**。**
1521　関連する**凡て**の考へに　　2028　正視しなければ**なら**ない。
2535　そしてその**仕事**に指を染め　　3042　彼女は**只**感傷的な
3549　本能的に知って居た**。**　　4056　彼女自ら**を**、悲劇の
4563　行くところ**まで**行って　　5070　彼女が**彼**から疎隔を
5577　彼女**に**は冤罪**で**ある　　6084　**彼**等の破綻は
6591　どこから**でも**、途中から　　7098　欺いたところになければならぬ**。**
7605　如何に受くべき**か、**　　8112　生きて行か**れる**のが不思議
8619　今得たいと**望む**のは　　9126　恐ろしすぎる事であっ**た。**
9633　堪え得ぬもの**が**愛を　　10140　甘ん**て**うけなければならぬ
10647　自己**の**優越を楽しむ　　11154　得たはづであっ**た。**
11661　あるかも知れない。**EOS**　　12163　それに**よっ**て彼女は将来同様
12675　に**終る**）

（12）区間の分割の際、段落や句読点などを加味すると、どうしても主観が入り込んでしまう。ここでは機械的に処理できる形態素等の数を用いた。区間が短すぎれば、頻度が意味をなさなくなるため、ある程度の大きさが必要である。

（13）関根正雄『内村鑑三』（清水書院一九六七年）。影山礼子『成瀬仁蔵の教育思想-成瀬的プラグマティズムと日本女子大学校における教育』（教育哲学研究、第七〇号、一九九四年）五五～六〇頁

（14）図7で用いている記号は以下の通りである。UniversalPoS2.0の品詞タグセット：NOUN　名詞、VERB　動詞、AUX　助動詞、ADP

接置詞。日本語の依存関係とラベル（述語の要素）：acl 連体修飾節。但し amod に該当する場合を除く。dobj 目的格で述語に係る名詞句。amod 形容詞・形状詞・連体詞（DET 以外）が格を伴わずに名詞を修飾する場合。nmod 一般的なラベル以外の格の名詞句や、時相名詞により用言を修飾する場合。

（15）大野眞男「宮沢トシ『自省録』の文体」（『賢治学＋』第４集 二〇二四年六月刊行予定）

（16）川元 惠史『島地大等の本覚思想観』（印度學佛教學研究、63巻、第2号、二〇一五年）七一七～七二二頁

田中智学『妙行正軌』（師子王文庫 一九四一年）

（17）仏教で絶対者との融合を説くのは密教であり、特に日本に入ってこなかった後期密教において顕著である。大乗仏教に対してこれを金剛《こんごう》乗《じょう》（vajrayāna バジュラヤーナ）仏教と呼ぶ。金剛乗の名称はインドラ神の武器である雷電（金剛杵《こんごうしょ》）やダイヤモンド（金剛石）に基づくとされている。宮澤賢治は一時期、チベットなど西域に興味を持って調べていたようであるが、彼の作品からは後期密教の影響は感じられない。ただし、仏教的な賢治童話「十力の金剛石」、「やまなし」、「銀河鉄道の夜」には、金剛石が登場する。

（18）『新校本宮沢賢治全集 第10巻 童話［Ⅲ］』（筑摩書房 一九九九年）

『新校本宮沢賢治全集 第11巻 童話［Ⅳ］』（筑摩書房 一九九六年）

（19）島地大等「現今の思想問題」（盛岡高等農林 校友会々報 第三十号 一九一六年二月）

『新校本宮沢賢治全集 第16巻（上）補遺・資料』（筑摩書房 一九九九年）

（20）"Should & Must Thinking", Cause Effect PSYCHOLOGY 〈https://www.cepsychology.com.au/should-must-thinking/〉

悪い思考の根元「ねばならぬ思考」、エンジニアのためのメンタルヘルス、パーソル エクセル HR パートナーズ <https://persol-hrpartners.co.jp/tech/fcts/cafe/mentalhealth/02.cfm>

（21）宮澤トシ「一九一八年十一月五日付け書簡」宮沢政次郎及び皆々様宛。

（22）大正四年五月二九日 宮澤トシ発 近角常観宛封書。近角常観《ちかずみじょうかん》（一八七〇―一九四一年）は、真宗大谷派の僧侶である。この頃トシの心のケアにあたっていた。

岩田文昭『近代仏教と青年 ―近角常観とその時代』（岩波書店 二〇一四年）

（23）成瀬仁蔵著作集委員会 編『成瀬仁蔵著作集第二巻』（日本女子大学 一九七六年）一〇〇六頁

「自省録（宮澤トシ）」は、何と名付けるべきか
～吉田等明論から考えさせられるもの～

望月　善次

最近の生成ＡＩの凄まじいほどの進歩を挙げるまでのなく、人類がいかにコンピュータとつきあうかは、現代人が避けて通れない問題でしょう。今回の私達の「自省録（宮澤トシ）」に関する、ささやかな探究の試みもこのことの例外ではあり得ないのは当然のことでしょう。

こうした意味でも、今回、情報処理の専門家であり、しかも仏教や賢治に関する知見をお持ちの吉田等明岩手大学名誉教授の参加の得られたことは幸運としか呼びようのないことだと思っています。

氏の参加は、単なる情報処理の専門家である以上の意味をもっていることについて、少し説明を加えておきましょう。

私が氏を最初に訪ねたのは、当時の氏の勤務先であった「岩手大学情報処理センター」であったと思います。その後、氏は、岩手大学教育学部技教育科に所属を変えられるのですが、そうした間に、私は、氏が仏教についても並々ならぬ造詣をお持ちだということを知り、氏の研究室に参上しました。氏の語られる仏教への知見は畏怖すべきもので、そのお人柄と相まって、魅了された私は頻繁に氏の研究室に参上することになります。ダライ・ラマ十三世治下のチベットに留学した多田等観（一八九〇～一九六七）のことなどを含む氏の仏教への知見は大変なもので、母が寺の娘でありながら、仏教自体の内容についてほとんど関心のなかった私に、「仏教と向き合ってみよう。」という気にまでさせてくれました。（その後、仏教に関する関心は、宮澤賢治が専攻した「農芸化学」講座の教授であった小野伴忠岩手大学名誉教授の「初期仏教」に対する関心と体験とに出会う御縁に恵まれ、ほぼ毎週と言ってよい「懇談」の機会に恵まれたことによって、更に深められることになります。）このお二人のお陰で、今では、仏教の学理的なことなどほとんど話さなかった母の生涯の中に、やはり仏教が息づいていたことや、寺を継いだ、祖父・叔父・従兄などの生涯の中にも深く仏教が生きているのだという理解にも及ぼうとしています。

吉田研究室のことに話を戻せば、訪問する度に頂戴する「茶」のレベルにも驚嘆しました。せいぜい、玉露・煎茶・番茶程度の区別しか知らなかった私は、玉露にも数段階の別のあることを知らされ、その味を実際に堪能させて戴くことを通して「専門家と素人の違い」ということを実感させられたのでした。

「専門家と素人の違い」という点からすれば、この章の扱いなどはその典型的なものだとも言えましょう。氏が情報処理の専門家であるという事情を知りながら「一般人にも分かる形での「自省録（宮澤トシ）」のコンピュータ分析を！」という無理なお願いをしてしまいましたが、これも「素人の恐さ」というものでしょう。

しかも、この無理なお願いに応えてくださった吉田論に、更に、大胆にも「素人的感想五点ほど」を添えるという無理を通させて戴きました。この「感想」の部分には、本書の特別編集協力者の一人でもある大野眞男岩手大学名誉教授の「感想」も加わりますから、私の罪も少しは軽減されることになればと願っております。

以下、吉田論について、「全体的把握」の中から三点、「個別事例考察」に対して二点の感想めいたものを、論文的ではなく、随想的に語ろうと思います。

具体的には、次の五点になります。第二章の文章の内容とも重複する点もありますが、その点は勘弁してもらえたらと思います。

一．形容詞頻度

最初に取り上げたいのは、「形容詞頻度」です。「図1」のワードクラウドによって示されたところでは、「ネガティブな形容詞」の種類は多いが頻度は低い。一方、ポジティブな形容詞「正しい」「正しく」、「強い」、「美しい」などの頻度は高い。ネガティブな事象ともポジティブな事象とも向き合う、これはトシの向上心の表れと受け取れる。」としています。

言語で表されたものは、一つの架空空間で、本人そのものとは異なるというのが、私の基本的立場ですから、「自省録（宮澤トシ）」の場合でもトシそのものである「伝記的生涯」とは直結しないという違いがありますが、「自省録（宮澤トシ）」の語り手は、評価意識が極めて強いという感じは抱いているのですが【次の「二」や第二章第一節】「十論点」も参照してください、】、こうした思いは、今回の吉田論とも通じることになろうかと思います。

二．話者（語り手）（変化）問題

「図4～6」では、「通常ストップワード」として除かれて見ることのできない「私」、「彼女」、「彼」が推定される時間経過とともにどのように変化しているかを示している」ことを前提にして、吉田論では「敢えて主語を変えているのは何故かということである。可能な仮説の一つは、著者の視野が時間経過とともに変化しているという仮説である。始めは「私」が「私」を論じるという一番狭い視野、次にやや視野が広がり「彼女」という形で外部から論じ、次第に視野が広がり成瀬の言う宇宙意思に近づいた視野から論じるようになる。これは成瀬の講話で強調されていた「自我発展」に基づく考えである。」としています。

大野先生は物語論（ナラトロジー）の立場から論じておられますが、私の立場からですと、この問題は「話者（語り手）」の観点から発言することになります。しかも、個体史的には、「後期ニュークリティシズム」の「分析批評」を潜っていますので、その立場からの発言ということになります。（少し専門的に言えば、「視点論」という立場になります。）「自省録（宮澤トシ）」において、「話者（語り手）」が当初の「私」という「第一人者話者」から「第三人称話者」による「彼女・彼」に変わる部分は、「自省録（宮澤トシ）」理解において避けて通れない論点の一つでしょう。しかも、この大きな変化について、「自省録（宮澤トシ）」はその理由を語っていないのです。この変化をどう解釈するかに、各論者の「自省録（宮澤トシ）」解釈が色濃く現れることにもなるでしょう。

私が述べておきたいことは、「自省録（宮澤トシ）」における「第三人称話者」は、「第三人称話者」の三分類【「限定」／「全知」「客観」】のうちの「第三人称限定視点」で、それも「極めて〈私〉に近い」ものだということです。そのほとんどの「彼女」を「私」と置き換えても良いもので、その程度が極端と言えるほど強いのです。しかし、同時に「第三人称話者」であることも間違いありませんから、そこに「客観性」への志向があったことも間違いのないところでしょう。そのどちらをどの程度強調するかによって、各論者の立場は定まって来ると言えるでしょう。

三．（公的ではなく）自身のための文章

例えば、「その他の特徴」において、吉田論では次のように指摘しています。

> トシの書いた書簡における表現（文献（9）などに掲載の書簡）は、他人に見せるためのものであるが、自省録の文体ではこのような「語はそれとは異なっている。例えば書簡では、尊敬の意や謙遜意を表す接頭辞「御」が221回、御で始まる名詞（御世話、御馳走、御父様など21語）が51回使われているが、自省録ではこのような「御」は1語も使われていない。名詞以外でも、書簡では「御座候」という表現が51回使われているが、自省録では1回も使われていない。

「自省録（宮澤トシ）」が、他人に読んで貰うためではなく、自身の心の整理の書かれた文章であることは、「自省録（宮澤トシ）」を考える上で欠かせない点でしょう。私自身も本書の他の部分でもでも指摘していることですが、こうした性質のためか、「自省録（宮澤トシ）」は、トシ以外の読者にとっては、具体性を欠いた抽象的な表現が至るところに見受けられることになります。しかし、自身の心の整理を第一とするトシの立場からすれば、そんなことは第一義的なことではないのです。

こうした点を、吉田論のように指摘して貰うと、はっきりと自覚することにも繋がるでしょう。

四．混交宗教的な考えに基づいた「与へられた贈り物」

吉田論では次のように指摘しています。

> 「与へられた贈り物」とは何であるか。大野眞男氏が指摘したように、引き続く英語混じりの部分は、成瀬仁蔵の講義スタイルの忠実な表現である、おそらく大学で習った混交宗教的な考え方であろう。しかし、成瀬の言う「絶対者との融合」ではなく、（絶対者からの）「贈り物」という表現にしているのは、トシらしい控え目な表現と思われる。【傍線、望月】

傍線部などは、吉田論らしい指摘だと思われました。

トシの信仰の中に、いくつかの宗教的要素入っていることは、私も共感するのですが【第二章第二節も参照してください。】、その宗教的要素をどう考えるかについては、吉田論とは、若干の相違があるようにも思えました。

私としては、先ず、前提として、宮澤家の「徳」は、父政次郎の修行によって産み出されたものだという考えに立っているのだということを言っておきたいと思います。父政次郎の「徳」が、賢治、トシ、清六、シゲ、クニの上に、それぞれの具体的形となって顕れたのだと考えるのです。

既成宗教的説明に即して説明すると、政次郎の浄土真宗的信仰が、（形に現れていない部分も含め）根底に流れ、その上に成瀬の「キリスト教的」・「帰一教会」的信仰と賢治からの（国柱会的信仰を中核とした）仏教的信

仰によって形成されたというのが、トシの信仰であったとするのが、私の解釈だということになります。

五．副題 〜「自省録（宮澤トシ）」の目指したもの〜

吉田論において、最もハッとさせられたのは「副題」の提示ということでした。

「自省録には元々題名は付けてられておらず署名もない、すなわち自省録には、題名に相当する主題が省略されており、一番重要な基礎が暗黙のうちに文底に潜んでいると思えてならない。」と記した吉田論は、この言を受けて、「個別事例考察」の冒頭で次のように記しています。

> 「自省録」の主題を明らかにするために、副題を付けるとすればどうなるであろうか？ 自省録の執筆時期は一九二〇年一月下旬〜二月九日とされており、その後トシは、九月から岩手県立花巻高等女学校の教諭心得となった。宮澤トシ「大学生活に入る決心」に倣って仮の副題を付加し、「自省録〜教育者となる決心〜」として議論を進めることにする。それによって、文底に潜んでいる一番重要な基礎に光を当てるのが本考察の目的である。

改めて指摘するまでもなく「自省録」という名称は、トシが記したものではなく、発見者のトシの甥、宮澤淳郎が（おそらくマルクス・アウレリウスの『自省録』に倣って）命名したものです。【第二章第一節をも参照してください。】

ですから、「自省録」に副題を付加することは、「自省録（宮澤トシ）」をどう読むかということに直結する訳で、読者それぞれに突き付けられている課題でしょう。

契機の点からすれば、「自省録（宮澤トシ）」の執筆が、トシの岩手県立花巻高等女学校の教諭心得着任予定を大きな契機にしていることは間違いのないところでしょう。

吉田論が付加した副題は、トシのこの契機に主眼を置いたものですが、言語に関わる「発言主体、受容主体、対象物、言語」などの要素を挙げるまでもなく、そのどこに重点を置くかによって、副題も変わることになるでしょう。

例えば、本拙編著の題名もそうした選択の一つである訳ですが、「自省録（宮澤トシ）」に関わる者は誰でも、ここで吉田論によって突き付けられた問題との正対を迫られずにはいられないのだということのみを記して一先ず、この稿を閉じたいと思います。（私の場合は、本拙編著の書名の中にその思いの一端を示したと考えています。）

「自省録（宮澤トシ）」の日本語学的考察

大野 眞男

近年、ChatGPTなど人工知能Artificial Intelligenceを活用した対話型AIサービスが注目を浴びています。かつて、「太郎はレストランに入って、大好きな海老フライを注文しました。食事のあと満足して、家に帰ってぐっすり眠りました。」という短い文章を読んで、言語化されていない〈太郎は退店時に海老フライの代金を払ったであろう〉ことをコンピュータに理解させるにはどうしたらよいかという問題を、大真面目に考え抜いた素朴な人工知能研究が始まったのは一九七〇年代でした。あれから半世紀が過ぎ、情報処理技術も飛躍的に進化し、コンピュータは人間の言葉をある程度理解し表現できるようになってきました。自然言語処理技術とは、コンピュータが人間の言葉を扱うことを可能にした要素技術として、さまざまなAIサービス実現の前提となっているものです。人間の頭の中にある言語理解と言語表現のプロセスをモデル化し、コンピュータに移植して、人間との言語コミュニケーションの実現を目指す情報技術です。

「自省録」の読みに際して、予断的な情報を排除した全体的把握の結果は、名詞・形容詞等にわたっています。名詞について分析したワードクラウド表示の図1は、出現頻度による図2と以下のように補完関係にあることが分かります。すなわち、「自己・自ら・自身」によって表される「自分自身」グループ、「人々・世間」によって表される「人の見る目」グループ、「過去・現在・未来」によって表される「時の経過」グループが、「自省録」全体の主題につながる三種の語彙集合となっていることが明確に読み取ることができます。

形容詞について分析した図3からは、「強い」「早い」のような性質・状態など属性概念を表すク活用形容詞よりも、「正しい」「美しい」のような主観的な感情や感覚を表すとされるシク活用形容詞が多用されていることがわかり、これらの形容詞使用の傾向からトシ自身の心情が「自省録」の主題と深く関わっていることを読み取ることができます。

時間経過に関連して、「自省録」全体のテキスト構造に関わる問題が明確にとらえられていると思います。図4「推定される時間経過による変化」では、トシが自身に言及する際の代名詞「私」から「彼女」への交替が読み取れます。大野の論考「「自省録」は、なぜあんなに読みにくいか」でも説明したように、テキスト構造が中途で一人称語りから三人称語りへと転換されていることがくっきりと反映しています。また、図5「推定される時間経過による変化・グループ別（1）」で興味深いのは、「ねばならぬグループ」が抑制される部分と多用される部分の遷移を繰り返すことです。「ねばならぬ」という文末表現は、ある客体的な事態に対する語り手の当為判断（日本語では「べきだ」も使われる）を付け加えるものですが、使用が抑制されるのは、「彼」と「彼女」をめぐる事実関係の客観的把握の部分と、「彼女」と「世間」との関係をめぐる状況の客観的把握の部分です。それぞれ客観的な状況把握の直後にそれに対するトシの当為判断、というより未来に向けた強い意志が繰り返し表明されているわけです。

全体的把握がテキストの言語表現に限定した抑制的分析であるのに対し、個別的事例考察は分析者である吉田氏自身の関心が表面に現れている部分と感じました。副題について考察し「自省録─教育者となる決心─」とした部分は、大野の前掲論考では「教壇に立つに当たっての卒業論文のようなもの」と考えましたが、それよりもう一歩、教育者としての姿勢に踏み込んでいます。また、「天台」や「一年三千」に関する考察については、分析者の吉田氏が単なる情報処理研究者であるにとどまらず、実は宮澤賢治と同様に仏教世界の真摯な探究者であって、成瀬仁蔵やメーテルリンクの影響を越えて仏教的世界を通じた兄賢治との思想的交流を窺おうとしていることを読み取ることができます。最後に、「ねばならぬ思考」がトシを追い詰めたのではないかとする見解も、情報処理研究者を越えた吉田氏が人間としての優しさと暖かさを感じることができました。

第Ⅳ章 私の「自省録（宮澤トシ）」
いろいろな方々による「自省録（宮澤トシ）」

第一部 「奇跡」への道が、花巻から始まったことは幸運なことでした

～出発点としての「宮澤トシ没後一〇〇年記念」花巻五行事から～

第二部 全国大学国語教育学会という場

～ラウンドテーブル「自省録（宮澤トシ）」の世界～

第三部 「教室」という窓から ―「教室」という「学ぶ会う」から生まれるもの

～小・中・高等学校・大学の「現場」における格闘～

第三-一節 〈教える立場から〉

第三-一節 教える立場から〉

～小・中・高校の先生達からの声を聞きましょう。

第三-二節 〈学ぶ立場から〉

～「自省録（宮澤トシ）」を、中・高校生や若い人たちにも

手軽に読んでもらえるようにするにはどうしたら良いか～

第四部 日本以外の立場から

第五部 「自省録（宮澤トシ）」とは何であり、どう読むか

花巻祭り「鹿踊演舞」

宮沢トシと秀清館

木村 清且

一九五〇年、岩手県花巻市生まれ。一九七三年、日本大学生産工学部建築工学科卒。二〇〇八年、岩手県立大学大学院修士課程卒。一九七三年、㈱久慈二戸建築事務所入所。一九八九 ㈱久慈二戸建築事務所花巻設立。二〇〇七年、㈱木村設計A・T代表取締役。二〇一八年、㈱木村設計A・T 代表取締役会長。表彰・二〇一六JIA優秀建築100選「一関市立花泉図書館」、二〇一六「第一回岩手県県土整備部優良建設関連業務表彰 陸前高田災害公営住宅設計他多数。

一・宮沢トシの自省録執筆場所

宮沢賢治の妹、宮沢トシが花巻高等女学校の四年生の一九一五（大正四）年三月の時、新任の音楽教師〝鈴木竹松〟に初恋をし、ラブレターを送ろうとして紛失する。それが「岩手民報」に持ち込まれ、三月二〇・二一・二二日と三日間〝真偽取りまぜた記事〟を掲載され、多くの人々に知られることになる。一七歳の少女の心の傷は計り知れないほど辛いものとなる。

宮沢トシが心に受けた大きな傷から立ち直るために「自省録」を執筆したのは、この事件から五年後の一九二〇（大正九）年一月二五日から二月九日（一六日間）である。執筆場所は西鉛温泉〝秀清館〟と思われる。一九一九（大正八）年三月三日に花巻の自宅に帰ったトシは、自宅で療養していたが、夏前には西鉛温泉秀清館にて保養に入り、賢治の短歌を清書している。トシは、こうした生活を通じて、徐々に体力を回復させていった（山根知子著『宮沢トシの勇進』二四八頁）。後述のように、西鉛温泉秀清館は、宮沢家が所有したように、〝秀清館〟を家族でよく利用していた。

西鉛温泉ノ全景

西鉛温泉 秀清館浴場

電車軌道 西鉛停留場前
秀清館本館

秀清館には、昭和 20 年 6 月 18 日から 10 日間ほど高村光太郎が滞在し、「贅を尽くした建物は文化財に指定したい位なものである」と絶賛した。（高村光太郎全集第十巻 1958 年刊）

二．秀清館の場所と建物

秀清館の場所については、豊沢川上流の花巻南温泉郷に位置する。上流の鉛温泉藤三旅館と愛隣館の間の旧花巻電鉄・西鉛駅停車場前を下車して、豊沢川へ下り、その河川敷（現況写真添付参照）にある。西花巻駅から電車で志戸平温泉まで行き、志戸平温泉からは、馬車軌道（一〇人程度の乗員）に乗り換えて終点の西鉛温泉駅まで向かうルートである。

建物は、最盛期の大正初期、志戸平温泉と大沢温泉の近くの鶯沢鉱山より硫黄の鉱石の出荷が増え約一五〇〇名の工夫が生活をしていた。このため鉛温泉の延長として西鉛温泉が開発され、大いに繁栄をする。秀清館の当時の経営者は、自分に孫が生まれるたびに建物を新築したと言われている。（故・高橋光子談）その規模は大小合わせて六～七棟あり、特に四階建ての秀清館本館は、正面に唐破風の堂々たる玄関を設け四階となっている。豊沢川上流の山間に見事な姿である（秀清館写真・添付写真参照）。秀清館は昭和五〇年ごろに廃業し解体され現在はない。

現在温泉の施設はなく小さな小屋が残っている。わずかに源泉の位置の処にパイプが差し込まれている。

三．西鉛温泉と宮沢家

秀清館跡地は現在、宮沢商店の所有である。賢治の父母は恒例のようにこの温泉に湯治に来ており、高等農林卒業後家事手伝い中に、秀清館で養生中の両親に連絡を取っていた葉書がある。妹トシも大学在学中に両親と一緒に静養していた。

四．秀清館が建てられた時代を偲ぶ旧鉛温泉の建造物

花巻市石鳥谷町好地に現存する「旧七福神工場事務所」がある。一九四七（昭和二二）年七月二三日、宝峰の事務所が火災で全焼した。火災の後、藤井茂八（高校教諭から学校長を経て、鉛温泉社長に就任）が鉛温泉で自宅として活用していた一九二六（大正一五）年建設された旅館を石鳥谷の宝峰の事務所として移転新築した。建物は木造二階建てで延べ床面積三二三・八㎡（約九〇坪）、外壁は、東正面はモルタル掻き落とし仕上げ、そのほかの面は、金属サイディング張り。屋根はカラー鉄板瓦棒仕上げ。内部仕上げは、和室床は畳敷き、壁は漆喰塗仕上げ、天井は化粧石膏ボード。その他は床フローリング張り、壁は化粧合板張り、天井は化粧石膏ボード張りである。

■旧七福神工場事務所

《所在地》

花巻市石鳥谷町好地第八地割四三番地

《竣工年月日》

・竣工年……一九四八（昭和二三）年

《規模》

・木造二階建て（六尺三寸間）

増築部（六尺間）

	既存部	坪数	増築部	坪数	合計	坪数
1階床面積	132.700㎡	36.38坪	62.246㎡	18.80坪	194.946㎡	55.18坪
2階床面積	128.880㎡	35.33坪	—	—	128.880㎡	35.33坪
延床面積	261.580㎡	71.71坪	62.246㎡	18.80坪	323.826㎡	90.51坪

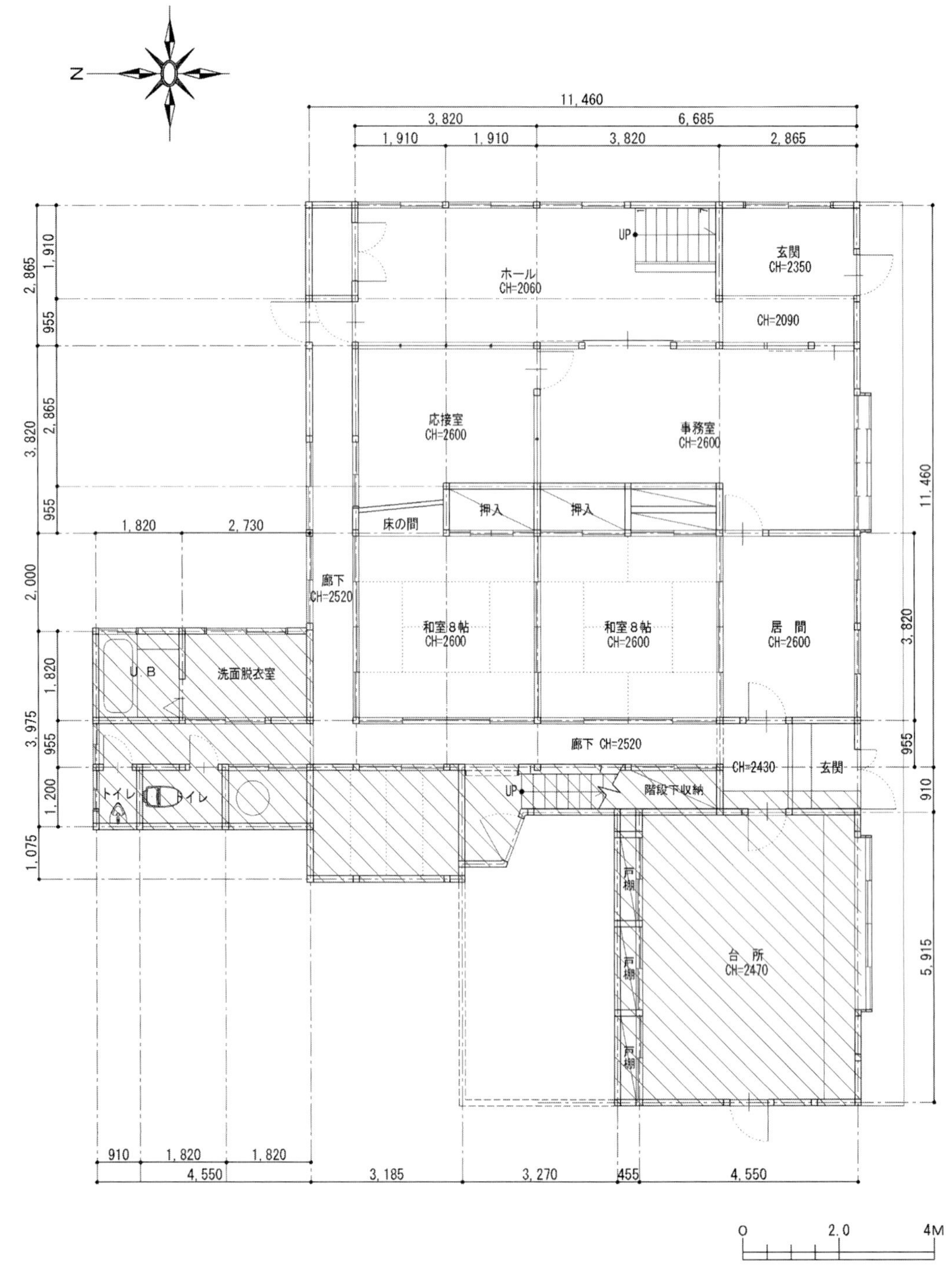

1階平面図

1階は玄関ホールを広く取り、大正期の温泉宿の間取りである。


上図の斜線部分は改築の時増築された部分で、当初は斜線のない部分である。

建物の基準になる1間の巾が1910 ㎜つまり6尺3寸間である。移転改築の際、1間の巾を6尺つまり現代の基準の1820 ㎜にしている。つまり移転改築の際、座敷など主だった諸室は、鉛温泉当時そのままである。

2階の床の間は温泉旅館の当時からの『七福神』が描かれており豪華な座敷であったことがしのばれる。

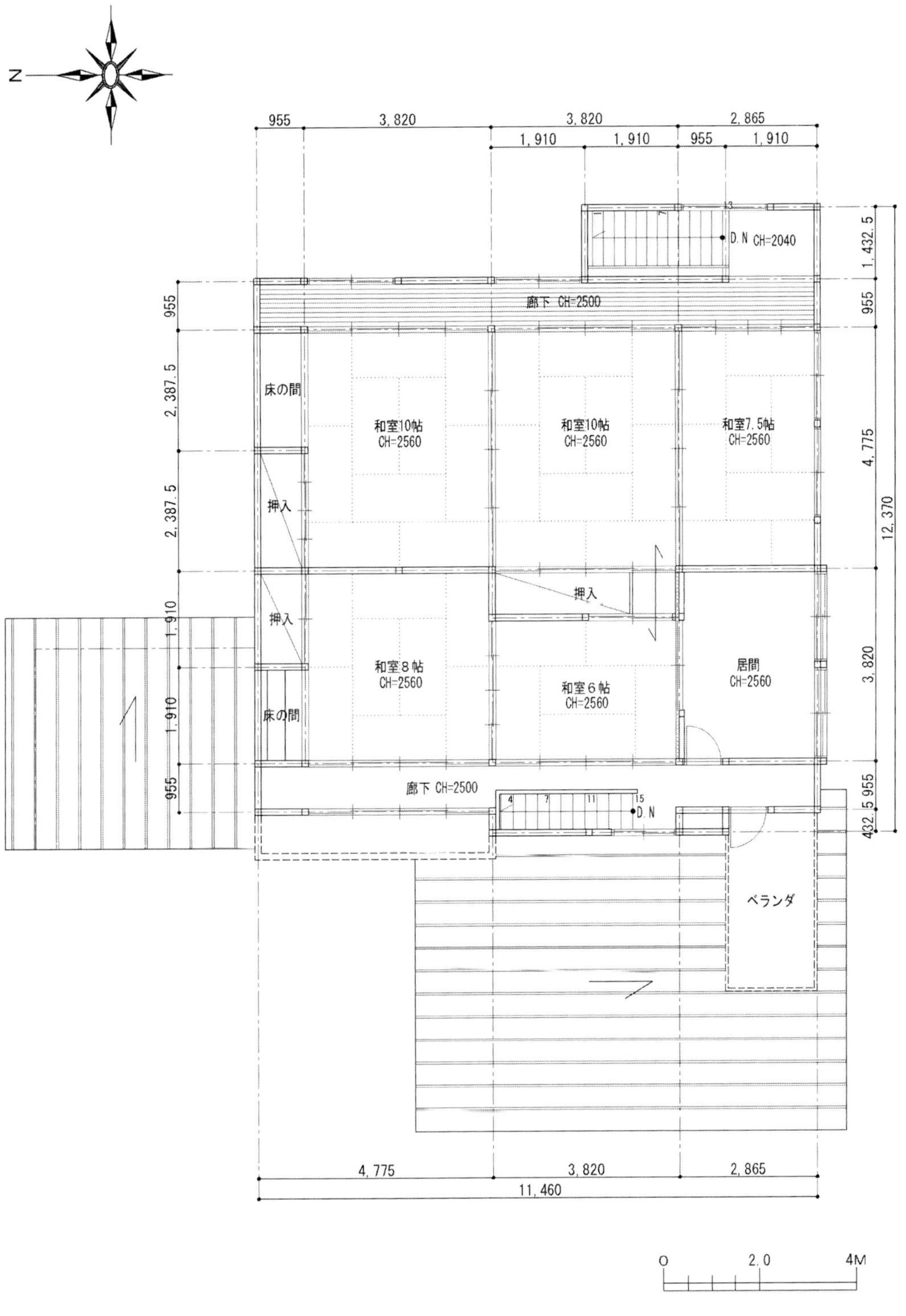

１階と２階を繋ぐ東側のメイン階段は 1432mm（４尺７寸）と広く、27.5 畳の大広間にふさわしい階段となっている。
東側の床の間にある 10 帖と隣の 10 帖、そして７．５帖を合わせて 27.5 帖となっている。

2階和室10帖床の間

襖絵

床の間に描かれた『七福神』

七福神工場事務所正面

船枻（軒裏）

五．旧七福神工場事務所から秀清館を推測

旧七福神工場事務所から秀清館を推測するには、工場事務所が二階建てで一階三六坪、二階三七坪、合わせて七一坪と小規模である。旧七福神工場事務所と同等の規模の建物が明治後期から大正・昭和初期にかけて数棟建てられたと思われる。馬車軌道の終点、西鉛温泉停車場から豊沢川の河川敷までおおよそ一〇数メートル下がると四階建ての秀清館本館に行く。

秀清館四階からは、西鉛温泉の停車場が手に取るように見えたであろう。自然豊かな豊沢川の渓流と自然林の中を抜けるように走る馬車軌道（のち電車軌道）、秀清館本館から木造の繋ぎ廊下で結ばれた浴場から見える豊沢川の渓流、これらの空間は当時、馬車軌道から電車軌道となり、西鉛停車場が終点であるため電車はそこで上りと下りが切り替えられる。四階建ての秀清館からは最先端の電車と自然豊かな渓流が相まって眺望できる絶景なスポットであった。秀清館とその付属棟の繁栄は旧七福神工場事務所の内部仕上げからも推測できる。このような建造物群が建設された背景は、鶯沢鉱山の鉱物の出荷である。大正期には工夫だけでも一五〇〇人も活躍していた。明治後期の東北本線の開通とその支線の整備、これら物流の整備は花巻の当時の豪商の投資によるものが大きい。

六．今後の調査

秀清館と西鉛温泉群と志戸平・大沢温泉には馬車軌道敷設され、水力発電で電車が運行した（東北・北海道では函館の次に電車が敷設された）、これらは明治・大正・昭和初期と目まぐるしく発展した近代史を物語るもので、地元花巻に焦点を当ててその繁栄ぶりを調査したいと考えている。

没後百年に「自省録」と出遇って

落合 昭彦

コミュニティフジオえふえむ花巻パーソナリティ・取締役放送局長。平成三年に開局した岩手めんこいテレビのアナウンサーとして盛岡市に移住（盛岡市在住三三年）、開局時から夕方のニュース番組のキャスターを一四年ほど担当。情報番組「山・海・漬」の初代MC・リポーターとして県内全域をまわる。テレビ東京時代は宮内庁記者、警視庁記者としてリポートなどを担当。昭和天皇の崩御、連続幼女誘拐事件などを取材。昭和三九年生まれ、東京都杉並区出身。

あの年、記念行事実行委員会の末席を汚す者として何度も皆さんと打合せをしたり、イベントでご一緒する機会がありました。そうした席で実行委員長の望月先生はいつも熱い口調で「宮澤トシは見直されなければなりません」「自省録はいかにトシが自立した女性だったかを示す凄い資料です」等と語っていらっしゃったのが印象に残っています。

あれから少し時間が経ち、今またその文章を読み返してみると、あらためて宮澤トシという人間の苦悩と、それにも関わらず冷徹なまでの分析で苦悩を言葉に変換する力強さを見せつけられた気がしました。その意味で没後百年の節目に「自省録」をクローズアップし、私達に問題提起してくださった望月先生のご尽力にまずは心より感謝いたします。

何より私がすごいと思うのはその出だしです。「思ひもよらなかった自分の姿を自分の内に見ねばならぬ時が来た。」一体この人は何を話し始めるのだろう?という文全体から発する凄みの様なエネルギーは、最後まで読み手の集中力を持続させるのに十分なものがあります。さらに読んでいくと次に驚かされるのは「内省」の本編に入っていくまで数ページに渡って続く「前書き」部分です。この部分は前書き風でありながら、唯一「私」という一人称で綴られていることもあって、その後に続く「彼」「彼女」という三人称表現でトシが語っていく内容に「事前解説」をしていると言った方がいいかもしれません。

さて、その本題部分ですが、望月先生が論点をまとめてくださっている通り、研究者にとっては興味深いテーマが多数設定できる内容だと思います。ただし私は浅学にして分析するほどの知識を持ち合わせておりませんので、率直に感じるままをお話しします。

一番感じるのは、「彼」との一連の交流やその間の心の動き、また「事件」が起きてからの苦しみなどを、ここまで詳細に、しかも客観的に描写できるトシのたくましさです。それは「自省録」の随所にみなぎっていますが、最後に近い部分にもはっきりとした言葉で表されています。

「彼女の真の証明は、今後の生活にある。恢復された人生に対する勇気と自由とをこれからの彼女の仕事に表はさねばならぬ」

トシは苦悩に満ちた内省を経て、この段階ですでにしっかりと前を向いています。生きる力どころか、経験を学びに変えてポジティブに働く意思すら見せています。この心理転換のたくましさは女性に限ったことではないとは思いますが、こと恋愛に関しては女性の方が「恢復」が早い様な気がします。

ただし「自省録」には、トシと先生との間に実際にどんなことがあったのかわかる記述は全くと言っていいほどありません。特にトシが頻繁に使う「享楽」という言葉は具体的に何を意味するのか?また「危険な泥濘」とはどういう状態なのか?こうしたことがわかれば、トシの人物像の輪郭がさらに明確になってくるのではないかと思います。

次に望月先生も記念行事の中で多く指摘されていた点ですが、兄である賢治の視点からではないトシ像を分析する上で「自省録」は今後も一級の研究資料になるだろうということです。これについてはあまりにも有名な「永訣の朝」におけるトシのイメージが私を含め多くの人の固定観念としてあることは間違いないでしょう。あの詩はトシの病床最期のシーンですから「弱い妹」としての存在が強調されてしまうのはやむを得ません。

でも今回「自省録」と出会って私のトシ像は一変しました。それは先程もお話しした「強さ」「たくましさ」に加えて、現実的で論理的な分析力、現場処理能力といった才能が豊かな人だったのではないかという点です。

賢治は作家や詩人としてある対象やネタと向き合った際、それを正確に受け止めるよりも空想や直感を膨らませ「作品」として昇華することが好きな人。もちろん科学的なアプローチも得意だったとは思いますが、例えば日常生活で困難な課題に直面した時、それを真正面から受け止めるよりは、自分に都合のいい形に解釈して自己を守ろうとするタイプ。一方のトシは同じ場合、課題を真正面から受け止め、あくまで現実的に処理して解決につなげようとするタイプ。私には兄妹のそんな違いがあったのではないかと思うようになりました。

二人の性格比較はあくまで私の勝手な想像に過ぎませんが、もしそうだと仮定すれば、今後、賢治作品に出てくるトシの描写についても議論する楽しみが増えるのではないかと考えます。今後、トシ像の研究を進めるためにも「自省録」以外にトシが遺した書簡や文章が見つかることを願うばかりです。

おしまいに放送メディアを中心に「伝える」ことを長く生業にしている人間として二点お話しておきます。一つ目はトシが自省録を書くきっかけにもつながったと思われる地元新聞の「事件」掲載について。この記事の内容と掲載の背景については、今野勉さんの著書「宮沢賢治の真実」で詳しく分析されていますが、もしもその様な背景があったとしても、記事の掲載はあまりに次元が低く、報道人としての見識を疑うというのが率直な感想です。そしてもう一つは自省録におけるトシの文体の素晴らしさです。今回の記念行事では朗読というスタイルでトシの文章を表現する機会がありましたが、私に言わせると自省録の文体と表現は「朗読するための素材」としても十分に魅力があります。確かに現代人にはやや難しい言葉が多いものの、一文が比較的短く、論旨展開もわかりやすいのでつい声に出して読みたくなるのです。

　私は密かに確信しています。トシこそ新聞記者などメディアの世界に入っていたら大活躍していたのではないかと・・・。

（完）

「自省録」を読んで気づいたこと

編集者　北山　公路《こうじ》

一九六〇年岩手県花巻市生まれ。同市在住。盛岡市にある、かつて宮沢賢治ゆかりの山口活版所だった老舗印刷会社で常務執行役員を務め、「間取り☆探偵」影山明仁（三栄書房）などプロデュース。独立後は「父よ、ロンググッドバイ」盛田隆二（双葉社）、「場のデザインを仕事にする」ツクルバ（学芸出版社）などを企画・編集。「マルカン大食堂の奇跡」（双葉社）執筆。花巻まち散歩マガジン「Machicoco」編集長。宮沢賢治学会イーハトーブセンター理事。日本ペンクラブ会員。

　両親ともに教員で、小学生時代にカギっ子だった私は、学校から帰ると父親の書棚から興味を引いた本を抜き出しては読み耽る毎日だった。恐らく当時は理解できなかったと思うが、世界の文学全集でスタンダールやゾラ、トーマス・マンなども拾い読みしたりしていた。そんな父の書棚の中に一九五七年に刊行された筑摩書房版の宮沢賢治全集があった。どこか不思議な雰囲気を湛えたそれを読んでいるうちに、初めて触れる旧仮名遣いを読み解くのもだんだん慣れてきた。よく知られる「注文の多い料理店」や「銀河鉄道の夜」よりも、恐らく自然の中で遊んでいて身近に感じたのであろう「風の又三郎」や「茨海小学校」などを面白く読んだ。カイロ団長が酔っ払う「ウキスキー」に、旧仮名遣いで感じていた古臭さと洒落た感覚が同居した不思議な魅力を感じていた。これが私の賢治さんとの出会いだった。

　成長するにつれ、賢治さんの詩やその人生に触れて、家業への戸惑いや自分の人生への試行錯誤、宗教上の苦悶などを知った。大学時代には校本の年譜をつぶさに見、父親との確執や望んだ進路に進めなかった苦しい時代にこそ優れた作品が生み出されたのではないかと自分なりの仮説を立ててみたりしたものだった。もしかしたら心象スケッチや童話、寓話は賢治さんにとっての逃げ場所だったのではなかろうかと（残念ながらその証明するまでには至らなかったが）。

　賢治さんの人生や作品の中で特に印象的で心に残っているのは、妹トシさんを亡くし、無声慟哭三部作を書いたこと。そして賢治さん自身の最期の時のエピソードだった。私にも妹がいる。子どもの頃から自分の興味ある世界や進路の希望なども妹に話し、共感してもらったりもしていた。年上の兄弟姉妹や、同性である弟とは違う、同志のような感覚を持つことも無いわけではなかったので、賢治さんとトシさんの関係性もどこか理解できるつもりになっていた。だからたまに賢治さん関係の文章で「賢治とトシは兄妹愛以上のものがあった」とか「恋愛感情に近いものがあった」みたいな論説を読んだ時には大いなる違和感を感じていた。一番しっくりくるのは「トシは賢治の一番の理解者」という評価だった。それならよくわかる。ただ、それにつけてもトシさん逝去時の賢治さんの悲しみかたは尋常ではなく、今ひとつよくわからなかった。「無声慟哭」の中の「おまへはまだここでくるしまなければならないか」の「まだ」の意味も、「永訣の朝」では「うまれでくるたて　こんどはこたにわりやのごとばかりで　くるしまなあようにうまれてくる」の「こんど」の意味や「わりやのごとばかりで　くるしまなあように」のことも。

考えてみれば、私にとっての妹も、賢治さんにとってのトシさんも、あくまで「兄」が主人公の考え方だ。私の妹には彼女の、トシさんにはトシさんの人格があり人生がある。それに気づかせてくれたのが、今回初めて目にした「自省録」だった。私は専門の研究者ではないのでよくわからないが、「自省録」はもしかしたら賢治さん自身を深く掘り下げる「賢治研究」上さほど重要ではないのかもしれない。しかし「自省録」を書くに至った経緯などを知り、その時々のトシさんや、その周辺にいた父政次郎、母イチ、兄賢治や他の弟妹たちの心情を想像する時、トシさんを亡くした時の賢治さんの衝撃や無声慟哭三部作を書いた衝動がわかる気がする。

賢治さんの悲しみは、単に「一番の理解者」を亡くしたこと、血を分けた妹を亡くしたことのみならず、トシさんの理不尽なことに翻弄されたとも言える短い人生を悼んでのことなのではなかろうか。自らの悲しみというより、トシさんにはもっと幸福な人生があったのではないか、大人たちの勝手な争いごとに青春をめちゃくちゃにされた妹の薄幸な人生に忸怩たる思いを抱き、悔しい思いがあったのではないかと。賢治さんしか見ていないと、その心情を想像することは難しいのかもしれない。

私は昨年から自分のルーツを調べ、記録として本にまとめた。戸籍を見れば、あるいはそれなりの資料を調べれば、祖父母や伯父伯母、叔母たちがいつ何をしたかなんとなく年譜にすることはできる。しかしその時々、彼らがどんなことを考え、どういう思いでいたのか、どんな経緯でそういうことをしたのか、いくつかの事実から想像するとそれぞれの人物像がくっきりと形を成してくる。そこまで思いを巡らすことにより、その当時のそれぞれの人や事項をより理解できることがわかった。賢治さんを知るには、作品を読み込むことや、その人生を追うことももちろん必要なのだが、時代の状況や周囲の人々の考え、思いを想像してみることも必要なのだと、今更ながら学んだ気がする。想像するだけでは研究にはならないのかもしれない。しかしさまざまな周辺情報を揃えることにより、人となりをより浮かび上がらせ、理解につながることにつながるのではなかろうか。

私には賢治さんやトシさんについての立派な論文を書くことはできない。しかし、彼らが生きた時代背景や周辺環境、周囲の人たちの考え方や思いを想像することにより、自分と同じ岩手県花巻市に生まれ育った方々として、私の祖父母や伯父たちが直接出会った人たちとして、身近な存在の彼らをリアルに自分の心の中に浮かび上がらせることはできると思っている。

宮澤トシが出合った〝音楽〟アラカルト

岩手県合唱連盟顧問
岩手県音楽教育研究会顧問
太田代　政男

花巻市出身。岩手大学卒業後、岩大附属小、県教委等の勤務を経て、（旧）大野村教育長、花巻小学校等の校長を歴任。在職中は、県小学校長会長を務める。一方で、歌の伝道師として地域に根ざした音楽活動を行い、あんべ光俊「イーハトーヴの風」合唱編曲、花巻東高校の校歌の作曲等も手掛けている。殊にも「東日本大震災犠牲者に捧げる〝鎮魂の歌〟」は、エスペラント語で世界に紹介され、今も世界各地で歌われている。

私たちは、意識する、しないに関わらず、様々な音（音楽を含む）に囲まれて日々の生活を営んでいます。そこで耳にした音は、知らず知らずのうちに深く心に刻まれていくのですが、時を経てその音に再会したとき、懐かしい思い出が一気に蘇ってくるいうことを実感している人も多いでしょう。

音楽を愛好し、自らもヴァイオリンを弾いていた宮澤トシが、数多くの音楽と出合ったことは想像に難くありません。ここでは、宮澤トシが成長する過程で〝きっと心を揺り動かしたに違いない〟と思われる幾つかの楽曲を、筆者の余談と手書き楽譜を添えて紹介します。

一．「花巻祭囃子」に想いを寄せて

幼き日から馴染んできた〝ふるさとの祭囃子〟には不思議な力が潜んでいます。花巻人にとっても祭囃子は特別で、今でも幼き日が蘇ってきます。昔（昭和三〇年頃）の話ですが、最終日の深夜、上町で繰り広げられる各町内会の青年達の威勢の良い声とお囃子の競演。それが祭りを惜しむように延々と翌朝まで繰り広げられました。宮澤賢治の生家（豊沢町）はその先導的な町内でしたから、賢治・トシにとっても花巻祭囃子は幼き日を蘇らせる音の源泉と言っていいでしょう。

「花巻祭りは雨祭り」と言われます。確かに、ある時、台風のため三日目の予定が翌日まで延長。お蔭で、学校は翌日も、早下がり（出席だけ取って下校）となり、思わず万歳した記憶が蘇ります。

賢治は「方十里・・・み祭り三日　そらはれわたる」と詠みました。実りの秋と、お祭り三日間の晴天を心から悦びながら、その余韻の中で今生の別れをしたのだと感じます。

二．「岩手県立花巻高等女学校校歌」と鈴木竹松先生のこと

花巻高等女学校は明治四四年に開校しましたが、同年五月一〇日の開校式において校歌が披露されました。作詞は、松下雅雄（初代校長）、作曲は、楠美恩三郎（1）（東京音楽学校教授）。

大正三年四月、花巻高等女学校に東京音楽学校新卒の音楽教師、鈴木竹松が着任。女学生は、奏でる音楽の魅力と共に鈴木竹松先生へ憧れの心を抱きました。宮澤トシもまた同じように淡い恋心を抱いたのですが、卒業間際、「音楽教師と二美人の恋」というタイトルの悪意に満ちたゴシップ記事が地元紙に掲載されたことから、トシは逃げるように上京し大学校へ進学しました。

三．成瀬仁蔵先生との出会いと「日本女子大学校時代のメロディー」

「故郷花巻を追われる」思いで上京し、「心の傷を抱える中で進学した

日本女子大学校での成瀬仁蔵との出合いと導きは、トシの新たな生へと進むためにいかに深い意味をもたらしたか。・・・・。」(2)

日本女子大学校時代、多くの教え子たちに深い感動を与えた成瀬仁蔵先生との出会いの中で歌った、「山響（やまびこ）」「O Lord Correct Me」は、「宗教的な生き方」を求め、神仏の愛・慈悲のもとで「みんなの幸せ」を願うトシの心に大きく響き、確かに、新たな生き方を模索するトシの心に寄り添うメロディーだったに違いない。至心に懺悔するトシの姿が思わず浮かんできます。

〈脚注〉

（1）楠美恩三郎は弘前市出身で当時、文部省編「尋常唱歌」作曲委員でもあった。

（2）山根知子論文＝宮澤トシの「実践倫理」答案―成瀬校長の導きとトシの心の軌跡―（『成瀬記念館』No.30　二〇一五年七月）から。

花巻祭囃子 ※マサオ少年の耳に残っている祭囃子です。

採譜　太田代 政男

（ヨーイー）　（ハ ン ヨ ー）
1、ところは　なんぶの　はなまきーで
2、はなまき　ひらいた　さいしょうーこう
おーーとに　きこえーた　さいーれーいの
よーーもに　しられーた　めーいじょうーだい
やーかた　ーまつーりの　（サ）ヤンレ　にぎやーかさ
かがやく　ーそのーなは　（サ）ヤンレ　とこしーえに

「祭囃子おどり唄」

補修：及川雅義（昭和32年）

一．ところは南部の花巻で
音に聞こえた祭礼の
屋形まつりの（サ）
ヤンレ　賑やかさ

二．花巻開いた松斎公
四方に知られた名城代
輝くその名は（サ）
ヤンレ　とこしえに

三．お城は二万石花の里
昔ゆかしい山車ばやし
おどりやこがねの（サ）
ヤンレ　月もでる

花巻祭りは現在、9月第2週の金、土、日（3日間）開催されていますが、宮澤賢治が住む、花巻川口町の祭礼は本来9月17～19日の三日間でした。賢治の生家＝豊沢町の隣が裏町（現在の東町）で、そこには、祭り期間、鳥谷崎神社のお神輿が神社を出て宿にする御旅屋があり、露店、芝居小屋等で、大変な賑わいでした。そして、祇園囃子の流れをくむといわれる、風流山車のお囃子は、花巻人にとっては、心の原風景となる大事なサウンドスケープ（音風景）です。宮澤トシにとっても、幼いころから親しんだ「花巻祭囃子」は、大事な宝物と言えましょう。

「方十里　稗貫のみかも　稲熟れて　み祭り三日　そらはれわたる」（賢治絶筆の短歌）を読むと、祭りの最終日、祭りを惜しむように、夜を徹して鳴りやまない上町からの祭囃子が、今も私の耳に懐かしく蘇ってきます。

岩手県立花巻高等女学校　校歌

松下　雅雄　作詞
楠美恩三郎　作曲

♩=80
あーしたたかののはーなのもーとゆーうべもみ
うめ、まつ、さーくら、とーりどりーのすがたはよー
じのかーわづつーみうーらやすらかにてーをとりー
しやかーわるとーもこころはかーたくあーたたかー
てまなびのみーちをわーくるみーのいーかでわす
あーまつひかげをあーおぎつーつみくにのはー
れむおおみこーといーかでわすれむおおみこー
えとおひたたーむみくにのはーえとおいたたー
と
む
♩=120
ここはなまきのまなびやのにわかぜよ
ふけふけねのすこやかさあめよふれふれみきの
rit.
ちからをためしにためさむわれらがこころ

作詞　松下　雅雄
作曲　楠美恩三郎

朝高野の花の下
夕べもみじの川堤
裏安らかに手をとりて
学の道を分くる身の
いかで忘れむ　大御言
いかで忘れむ　大御言

梅松桜とりどりの
姿はよしや変わるとも
心は固く暖かに
天津日陰を仰ぎつつ
御国の栄と生ひたたむ
御国の栄と生ひたたむ

ここ花巻の学舎の庭
風よふけふけ根の健やかさ
あめよふれふれ幹の力を
ためしにためさむ吾等が心

この校歌は、初代校長の松下雅雄が作詞、東京音楽学校の楠美恩三郎教授が作曲しましたが、明治44年5月10日の記念すべき花巻高等女学校開校式において披露されました。

戦後は、旋律を変えずに、新時代にふさわしい歌詞に改められましたが、その気魂は男女共学になった今も脈々と継承されています。

山響（やまびこ）

作詞：１５回生
作曲：不明　編曲：一宮　道

ほがらかにあくるこうげんのあさ
とりもきなーきてこのひをうたう
あめがしたなーるよろずのものは
うれいになげーくかげもなげなる
かげもなげなる

一．ほがらかに明くる　高原の朝
鳥も来なきて　この日を讃う
天が下なる森羅万象は
憂になげく　陰もなげなる

二．偉なるかな　樅の喬木
汝れいつの世にか　ここに生まれし
幾春秋を　ここに耐え来し
今ぞ吾等が　祈りの木陰

三．雲よせ来るよ　雲よせ来る
電光きらめく　あの山陰に
忽ちとどろく　雷鳴る凄音
ああ勇ましや　高原の驟雨

四．我があわれなる　骸は死して
新たなる生命　ここに生きる
理想の郷に　進む吾らを
賛美くるとや　天地の合唱

宮澤トシが日本女子大学校３年生在学中の大正６年８月、軽井沢三泉寮で、当時の４年生を対象に、成瀬仁蔵校長による連続10回講義が行われました。成瀬は静謐な空気の中、宇宙や愛、人格など、自ら形成する人格の神髄について話したという。それは、成瀬の宗教を基礎とする精神教育のクライマックスになった講義内容であったと言われています。「山響」は、この講義に深い感銘を受けた生徒がつづった歌で、三泉寮の象徴歌として、今も歌い継がれているとのこと。感性豊かな宮澤トシもこの感動を感受したことでしょう。

O Lord ! Correct Me

作詩：J,S.Dwight
作曲：G.F.Händel

O Lord! Correct Me,
Not in Thine anger;
Have mercy on me,
And blot out all my sins.
Have mercy on me, have mercy on me,
And blot out all my sins.
O Lord! Correct Me,
Not in Thine anger,
Have mercy on me,
And Blot out all my sins.

O Wash me thoroughly from mine iniquity.
And cast me not away.
Away from thy presence;
Take not Thy Holy Spirit,
Thy Spirit from me
O Lord! Correct Me,
Not in Thine anger,
Have mercy on me,
And Blot out all my sins.

成瀬仁藏がこよなく愛唱したこの歌は、「一心に神の救いを求める祈りの歌」ですが、原曲は、ヘンデル作曲のオペラ「リナルド」の中で歌われる「Lascia ch'io pianga」（私を泣かせてください）というアリアです。成瀬仁藏が登場するドラマ等での重要なシーンには、この“O Lord ! Correct Me”のメロディーが必ず流れますが、宮澤トシの心にもしっかりと響いたことでしょう。

「自省録」の力

宮川　健郎

一九五五年、東京都生まれ。児童文学研究者。立教大学文学部日本文学科卒業。同大学院修了。宮城教育大学助教授などを経て、現在、一般財団法人 大阪国際児童文学振興財団理事長、武蔵野大学名誉教授。宮沢賢治学会イーハトーブセンター会員。宮沢賢治にかかわる仕事に『宮沢賢治、めまいの練習帳』（単著、久山社）、『名作童話宮沢賢治20選』（編集、春陽堂書店）、『名作童話を読む 未明・賢治・南吉』（編著、春陽堂書店）ほかがある。

宮沢トシの「自省録」を最初に公表したのは、宮沢淳郎さんの著書『伯父は賢治』（八重岳書房、一九八九年）である。宮沢淳郎さんは、賢治やトシの末の妹、クニさんのご長男だ。

『伯父は賢治』は、第一部、第二部にわかれていて、第一部「こんな人」は伯父賢治をめぐるエッセイ、第二部が「伯母 宮沢トシ自省録」である。第二部の第一章にあたるのが「宮沢賢治とトシ」、そのつぎの章が「トシ自省録要約」、さらに、「付／宮沢トシ自省録原文」として全文が掲載されている。

「トシ自省録要約」のはじめには、「発見の経緯」が記されている。著者が、一九八七（昭和六二）年に五か月ほども病気で入院し、退院したあとも、勤務先の大学が夏休みだったから、寝たり起きたりしているなかで発見されたという。その七年前に亡くなったお父さんがのこした書類を調べていたときのことである。

> 雑多な書類の中に、晩年の手帳が二十年分ぐらい交っているのは前から分かっていたが、それを入れた紙箱から、約三十枚のノート用紙をとじたものが出てきた。
>
> 女の筆跡なので、たぶんおふくろが書いたものだろうと思いながら目を走らせた。ノート用紙のおもてうらに、細字用万年筆でびっしり書き込まれた文章は、いかにも読みにくかった。もちろん旧漢字旧かなづかいで、変体がなも使われている。しかしまもなく、母クニの文章ではないことに気がついた。通読するうちに、これはもしかすると、伯母トシが書き残したものではないかと考えるようになったのである。

発見した手記を「宮沢トシ自省録」と名づけて掲載した『伯父は賢治』が絶版になってしまったのち、「自省録」は、山根知子さんが願い出て、山根の著書『宮沢賢治　妹トシの拓いた道—「銀河鉄道の夜」へむかって』（朝文社、二〇〇三年）に再録転載された。山根が、その後の研究によって、前著を増補した部分をふくむ『賢治の前を歩んだ妹　宮沢トシの勇進』（春風社、二〇二三年）にも掲載されている。ルーズリーフ（両面使用）全五五面の「自省録」の現物調査の機会をえて、「表記等をトシの文字通りに改めて翻刻した。」という。最新のこの翻刻で、「自省録」を読み直すことにする。

> 思ひもよらなかつた自分の姿を自分の内に見ねばならぬ時が来た。
> 最も触れる事を恐れて居た事柄に今ふれねバならぬ時が来た。

「自省録」は、こう書きはじめられる。山根さんの新著で五ページほど読んでいくと、（次の文までの間は余白）と記されている。つづいて、こうある。

過去の自分の心情と行為とを冷静な鏡にうつして批判しやうとする私の仕事にとりか、つてから数日を経た。
批判に先立つてなすべき事ハ誤りなく過去のわが姿を観察し凝視すると云ふ事であつた。そしてその仕事に指を染めてはじめて私にわかつたのハその事の如何に難事であるかと云ふ事である。

一ページ足らず文章がつづき、また、（次の文までの間は余白）と記される。そして、書きつがれる。

彼女の心のいたみハ混沌としてゐる。その中から正しい判断を求めやうとするに当り、之を二つの方面に分けて考へる方が都合がよいやうに思ふ。
一つハ「彼」と「彼女」との間におかるべき批判、第二にハ、「彼女」と「世間」との関係を明らかにすべき解決、である。

ここで、それまでの「私」という一人称の語りが急に「彼女」という三人称の語りに転換し、文章は、二〇ページあまりもつづいて、書きおわる。末尾には、（大正九年二月九日、（十六日目）ニ終ル）と記されている。この「私」から「彼女」への転換にこそ、「自省録」の力を感じる。

宮沢淳郎は、「ノート用紙」の「自省録」の全文を筆写した上で（原稿用紙約五〇枚）、反復された内容などを刈り込んで、半分ほどの長さの要約をつくる。要約が掲載されたあとの「そえがき」には、繰り返し「自省録」を読むうちにいだいた気もちを整理したところがある。そのなかで、「精神的苦痛や肉体的疾患をかかえながら、しゃにむに立ち直ろうと努める姿勢に、むしろ生あるものの美しさ、たくましさを痛感する。」と述べている。「自省録」の力とは、このことだ。そして、その「力」は、「私」から「彼女」への転換という「方法」をともなっていた。トシは、「思ひもよらなかつた自分の姿を自分の内に見ねばならぬ時が来た。」と、もう一度決意したのだろう。その決意が語りの転換を後押ししたと思われる。

一九一九（大正八）年、日本女子大学校卒業のころ、トシは、花巻に帰省して、前年からの病気の療養をしていた。一年近くたって、かつて生徒としての時間をすごした花巻高等女学校教諭心得となる話が持ち上がったのか、女学校時代の恋愛をめぐる事件について自分の内を見直す必要にせまられた。手記を書き出したものの、うまくいかず、立往生したとき、語りの転換を試みる。「私」として考え、書き記そうとしていたものを「彼女」に置き換えたとき、にわかに自分が客体化され、客観的に考える場所がひらけたのだ。私は、かなり抽象的ではあるが、そこに書かれた、さまざまないきさつや、それにともなう「自省」以上に、この語りの転換そのものを貴重なものだと考える。

「自省録」の持つ力から、さらに連想することがある。

○

宮沢賢治『春と修羅』の「永訣の朝」は、「けふのうちに／とほくへいつてしまふわたくしのいもうとよ」（引用は天沢退二郎編『新編 宮沢賢治詩集』新潮文庫、一九九一年による。以下も同じ）という語りかけからはじまる。その「わたくし」の語りに挿入されてくるのが（あめゆじゆとてちてけんじや）だ。幼児語の方言ともいわれる（相馬正一「宮沢賢治「永訣の朝」考」『郷土作家研究』一九八〇年七月）、これは、四たび繰り返される「いもうと」の頼みだ。そして、（Ora Orade Shitori egumo)。「詩篇を割るように挟まれたローマ字」の「この一行は、「永訣の朝」の全詩行中に、あたかも詩ぜんたいの異和のように存在している」（平尾隆弘『宮沢賢治』国文社、一九七八年）。「わたくし」の一人称の語りに挿入された行からは、別の声が聞こえてくる。さらに、（うまれでくるたて／こんどはこたにわりやのごとばかりで／くるしまなあよにうまれてくる）。

「永訣の朝」では「とし子」と呼ばれる、その死が「詩人」の「文学世界へ外側から、実生活の側から、殆ど不意打ち的に侵入してきた」という天沢退二郎のことば（『宮沢賢治の彼方へ』思潮社、一九六八年）を引いて、「賢治は「死」によって、はじめて他者の他者性にさらされた」と述べたのは栗原敦である（「『春と修羅』第一集」、佐藤泰正編『宮沢賢治必携』学燈社、一九八一年所収）。

　とし子の死を「文学的事件」とする天沢は、こう述べる。――「とし子の死という事件が決定的であるという意味は兄賢治にとってではなくて、そしてまた詩人賢治にとってである以上に、《詩》にとって決定的であったのだ」（引用は一九七七年の増補改訂版による。以下も同じ）それは、どのようなことか。

> 《あのみぞれ取ってきてちょうだい》というとし子の直截な願いは単なる頼みではなくて、詩人の心象状況のまさに要めへささりこみ、詩の潜在的な言語の絃へ熱い指をのばす、象徴的な影響力を賢治に与えたのだ。それは孤独のまま進行していた賢治の詩の営為へ他者が、それも愛する妹が、はじめて自ら投げ入れてきた参加のブイであった。全部ひらがなで方言のまま、経文か呪文のように賢治がそれをカッコでくくってくりかえし書きつけるのも、そうした感動のさしせまった表出である。（傍点原文）

　とし子の死という「文学的事件」は、「無声慟哭」の詩群（「永訣の朝」「松の針」「無声慟哭」「風林」「白い鳥」）を生み、「オホーツク挽歌」の詩群（「青森挽歌」「オホーツク挽歌」…）をもたらし、「銀河鉄道の夜」にいたる。そして、「永訣の朝」という詩篇を割って、ささりこんできた、あの声は、「自省録」の持つ力を思い出させるのだ。

「永訣の朝」の「終節だけが妙に弱々しい印象をあたえる」としたのは会田綱雄だった（「賢治の詩」『宮沢賢治詩集』旺文社文庫、一九六九年所収）。終節というのは、つぎの六行である。

> おまへがたべるこのふたわんのゆきに
> わたくしはいまこころからいのる
> どうかこれが兜率の天の食に変って
> やがておまへとみんなとに
> 聖い資糧をもたらすことを
> わたくしはすべてのさいわひをかけてねがふ

会田はいう。

> この六行を、すぐ前におかれた妹とし子の言葉、
> （うまれでくるたて
> こんどはこたにわりゃ《（ママ）》のごとばが《（ママ）》りで
> くるしまなぁ《（ママ）》よにうまれで《（ママ）》くる）
> や、ローマ字で書かれた、同じとし子の言葉、(Ora Orade de《（ママ）》 Shitori egumo) などに比べてみると、とし子の言葉にこめられた〃ねがい〃は、あえぐような、なまなましい、しかも底ぶかいリズムとなって迫っ

てくるが、さきにあげた六行にこめられた賢治の〝いのり〟は、とし子の〝ねがい〟に対応するだけの力をもっていないことがわかる。

会田綱雄もまた、とし子のことばに、先に「自省録」の力としたものに通じる力を感じている。山根知子は、「賢治がトシの歩んだ道や信仰における問題意識に触発される面があった」という（『賢治の前を歩んだ妹宮沢トシの勇進』前掲）。賢治の前を歩んだトシのすがたが浮かび上がってくる。

トシの言葉が導く「永訣の朝」の深い読解
―国語科におけるジェンダー教育の可能性

東京学芸大学　大澤　千恵子

東京学芸大学教育学部教授。東京大学大学院宗教学宗教史学専門分野博士課程修了。博士（文学）。主な専門領域は、児童文学、国語教育や宗教学。著書に『見えない世界の物語　超越性とファンタジー』（講談社）、『〈児童文学ファンタジー〉の星図　アンデルセンと宮沢賢治』（学芸大学出版会）、共編著に『文学理論と文学の授業を架橋する　虚構・語り・歴史と社会』（学芸大学出版会）、共著に河東仁編『夢と幻視の宗教史　上』（リトン）、松村一男編『世界女神大事典』（原書房）ほか多数。

一．はじめに

宮沢賢治の詩（心象スケッチ）や童話は、複数、小・中・高の国語科の定番教材となっている。なかでも、「永訣の朝」は、その文学性の高さから、長い間高等学校国語科の教科書に収載され続けている。

現行の新学習指導要領下でも近現代文学の詩歌として、「言語文化」や「文学国語」で取り扱われている。例えば、令和四年発行の「精選　言語文化」（明治書院）では、「人生の〈救い〉としての詩」という鮎川信夫の文章の抜粋が添えられ、「文学国語」（大修館書店）では、ローマ字書きや繰り返しの表現の効果や、賢治の思想が学習のポイントに示されている。いずれにしても、著者である賢治を中心とした読解となっているわけだが、それは近代文学においては当然のことであろう。

しかしながら、ジェンダー的な観点でみるならば、より重要なのは詩人・賢治の言葉の中で浮かび上がる妹トシの実像である。同作には大切な妹トシとの死別の悲しみや情景が描き出されているが、その中のトシの言葉には、死の間際にあっても一人の人間としての意志をみることができることは注目に値する。そこに、国語科におけるジェンダー教育が拓かれると同時に、逆照射的に「永訣の朝」についても、読みを深めることが可能となると考えられる。

本稿では、「永訣の朝」に描き出されているトシの思いや願い、一人の女性としての生きる意志といった実像を理解することで、国語科におけるジェンダー学習の可能性について考察する。

二、ジェンダー的観点から見るトシの実像

ジェンダーの問題(1)は、学習指導要領よりも教科書主導(2)で取り組まれている。多くの場合、社会科や家庭科においてジェンダーの問題について取り上げられている。だが、国語科の既存の教材を活用することで、内在化されたジェンダーの問題を浮かび上がらせて、解消していく手がかりをそこに見出すことができる。

むろん、「社会に根強く残るジェンダーバイアスの影響が示唆され」る、「隠れたカリキュラム」(3)は国語科においてもみられる。(4)これらを解消するためには、宮沢賢治の描くトシ像に焦点を当てることは重要な意味を持つ。教材化されている、他の近代文学の中で描き出される女性像とは質を異にしているからである。

にもかかわらず、これまで国語科教育の読解においては、あくまでも作者賢治の側からの解釈や表現の読解が中心的であった。そのことは、日本の近代文学それ自体が男性中心主義的な傾向を持っていたことと無関係ではない。同じく高等学校の定番教材となっている夏目漱石の『こころ』や森鴎外の『舞姫』に登場する女性たちは、中心となっている男性登場人物に比してその性格や信条、意志などははっきり描き出されているとはいい難い。

賢治の挽歌群の影響を受けた(5)とされる、高村光太郎の「レモン哀歌」も、光太郎から見た妻・智恵子の姿に留まっている。(6)「レモン哀歌」もまた、作者である高村光太郎が、智恵子の臨終の際の様子を詠った詩歌であることから、「「わたし」の「妻」に対する気持ち、夫婦愛を読み取ることに重点をおいた授業」(7)が主流となっており、智恵子の実像は見えにくい。

以上を踏まえて、「永訣の朝」の中で浮かび上がるトシを見てみよう。従来、トシの臨終を詠んだ挽歌であり、その際の実録(8)とみなされてきた。近代日本文学の主潮が写実的表象に文学的価値を見出そうとする傾向と合致したのであるが、そのため作品内の整合性が取れないところへの様々な解釈が生まれた。近年は、相馬(一九九八)が「時間差のある〈過去〉の追憶や体験を効果的に取り込んで組み立てた虚構の産物」(9)としているように、その虚構性も意識されている。

だが、学校教育の中では、写実的な作品として賢治の実体験としての愛する者との死別の悲しみを読み取ろうとする読解がいまだ一般的である。相馬も、「愛する妹の臨終に立ち会いながら為す術も知らずに慟哭する作者の哀傷が烈しく読む者の胸を打つ」(10)とその文学性を高く評価している。その上で、臨終三部作にみるトシの言葉や「自省録」に目を向けると、大切な存在が今にも遠くに行ってしまうことへの「作者の哀傷」に止まらない味わいが浮かび上がってくる。

三、トシの言葉を通した思い・生きざまへの歎異

作品のトシの言葉に着目すると、mental sketch modified として賢治によって言語化された表象の向こうに、一人の人間としてのトシの実像にも触れることができる。まず、「永訣の朝」から見てみよう。最も印象的な、(あめゆじゅとてちてけんじゃ)には、無邪気に兄に甘える年少の妹のかわいらしさを感じることができる。実際、この方言には、幼児語としての特性があることを前述の相馬は同じ論の中で指摘している。(11)そうした愛らしさとは異なり、(Ora Orade Shitori egumo)には、一人で旅立っていくことへの凛とした強さを見ることができる。賢治は、詩だけではなく、児童文学(童話)の創作も行ったが、児童文学の古典的な名作には、死への恐れを超克し、死に向き合う登場人物は少なくない。

例えば、アンデルセン童話『人魚姫』(一八三七)の人魚姫や、J・M・バリ『ピーター・パンとウェンディ』(一九一一)のピーター・パン、また、

J・K・ローリングの「ハリーポッター」シリーズのハリーもそうなのだ。彼らは、勇気をもってたった一人で死の孤独と恐怖に向き合い、乗り越えてゆく姿が描かれている。そうした主人公たちと同じように、気丈にふるまうトシの言葉には、賢治の悲しみとは切り離された重みがある。重要なことは、それが賢治によって描き出されているということだ。トシの言葉に着目すると、残される賢治の悲痛以上に、その言葉の強さをみることができる。

　そして、何よりトシらしさが表れているのは、（うまれでくるたて／こんどはこたにわりやのごとばかりで／くるしまなあよにうまれてくる）という言葉である。「言語文化」でも、「文学国語」でも、文字上の意味の解説はある。しかし、それだけではこの言葉の持つ深い覚悟には到底行き着くことはできないであろう。「自分のことばかりで苦しまないように生まれてくる」という言葉は一見すると、ややわかりにくいが、苦しみそのものを否定していないし、楽を求めているのでもない。だとすると、トシは、同じ苦しむのなら自分のことではなく、他者のことで苦しみたいと願っているといえなくもない。そこには、いよいよ死を目前にしながらも、いかに生きるかということへの確固たる意志・願いが感じられるからである。

　このトシの願いは、大乗仏教における他者の救済を第一義とする菩薩の願いそのものであり、仏教的な意味合いの、決定《けつじょう》ともとれる。これは、賢治も希求した法華経的志向であるが、そこには静穏に燃えながら、揺らぐことも消えることもない炎のような強さがある。悲嘆にくれる賢治にとってトシの言葉は、手の届かない領域の神聖さを感じさせるものであったとしても不思議ではない

　臨終三部作の他二編にも、トシの優しさ、他者愛が想像力の豊かさとともに表れている。《ああいい　さつぱりした／まるで林のながさ来たよだ》（「松の針」）では松の枝を取ってきてくれた兄への感謝と、一枝に自然の全体を感じ取る想像力・感性の豊かさが表れている。また、闘病中の自分のことで一杯一杯になるはずであるのに、（おら　おかないふうしてらべ）《それでもからだくさえがべ？》（「無声慟哭」）と周りを気遣う優しさを持ち続けている。

　これらのトシの言動は、彼女がどのような人生を歩み、またそれをどのように考えて省みているかを映し出すものである。鮮明に浮かび上がってくるのは、聡明で高潔な意志を持った、生きた一人の女性としての人間像である。そのうえで読む賢治の挽歌群は、むしろそうしたトシの姿に対する賢治の歎異のようにさえ思われる。トシの死は、賢治にとって、創作の面でも生き方の面でも一つのターニングポイントとなっている。作品だけでなく、賢治の宗教観、死生観にも大きな影響を与えたのである。そのトシの精神的支柱にキリスト教的女子教育を見い出すことができる。

四．キリスト教的女子教育の受容

　花巻高等女学校を卒業したトシは、日本女子大学に進学し、創設者の成瀬仁蔵から『実践倫理』（全学部・全学年必修）の講話を聴く形で薫陶を受けている。成瀬のキリスト教女子教育は、当時の良妻賢母教育とはやや趣を異にするものであった。成瀬は、女子高等教育の目的を「女子に「人」「婦人」「国民」としての自覚を促す」こととしたが、「何よりも「人」が最初に記されて重要視されていた」[12]のである。このことは、卒業生を読者層とする『桜楓会通信』第二六号（一九〇九年〈明治四二〉十一月十日）の「我れと云ふもの、研究」に記された提言にも表れている。成瀬は、婦人も「自分が何ものであり、何のために生きるべきか」を「本統に解る」ことは、「生きた信仰」を持つことであるとした。そして、「複雑な社会

に立って、生涯一つの目的に向かって進み、日々統一ある生活をすると云ふ」行動をするためには、「深い思想と、真面目なる努力が必要だ」(13)としたのである。成瀬の思想は、平塚らいてふはじめ、多くの女学生の内面に甚大な影響を及ぼしたとされるが、トシもその一人であった。

一九一五(大正四)年に予科に進んだトシが受講した五月十日の『実践倫理』では、『実践倫理講話筆記』によると、「自分の人格の高さを増すために、天・神と合一し、自己の本質が宇宙の本質に無限に高まって進むことを奨励」(14)するというものであった。

大学卒業後に、女学校卒業間際から、大学時代を通しての内面を振り返った内省が「自省録」には記されている。例えば、「信仰を求める」ことによって「自己を統一し安立を得やうと企てた」と述べているが、他学年を対象とした講話ではあるものの、同年十二月二十日の成瀬の講話でも「自我帰一」(15)という言葉をみることができる。成瀬の教育論は、「その特質が信仰を日常生活に現すこと、そして、人間の罪の認識・他者への愛にあった」(16)と影山(一九九四)は指摘している。なかでも他者への愛がトシの言葉に表れていることはすでに述べた通りである。「自省録」には、そうした成瀬によるキリスト教教育を基盤にした内省を見ることができる。

女子教育を通して、一人の人間として宇宙意思とつながり、自己の救済よりも他者愛に基づいた信念の確立によって苦難を超克するとともに、短い生涯の中で自らの生き方を希求しようとした求道者の姿がそこには浮かび上がるのである。

五.おわりに

賢治は『春と修羅』序の中で、自らを現象とし、(すべてわたくしと明滅し/みんなが同時に感ずるもの)、と主観主義的作家性をむしろ放棄している。ここにおいて、作者である賢治と描き出されたトシは、作品の中で同等な存在となっているといえよう。そのとき、近代文学の中では男性の陰に隠れていた女性の実像もまた光を浴びることになる。探求学習として詩の中に描き出されているトシの言葉に見られる意志や他者愛に着目すると、賢治作品もまたより深く理解することができよう。そのとき当時の時代背景も含めたジェンダー教育を可能にすると考えられる。

〈註〉

(1)グローバルな視点から見ても、日本の学校および学校教育において様々な課題が山積している。世界経済フォーラム「グローバル・ジェンダー・ギャップ報告書(二〇二三)」によれば、日本は一四六か国中一二五位で昨年よりもさらに順位を下げている。

(2)教科書には、二〇一七年になって高等学校の教科書にLGBTが登場して以降、二〇二〇年の検定に合格した教科書では九社一七点が扱うようになり、科目も道徳だけでなく国語、歴史、公民、家庭、美術、保健体育に広がっている。

(3)日本学術会議は、「日本の学校教育では、性の違いによって個人が家庭、社会、学校から受ける影響(「隠れたカリキュラム」)を解消する効果的な取組が確立されて」いないことを指摘している。同見解では、「初等中等教育において「隠れたカリキュラム」の存在を意識し、これを解消する方針を明確にすること」が求められている。理工学ジェンダー・ダイバーシティ分科会見解「女性の理工系進学を加速するために必要な、初等中等教育へのジェンダー視点導入と望ましい理数系教育の環境整備」日本学術会議・第三部、令和五年(二〇二三年)九月二二日公表、iii。

（4）牛山恵は、「教科書に採録されている作品に対して「近代文学にも児童文学にも〈男の、あるいは男の子の物語〉はあふれているのに対し、〈女の、あるいは女の子の物語〉は比すべくもないくらい少ない」と述べ、この点が変わらなければ「教科書教材の改善も見通しは暗い」と危機感を示している。牛山恵「小学校国語科教材とジェンダー」『都留文科大学紀要』二〇〇五年、二七頁。

（5）「光太郎が「松の針」を初めとする「無声慟哭」三編の影響下において「レモン哀歌」を書いたことはもはや疑いのない事実のように思われる」。加藤繁生「二つの挽歌―「レモン哀歌」と「無声慟哭」」『詩人会議』三五巻一〇号、一九九七年、六五頁。

（6）「写像として、自己の内部にロマンチックに抱き続け、これを崇拝し続ける態度」の「個的な幻想」であり、「徹底して彼自身のために、自分一個の〈祈り〉を祈る」「死せる《智恵子》の存在は、実に詩成立の、素材と誘因とを、提供したに過ぎなくなっている」。大石直記「レクイエムとフェティシズム」『日本文学』、一九九四年、四三巻二号、八五頁。

（7）山中幸三郎「レモン哀歌の授業」『高大国語教育』四三号、一九九五年、一頁。

（8）賢治の詳細な生涯をつづった、堀尾青史『宮沢賢治年譜』筑摩書房、一九九一年の影響が少なからずあると考えられる。

（9）相馬正一「鎮魂賦「永訣の朝」の虚実」『宮沢賢治・第十五号』洋々社、一九九八年、九六頁。

（10）同前、九六頁。

（11）同前、九七頁。

（12）吉良芳江「序文」吉良芳江編『成瀬仁蔵と日本女子大学校の時代』日本経済評論社、二〇二一年、三頁。

（13）是恒香琳「第六章　成瀬仁蔵の先鋭なる期待と矛盾―大正七年の卒業生アンケートを手がかりにして」同前、二〇五頁。

（14）大森秀子『多元的宗教教育の成立過程：アメリカ教育と成瀬仁蔵の「帰一」の教育』東信堂、二〇〇九年、二三七頁。

（15）同前、二四〇頁。

（16）影山礼子『成瀬仁蔵の教育思想―成瀬的プラグマティズムと日本女子大学校における教育』風間書房、一九九四年、一五六頁。

近代の精神運動・文化とトシ・賢治

岩田　文昭

一九五八年名古屋市生まれ。京都大学文学部哲学科（宗教学）卒業。同大学院文学研究科博士課程満期退学。一九八六・八七年、ルーヴァン大学高等哲学研究所留学。京都大学博士（文学）。一九九四年より大阪教育大学に勤務し、二〇二四年定年退職。現在大阪教育大学名誉教授。専門は宗教哲学・浄土教思想。著書に『フランス・スピリチュアリズムの宗教哲学』（創文社）、『近代仏教と青年』（岩波書店）、『浄土思想』（中公新書）など。

「無声慟哭」で賢治が記しているように、トシは「信仰を一つにするたつたひとりのみちづれ」であった。賢治が父・政次郎の信仰する浄土真宗の教えに反発し、日蓮宗に帰依し、国柱会にはいったときには、トシはいちはやく賢治の側についたとされる。『自省録』もまた、「浄土信仰」から「法華信仰」へと進む、トシの心境告白の書として読むこともできる。冒頭近くに「信仰を求める」ことが根本的な問題であるとし、終わり近くに「大乗の煩悩即菩提の世界に憧憬と理想」をおいているのは間違いないと記しているからだ。(1) しかし、そのようにだけ『自省録』をみると、トシの精神ひいては賢治の文学の魅力の背景も十分に捉えることはできない。

では、どのような視点からトシと賢治を捉えたらいいのだろうか。私は、「新霊性運動・文化」の先駆的形態とみることで、より広い地平でトシらの精神世界を位置づけることができ、その現代的意義も捉えやすくなると考えている。「新霊性運動・文化」とは、島薗進東京大学名誉教授が提唱した概念である。科学も宗教も重んじながらも、それらを超える第三の道を進み、個々人の霊性を重んじ、新しい人類の文明の到来に期待する運動・文化をこの概念は指している。(2) 島薗がこの概念で主題的に論じるのは、一九七〇年ころから興隆する運動・文化である。それゆえ、時期的にいって、トシや賢治が生前に、この運動・文化に直接にかかわっていたわけではない。賢治やトシはそのさきがけ的存在にあたり、その源泉のひとつとして位置づけられる。

太平洋戦争敗戦後、日本社会の伝統的な価値秩序や既得権益擁護の姿勢を批判する「進歩的知識人」の発言がしばらくは大きな力をもってきた。しかし、一九七〇年以降、いささか様子が変わってきた。それまでの「進歩的知識人」とは違うタイプの一群の思想家が登場してきたのである。伝統的な宗教や霊性を重んじながらも、特定の宗教教団にかたよらず、新しい文明を切り開こうという規範的な主張を展開した人たちである。具体的に名をあげれば、梅原猛・河合隼雄・鎌田東二・中沢新一・山折哲雄・見田宗介などである。島薗進はかれらを総称して「霊性的知識人」という。哲学・心理学・宗教学・仏教学・社会学など、さまざまな領域で一家を成した人々で、一見、かれらに共通するものはとらえにくい。ところが、かれらはみな賢治とその文学が好きであり、そこに内在する思想に共感している。スタイルは違うにしろ、各人が賢治の思想に自らの先駆的形態を読み取っている。賢治を介して、自らの主張を開陳している点に共通性が認められるのであり、賢治は「新霊性運動・文化」の象徴となっているともいえる。

このように賢治の位置をみさだめたうえで、賢治とトシとに共有された近代の精神的状況を検討していきたい。賢治とトシとの深い精神的なつながりがあったことは有名であるが、その事例は、こっくりさん遊びにまでさかのぼることができる。幼い賢治の兄妹たちは四本のハシをひもで結び、運勢などをこっくりさんに尋ねる遊びに熱中していたと賢治の親戚である関登久也は証言している。[3] そして、兄妹たちはここになんらかの「神秘性」を感じていただろうと推測している。こっくりさんは、日本古来のものでなく、近代西洋で生まれたテーブル・ターニング(机転術)に由来する。妖怪博士として知られる井上円了によれば、明治十七年頃伊豆下田にアメリカの帆走船が破損のため久しく滞在し、その方法を現地人に伝えたのがはじまりだという。[4] 井上円了以外の説もあるものの、いずれもアメリカから流入したという点では変わりはない。[5] テーブル・ターニングとは、テーブルなどの動きやすく傾きやすいものに複数人で手を置き、投げかけた質問に対してテーブルがどのように動いたかによって占うものである。霊との交流を前提とするテーブル・ターニングは、近代スピリチュアリズム(心霊主義)の典型例である。

近代スピリチュアリズムは、一八四八年アメリカのハイズヴィルのフォクス家での出来事によって有名になった。フォクス家の姉妹たちが死者の霊と交信できるとして評判をよんだのである。死者との交流は、イタコのよる「口寄せ」が死者と交流できるという信仰が日本では知られており、古い起源を有すると考える人も多かろう。しかし、ハイズヴィル事件が大きな話題を呼んだ背景には近代科学の発達があった。というのは、電信技術の発達によって人間の目に見えない媒体によって交信が可能となったことから、死者との交流も科学的に可能かもしれないと想像されたからである。同様な事態は、催眠術や透視術にもあてはまる。催眠術によってそれまで知られなかった「無意識」の存在が推定されたのであり、エックス線の発見によって「透視術」への関心が高まることになった。

一九一〇年前後、隠されたものを見ることできる「千里眼」やそれを念写することが東京帝国大学でも真剣に検証をされた。透視や念写の実験は結果的にうまくいかず、実験の中心人物であった福来友吉助教授は大学を去る結果となった。このことは、当時の学問の先端にいた帝国大学教授たちと近代科学との関係を象徴的に示している。つまり、交霊術や催眠術など近代スピリチュアリズムは、近代科学の発展を背景に流行したのであり、それが科学と適合するかどうかが真剣に検討されたのである。

賢治とトシの精神が近代スピリチュアリズムと親和的傾向があったことは、賢治が盛岡中学四年在学中の出来事からもわかる。一九一二年十一月の政次郎宛ての書簡(書簡6[6])で、賢治は、真宗への信仰を書くとともに、政次郎に金の無心をし、「静座法」に関する記述をしている。一九一一年十一月三日の『岩手民報』に掲載された佐々木電眼なる人物についての次の記事を賢治は読んだという。[7]「静座法と云ふのは正しく坐る法であつて、ある法則による坐り方である、即ちこの法則に静座すれば吾人は常に天地神明と霊交し得るのである」。そして、賢治はこの佐々木氏を早速訪れ、一円を出して翌日からの指導を依頼した。賢治の金銭の無心は、このための出費も関係していた。このことの弁明であろう、先の書簡の中で「静座と称するものの極妙は仏教の最後の目的とも一致する」などと、政次郎に対して自分の行為を正当化しようとしている。この静座法には後日談がある。賢治自身が佐々木の指導を受けたところ、「四十分にして全身の筋肉の自動的活動を来し」(書簡7)と十一月四日付の葉書で政次郎に報告している。さらに、このあと賢治は佐々木を花巻の自宅に招き、家族に静座法を勧めたと宮澤清六は伝えている。[8] 清六のみるところ、佐々木は「一種の催眠術師」であった。佐々木の暗示に導かれてトシはみるまに「催眠状態」になったが、政次郎はまったくからなかったという。この事例は、賢治のトシとの精神的一体性を理解するうえで参考になる。

　賢治は、一九一九年八月の保阪嘉内宛ての書簡（書簡153）で、盛岡高等農林学校の石丸教授に関する不思議な霊的体験を記している。トシの死後、その霊との交信を願いサハリンの旅に出たときの心象風景は「青森挽歌」や「オホーツク挽歌」で描かれている。生前のトシと死後の世界について語り合っていたのかもしれない。

　生と死との交流について、トシと賢治とが問題を共有していた痕跡が『自省録』にはある。それはメーテルリンクについての記述である。「私は自分に力づけてくれたメーテルリンクの智慧を信ずる」と明記しているように、トシがその思想に深く共感したことは間違いない。『青い鳥』の作者として知られているメーテルリンクは、見えない世界の存在やそれとの霊的交通に関心を有しており、近代における新たな神秘を探求していた。すでに指摘されているように、賢治の作品のなかにメーテルリンクの文学の影響は認められ、それはトシとともに、あるいはトシを通して深められていったと考えても不思議ではない。(9)

　賢治の代表作である『銀河鉄道の夜』は、死後のトシとの霊的交流を念頭において読み解くことができる。「無声慟哭」や「手紙四」の内容を踏まえるなら、自然な読み取りであろう。それに対して、保阪嘉内をモデルとする説もある。もちろん、文学作品であるから特定のモデルと厳密に対応するわけではなく、そこにはさまざまな要因が加わっていよう。ただ、保阪嘉内と賢治との交流を論じる場合には、栗原敦が注意しているように、賢治の結婚問題に関するある種の誤解と、保阪の生家が禊教の幹部であったことを少なくとも考慮する必要があろう。(10)

　『銀河鉄道の夜』の末尾には、ジョバンニがカンパネルラに語る印象的な言葉がある。「僕もうあんな大きな暗《やみ》の中だってこはくはない。きっとみんなのほんたうのさいはひをさがしに行く。どこまでもどこまでも僕たち一緒に進んで行かう」。この呼びかけの意味は、『銀河鉄道の夜』と同じように、主人公がひとりで異世界から現世を戻ってくる短篇「ひかりの素足」と対比させると明確になる。「ひかりの素足」では、「如来寿量品十六」という「ほんたうの道」を学ぶという、法華信仰が前面に出ている。それに対して、『銀河鉄道の夜』では個々人の自発性が求められているのだ。

　このことは、賢治とそしておそらくトシも、科学も宗教も重んじながらも、個々人の自発性によって、科学と宗教を超える霊的な世界を求め、新しい人類の文明の到来を期待したことを意味する。賢治は、「農民芸術概論綱要」で「世界がぜんたい幸福にならないうちは個人の幸福はあり得ない」と述べたあとにこう続ける。

> 自我の意識は個人から集団社会宇宙と次第に進化する
> この方向は古い聖者の踏みまた教えた道ではないか
> 新たな時代は世界が一の意識になり生物となる方向にある
> 正しく強く生きるとは銀河系を自らの中に意識してこれに応じて行くことである
> われらは世界のまことの幸福を索ねよう

この言表は、まさに新霊性運動・文化の宣言といってもよい。賢治とトシの精神的つながりは、現代日本の精神文化を生み出す源泉のひとつとなっているのである。

〈註〉

（1）賢治の家族と宗教との関係については、拙著『近代仏教と青年』（岩波書店、二〇一四年）第十一章参照。

（2）詳しくは、島薗進『精神世界のゆくえ　宗教からスピリチュアリティへ』（法藏館、二〇二二年）（初版、一九九六年）参照のこと。

（3）関登久也『賢治随聞』（角川書店、一九七〇年）六〇頁。

（4）『井上円了選集　第十七巻』（東洋大学、一九九九年）五四七頁。

（5）一柳廣孝『〈こっくりさん〉と〈千里眼〉・増補版』（青弓社、二〇二一年）。

（6）賢治の手紙の引用は『文庫版　宮沢賢治全集　第九巻』（筑摩書房、一九九五年）による。書簡の番号もこの全集の記載による。

（7）この記事に関する内容は、山根知子の記述にもとづく。山根知子「宮澤賢治「或る心理学的な仕事の仕度」と同時代の心理学との接点」（小松和彦他編『宮澤賢治の深層』法藏館、二〇一二年）四五四〜四五五頁。

（8）宮沢清六「十一月三日の手紙」（宮沢清六『兄のトランク』（ちくま書房、一九八七年）所収）

（9）山根知子『宮沢トシの勇進』（春風社、二〇二三年）。

（10）賢治の結婚問題に関しては栗原敦『宮沢賢治探求　上』（蒼丘書林、二〇二一年）三二九〜三三四頁、禊教については栗原敦『宮沢賢治探求　下』（蒼丘書林、二〇二一年）一四九〜一七一頁参照。

宮澤トシ―青春の蹉跌と覚醒―
―トシに訪れた「精神のエネルギー」―

茨城大学名誉教授　大内　善一

一九四七年、茨城県生まれ。教育学博士。茨城大学名誉教授。専門は国語科教育学。東京学芸大学教育学部卒業後、国公立小・中学校教員を経て東京学芸大学大学院国語教育専修修了。秋田大学教育文化学部教授、茨城大学教育学部教授を経て、茨城キリスト教大学特任教授。主な著書には、『戦後作文教育史研究』、『国語科教材分析の観点と方法』、『国語科教育学への道』、『昭和戦前期の綴り方教育にみる「形式」「内容」一元論』等がある。

一・トシの「意識」を左右していた「不思議な力」

宮沢トシの「自省録」を読んで私が強く引き付けられ感動を覚えたのは次の一節である。

その不思議な力を持つ私の内のあるものを今までその存在さへも認めやうとしなかったと云ふのは、自分を見詰める眼の曇ってゐた為であったとは云へ特別の原因があった様に思はれる。私はこの自分のうちの暗い部分を常に怖れてゐたに違ひない。意識されない間にも。何かの機会にその部分に眼を向けねばならぬやうなはめが来ても、痛いものに触った様にはっとして目をそらしてしまったにちがひない。その不可解な部分の近くまでを動かす何かの刺戟をも、おどろいてその危険区域から遠ざからせたにちがひない。この部分こそは――私は今は恐れなく躊躇を斥けて云はう――私の性に関する意識の住み家であったのだ。（トシ「自省録」からの引用。この部分も含めて、「自省録」からの引用は、全て山根知子著『宮沢賢治 妹トシの拓いた道―「銀河鉄道の夜」へむかって―』二〇〇三年九月、朝文社、に依拠する。）

トシは、自らの身体の奥に潜む「性」の衝動に気づいている。自分の「意識」を左右していた「不思議な力」を持っているものの正体が「性」の衝動であることに気づいているのである。

トシが、〈性〉というものの深淵を冷厳に見詰めているのは確かである。トシが気づいたことは、〈精神（＝「意識」）〉というものが他ならぬ〈肉体（＝「性」）〉から生まれているという事実である。

トシは、「自分のうちの暗い部分」を見詰めている。これまでトシは、この部分の「存在さへも認めやうとしなかった」ばかりか、「常に恐れてゐた」のである。何かの「機会にその部分に眼を向けねばならぬやうなはめが来ても、痛いものに触った様にはっとして目をそらしてしまったにちがいない」と振り返っている。

トシは、この「不可解な部分」のことを「危険区域」とも呼んでいる。「危険区域」とは、〈肉体（＝トシの「性」）〉のことである。この「危険区域」のことをトシは、「私の性に関する意識の住み家」と明確に認識したのである。

トシは、おそらくこうした認識を、「弱い糸を極度まで張った様な一昨年の末の状態」から「身体の病」を発し、「其後一年ばかり今に至るまで心身の休養の時を与へられ」るという体験によって獲得したのであろう。

トシは、「病気の警醒にあって始めて今までの無理な不自然な努力緊張の生活から脱れる事が出来た」のである。

フランスの哲学者アンリ・ベルクソンは、「意識と生命」という講演の中で、「物質と意識という二つの存在するものが共通の源泉から出てきた」のであり、「創造的な意識が物質を横断している」（『精神のエネルギー』一九九二年四月、第三文明社、二九頁）と述べている。ここでいう「物質」とは、「身体・肉体」のことであり、「意識」は勿論「精神・魂」のことである。

なお、ベルクソンは、この講演の中で「精神」というものについて、「自らが持っているもの以上のものを引き出す能力」（三三頁）であると規定している。このことを彼は、「精神のエネルギー」と見なしている。

ベルクソンにはまた、「魂と身体」という講演がある。文字通り「精神と身体の関係」について考察を巡らした内容の講演である。彼は、この中で「自我」もしくは「意識」というものを「身体をあらゆるところではみだし、空間と時間の両方で身体を超えていると見えるもの」（同前書、四二頁）であると規定している。これは、「意識・精神」というものが「身体・肉体」という枠の中には止まりきれないものであるとする考え方である。

トシの悲劇もここから始まっていると言えよう。

本稿では、トシが自らに訪れた悲劇をどのような「精神のエネルギー」によって克服していこうとしたのか、ということについてみていくことにしよう。

二、トシに訪れた青春の蹉跌

トシは、花巻高等女学校四年次に彼女のその後の人生に重大な影響を及ぼすことになった出来事を体験する。女学校の音楽教師鈴木竹松への憧れから惹き起こされた深刻な事件である。

この深刻な事件は、トシの「自省録」にも述べられているように、「彼女の漸く目醒めはじめた芸術に対するあこがれと渇仰と」から惹き起こされたものであったろう。芸術への憧れから音楽教師への恋愛感情を芽生えさせるといったことは、当時のトシの年代の女性であれば、少しも珍しいことではなかった。この年代の女性に訪れた青春の蹉跌である。

トシは、当時の自身の心境と行動について次のように記している。

> 彼女は自分の行為が思ひもよらぬ大胆なものとなって行く事をわれながらおどろき恐れる気持がなかったか？　彼女のする事が一つ一つ安全な本道を遠ざかって危険な谷におちて行くのを彼女の本能のどこかで、チャンと知って居はしなかったか？　只それが坂を転落する石の様に、ある欲求の自分を駆使するに任したと云ふべきである。彼女が、眠ってゐた意識を働かすならば、あの危険な泥濘におちこまない前に、どこからでも、途中から這ひ出す事が出来たのである。彼女の運命は悉く彼女の招いたものに過ぎない。（三五八頁）

トシは、「自分の行為が思ひもよらぬ大胆なものとなって行く」ことになった、「一つ一つ安全な本道を遠ざかって危険な谷におちて行く」ことになった、「坂を転落する石の様に、ある欲求の自分を駆使するに任した」と記している。当時のトシがおかれていた「精神と身体」の状況を彼女は自らの言葉でこのように内省しているのである。

トシのこうした心境と行動とを、先に取り上げたベルクソンの考え方に照らしてみよう。

トシの「本能」（＝自我・意識）が彼女の「身体」を「あらゆるところではみ出し、「身体を超えて」いったのである。

トシにもこの年代の女性一般に訪れがちな心境と同様に、「若い日の華やかな享楽を求める心」が「喘いでゐた」である。そしてその時、「彼女の覚束ない自己省察の目」では「見徹す事が出来なかった」のである。

トシの悲劇は、まさしくこの後に起こってしまったのである。

トシの音楽教師への恋愛感情が友人達の誹謗中傷によって周囲の人々に知れ渡ることになってしまう。加えて、あろうことか、トシと音楽教師との交流を巡る経緯が卒業式直前の三月二〇日から三日間の連載で『岩手民報』紙上に「音楽教師と二美人の初恋」と題する記事となって発表されてしまうのであった。

内容は、トシが「自省録」でも「真偽とりまぜた記事」と述べている通りに、執筆者は無記名で週刊誌まがいのひどいゴシップ記事となっている。全ての人物は仮名で登場するのであるが、狭い地方のことであるから学校名や人物などもそれと知られるような書きぶりとなっている。

一七歳のトシの身に降り掛かったゴシップ記事によるこの災難が彼女にどれほどのダメージを与えたかは計り知れない。トシには、「針のむしろに、何気ない様に自分の命を支へて卒業前の長い長い一ヶ月を過す事」だけが精一杯の努力だったという。

その結果、トシは、「一日も早くこの苦しい学校と郷里とからのがれ度い」と願い、その通りに「学校から逃れ故郷を追はれ」たのであった。

そして、このゴシップ記事がトシの両親・家族に与えた苦しみや悲しみにも想像に余りあるものがあったことだろう。トシも「自省録」に「家族の心がこれによってどれだけいいたんだか、それは正視するのも彼女には恐ろしすぎる事であった」と記している。

三．トシの自虐的な〈自己否定〉

トシは故郷を逃れ日本女子大学校（家政学部予科1年）へ入学して、「責善寮」において学生生活に入っている。この進学は、父政次郎の女子教育への理解やこの大学に在籍中であった叔母宮沢はるの勧め、加えて先に記したトシ自身の恋愛事件を巡って生じた「一日も早くこの苦しい学校と郷里とからのがれ度い」という願いから決められたものである。

この頃のトシの筆舌に尽くし難い心境が窺える資料がある。

トシが真宗大谷派の僧侶で宗教家として著名だった近角常観に宛てた書簡である。

近角常観は、トシの父政次郎を始めとして母イチの父など宮沢一族との交流があり、相互に交わした書簡が数多く発見されている。仔細については、岩田文昭・碧海寿広稿「宮沢賢治と近角常観―宮沢一族書簡の翻刻と解題」（『大阪教育大学紀要 第Ⅰ部門』第五九巻第一号、二〇一〇年九月、一二一～一四〇頁）によって知ることができる。この論考の中に、トシが近角常観に宛てた書簡が二通翻刻紹介されている。本稿の中での引用は、全てこの紹介書簡からさせて頂く。

トシの父政次郎は、家族から離れて東京の大学の寮（「責善寮」）で暮らし始めた娘の身を案じて、予てより親交のあった常観師に娘トシの「精神方面ノ修養」（先の岩田等の論考に政次郎の書簡が取り上げられておりこの文言が見える。）についての指導を依頼したのであった。

政次郎のこの配慮には、勿論、トシの恋愛事件を巡る娘の身の上を心配するという親心があったと言える。さて、トシが常観師に宛てた最初の書簡（大正四年四月二三日付け）に、次のような文言が見られる。

> はるばるこの地まで遊学いたし乍ら、将来に対する希望を持ち得ず従って活気なく元気なく誠に意義なき生活を致し居り候。倦怠に悩まされ候て我乍ら望ましからぬ生活状態に在り候へど、これを脱する程の勇気も起し得ざる実に情なき私に御座候。何とかして早く

この状態を脱し、積極的なる充実せる生活をなしたきものとは、今この疲れし心に残る只一つの望み願ひに御座候。この様なる事は学校の教師等に尋ぬべき事、その為の学問ならずやと申さるれば一言も御座無く候へど、厳格なる道徳は、今の余りに弱き私には恐ろし過ぎ候。誠に我儘この上もなき事を思ひ候へど、病人には山海の珍味を取る先きに薬の方を欲せられ候。何とも傲慢なる言葉に御座候。（一二七頁）

何という烈しい〈自己否定〉的な内容であろうか。何という悲痛な自虐的な内容であろうか。トシ十八歳、大学に入学して二十日余りの頃の心境が切々と綴られている。

冒頭から「将来に対する希望を持ち得ず従って活気無く元気なく誠に意義なき生活」を送っている様子が吐露されている。故郷の花巻からは遠く逃れてきたものの、心境はとことん追い詰められて絶望のどん底に置かれて、胸が潰れるような悲惨な状況にいるトシの様子が迫ってくる文言である。

トシは、自分が置かれているかくも悲惨な状況を「病人」にも喩え、常観師に「山海の珍味を取る先きに薬の方を欲せられ候」と悲痛な訴えを届けている。

二通目の書簡は、トシが常観師宅を訪問した後に、その御礼として届けられたものである。日付は、大正四年五月二九日となっている。

トシは、この書簡の冒頭で訪問時にお世話になったことへの御礼を述べた後、長い文面の中で次のような心境を吐露している。

只今の私の心は光明もなければ希望もなく、動物と余り変わらない、或はそれよりも劣って居るかも解りません。日々無意味に起きて無意味に動き、無意味に寝て、誠に誠に生き甲斐のない生活をして居るので御座います。仕方なしに生きて居りますようなもの。これならいっそ死んだ方が社会の為には成るかも知れませんが、又死ねる丈の勇気も御座いません。（中略）

自分にはどこにもよい処がない、間違ひだらけだと思ひますならバ、せめて、真摯に聴聞し、道を求めたらよさそうなもので御座いますのに、どこまでも横着な私は、真摯な求道者にも亦成り得ません。（中略）

私の心は病み、疲れ、倦んで弱り果てた病人の様で御座います。それでありながら与へらるゝ薬をいたゞかうとしないので御座います。すべての努力がいやになり人を見るのもいやになります事が御座います。（中略）

先日の便りに、父からいろいろ精神的の事が書いて御座いました。弱い汚い今の心はすっかり追ひ出してしまはねばならぬ、心の主人を入れ替へていたゞく時に始めて、弱い者も強くなり、汚れたものも清まるであらうと云ふような意味が御座いました。「何ものかに依って心を充たされ、真実の意義ある生き生きとした生活をする様に早くなり度う御座います。」この希望、願ひがも少し熱烈ならバ、少しは私も取り所があるかも知れません。然し時々しか心に浮ばないので、他の大部分の時間は、紛れたり、忘れたりして居るのですから、誠に、困り切った者で御座います。（中略）

間に合せの、ごまかしの日暮しをして、自分は何にも出来ないのだ、と思って、求道を忘れましたり、こんな私は、もうどうとも仕様のない者と思ひます。

求道の志、切でない熱心でない者、これでも先生はどうにかして下さる事が出来ますでございませうか。（一二七～一二九頁）

最初の「只今の私の心は光明もなければ希望もなく、動物と余り変わらない、或はそれよりも劣って居るかも解りません」という言葉は、何と自虐的な文言だろうか。

「自分にはどこにもよい処がない」、「間違いだらけだ」、「どこまでも横着な私」、「私の心は病み、疲れ、倦んで弱り果てた病人の様」、「すべての努力がいやになり人を見るのもいやになります」とは、何という自暴自棄な悲痛な心持ちであろうか。何という烈しい〈自己否定〉的な心持ちであろうか。

せっかく常観師宅を訪問して師の話を聞いてもトシの心は閉ざされたままで、その心には一向に平安が訪れている様子は窺えない。

トシは、やはりあの恋愛事件、ゴシップ記事によって両親や家族に掛けた心配・苦労に心を押しつぶされ、周囲の人々との境遇の落差を嘆き、自分の存在そのものを持てあまし自暴自棄に陥っていたのである。

トシのこの頃の心境は、徹頭徹尾〈自己否定〉の状態におかれていたのだと言ってよいだろう。

トシのこのような罪悪感、無力感、倦怠感、身の置き所の無い自暴自棄な否定的な感情は、否応もなしにトシの心を絶望の淵に追い詰め、やがて彼女の肉体をも蝕んでいったのではないかと思われてならない。トシが置かれていた〈自己否定〉の感情は、彼女の生きようとする望みを奪い心身を傷め続けていたはずである。

このような絶望の淵から、トシはいかにして抜け出すことができたのであろうか。

その道筋は、言うまでもなくトシの「自省録」によって辿ることができる。

トシがこの「自省録」を書き綴ることになる経緯は、山根知子の『宮沢賢治 妹トシの拓いた道―「銀河鉄道の夜」へむかって』（二〇〇三年九月、朝文社）によって知ることができる。

山根は、トシが、一九二〇（大正九）年九月二四日付けで「母校花巻高等女学校教諭心得となり、英語・家事を担当」することになったと記している。

さらに山根は、「かつてトシの事件に関わった鈴木竹松教諭は、事件の翌年にはこの学校を去っていた」が、「当時の事件を知る人がまだ学内および地域にいたことを思えば、トシが母校に奉職することの思いはいかばかりであったろうか」と述べている。そこで、トシは「母校に勤めるまでの間に、心の整理をして納得のうえ奉職できるようにという必要に迫られていたのではないだろうか」（六七頁）というのである。

以上は、トシが「自省録」を書き綴るに至るまでの彼女の心境である。勿論、このような決意を固めるまでには、トシにとっても幾多の試練があったはずである。

なお、先に取り上げた岩田文昭等の論考の中では、トシと近角常観との関わりについて、先に取り上げたトシ書簡の後は、父の政次郎が大正四年の六月に近角の下へ「我儘な子に候間此上とも御教訓の程願上候」と再度の依頼があったが、「基本的にこれ以後、トシは近角とは一定の距離をおくようになったものと思われる」（一三三頁）と述べられている。トシには、近角常観の宗教的な教えから特別な影響を受けた様子は窺えない。

四．〈自己否定〉から〈自己肯定〉への転回を促した「精神のエネルギー」

トシが絶望の淵から少しずつ抜け出していけたきっかけには、いくつかの体験があったようである。

この辺りの道筋については、先の山根知子の著書に詳しく述べられているので、ここでは山根の考察に譲ることにしたい。

以下では、トシの「自省録」によって彼女が〈自己否定〉から〈自己肯定〉に至る道筋を明らかにしてみよう。

トシが、この「自省録」を書き綴ることにした目的は、先ず第一に自分というものを知ることであった。

このことに関してトシは、次のように述べている。


私は自分を知らなければならぬ。過去の自分を正視しなければならない。悪びれずに。

五年前に遭逢した一つの事件によって、私に与へられたものが何であったかその教へる正しい意味を理解し旧い自分を明らかに見、ひいて私の未だ償はずに居るものを償い恢復すべきものを恢復して新しい世界にふみ出したい、過去の重苦しい囚はれから脱し超越して新しい自分を見出し度い、善かれ悪しかれ自分を知る事によって、私は自由をとりかへす事が出来やう。受けとるものが責罰のみであらうとも正しくうくべき良心の呵責を悪びれずにうける事によってのみ良心は自由を得る事が出来やう。（三四五頁）

トシは、「自分を知らなければならぬ。」、「過去の自分を正視しなければならない。」、「旧い自分を明らかに見」、「新しい自分を見出し度い」、「自分を知る事」によって「自由をとりかへす」事ができるはずだと述べている。自分というものをしっかり認識することをそれまでの〈自己否定〉を克服する第一歩と考えたのである。「過去の重苦しい囚われから脱し超越して新しい自分」を見出したいというのである。

トシは、「自分の行為が思ひもよらぬ大胆なものとなって行く事」に驚き呆れている。彼女の行為が「一つ一つと安全な本道を遠ざかって危険な谷におちて行く」のを『彼女の本能』はどこかで気づいていたのではないかと自らに問い掛けている。「彼女の本能」とは、本稿の冒頭で取り上げたトシの「性に関する意識」すなわち「性」の衝動である。トシはこれを「ある欲求」とも表現している。彼女は、自らの「性」の衝動に突き動かされて「危険な谷」「危険な泥濘」（三五八頁）に落ちていったことを認識しているのである。彼女は、過去の自分を冷静に見詰めながら、自ら招いた自分の運命を肯定しているのである。

トシは、この後の箇所で次のようにも述べている。


彼女の責むべきは他人ではなく自己である。彼女の自我の一部として彼女の意思―人格―に統御さるべきはづの欲望が、僭越にも全自我を統御しやうとしたその歪んだ畸形な我の醜さ、でなければならない。彼女はああ病めるものであった！

彼女は自分を愛さねばならない。自分の真実の願ひを見誤らぬやうにせねばならない。（三六〇頁）

トシは、責められるべきは「他人ではなく自己である」とし、自らの「欲望」のために「歪んだ畸形な我」を生み、「病めるもの」となったと認めながらも、そのような自分を「愛さねばならない」と〈自己肯定〉への意志を明確に示しているのである。

トシは、彼女をこれまで絶望の淵に陥れ、彼女の生きようとする望みを打ち砕き心身を傷め続けてきた過去の出来事を振り返りながら、次のように決然と「私は生きる」「私は正しい、少なくとも本質は正しい」として次のように表明している。


その時に彼女の眠ってゐた本能はめざめた。きのふまでの弱い彼女には生きて行かれるのが不思議なほどの圧迫に魂をひしがれながら、その中から『でも私は生きよう、こんな事で自分を死なしてならぬ。こんな不当な圧迫に負けて潰されてなるものか、今死んでたまるものか』と云ふ反撥心が雲の様に湧き起った。そしてこの本能は彼女を救った。（三六二頁）

トシを突き動かしていた「本能」が、彼女をして「私は生きよう、こんな事で自分を死なしてはならぬ。」という勇気を奮い起こさせ、「彼女を救った」のである。

トシにはこの時、かつて常観師に宛てた書簡に吐露された烈しい〈自己否定〉を克服しようとするエネルギーがふつふつと湧き上がっていたのである。トシは覚醒したのである。

トシのこの強烈な〈自己肯定〉感には驚嘆を禁じ得ない。

トシは、このような強烈な〈自己肯定〉感が、それまで「眠ってゐた本能」を目覚めさせることによって湧き起こったのだと自覚している。彼女のこの〈自己肯定〉感も彼女がこの「自省録」を書き始めるに際して記した「不思議な力を持つ私の内にあるもの」「私の性に関する意識の住み家」（三四一〜三四三頁）から湧き出てきたものであろう。

ある小説を読んでいたら、「生きるということは、自分を肯定するところから始まるのかもしれない」という言葉に出会った。そこに、「医学では解決できない病気の多くは、知らぬまに自分を否定しつづけてきた心によって発生するのかもしれない」（宮本輝『月光の東』二〇〇三年三月、新潮社、三二六頁）という言葉も記されてあった。気になったので、メモしておいたのである。

ゲーテは、自らの来し方を『詩と真実』全四冊（一九四二年十月、岩波書店）という長大な自叙伝に書き綴っている。この自叙伝について、訳者の小牧健夫は、解説の中で「彼のやうに過去の幽霊に脅かされる恐れの深い人であってこそ、はじめてまた彼のやうにこの幽霊をとり捌く道の達人となることもできるのである」と指摘している。その上で小牧は、『詩と真実』が「ただ過去の世界を現在に呼び出したものでなく、むしろ過去を材料として或る新しき、より善きものの創造」（第四部「解説」、一八一頁）と成り得ているのだと意義づけている。

トシの「自省録」も、かつては彼女を絶望の淵に陥れ、生きる望みを失いかける瀬戸際まで追い詰めた忌まわしい過去の出来事が、パックリ開いた傷口を覗き見るようにして書き綴られている。

トシは、その忌まわしい過去の出来事を招き寄せた自己を否定しようとして「自省録」を書き綴ったのではない。過去の出来事の一つ一つを冷厳に検証し、その現場にいた自己のありのままの姿を肯定しつつ、未来を切り拓く糸口を見出そうとして書き綴ったのである。

そして、トシは、その糸口を鋭く見つけ出している。その糸口とは、自らの意識と行動を支配している身体の奥に潜む「性」の衝動というものである。この「性」の衝動は〈生きようとする本能〉であり、本稿の冒頭で取り上げたベルクソンが言うところの「創造的な意識」の源泉である。

この「創造的な意識」の源泉こそがトシをして、〈自己否定〉から〈自己肯定〉への転回を招き寄せたところの「精神のエネルギー」（＝「自らが持っているもの以上のものを引き出す能力」）だったのである。

最後に、トシの魂は今なお私たちの胸の裡に生き続けているのだということを記しておきたい。

（二〇二四年三月二六日脱稿）

「自省録」の存在意義
―女性史の観点から―

元新潟大学理事・副学長　小久保　美子

一九五五年福島県白河市生まれ。元新潟大学理事・副学長。千葉大学教育学部卒業後、千葉県船橋市内小学校・船橋市総合教育センター勤務。二〇〇三年筑波大学大学院博士課程教育学研究科修了。二〇〇四年十月千葉敬愛短期大学専任講師。二〇一一年四月新潟大学教育学部教授。二〇一六年新潟大学大学院教育学研究科教授。著書に『GHO/SCAP 機密文書　CIE カンファレンスリポートが語る改革の事実―戦後国語教育の原点』。

はじめに

私たちは、時代も、国も、地域も、家庭環境も、性別も、姿かたちも、どれ一つ選ぶことができずに、この世に生を享ける。この点において、私たちの命は、まさしく「天から授かったもの」といえる。私が「自省録」の存在を知ったのは、一昨年一月三一日に元職を退いた際に望月先生に認めた挨拶状へのご返信メール（令和四年三月二日）であった。以下は、自省録を初めて読んだ、その時の私の返信内容である。

先生から拝受した「自立的存在としての宮澤トシ～「自省録」を中心として」を拝読いたしました。初めて知ることばかりで、大変興味深く読ませていただきました。今後、さらに学んでいきたいという意欲に駆られています。折しも、目下最近読んでいる本に、『神的批評』（大澤信亮）があり、その中に「宮澤賢治」の生き方をめぐる考察が載っています。トシのことももちろん出てきます。そのような背景もあり、この度の因果に感慨深さを味わっています。

千葉大学にも所縁のある、鈴木竹松という音楽教師の存在も初めて知りました。事程左様に、私の興味は尽きません。

さらに、その後のやりとりで、鈴木竹松が新潟大学着任前に務めていた千葉敬愛短期大学の学園歌の作曲者であったということも判り、大変驚いた。これら二重三重の縁に、トシが一気に身近に感じられると同時に、自省録を読むにつれて、同年代の自分のナイーブな気持ちを想起させられ、青春時代を生き直しているような感覚を覚えている。

今回執筆の機会をいただいたのは、新潟大学在職中、ダイバーシティ担当の副学長であったということがあろう。周知のとおり、日本のジェンダーギャップ指数は極めて低く、二〇二三年における総合スコアは〇・六四七で、一四五か国中一二五位であった。今日なおこの状況である我が国において、トシの生きた時代、「自立した女性として生きること」がどんなに厳しいことであったか、想像をはるかに超えるものがある。「自省録」は、そのような時代に、女性であるが故にわが身に起きたともいえる耐え難い屈辱的な出来事を懸命に乗り越えようとした若き一人の女性の魂の慟哭であり、文章の内容・表現にも年齢に比して卓越したものがあり、女性史に屹立する貴重な文章と位置付けることができよう。

本稿では、トシの生きた時代背景を押さえたうえで、一人の人間としての思索的価値に迫ることにしたい。以下断りない限り、自省録並びにトシに関する情報は、山根知子『賢治の前を歩んだ妹　宮沢トシの勇進』（二〇二三年三月　春風社）に拠る。なお文章内における括弧内の頁数は山根書のもの、下線は引用者とする。

一・トシの生きた時代

一－一　恵まれた家庭環境

宮沢トシが生まれたのは、一八九八（明治三一）年一一月五日で、第三次小学校令が出される二年ほど前である。当改正で、尋常小学校の修業年限が四年に統一され、二年制の高等小学校を併置することが奨励された。トシはこの小学校令の下で、尋常小学校四年、高等小学校二年の課程を終え、十三歳（明治四四年）で、花巻高等女学校に進学する。

「良妻賢母」を教育理念とする高等女学校への当時の進学率は、当初、尋常小学校の就学率の低さも反映して五％に満たなかったが、尋常小学校への就学率がほぼ一〇〇％に達するとともに上昇し、大正一四（一九二五）年には一五％近くに達した。[1] 経済的に恵まれたごく上層部の家庭の子女しか進学することが能わず、トシが如何に恵まれた環境で育ったかを窺い知ることができる。また、トシは「成績抜群」で「四年生の時」「成績ばかりでなく、校訓にかない、以て全校生徒の範」として「模範生」に選ばれたという。[2]（大正三年三月二三日の花巻高等女学校第一回卒業式では、総代として「送辞」を、翌年の卒業式では「答辞」を読んでいる。このように十六歳まで順風満帆であったトシが、図らずも遭遇してしまった出来事から受けた衝撃は如何ばかりであったろう。トシは自省録の中で、こう語る。「彼女の過まちが彼女自身を悲しむ以上に彼等に悲しみを与へたという事程彼女に痛い打撃はなかった。彼等の誇り、彼等の心を傷け《ママ》たのハ永久にとり返しのつかないすまない事である、と云ふ自責ほど彼女に深い痛手はなかった。」（山根書、二六七頁）こよなく愛する家族に、最も知られたくないことを、「真偽とりまぜた」内容で、おもしろおかしく書きたてられた新聞記事を通して知られてしまったことに対する恥辱は、筆舌に尽くし難いものがあったろう。トシはこうも述べる。「家族の心がこれによってどれだけいたんだか、それは正視するのも彼女にハ恐ろしすぎる事であった。」（二六九頁）十六歳になったばかりのトシの圧し潰されんばかりの心の痛みに言葉が出ない。

一－二　「死」が身近にあった時代

トシが生きた時代は「大正デモクラシー」と呼称される期間に相当する。トシが花巻川口尋常小学校に入学した一九〇五（明治三八）年は日露戦争に勝利した年で、以後、韓国併合（一九一〇）、ドイツへの宣戦布告（一九一四）、対華21か条要求（一九一五）がなされ、第一次世界大戦に参戦し、日本は大帝国へと奔走するようになる。一九一八（大正七）年から一九二二（大正一一）年には連合国とシベリアに共同出兵し、ロシア革命に干渉した。世界ではこの時期、一九一一（明治四四）年の辛亥革命、一九一七（大正六）年のロシア革命、一九一八（大正七）年のドイツ革命、第一次世界大戦後のトルコ革命などが起きている。

一方、国内の状況はといえば、一九一四（大正三）年に、トシの父・政次郎も熱心だった立憲政友会の第三代総裁となった盛岡出身の原敬が一九一八（大正七）年に本格的政党内閣を結成する。[5] 社会・文化面でも民本主義が発展した時期で、以後の歴史に大きな影響を与えた大逆事件（一九一〇）が起きている。[4]

また同時代は、平塚らいてう、伊藤野枝ら女性解放運動が誕生した時期でもあり、雑誌『青鞜』が一九一一（明治四四）年九月から一九一六（大正五）年二月まで五二冊発刊されている。伊藤野枝は、無政府主義者の内縁の夫大杉栄とともに、憲兵大尉の甘粕正彦らによって殺害され、井戸に遺体が遺棄された。いわゆる甘粕事件である。

このように、トシが生きた時代は国内外の政治的・社会的動向が激しく、戦争や政治クーデターによる「死」が直接間接に身近なものとして感じられた時代であった。しかし、「死」への不安をより一層かきたてたのは、トシの命を奪うこととともなった結核の流行だろう。森（二〇一四）には、「結核死亡はかなりの勢いで一九一〇年に向かって上昇している」とある。(6) トシの周りにいた日本女子大学の学生たちも結核で亡くなっている。

　結核の流行の原因となったものの一つに、一九一八年～一九一九年に全世界を襲ったスペイン風邪がある。スペイン風邪により結核は発病が促され、病気の経過は悪化し、感染が増えるといった形で影響を被った。トシも結核発病前の一九一八年に罹患している。トシの生きた時代とは、このように政治・社会・文化の各方面において激動の時代であった。「死」がごく身近にあり不安を抱える中で、二四年の短い命を懸命に生きた、それがトシの人生だった。その懸命に生きた証が自省録に凝縮されている。

二．眼を背けたい問題に立ち向かったトシの自己省察態度

　私が「自省録」を読み、最も感銘を受けたのは、「性愛」に立ち向かったトシの徹底した自己省察の態度である。先にも述べたとおり、女性解放運動が立ち上がったばかりの頃で、伊藤野枝のような自由奔放に生きた女性がいたとはいえ、お国のために「良妻賢母」が求められていた。トシもその価値観の下で生きることを余儀なくされていたにちがいない。トシの身に起きたのは、そのような中で生じた恋愛事件であった。トシは自己の内奥に潜む暗い部分に正対し、「この部分こそは――私ハ今は恐れなく躊躇を斥けて云はう――私の性に関する意識の住み家であったのだ。」と言い切った。

　「性への目覚め」は生物として生じる自然なもので、決して咎められるべきものではない。恥ずべきものでもない。トシが自省録の中で省察しているように、音楽教師との関係が誰にも知られることがなかったならば、「清い青春の初恋」で終わっていただろう。この年齢の者であれば誰もが経験することなのだから。然るに、トシにおいては、それが許されなかった。後の人生に大きく左右する青春時代は二度と戻らないこと、トシがあまりにも早くこの世を去ったことを考えると、言葉を失う。

　しかし、トシは徹底した自己省察を通して、五年間に及ぶ苦悩の世界から「生きる」という勇気と自信を得るのである。以下、本項では、注目すべきフレーズに焦点を当てながらトシの思考過程を整理し、トシの徹底した省察的態度を明らかにしていく。

二－一　「信仰を求める生活」の限界への気付き

　自省録は、「思ひもよらなかった自分の姿を自分の内に見ねばならぬ時が来た。」で始まる。そしてトシは、「永い間模索してゐたものに全正面からぶつかるのだ、自分の心に不可解な暗い陰をつくり自ら知らずに之に悩まされてゐたものの正体を確かめる時が来た」との予期から希望を与えられたと述べる（二五一頁）。

　トシが「不可解な暗い陰」の「正体」を確かめるために、まず行ったのは大学入学後の「信仰を求める生活」の振り返りであった。その生活について、トシは、「自己の現実に対する不満、広い世界に身のおきどころのない不安に始終おそはれて私ハ実在を求め絶対者をよび救ひを求めて居たにも拘らず私ハ遂に求むるものに触れ得たと云ふ歓喜を得なかった。安立が究竟の目標でハなくなったけれども、とにかく現状を突破して新生を得たい望みハついに今までとげられなかった。」（二五二頁）と振り返る。そして「病気の警醒にあって始めて今までの無理な不自然な努力緊張の生活から脱れる事が出来た。」と、「信仰を求める生活」からの解放を語り、「自然は、私に明らかに「出直せ」と教へてゐる。」（二五二頁）と記す。トシは、「絶対者」ではなく「自然」の語を、「新生」ではなく「出直せ」を用いている。これらの意図的であろう語彙選択に、トシの信仰

から一先ず距離を置いて考えようとする姿勢を見て取ることができよう。

トシは信仰を求める生活について、「私は常に全我をあげて道を求めてゐた、と思っていた。Concentrationこそハ私を救ふ唯一の路であらうと思った。只管祈りに自分の凡てを投げ込まうと努めて来た。が私ハ今はそれを疑ふ。」と述べ、「全我をあげて信仰を求めてゐると思ったのハ自分に対する省察の欠けてゐた為でハなかったか。と。」（二五二頁）と括る。内省へと向かう重要な気付きである。そして「祈りに燃えてゐると思はれる時にも尚その火の光の届かぬ暗い部分がありはしないか?」と自らに問いかけ、ついに、本節の冒頭で述べた「この部分こそは——私ハ今は恐れなく躊躇を斥けて云はう——私の性に関する意識の住み家であったのだ。」（二五三頁）と原点に辿り着くのである。

二-二　「自由であること」への気付き

次の思考段階は、「五年前に遭逢した一つの事件によって、私に与へられたものが何であったかその教へる正しい意味を理解し旧い自分を明らかに見、ひいて私の未だ償わずに居るものを償ひ恢復すべきものを恢復して新しい世界に踏み出したい。…自分を知ることによって、私ハ自由をとりかへすことが出来やう。」（二五五頁）とあるように、心の自由を取りかえすために、「過去の自分を正視」し、「自分を知る」というものである。ここでトシは、成瀬仁蔵から学んだと思われるメーテルリンクの教えを据え置く。

> 過去の財宝を引き出す為にハ自分が強者であると云ふ自覚を持った時に入って行くべきである（二五五頁）

このフレーズの意味は、「過去の失敗（挫折）経験から学ぶには、過去を確かに観る強さが必要で、その強さが自分にはあるという覚悟を持つ」というようなものになろうか。

この段階で、トシは一段深い思考に入る。トシは次のように問う。「過去になした自分の行為を今如何に取扱ふか過去の自分に対し何を感じ何を教へられ如何なる思想や力を与へられる事が出来るか。と云ふ事こそハ全く自由でなければならぬ。」（二五五頁）過去それ自体は決して変えることができない。その意味で「自由」はない。しかし、「過去をどう取り扱うか、そこから何を感じ、何を学び、どんな思想や力を得ることができるか、これこそは自由である」との考え方は、「未来は変えられる、その自由がある」という希望に繋がるもので、トシはこの時点で一筋の光が見えたのではないか。

しかしながらトシは、「批判に先立ってなすべき事ハ誤りなく過去のわが姿を観察し凝視すると云ふ事であった。そしてその仕事に指を染めてはじめて私にわかったのハその事の如何に難事であるかと云ふ事である。」と述べ、「止むを得ず私ハ結論のみを得ることを以て満足しなければならない。」（二五六頁）とし、次の段階へと進むのである。「客観的に過去を観察し凝視する」ことの難しさを痛感し、「結論のみを得ることを以て満足しなければならない」とする。トシの思考態度の真摯さがうかがえるところである。

二-三　客観視するための文体の工夫と分析的思考

トシは、過去を観察し凝視するために「彼」「彼女」の三人称の文体を用いるという工夫を凝らす。「性に関するの意識の住み家」の「正体」を突き止めるために、湧き上がらざるを得ない感情に引きずられることのないよう、書き手である自分を第三者の審級的な立場に置く必要があったのだろう。

内観の方法としては、第一に、「彼」と「彼女」との間への批判、第二に、「彼女」と「世間」との関係という二段階の分析手順を踏む。

二-三-一「彼」と「彼女」との間への批判

音楽教師に恋心を抱くようになったそもそもは、「彼女の漸く目醒めはじめた芸術に対する芸術へのあこがれと渇仰と」であったとトシは述べる。問題は「彼に対する好意と親愛との表現ハ正直すぎるほど正直に無技巧を極めてゐた。その表現の程度が彼女の意思の命ずる範囲以上に出る事に彼女ハ気づかなかった。」（二五七～二五八頁）ことにあったとする。そして「彼女ハ「世間ハ此の様な態度を何と解するか」について無智であり、世間の人の悪意に対する警戒やおそれにも全く無智であった。がそれよりも更に更に彼女自身の運命に無智であった。」（二五八頁）と結論付ける。「好き」という感情におぼれ、その思いを誇張した言動で表したこと、また誇張した言動への自覚そのものがなかったことを悔いている。トシが希う「新生」を得るために大事な思考の一歩であった。

この後、音楽教師との仲について噂を広めた親友の裏切りについての考察へと進むのであるが、「裏切りに対する悲しみやおどろきや苦しみ、は魂を圧し潰すかと思はれた。」というトシの嘆きは胸に迫りくるものがある。さらに、噂を広められた当の音楽教師からも誤解され、疎隔されるという二重の裏切りに遭う。トシは、これらの出来事を招来することになった自分の無防備さを、「彼女は余りに永い間人々の好意と称賛との中に馴れてゐた為に「人の口を恐れる」と云ふ様な用心や警戒にハまるで無謀であった。」（二六一頁）と反省する。これらの近しい（と思っていた）人たちの裏切りを経て、トシは、「浪漫的な日々の幻影はみごとに砕けた。そしてそこに一つの真実にぶつからねばならなかった。」との考察に至る。一つの真実とは、「自己のきのふまでの人にすぐれた名よ《ママ》心も自重心も凡てふみにじられねバならぬ時、自分を守るものハ、自分の最も真実なものハ、「愛する我」でなければならなかった。…「私は自分を愛さなかった、自己に不忠実であった」（二六一頁）という事実である。トシの言う「一つの真実」とは、「自分を愛すること」であった。

トシの思索は続く。「なぜ自分ハこの事を誰にも秘密にしなければならなかったか？どうして私が友だちに打ちあけたのは悪いのか？」と問う。この問いにこそ、「お丶これこそハ彼と彼女との心情の偽らざる各々の実相を解く事の出来る鍵ではなかったか？」（二六二～二六三頁）とし、核心に迫ろうとする。問いの答えとして、「彼が人々にうちもらした彼女を憤った心持ハ今の彼女にハ無理もなかったと思はれる。同時に、彼女にハそれが秘密にする必要がないと思へたのも彼女にとってハ無理がなかった。」（二六三頁）と友に打ち明けた自らの行為を許す。さらに思考を重ね、「彼女は時として彼が自分の好意をうけるのに実利的であり、肝心の的を外れてゐるのではなかろうかと云ふ事を直覚して悲しみにとらはれることがあったにも拘らず強いて醒めがちな夢をみようとした。それは明らかに自らを欺く事であった。自意識の正しい判断をくらます事であった。」（二六三頁）と彼に対する感情の欺瞞に気付いていく。トシは、彼の自分に対する感情・態度に違和感を覚えながらも、それを見ようとせず、自分の都合のよいように解した自分を、「盲目ではなかったか。」と反省し、「彼女が、眠ってゐた意志を働かすならば、あの危険な泥濘におちこまない前に、どこからでも、途中から這ひ出す事が出来たのである。彼女の運命ハ悉く彼女の招いたものに過ぎない。」（二六四頁）との気づきを得る。

トシの思考はここで終わらない。「尚当然責められるべき重大な点のある事を見逃してハならぬ。」と断じ、「彼女の表現は果して彼女の心情の通りであったか。彼女の内外は一致していたか？彼女の表現は度を越ゑて居た、放縦であった、誇張があった。彼女は此点に於て自他を欺いた事に、深い悔と恥辱とを感じなければならぬ。他の点はどうであっても、この一点に於て彼に対して何事を責める資格もない。彼女は慙愧に自らへりくだる外はないのである。」（二六五頁）との境地に至る。トシの自己批正は純粋に過ぎるきらいがないでもない。心情と表現とが一致するなどということは望むべくもないのだから。それでも互いの信頼関係を築くには、ありのままの気持ちに向き合い、度を越すことなく、放縦に任すことなく、誇張せずに振舞おうとする事は必須の態度になろう。

続いてトシは言う。「彼女の責むべきは他人ではなく自己である。彼女の自我の一部として彼女の意志―人格―に統御されるべきはずの欲望が、僭越にも全自我を統御しやうとしたその歪んだ畸形な我の醜くさ、でなければならない。彼女はあ、病めるものであった！」（二六五～二六六頁）「自我の一部として彼女の意志―人格―に統御されるべきはずの欲望」というフレーズは、多分にそれまでの学問的・宗教的な学びに拠るものと推測されるが、何と気高い考えであろう。そしてトシは、次のようにまとめる。

「『常に汝の真実を語り真実を行へ。Present of mind であれ』これが彼女に烈火の試練の中から与えられた贈り物ではないか。」（二六六頁）

ここには、確かにキリスト教の影響を見て取ることができる。

二-三-二「彼女」と「世間」との関係

トシは「世間」に対して当初、「何と云ふ不公平な世間であろう。人々の自分の行為に対する解釈は何と云ふ千偏《ママ》一律な下等なものであらう。自分の心も解する事が出来ずに憶測で人を判断する何と云ふ低脳《ママ》な世間の人々であろう。」と、世間に対する憤りを隠さず、「憤りは、反感的に強いて彼女に、『自分は正しい、少くとも人々の思ふ様な疚しさも暗さもない』と云ふ一点を固守させた」（二六七頁）と述べる。そして、「どこを向いても好意と愛撫とに逢ふ事の出来た世の中は、恐ろしく干渉好きな殊に人の弱味を喜び悪意の監視を怠らない凄まじい住みにくい世界となった。彼女は世間の存在と圧迫とを同時に意識し、多勢の圧迫に堪えかねる自分を見た。」（二六七頁）と彼女と世間との極限の状況を説く。この極限の状況の中で本能がめざめる。「でも私は生きよう、こんな事で自分を死なしてハならぬ。こんな不当な圧迫に負けて潰されてなるものか、今死んでたまるものか」と反発心が湧き、「私は生きる」という勇気と「私は正しい、少くも本質は正しい」という自信を得るのである。そして「彼女を底のない絶望の深淵に近づく事や、自暴自棄や感傷的な涙の耽溺やから救ったものハ、この生きやうと云ふ本能とこれを力づけた自信とであった。」（二六七～二六八頁）と述べる。復活の起点である。しかしやがてトシは、「自分ハ正しい」という思いが虚勢であることに気付き、音楽教師に対し、「私は悪い事をしてゐるのではないから」と世間から疑われても仕方がない言動を繰り返したこと、そして「自分は性の眼から彼を見てハゐない、人間として見るのだ」と云う言い訳は「世間に通用するはずはなかった」（二六八～二六九頁）ことを理解し、「自身は世間に対してハ冷酷でなかったか」「他の人々に対する不親密と疎隔とを以て彼等相互の親密さを証明する様な傾きはなかったか」と自らに問う。トシは「この問いに否とハ云ひ得ない」と認め、「頑迷な痴愚な愛ハ、自他を傷け《ママ》ずにハおかないであらう。煩悩となり迷妄となり修道の障りとならずにゐないであろう。」（二七〇～二七一頁）と結ぶ。さらに「彼女ハ未だ真の愛の如何なるものかを知らない。」とし、「「これが真の愛でハない」と見分ける一つの路ハ、それが排他的であるかないかと云ふことである。」と括り許しを請う。

「願はくはこの功徳を以て普ねく一切に及ぼし我らと衆生と皆倶に——」と云ふ境地に偽りのない渇仰を捧げる事ハ許されない事とハ思へないのである。（二七一頁）「彼女」と「世間」との関係を考究したトシは、音楽教師への恋情は他の人（＝世間）を顧みずに「自己の幸福をのみ追求した事」であり、そこに潜む排他性を懺悔しなければならないとし、「彼女はそう云ふ不用意の中に撒いた種を刈らねばならなかったのである。彼女は今こそ神と人との前にひれ伏さねバならない。わがあやまちを許させたまへ　と祈らねばならぬ。」と祈りの世界へと我を進めていく。そうして、「彼女にハ彼女を正当に理解しなかった世の人々を責める資格ハ、ないのであった。憤りの代りに謙遜と寛容とを学ばねばならなかった。」（二七二頁）とまとめ、キリストの教えの受容に至る。

三．「罪人」の自覚と与えられた賜物

いよいよ、トシの最後の問いを検討する時が来た。問いは「この砕かれたる魂に、さゝやかれる彼女へのたまものハ何であるか。」である。

トシは、「彼女が今まで別世界の人として傲然と卑しみ眺めた「罪人」と云ふ一群の人々ハ彼女と同じ世界の同胞である事をしらねバならぬ。…罪ある彼らに対して正しい我である事を享楽する心のあった事を知らなければならぬ。彼女はもはや何人をも罪人視する資格ハない。」（二七二～二七三頁）と「罪人」としての自己の立ち位置をはっきりと自覚する。そして、「彼女が自分の過ちに心を砕かれる事なく、もしもあのまゝ何事も進んでついに一点火のうちどころのない生活に入り得たとしたら、彼女ハ畢竟道学者とハなり得ても真の人間にハなり得なかったかも知れない。」「今彼女に苦痛をとほして与へられた賜物の意味を考へる時、彼女ハ今まで恥辱と悔とに真暗であったとの過去の経験に、思ひもよらぬ光明を見るのである。彼女ハ世界の前に神の前に本当の謙遜を教へられたのでハないか、それハ人間としての修業に一歩を進めさせる恩寵でハなかったか、否彼女にハそれが恩寵であらうと或は彼女を不幸に落した運命の悪戯であらうとそれについて彼此選択したり憶測したり不平を云ったりする権利がなく必要もないのであった。何を与へるかは絶対者の領分である。彼女ハ只自分にのみ与へられた無比の経験として従順にうけとり自らを愛さねばならぬのであった。」（二七三～二七四頁）ここに至ってトシは、自己に起きた不幸な出来事を意味あるものとして受容し、漸く五年間にわたる苦しみから救われたのである。自省録のおしまいをトシはこう締めくくる。

彼女の真の証明ハ、今後の生活にある。恢復された人生に対する勇気と自由とをこれからの彼女の仕事に表ハさねばならぬ。彼女の使命の命ずるところに、彼女として許される限りの最善の、最高の、生活に至らねバならぬ。そこに彼女の生きんとする意志の弾力の強さは証明されなければならない。（二七七頁）

トシが神から与え賜った「恢復された人生に対する勇気と自由」をこれからの仕事で表し、「生きんとする意志の弾力の強さ」を証明するには、トシの命はあまりにも短かかった。自立した女性として強い意志をもち、勇気と自由をもって人生を前進するトシの姿を是非とも見たかったと思うのは私一人だけではないだろう。

トシは、最後の段落をこう記して自省録を閉じる。

彼女の生活が移りゆくまゝに、曽て彼女の味った一つの経験である彼の過去も亦姿を変へるであらう。今彼女に教へ与へたとハ又別様の言葉を以て何かを彼女にさゝやく事があらう。彼女は猶もその

中から思ひもかけぬもの――よかれ悪しかれ二様の意味に於て――をうけとらねバならぬ事があるかも知れない、と云ふその予期を持ちつ、彼女は現在の彼女の能ふかぎり大胆に正しく自己を見やうとした努力に、幾分の満足と感謝とを感ずるのである。（二七七頁）

「彼の過去」から学びうるものの今後の変容の可能性を予期しつつ、全力で自己に向き合った努力に対して少しの満足と感謝の念を示して閉じる態度に、トシの限りないつましさを感じてやまない。この態度こそ、トシの真髄かもしれない。

おわりに

「自省録」が甥の宮沢淳郎によって発見されたのは、一九六二年である。実に六七年の時が絶って発見された。このこと自体奇跡と言ってよいだろう。成瀬のいう「宇宙の意思」のなせる業だったのだろうか。宇宙の意思は、トシに業苦の体験を味わわせることで、後世の私たちにトシの類稀な頭脳を通して自己省察の具体を示させた、そこにトシの人生の意味があったのだ、との思いが過ぎる。

現代は、混とんとしており、多様な価値観がはびこる社会である。情報化が高度に進み、ますます予測不可能になっている。経済格差も大きくなり、情報の泡の中で誰もが生き辛さを抱えている。このような不確かな時代にこそ、より多くの人に、トシの残した「自省録」を読んでほしいと願う。そして、恥辱にまみれた中で、真の自己を見出そうと自らの内面に全力で立ち向かい、深く掘り進めることで「死んでなるものか」という本能に目覚め、「私は生きる」という勇気と「私は正しい、少なくも本質は正しい」という自信を得るに至った二十四歳という短い生涯を生き抜いた「宮沢トシ」という一人の若き女性がいたことを心に留め、トシの生きられなかった分まで希望をもって充実した納得のいく人生を歩んでいってほしいと心から願う。

〈脚注〉

（1）内閣府男女共同参画局「高等女学校における良妻賢母教育」

（2）山根知子（二〇二三）『賢治の前を歩んだ妹　宮沢トシの勇進』（春風社　一八頁）では、山根は、堀尾青史「宮沢トシ・その生涯と書簡『ユリイカ』（一九七〇年七月　青土社　一六六頁）より引用している。

（3）今野勉（二〇一七）は、この時期、賢治は花巻にいなかったとし、「盛岡高等農林学校を受験するため、大正四年一月から盛岡で下宿生活をして勉学に励んでいた。三月末に入学試験があり、四月初旬に合格発表があって、四月八日から授業が始まった。賢治へ事件について何も知らされなかった。」と述べている（今野勉　『宮沢賢治の真実　修羅を生きた詩人』新潮社　二〇一七年二月　九〇頁）。

（4）https:/ja.wikipedia.org/wiki/大正デモクラシー　閲覧日二〇二三年四月一〇日

（5）原敬は、一九二一（大正一〇）年一一月四日、東京駅で中岡良一によって暗殺される。なお、トシの音楽教師との恋愛事件がスキャンダルとして新聞記事に掲載された背景には、一九一五（大正四）年三月がたまたま総選挙の時期で、記事を載せた『岩手民報』が政友会と対立する憲政会（立憲同志会）を支持していたことから、選挙での同志会の勝利に資するために政友会派であった父・政次郎の娘であるトシの艶聞記事を載せたとの見方もある（注2に同じ　八四～九〇頁）。

（6）森亨（二〇一四）「日本の結核流行と対策の100年」（日本内科学雑誌　創立100周年記念号　第91巻　第1号　一二九頁）流行の主な要因は、軽工業、特に製糸工業を中心とした産業革命であり、女工を中心とする工場労働者が犠牲になった。当時の年齢階級別結核死亡率は10歳以降の生産年齢では男よりも女がより高かった。このことについて森は、「ただし10～19歳での女＞男の傾向はむしろ結核に対する思春期の生物学的な抵抗力性差によるものであろう。」と述べている。

（7）スペイン風邪の犠牲者は世界で推定二五〇〇万～五〇〇〇万人に上る。日本でも直接・間接の死亡者数は四五万人を超える。（同右一二九頁）

近代日本における宗教と青年
―宮沢トシ「自省録」の同時代的背景

深田 愛乃

神奈川県生まれ、兵庫県育ち。慶應義塾大学文学部・千葉大学教育学部非常勤講師。専門は近代日本の教育思想史。慶應義塾大学文学部国文学専攻卒業ののち、同大学同学部教育学専攻に学士編入・卒業。慶應義塾大学大学院社会学研究科教育学専攻博士課程単位取得退学。主な論文に「宮沢賢治の日蓮主義「受容」―『摂折御文／僧俗御判』の分析を通して」（『近代仏教』29号）などがある。

一念三千の理法や天台の学理は彼女には今は口にするだに僭越ではあるけれども、彼女の理想が小乗的傾向を去つて大乗の煩悩即菩提の世界に憧憬と理想とをおいてゐる事は疑ひなかつた。

（「自省録」）

内省と信仰の結びつき

宮沢トシの「自省録」からは、自己の内省と信仰の深い結びつきが色濃く浮かびあがってくる。その信仰とはどのようなものであったか。冒頭にあげた文章を理解する手助けとするために、トシの兄・賢治の信仰遍歴に簡単に触れてみたい。

宮沢家は代々、浄土真宗の篤信門徒であった。しかし賢治は、あるときから「法華経」の教えに目覚めていった。賢治による宮沢家を取り巻く真宗へのまなざしは、次の書簡に表れているように思われる。「私の家には一つの信仰が満ちてゐます　私はけれどもその信仰をあきたらず思ひます。勿体《もったい》のない申し分ながらこの様な信仰はみんなの中に居る間だけです。早く自らの出離の道を明らめ、人をも導き自ら神力をも具へ人をも法楽《ほうらく》に入らしめる」(1)。法楽とは、仏の教えを信受するよろこびのことである。賢治は、実家を取り巻く真宗には他者をも仏の教えに導くこと、すなわち利他《りた》の精神が不十分であると感じていた。

そこで賢治は「法華経」で説かれる、自己のみではなく、あらゆる生き物の成仏が可能であるとする教えに惹かれていった。冒頭の「自省録」の引用文に見られる「一念三千」とは、天台宗の開祖である智顗《ちぎ》が「法華経」の教えに基づいて立てた教説である。一念三千とは、自己の一瞬の意識（一念）に宇宙の森羅万象（三千）を包摂すると説くものである(2)。賢治はこの一念三千論に自然科学的な生命観を重ねつつ、「世界がぜんたい幸福にならないうちは個人の幸福はあり得ない」（「農民芸術概論綱要」）(3)と主張した。

はじめに引用した「自省録」の文章に表れているのは、自己のみを祈る自利の考えから離れつつある姿である。トシは、兄・賢治が依拠した「法華経」で説かれるような宇宙全体への広がりを持つ他者のことをも祈る利他の精神に惹かれつつあった。ただしトシは謙虚にも、まだ自分にとってはそれらの教えを口にするのは出過ぎたことであるとはばかり、さらに「憧憬」と「理想」を抱くにとどまっているのであった。

このように内省と信仰を結びつける傾向には、もちろんトシの生まれ育った宮沢家を取り巻く環境からの影響もあると考えられる。トシは賢治とともに宮沢家の菩提寺であった安浄寺の報恩講（宗祖である親鸞の祥月命日の前後に勤まる法要）に参加したり、花巻の大沢温泉で開かれた夏期仏教講習会で仏教者の話を聞いたりするなどしていた。幼い頃からトシにとって、信仰や仏教は生き方に密接した存在であった。

東京に学び集った学生たちの中で

一方で、宮沢家という特殊の環境だけではなく、同時代において青年と宗教の深い関わりがあったというより広い事実に目を向けたい。明治から昭和戦前期の日本では、仏教をはじめとする宗教ないしは宗教的なものは青年男女にとって身近な存在であった。宗教者は、雑誌や新聞などのメディアを活用したり講話を行ったりするなどして、文化や社会一般に一定の影響を及ぼしていた。

戦前の東京本郷（現・文京区）の様子をもとに、より具体的に想像してみたい。本郷には、現在の東京大学の前身である東京帝国大学や東京帝国大学予科に位置づけられる第一高等学校の校舎群が並んでいた。本郷は当時のエリート学生が集う街であり、一八九二年（明治二五）頃から昭和初期にかけては東京最大の下宿屋街でもあった。注目すべきことに、この周辺には、キリスト教会が先駆けた宗教者の経営する寄宿舎が、東京に学びにやってきた学生たちを囲い込む形で複数位置していた。

その中に、宮沢家と交流した仏教者の近角常観《ちかずみじょうかん》（一八七〇～一九四一）による求道学舎も存在した。近角は真宗大谷派の僧侶で、東京の本郷にある求道会館（説法所かつ集会所）・求道学舎（学生の寄宿舎）を拠点として青年の感化に努めていた。革新的な僧侶として活躍した近角の運営による求道学舎は、入舎者として、寺院師弟ではなく東京の高等学校や大学、とりわけ第一高等学校と東京帝国大学に通う一般の学生を迎え入れた点に特徴があった(4)。

さらに本郷周辺には、キリスト教者の海老名《えびな》弾正《だんじょう》（一八五六～一九三七）の講義所であった本郷教会などの宗教施設が見られた。東京に集った学生たちは、こうした求道会館や本郷教会等の宗教施設に顔を出していた。当時の様子について、日本女子大学校（現・日本女子大学）でのトシの先輩にあたる平塚らいてう（一八八六～一九七一）は、次のように回想している。「同じ寮生のなかに、植村正久さんの富士見町教会や壱岐殿坂の本郷教会に出掛けるもの、森川町の真宗の新人近角常観さんの説教を聞きにゆくものなど何人かありました」(5)。学生たちは、ここに挙げられたような宗教者から話を聞いたりその場で互いに語り合ったりしながら、人生の様々な思いに向き合い自己形成・人格形成をはかっていたと考えられる。トシは、まさにこのような学生像の中にあった。

先に触れたように、かねてよりトシの父・政次郎をはじめとする宮沢一族と近角は密接な関係にあった。先述した大沢温泉の夏期仏教講習会にも、近角は講師として招かれている。トシは一九一五年（大正四）、東京にある日本女子大学校に入学したが、トシの上京に際して父・政次郎は近角にトシの精神方面の修養の指導を願う旨の書簡を送っている。

大学校入学後、学生寮に入ったトシは、次のように切実な思いをしためた書簡を近角に送っている。「求道の志、切でない熱心でない者、これでも先生はどうにかして下さる事が出来ますでございませうか」(6)。この書簡の文面に、内省と信仰の定まらなさに苦しみを抱えるトシの姿が浮かび上がる。この頃のトシは、まだ実家の真宗信仰の中でゆらぎながら、娘を思う父の願いを受けて真宗僧侶である近角に縋《すが》ったことが想像される。

当時の青年にとって、何かに思い悩み苦しんだとき宗教ないしは宗教的なものに何らかのこたえを求めることは、今よりもずっと身近な手立てであったと思われる。トシの「自省録」からは、この時代の宗教的な希求を通した一つの自己形成の跡をたどることができるのである。

現代青年の視点から見る「自省録」

本書を手に取られた読者の方々は、トシの「自省録」に見られる宗教的希求を通した自己形成の跡をどのように受け止めただろうか。トシの悩みは自分に近いものと思われたかもしれないし、あるいは宗教に縋っていくところには距離を感じられたかもしれない。

昨年度、大学で「近代日本の仏教と青年」なる講義を持たせていただいた。その際、先述してきたような宗教を求めた近代日本の青年と現代の学生の間には距離があるのではないかと思い、学生に次のような問いに答えてもらった。「皆さんが高校生の頃から大学生の現在にかけて抱えてきた悩みはどのようなものですか。また、それを解決するためにどのような方法をとりますか」。回答では、悩みについては自身の性格や人間関係に関するものが多く、その解決方法としては信頼できる人に話を聞いてもらったり様々な人に相談したりするという声が多々見られた。中には、いまだどのようにして良いかわからない、悩みは悩みとしてそのまま受け止めているという回答もあった。

もちろん、近代を生きた青年と現代の青年では、悩みの内実そのものには違いが見られる。しかし、誰か信頼できる人に話を聞いてもらったり、色々な人に話を聞きに行ったりするという構図は、根底的なところでは通ずるものがあるといえるかもしれない。戦前の学生たちもまた、難解な教義の獲得というだけではなく、自身の生き方という切実な問題に向き合うために、宗教者たちのもとに集ったと考えられるからである。とりわけ当時のトシと年齢を近しくする現代青年が、先述してきたような「自省録」の歴史的背景を知ることは一定の意義を持つのではないだろうか。

〈註〉

（1）宮沢賢治一九九五『新校本 宮澤賢治全集』第十五巻 本文篇、筑摩書房、八九頁。

（2）松岡幹夫二〇一五『宮沢賢治と法華経―日蓮と親鸞の狭間で』昌平黌出版会、二〇七頁。

（3）宮沢賢治一九九七『新校本 宮澤賢治全集』第一三巻上 本文篇、筑摩書房、九頁。

（4）碧海寿広二〇一四『近代仏教のなかの真宗―近角常観と求道者たち』法藏館、九四頁。

（5）平塚らいてう一九九四『わたくしの歩いた道』日本図書センター、四五頁。碧海寿広 二〇一四、前掲書、八八頁では、こうした回想をもとに、明治後期の学生たちにとって、近角が「キリスト教の人気指導者たちと並び称されて然るべき仏教者としてあった」と指摘されている。

（6）「資料 宮澤賢治一族書簡翻刻」（岩田文昭 二〇一四『近代仏教と青年―近角常観とその時代』岩波書店）、二九二頁。

花巻南高校創立九〇周年記念戯曲作品
「I am a little girl」に描かれた宮澤トシ像をめぐって
岩手県立花巻南高等学校演劇部・文芸部合同座談会（演劇部顧問・山中 基雅／文芸部顧問・菊地 久恵）

特集「永訣の朝」百年
——宮澤トシさん　没後百年によせて——

前号・令和三年度花巻南高等学校文芸部誌「門」十五号の特集「文芸研究賢治がトシを呼ぶ詩Ⅱ 本校詩碑『風林』から—」では、賢治が亡くなった妹トシに呼びかけるフレーズを含む詩の中から、詩碑の由来である「風林」と、「白い鳥」二編について鑑賞した。

トシの死の当日、大正十一（一九二二）年十一月二十七日を付せられた「永訣の朝」、「松の針」、「無声慟哭」三編の後、賢治は全く詩を書かない数か月が続いた。翌一九二三年六月三日、四日の日付で、農学校の生徒たちとの登山の途中に書いた「風林」、その帰り道の体験をもとにした「白い鳥」は、賢治が生徒に呼びかけたりしながら、トシを思い、トシへの言葉が出たことで、再び生み出されたと思われる詩編だった。

続いて今年の令和四年度「門」十六号では、「トシを呼ぶ詩Ⅱ」として、賢治が一九二三年にサハリンを目指したトシの鎮魂の旅の途上で生まれた詩編を鑑賞しようと考えていた。

しかし、私たちは詩の鑑賞をしていくうちに、賢治の詩のなかで呼びかけられている「妹」トシとしての面だけでなく、「宮澤トシ」という人自身の魅力を知り、もっと知りたい、もっと見つめてみたいと思うようになった。

今年二〇二二年は、宮澤トシの没後百年にあたる。この機会に、明治四十四（一九一一）年、本校が岩手県立花巻高等女学校として開校した年に入学した大先輩である宮澤トシさんの人間像に、一一一年後の後輩である私たちが、私たちなりの視点で迫ってみることにした。

一．演劇部・文芸部合同座談会

花巻南高校創立九〇周年記念戯曲作品
「I am a little girl」に描かれた宮澤トシ像をめぐって

【日　時】令和三（二〇二一）年一一月二五日（木）一六時〜一七時
一一月二六日（木）一六時〜一七時
【会　場】花巻南高校時中堂・花巻南高校ＬＬ教室
【参加者】演劇部員六名・顧問　山中　基雅
文芸部員三名・顧問　菊池　久恵

花巻南高等学校演劇部には、創立九〇周年記念「I am a little girl」（岡

部敦・作）という戯曲作品がある。宮澤トシが教諭となり、現代の生徒と交感するという内容で、トシさんの教諭時代をヒントに作られており、平成十四年岩手県で最優秀賞を受賞した。本校の演劇部門での飛躍のきっかけともなった栄誉ある作品だという。

二〇二一年十一月、トシさんの百回忌にあたり、演劇部による朗読会と鑑賞を通して、演劇部・文芸部合同で座談会を行い、両部のメンバーそれぞれの視点から、トシさんの人となりをうかがうことにした。

なお、戯曲「I am a little girl」は、「高校演劇セレクション03上」（晩成書房）に収められている。本稿では、その内容に触れる際に同集の掲載ページを用い表記することとした。

及川 「I am a little girl」を演じるうえでそれぞれの役に対してどんなことをイメージしましたか。

柏木（トシ） トシさんは聡明とか美しいとか知的な感じがして、自分とはかけ離れているので、いつも（の自分）と違うように頑張りました。

志田藤（芳子） 九十年前の少女ということで今の人とは違う昔の時代の感じの少女として演じました。

菱川（浩子） セリフが少なかったけど状況をみんなに伝える役でもあったので、「浩子」の心情を出せるように演じました。

菊池（智子） 一生懸命に英語を勉強する「芳子」と違って今の時代の投げやりな感じがしたので、あまり話を真剣に聞かないような感じなのかなって思って、そう演じました。

及川 登場人物の中でも時代が変わってきますが、その演じ分けはどのように意識していたんですか。

柏木（トシ） トシさんは昔の先生なので、山田先生みたいにフランクじゃなくて、すごく丁寧に教えられるような優しい先生なのかなって思って、今とは違ってタメ口とかもないですし。基本は敬語でということを意識しました。

齋藤 トシさんは今置かれている状況と向き合ってると思うんです。例えば、八十九ページからの話で、自分とも、社会とも向き合っていて、前を向いている人なんじゃないかなって思ったんですけど、演劇部の皆さんが感じとれた人物像というものを教えていただきたいです。

柏木（トシ） 話の解釈として、トシさんが今の時代に生きていたら、智子みたいな感じになったんじゃないかなって思ったんですね。それこそ学生時代に先生との恋愛という部分も智子と重なる話ですし、男女の差を気にするのも重なってますし、でも、智子に似ているようで似ていない。トシさんは聡明だとも思いましたし、感情が、いや感受性が豊かなんじゃないかと思いました。恋愛についても簡単に想像ができるというのもそういう経験をしたことがあるからであって、それでいて世界の幸福も考えられるというのは、そういうふうにずっと考えてきていろんな経験をしたうえでその考えに行きついたと思うので、いろんな経験をして、それらすべてを自分のことのように考えてきた優しい方なんだと思いました。

菊池先生 他の人たちも、トシさんはどんな人だと感じたか教えてください。芳子さんからは同じ時代の人としてどんなふうに感じましたか。

志田藤（芳子）トシ先生は男女トラブルも乗り越え、総代にも選ばれていたので、気持ちがしっかりしている人なのだと思いました。

菊池先生 インタビューする側ですが、文芸部の皆さんはいかがですか。

読む演技というのを聞いて、トシさんはどのような人だと思いましたか。

及川　さっき仰っていたように、なんていうか、トシさんは精神的に強い方というか、とても心が強い方だな、という印象を聞いていて思いました。

菅原　印象に残ったのが、「世界全体が幸福にならなければ」というところが、実際には言っていないと最後のページに書かれてあるのですが、もしトシさんが言っていたとしても、おかしくはなかったセリフだったなと思いました。また、時代の一歩先を進んでいる人にも思いました。

齋藤　さっきも言ったのですが、自分と向き合えていて、男女に限らず、深く考えられている方だなと思いました。例えば社会問題とか幸福とか主に男女のことなんですけど、やっぱり自分の意思を強く持っている方だと感じました。

菊池先生　現代編を演じた人たちはどうですか。

菱川（浩子）自分はトシさんについてそんなに詳しくないので、本物というか、昔に生きていたトシさんが、この物語上の性格と似ているのかどうかというのはちょっとわからないんですけど、時代の中の固定観念というか、壊すじゃないんですけど、どの時代でもトシさんみたいな自分の思いを持っている人は必要なんじゃないかなと思いました。

菊池（智子）私がやった智子の役は、山田先生と会話するのが主で、もし時代とか関係なしにトシ先生と智子がこの問題について話したとしても、トシ先生の真っすぐさがあんまり智子には効かなかったんじゃないかなと思っているところがあって、そういうところではやっぱり昔の女性が低い身分として扱われる時代としてはすごく真っ直ぐだったのだと感じました。

菅原　僕がさっき言ったことにも言えるんですけど、トシさんの「世界全体が幸福にならない限り、個人の幸福はありえない」っていうシーンがあって、その言葉を言ったトシさんの気持ちはどうだったのか聞きたいです。

菊池先生　難しい質問ですね。賢治さんの言葉なんだろうけど、トシさんが言ったことになっていることをどう思いましたか、ということですね。

菅原　そうですね。

柏木（トシ）現代についても同じことが言えるのではないかと思います。男女の差とか、貧富の差とかが世界全体の幸福に繋がって、確かに今でも男女の差とかが国々によってあるので、そしたらもちろん個人だけが幸福になるということはまずありえないので、現代の人にも言っていくべき言葉なのではないかなと思いました。

菅原　ありがとうございます。

齋藤　右上に九十ページと書いてあるところなのですが、智子さんを演じた菊池さんに、中身的な部分になってしまうのですが、呼び方がやっぱり先生から山ちゃんに変わっていくじゃないですか。そこにはどういった意味が込められているとか考えはありますか。

菊池（智子）個人的に智子の性格的に、先生は正式な先生じゃないというのもあって、すごく親しんでいる感じなのを結構感じていて、それなのにちゃんとしたっていうふうにしたことが、やっぱり目上の人ということをちゃんと理解した上で、目上の人からちょっとした助言が欲しいと思っているっていうふうに考えていて、やっぱり切り替えっていうのは、八番の区分けなので、セリフではなくて読んでいないんですけど、トシが二人を見ていて、智子がトシに気づくっていうシーンで、トシの真っ直ぐさとかを感じとって、目上の人にもちゃんと頼ってみようっていう気持ちが芽生えて、『先生、ちゃんと助言が欲しいです』っていうふうに言ったんじゃないかなと個人的に思っています。

齋藤　ありがとうございます。

山中先生　単純にこの作品を読んでの感想みたいなものもあってもいいんじゃないですか。

菊池先生　そうですね。全員発表しますか

山中先生　全員とはいかなくても、とりあえず文芸部から一人くらい発表した方がいいんじゃないかなと思います。

菊池先生　では、この作品を読んで、あるいは鑑賞して、この演劇がどういうメッセージを持っているか、そういったところを感じとったと思います。文芸部員は全員発表した方がいいのでは。まとまったら、文芸部の皆さんは発表してください。誰からでもいいですよ。

山中先生　作品が演劇部以外に読まれることがあんまりないから、どういう印象になるのか興味はありますね。主役は宮沢トシさんなんでしょうけれども、一方で、一つの作品としても演じられ続けているんですよね。「I am a little girl」は去年も一昨年も。全国で演じられないことがない。だから、高校生が読むとなにかピンとくるものがあるんでしょうね。人気作品なんです。

志田藤（芳子）この作品は東北大会まで行っている作品で、県大会を乗り越えた作品っていうのはいろいろ理由があると思っていて、例えば、この作品で中心的に描かれている宮沢トシさんは明治の人で、山田先生は現代の人で、二つの時代が合わさって芳子だけでなく現代の智子にも影響を与えているという感じがしました。

齋藤　この作品はトシさんのことを知ることもできるし、昔の男女の差別の知らない部分も深いところまで知ることができるし、男女差別ということに限らず、差別は今も問題となっていて、そういうことも含まれていてすごく身近に感じました。「先生」とか「やまちゃん」とか呼び名が変わることに何か意味があるんだなと、」表現の仕方が面白いと感じました。

及川　朗読劇を聞く前に初めて読んだときは、戯曲というジャンルだと情景描写が少なく、少しわかりにくいところがあったんですけど、いざ聞いてみると頭の中に情景が浮かんできて、本当にトシさんたちが話しているような感覚になって、実際会ったこともないしどんな人かもあまり詳しく知っているわけではないけど、少し知ることができたような気がしました。また、トシさんが「しかしあなたは夢を持つことができる」と言っていて、ちょうど私が進路のことを考えていたのでとても心に刺さりました。現代の人でもとても心に刺さるいい作品だと思います。

菅原　僕はこの戯曲を読むまでトシさんのことをあまり知らなかったのですが、こうやって読んだり調べたりすることで、よりトシさんの考え方について知ることができる良い機会だったなと思ってます。トシさんが「それはあなた自身で探すことです。天職を見出すこと自体が大変なのだと思いますよ」。って言っていて、僕の場合まだ、あんまり夢っていう明確なものがまだ見つかってないんですけど、今この瞬間も大切なことではあると思って、自分に合った職業を見つけることも大切なんだなと感じました。

柏木　「I am a little girl」という題から、台本の十九ページに書かれているように「小さい女の子だけど、夢を持つことができる。」とプラスに捉えることができます。しかし、トシさんの過去を知ったうえで読むと、何も変えられずに死んでいくしかない、という心残

りがあったようにも感じます。プラス・マイナスどらの面でも考えられるということです。難しい脚本ですね（笑）

山中先生　たしかにそうですね。

菊池先生　一年生は、来年『永訣の朝』の詩を学習するので、この演劇を通して、いい予習になりますね。なにか気になった場面や、台詞はありますか？

菱川　私もこの脚本は難しいなと感じます。例えば、トシさんは実際に言っていないですが「世界が平和じゃないと…」のところです。ここで私は、幸福って何だろう、その基準は何なのか。そう考えましたね。

菊池先生　とても深い読みとりですね。

山中先生　やはり演じるうえで、気持ちを深く考えているからこそですね。この作品は、もしそのまま小説にしようとすると、かなり印象が異なるものになってしまうかもしれません。演じるからこその作品ですね。

山中先生　人物の中で山田がいいなと思いました。トシさんはやはり別格という感じがします。

柏木　私もそう思います。

山中先生　山田はそれと対比されているので重要だと思います。

菊池先生　トシさんの過去を、とても知ることができる劇曲でしたね。今、百十周年とトシさんの命日を挟んで、文芸部としてそれを特集として取り入れた文芸誌を作ろうとしています。今日は、演劇部の皆さんに感謝したいですね。

演劇部　ありがとうございます。

及川　文芸部だけではできないことなので、今後ともよろしくお願いします。

菊池先生　県の文芸祭では入賞者が詩の朗読を行うのですが、校内の文化祭で発表できればしたいとも思っています。（笑）

山中先生　演劇部も四・五年に一度、外で朗読するという活動があって、来年がその時なんです。

演劇部　それは初耳です。

及川　このような機会を頂き、本当にありがとうございました。

文芸部　ありがとうございました。

及川　この企画を通して、トシさんのこと以外にもたくさんお話ができてよかったです。ぜひ次も機会があればよろしくお願いします。

文芸部　よろしくお願いします。

一同　ありがとうございました。

※本節は許可を得て、岩手県立花巻南高等学校文芸部誌「門」第十六号の特集［「永訣の朝」百年―宮澤トシさん　没後百年によせて―］を転載したものです。

私の「自省録（宮澤トシ）」

軽井沢風越学園　甲斐 利恵子

福岡県大牟田市生まれ。筑波大学大学院修士課程教育研究科修了。大村はまに学ぶ単元学習の実践家。東京都内の公立中学校に国語科教員として勤務。港区立赤坂中学校定年退職の後、軽井沢風越学園勤務。日本国語教育学会、東京都青年国語研究会、大村はま記念国語教育の会に所属。光村図書中学校『国語』『書写』編集委員。著書に『中学校国語授業づくりの基礎・基本　学びに向かう学習環境づくり』（東洋館出版二〇一八）、『子どもの情景』（光村図書出版一九九七）など。

二〇二一年四月、三八年間の公立中学校勤務を終えて私立軽井沢風越学園のスタッフとして勤務することになった。本校は幼稚園と義務教育学校の幼小中一貫校である。公立学校のシステムに慣れた私にとっては何もかもが違って見えて、新しい世界に足を踏み入れた実感があった。「先生」という言葉がどこにもない学校生活が始まった。大人は教員もいるけれども教員以外の人もすべて「スタッフ」と呼ばれ、全てのスタッフが子どもと関わり合って、お互いを「呼ばれたい名前」で呼び合っている。校長はゴリさん、理事長はしんさん、私はりんちゃんである。授業は国語の授業もあるが、「探究」の時間が多く、教科の授業と同じように「探究」の時間も担当している。

「探究」には学年のスタッフから手渡す「テーマプロジェクト」と個人で探究を進める「マイプロジェクト」がある。二〇二一年度初めて赴任した年にテーマプロジェクトで宮澤賢治の演劇をゴールとするテーマプロジェクトを設計し担当した。同僚で大学時代も熱心に演劇をしていたスタッフと組んで取り組んだのだが、彼女は演劇の世界で宮澤賢治が多く取り上げられる理由が分からず、これを機に宮澤賢治に取り組んでみたいということだった。若いときから賢治に魅せられていた私には願ってもないことで、多くの文献を地域の図書館からも集めて準備にとりかかった。宮澤賢治を知らず、作品もほとんど読んでない子どもたちとどうやって演劇にまで創り上げていくのか、まさに大人にとっても「探究」にふさわしい取り組みとなった。賢治自身のことを子どもたちが探究できるように、家族のこと、賢治の作品や作品論、詩、評伝、教員時代、音楽、農業、地学、天文学、植物など賢治に関わるさまざまな分野の文献を用意し、賢治を語り合う時間を持った。そんな中で子どもたちは「永訣の朝」に出会い、妹トシのことを知ることになる。子どもたちの中に蓄えられた賢治に関する「もっと知りたい」に答えてくれる方としてお願いしたのが望月善次先生である。子どもたちは望月先生に（ZOOMで）さまざまな質問をしていた。その中に、「妹トシの失恋事件?について詳しく教えてください。」というものがあった。このとき望月先生はトシの失恋について簡潔に述べた後、「トシはその事件について振り返ってものすごく深い考察をしている。今までは賢治の妹として有名だったが、ひとりの人間として自分の失恋事件を正面から受け止めて向き合った。歴史に残る一人だと思う。」と説明してくださった。

子どもたちはこの後自分たちの賢治像を検討し合い、作品を含めた議論を重ねて、『銀河鉄道の夜』と賢治の人生を絡めた五幕の構成で劇を創ることにした。第三幕目の題名は「賢治の妹、トシの死」となっている。賢治にとってトシがどのような存在であったかをみんなはさまざまな資料から考え、トシの人物像にもふれる言葉を口にしていた。この時点では私もトシの人物像を克明に描けていなかったが、「知的で聡明で兄さんが心の支えとした人物」という子どもたちの分析に共感していた。

しかし、実際にトシが書いた「自省録」には想像を遙かに越えた人物像が立ち現れていた。「思ひもよらなかった自分の姿を自分の内に見なければならぬ時が来た。」と、トシは自省録の冒頭に書き記した。ここには、自分という存在をかけて、決して目を反らさず、妥協を許すことなく、事を起こした自分自身を確実に射貫いてみせるという並々ならぬ強い覚悟が表現されている。自らを省みるということはここまで厳しい作業であったのかと突きつけられたような思いがした。文中、自分のことを「彼女」と呼び、我が身を徹底的に遠ざけ、客体化して静かに見つめ続けるトシの視線に、背負った悲しみの深さが窺える。恋愛という感情と感情の絡み合いの中で事実が蓄積されていく出来事を、冷静に分析する卓越した能力と強靱な精神力が読み手を圧倒する。

「永訣の朝」という作品を知り、その作品に惹かれた風越学園の子どもたちは、「永訣の朝」を国語の授業で解説してほしいと申し出てきた。高校の教材として定着している作品を中学生たちが教えてほしいと言ってきた背景には、詩の中にあるトシの言葉を深く知りたいという思いがあったようだ。私の解説は俄勉強で蓄えたもので、「自省録」のことも知らず、到底解説と言えるようなものではなかった。しかし、子どもたちは「こんど生まれてくるときは……」というセリフを劇の中に入れながらトシという人物を丁寧に描こうとしていた。このとき、「自省録」を私自身が知っていたら、子どもたちが読んでいたらどのようなことが起こりえただろうか。「自省録」を知る前と知った後では、宮澤賢治という人物や作品(今は「永訣の朝」)に対する思いが、自分の中でかすかに変容したように思われる。そのことについては詳しく語る言葉を持たないが、考えてみたいことの一つに加わったように思う。

もう一つ、『自省録』に関わって思い出した出来事がある。風越学園では「探究」を大事にしていることを先に述べたが、この「探究」という学びは常に「振り返り」と共に在る。答えのない学びを進めて行くには、常に自分の思いや考え、やりたいこと、実際の行動、他者を含めた状況や環境など向き合うべき事柄が多くある。他者との交流も盛んに行われ、フィードバックを送ることも受け取ることも大事な学びとして位置づけられている。しかし、開校二年目の子どもたちにとっては「振り返り」はしなければならないものと意識してはいるが、その存在が確かな学びに繋がっていないという印象があった。振り返りの文章に書かれた言葉は「楽しかった・おもしろかった・良かった」「つまらなかった・意味が分からなかった」などの感想にとどまっているものが多かった。この「振り返り」が学びにとって意味あるものになるためにはどうしたらいいのかと考えて、「振り返りの振り返り」と題して授業を試みた。

開校三年目を迎えた「探究」の時間の初めに、「振り返りは単なる感想ではない」と伝えたところ、即座に「じゃあ何なのですか?」と質問が返ってきた。「何だと思いますか?」と返した。沈黙が続いた後、中学二年生の女子生徒がぽつりと「未来のためかなぁ」とつぶやいた。そのときの子どもたちは、「ほうっ!」というため息、「なるほど!」という声をあげていた。答えになっているとは言えないかもしれないが、確かに「そうだ!」と納得した空気が広がった。であるならば、どういう要素が必要なのかという問いが生まれる。そのときは、「振り返り」にふさわしいと思われる生徒の文章を紹介したり、事実を正確に把握することやその事実はなぜ発生したかを分析することなどを伝えた。このときの女子生徒の発言は私自身にとっても予想外の発言だったが、以後ずっと「未来のため」という言葉が自分の中に残り続けている。

そして、トシの「自省録」に出会った。トシは心の底から前に進みたかったんだろうなと思った。強く生きていきたいと切望したからこそここまで自分と対峙することができたのだと思った。「未来」を見つめ、一歩一歩確実に歩いて行こうとするトシのひたむきな姿がここにある。

トシは次のような言葉を「自省録」に書いている。

・自然は、私に明らかに「出直せ」と教へている。
・あるべき理想の状態は何であるかを考へる力が足りぬ。
・彼女は自分を愛さなければならない。

「自省する」ということはこういうことだと随所で教えてもらった。渾身の力を振り絞って書いた「自省録」の最後には「現在の彼女の能ふかぎり大胆に正しく自己を見やうとした努力に、幾分の満足と感謝を感ずるのである。」とある。心から「お疲れ様でした」と伝えたくなる。「生きる」、あるいは「よりよく生きる」ということと「自省する」ということが真っ直ぐに繋がっている。今、トシの言葉の一つ一つをもう一度しっかり辿ってみたいと思っている。

宮沢トシ「自省録」の語りを問う
―賢治の世界観認識との交差―

黒瀬　貴広

山梨県公立小学校教諭。
一九九五年神奈川県相模原市生まれ。
山梨大学大学院国語教育専攻修了。
文学研究と国語教育の交差を求めて，実践と研究を進めている。

一・「自省録」の読みを問うことの今日的な意義について

「世界がぜんたい幸福にならないうちは個人の幸福はあり得ない」。宮沢賢治が喝破したこの世界観認識とは、「個人」を超えた生命全体との究極的な関係性が問題にされていると言える。しかし、ここで賢治の述べる「世界」や「個人」とは一体何を指し示しているのか、さらには「幸福」とは一体何なのか。このことは、今日にまで続く膨大な賢治研究の成果を以てしてもなお、難題として迫って来る。賢治の世界観認識に多くの読み手が魅了されつつ、その意味を深層で捉えることの困難さに絶えず晒されて来たのである。

他方、賢治の妹トシは、二〇二二年に没後一〇〇年を迎え、彼女の生の在り方が再び注目を浴びることになった。それは、トシが記したとされる「自省録」という手記が、遺族の協力を得て広く読むことができるようになった近年の状況と相まっている。そして、筆者はこの「自省録」が、トシという人物の固有性を明らかにするだけではなく、賢治の生を問うていくうえでも極めて重要な位置を占めていると捉えている。その理由は大きく分けて二点ある。第一に、賢治自身が、トシとその世界観認識を共有してきたことを強調しているからである。例えば、トシが亡くなる時のことを詠んだ「無声慟哭」の中では、「信仰を一つにするたつたひとりのみちづれのわたくし」ということが記されている。この一節からも、賢治とトシが如何に深部においてその世界観を共有していたかが分かる。賢治が詩の世界を通じて切り拓こうとした世界はトシが生きようとした世界であり、トシの生の固有性を問うことは賢治の世界観を問題にしていくうえでも極めて重要な意味を担っていると言える。第二に、「自省録」という手記自体が直接的に「個人」と「世界」の「幸福」の問題について言及しているからである。「自省録」は　九二〇（大正九）年の一月下旬から二月九日までの一六日間に及んで書かれた。ここではトシが花巻高等女学校時代の音楽教師との間に起きた恋愛事件の問題が語られている。そして、この事件を彼女自身が如何に受け止め生きていくかという過程で、「個人」や「世界」、さらには「幸福」とは何かが問題にされている。「自省録」という手記が、賢治の世界観と共鳴し、響き合っているのである。

本稿は、この「自省録」の読みを全面的に問題化することで、トシさらには賢治の世界観認識の問題に直接的に言及することを試みる。二人の兄妹が生きようとした世界とは何だったのか、その問題の根源に迫っていきたい。

二．「自省録」におけるトシの格闘 ―語りの位相に着目して―

まず、着目したいのは、自身の生を見つめ直す手記として書かれた「自省録」が、余白を挟んで三つのパートに分かれている点である。以下、この三つのパートをそれぞれ「第一パート」、「第二パート」、「第三パート」とする。初めの「第一パート」では、この手記が持つ性質について記されている。トシは「自省録」の冒頭、「思ひもよらなかった自分の姿を自分の内に見ねばならぬ時が来た。最も触れる事を恐れて居た事柄に今ふれねばならぬ時が来た」と語り出している。先述した通り、トシがこのように語る背景には、花巻高等女学校時代の音楽教師との恋愛関係をめぐる事件があったとされている。

トシは、自身が通う高等女学校の音楽教師と親密な関係になった。だが、その関係性が世間に知れ渡ることによって、周囲からの裏切りや誹謗中傷に晒されることになる。トシはこうした状況に魂をすり減らしながらも、何とか高等女学校を卒業し、その後は日本女子大学へと進学した。だが、トシは後に「自省録」において、この恋愛事件に関わり「私の生活の不徹底と矛盾とは凡てこの遁るべからざるものをのがれ、見まいとした不自然から来た様に思ふ」と自己の生を顧みている。トシにとって高等女学校時代に体験したこととは、自身の生を揺るがす根源的な問題を抱え込んでおり、これと向き合わざるを得なかったのである。だからこそ、トシはこの内奥の問題を克服するために「自省録」を書き出した。「私は自分のした事を本当に知り度い、そしてこの執拗な束縛から脱れたい、新たに生れ変りたい、と云ふ願ひに押されて過去に目をむけやうとするのであ」り、ここにトシの問題意識があったと言える。

ところが、「第二パート」では、「第一パート」で明確にし、向き合おうとした問題が如何に困難なことであったかが語られることになる。トシは「批判に先立ってなすべき事は誤りなく過去のわが姿を観察し凝視すると云ふ事であった。そしてその仕事に指を染めてはじめてわかったのはその事の如何に難事であるかと云うことである」と述べている。そして、「私はこの一経験をかつて私がふれた人生の一つの現象、生活のすがた、として完全に客観的に、（それは歴史的事実と完全に適合すると否とに拘はらず）見る事の出来るまでは―即ち自分の利害に濁らせる事なしに見うるまでは―客観的表現を見合わせやうと思ふ」と記すのである。

ここで押さえておきたいのは、「客観的表現」で以て「誤りなく過去のわが姿を観察し凝視する」ということの困難さをトシが全身で引き受けている点にある。トシは、自己の奥底に潜む問題を抉り出すために、過去の自分を内省しようとした。だが、その時今度は「過去になした自分の行為を今如何に取扱ふか」ということが問題になった。つまり、過去とは現在の自己によってそう捉えられた過去であり、「過去そのもの」は捉えられないという難問に直面しているのである。それは、どんな「客観的表現」を用いても不可能であり、トシは自己を内省する言葉を停止せざるを得なくなったのである。

だが、それにもかかわらず、この後の「第三パート」では、それまで「第一パート」及び「第二パート」で「私」を主語にして内省していたところから転換し、「彼女の心のいたみは混沌としてゐる」と書き始めることになる。つまり、一人称から三人称へと語りを転換させて自己を内省し始めたのである。「自分の利害に濁らせる事なしに見うるまでは―客観的表現を見合わせやうと思ふ」としていたところから、如何にして自己を対象化して語り出すことができたのか、この点に立ち止まる必要がある。

三、トシが追究した幸福論―賢治の世界観認識との交差―

「自分の利害に濁らせる事なし」に世界を捉える。この問題と正対し語り出すためには、「第一パート」及び「第二パート」とは決定的に位相の異なる主体が「第三パート」において要請されていたと考えられる。すなわち、「第一パート」及び「第二パート」で前提となっている「私」という主体を完全に消去し、世界をあるがままに認識する主体として「第三パート」を語り出すのである。この「私」ならざる「第三パート」の語る主体のことを本稿では〈私〉と呼ぶことにする。この〈私〉という主体の側から「私」を「彼女」として相対化して語るのが『第三パート』以降の「自省録」だと言える。

では、この〈私〉は「私」のことをどのように相対化して語るのか。〈私〉は「とにかく彼女が彼と離れねばならぬ事は自然であった。お互ひに人類愛とでも云ふべき大きな無私な公けな愛を抱くに堪えうるほど人格として生長しないうちは」、「彼等が人間的の好意を持たうとする事は無理であり、相背いて各各自己に真実な路を別別に歩むのが当然の事ではなったらうか」と語っている。ここで〈私〉が問題にしているのは、「人類愛とでも云ふべき大きな無私な公けな愛」である。「私」と「彼」（＝女学校時代の音楽教師を指す）は、「各各自己に真実な路」を歩んでいた。〈私〉は、そのようにして各々が自己を絶対化している限り、両者の関係性が近づくことはないと捉えている。そこには、「無私」の境地、いわば「人類愛」とでもいうべき「公けな愛」が必要だったのである。「彼等の求めたものは畢竟彼等の幸福のみで、それがもしも他の人人の幸福と両立しない場合には、当然利己的に排他的になる性質のものではなかったか」と厳しく言及している。

ここに至り、トシが生きようとした幸福の在り方が明確に打ち出されていることを我々読者は体感することができる。トシ（＝〈私〉）は、「これが真の愛ではない」と見分けうる一つの路は、それが排他的であるかないか、と云ふこと」だと言う。そして、「自己の幸福をのみ追求」することは、たとえそれが「個人に向けられたものであらうと家族や国家にむけられたものであらう』と「自他を傷つけずにはおかない」とする。自己の幸福をのみ追求することは、必ずどこかで排他的になり、自他を傷つけることになる。それは真の幸福とは言えない。真の幸福とは、幸福を追求する主体をゼロにすること、すなわち「無私」の境地を生きることにある。そしてその「無私な公けな愛」に生きることで、初めて個人が幸福になると述べているのである。

この「第三パート」で問題にしているトシの幸福論は、そのまま賢治が喝破した「世界がぜんたい幸福にならないうちは個人の幸福はあり得ない」という一文と通底していることに気づくだろう。自己の幸福の絶対化を超えて如何に世界全体の幸福に生きるか、トシと賢治の生きようとした世界とは、この究極の愛のかたちだったのだ。「自省録」は最初、過去の束縛から逃れるために書き出されていた。しかし、トシはそうした自己を相対化することで、「世界」全体の幸福へと向かった。自己を超えるものに魂を響かせる生。これがトシと賢治が共にしていた世界観であり、読者が今もなお、二人に魅了される所以である。「自省録」の語りから見えて来るもの、それは今日においても色褪せることなく、輝きを放っている。

「賢治の見たトシとトシ自身のトシ」
～「永訣の朝」と「自省録（宮澤トシ）」を素材として～

岩手県立花巻南高等学校演劇部・文芸部「宮澤トシ　没後百年セッション」

特集「永訣の朝」百年
――宮澤トシさん　没後百年によせて――

◎宮澤トシ　没後百年セッション参加

「賢治の見たトシとトシ自身のトシ」
～「永訣の朝」と「自省録（宮澤トシ）」を素材として～

【日　時】令和四（二〇二二）年七月一日（金）一四時～一六時三〇分
　一一月二六日（木）一六時～一七時
【会　場】花巻南高校研修会館（時中堂）
【講　師】望月善次氏（岩手大学名誉教授）
　石原黎子氏（俳優）
【参加者】演劇部・文芸部・書道部・図書委員・有志生徒・参加部・委員会顧問四十数名

二〇二二年七月一日（金）、本校時中堂を会場として、岩手大学人文社会科学部宮沢賢治岩手学センター・花巻市共催により、宮澤トシ没後百年セッションの一環として、トシの母校にあたる本校を会場に岩手大学名誉教授望月善次氏の講演と俳優石原黎子氏による朗読ワークショップが開催された。

そのなかで私たち文芸部は、演劇部とともに「自省録」の朗読を担当する役割が与えられた。私たちは、トシさんの人間像に迫るための願ってもない機会に恵まれ、知らなかったトシさんの事実を知り、理解を深めることができた。

はじめに、望月善次名誉教授の講演は、「賢治から見たトシとトシ自身のトシ」という題で行われた。「永訣の朝」には、賢治からみたトシが描かれている虚構であること、トシには女学校時代につらい恋愛事件があったこと、母校の教壇に立つことになって、辛すぎる過去を冷静に見つめるという目的で「自省録」を十六日間かけて執筆したこと、普通なら逃げ出して二度と近づきたくない場所に戻り、仕事に励んだ強い女性であるということを教えていただいた。

次に石原黎子さんは、感情のこもった「永訣の朝」の朗読を披露してくださった。さらに本校の詩碑の由来「風林」の詩全文を朗読してくださった。

「自省録」は数行ずつに区切り、文芸部・演劇部の部員が壇上で順番に朗読した。正直いって意味がよくつかめないところが多かったが、トシさんの真摯な気持ちが伝わってくるように感じられた。

「宮澤トシさんの人物像を知って」

及川雄太

今年は、詩人宮澤賢治さんの妹で、花巻南高校の前身花巻高等女学校の生徒であり教員でもあった、宮澤トシさんの没後百年である。それにちなみ開かれたのが、今回の「花巻南高等学校セッション」だ。

初めに、岩手大学の名誉教授である望月善次氏によるワークショップ的講演「賢治の見たトシとトシ自身のトシ―「永訣の朝」と「自省録（宮澤トシ）」を素材として～」を聞いた。

望月氏は、世間から宮澤賢治の妹としてしか知られていない宮澤トシは、実はとてもすごい人なのだと何度もおっしゃっていた。それは、彼女の「自省録」からもわかるそうだ。

話はまず、兄の宮澤賢治はどういう人だったかというところから入っていった。宮澤賢治は学校でも落ちこぼれで、卒業はお情けだったのではないかと望月氏はおっしゃっていた。そんな賢治を兄に持つのが宮澤トシなわけだが、彼女は女学校の先生に恋をしていたらしい。そのことが新聞社に取り上げられ、それが卒業式の直前だったそうだから、大変だったに違いない。そんな学校を卒業して、その後に教師としてまた来てくれないかと学校側から申し出があり、様々悩んだ結果、教職に就くこととなった。それからトシさんの「自省録」に話が入っていく。

私が「自省録」を初めて目にした感想はとても難しいということだ。難しい言葉がいくつも並んでいて、読むのがとても難しい。事前情報で、トシさんは精神力がとても強い人だということは知っていたが、このような文章を書く人だとは全く知らなかった。新たなトシさん像というものが見えた気がした。

望月氏は最後に、宮沢賢治の「丁丁丁丁」という詩を大音量で朗読した。その迫力と言ったら、なにか別の人格が乗り移ったような、そんな風にも感じたほどだ。鬼気迫る朗読に鳥肌が立った。次に、石原黎子氏による「永訣の朝」の朗読を聞いた。花巻地方の独特のイントネーションや訛りが、宮沢賢治が話すような臨場感を持たせる。さらにその声の強弱に、思わずその世界に引き込まれそうになる。読み方、読む人によっても作品がこんなに変わるものなのだと初めて知った。

最後に、石原黎子さんと文芸部員と演劇部員とでトシさんの「自省録」の輪読をした。初めての経験で緊張したが、最後まで読むことができてよかった。少し、演劇部との朗読のレベルの違いを感じて恥ずかしくもなった。

このような経験は、普通に生活しているだけでは、決して味わえない貴重なものだ。これは様々な奇跡が重なった結果だ。この経験を今後の創作活動や人生に生かせるようにしたい。

「トシさんへ思いを馳せて」

菅原　輝空

私は、今回宮澤トシ没後百年記念行事であるセッションに参加をした。テレビ局も来ると友達から聞いていた。そのせいか、セッションの最初は緊張が付き纏っていた。

今回、岩手大学の名誉教授である望月善次先生が講演をしてくださった。いざセッションが始まると、望月先生によって、宮澤賢治さんとトシさんの知られざる一面が語られていった。

「賢治さんが見ているトシさんとトシ自身のトシ。これは全く同じではない。」言われてみれば確かにそうだ。賢治さんが書いた「永訣の朝」では、トシさんを兄思いの素晴らしい人物として描いている。だがトシさんの「自省録」にはトシさん自身の後悔があった。それらを深掘りしていくことで、より細かいところまで二人を理解できた気がした。

少しばかりの休憩の後、セッションは再開。次は石原黎子さんの「永訣の朝」の朗読が始まった。本人は上手くできないかもしれないと仰っていた。しかし私から見ると、一言一言からその時の情景がありありと伝わってくるような朗読だった。

石原さんの朗読が終わると、いよいよ輪読になった。壇へ上がると直前まで感じていた緊張はなくなっていた。自分の番が来るたびに、噛まないようにすることだけを意識して朗読していた。そのおかげか、ほとんど噛まずに輪読を終えることができた。文章自体が、それほど難しくなかったのも影響しているだろう。朗読が進むたびに、内容がすっと頭の中に入ってきた。黙読だけでは分からないようなトシさんの気持ちが伝わってくるようだった。

今回のセッションで、花巻市民として恥ずかしくない知識を得ることができたと思う。トシさんは短い人生だったが、一人の人として尊敬できる人だ。ひるがえって、私は自分に自信を持てていなかった。この機会を得て、自分に自信をもって生きていきたい、と思った。

「宮澤トシの歴史」

多田帆香

私は、花巻市民として前々から宮沢賢治の作品や歴史には触れてきたが、宮澤トシについてはよくわかっていなかった。しかし、この機会を通して宮澤トシのことがわかった。賢治の「永訣の朝」やトシの「自省録」はこのセッションで初めて知った。

難しく理解にかける点も多々あった変興味深い内容だった。

輪読は、緊張し、滑舌もよくなかったが、実際に「自省録」を読むことができてよかった。「自省録」を輪読してみて、難しい漢字や言葉があったが、トシが進んだ人生を知ることができた。もう少し、文語に慣れておけばよかったと後悔をした。

トシが兄とは違い真面目で家族思いの優等生だったということ、彼女に恋愛のスキャンダルがあったことも驚きだった。それを新聞で取り上げられたとは、当時どんなにたいへんなことだったのだろうと思った。

「永訣の朝」では、花巻の方言が使われていて、本当に宮沢賢治は、同郷の出身なのだと実感させられた。「セロ弾きのゴーシュ」や「注文の多い料理店」などの作品ではあまりお目にかかれなかった一面なので、新鮮だった。石原さんには朗読していただいて、情景を想像できたので改めてお礼をいいたい。

今年は宮澤トシさんの没後百年という場面に遭遇出来、普段こうした機会に触れることはめったにないので、不思議な感覚だった。しかも、望月善次教授や花巻市長がわざわざ来てくださったことに感謝しかない。そして、宮澤賢治さんと宮澤トシさんにも感謝しかない。

私たちの先輩宮澤トシさんを知ることができ、このことを他の人にも話してみたいし、知ってほしい。次回のセッションが開かれるときにも参加してみたい。

※本節は許可を得て、岩手県立花巻南高等学校文芸部誌「門」第十六号の特集「「永訣の朝」百年―宮澤トシさん　没後百年によせて―」を転載したものです。

愛について何度も考えを巡らせています

岩手大学教育学部附属中学校三年　宇佐美　綾子

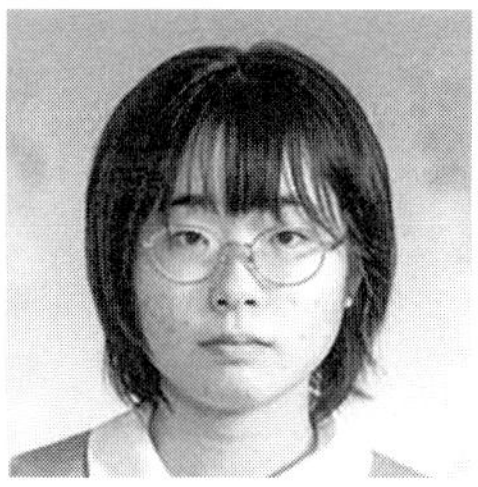

宇佐美綾子（うさみ あやこ）二〇〇九年、盛岡に生まれる。二〇二二年、岩手大学教育学部附属中学校に入学。バドミントン部に入部。趣味は読書で、愛読書は辻村深月の『凍りのくじら』。好きな教科は数学。将来は医師を目指す。

宮沢賢治さんの妹、トシさんが綴った「自省録」。自身の恋愛と今までの生き方を振り返り、自省・批判する文章である。誰かに伝えたくて書いているのではなく、心のうちを整理するために思いのままに書いている印象だ。

学生時代に経験した失恋に長い間囚われていたことが重ね重ね語られているが、触れないようにしてきた過去を乗り越え、これから背負って生きていかなければならないものを探している。早く解放されたいという切実な願望がひしひしと伝わってくる。

盲目的になって無理をしてしまっていたことに対する後悔と、家族に迷惑をかけてしまったことに対する申し訳なさ、周りに対する憤りなどが息苦しさとなってのしかかっている。「もしこうであれば」というものがところどころに見えるところから、どこに対して感情をぶつけるべきか迷っているようにも見える。

時間をかけて書かれたこの文章では一人称が「私」から「彼女」に変わっている。それは自分を客観的に見つめ、批判も含めて振り返りたかったからだと思う。

印象的だった部分は「真実の愛かどうかは排他的でないかどうか」と語っているところだ。トシさんは「最後まで好意と愛とを持ち通そう」「愛する我」「平等な無私な愛を持ちたい」などと愛について何度も考えを巡らせている。好意と愛を別の感情として分けているところや、二人の間だけではなく周りの人との関係性にも目を向けていて、当時のことを判断しているところにハッとさせられた。

当時の新聞の記事をトシさんの立場から読んでみると、仮名で書かれているとはいえ、家のことまで言及されているし、「面白く書こう」という意思が透けて見えるように思う。「家族に悲しみと痛手を与えた」と苦しむ様子が描かれているのも無理もないことだ。

賢治さんが「永訣の朝」で妹の最後を前にして「うまれてくるたてこんどはこたにわりやのごとばかりでくるしまなあよにうまれてくる」との言葉があるそうだ。仮に実際にトシさん自身の言葉でなかったとしても、少なくとも賢治さんからは「トシ子」は長年苦しんでいて、かつ理想の自分を求めているように見えたということだろう。

また、死に心を痛めた賢治さんが作った「銀河鉄道の夜」のモチーフにもなっていると言われている。ジョバンニに自己投影してトシさんの死を受け入れるために描かれたような物語。自分のことだけでなく、他人のことを考えているところや不条理な死で生涯を終えるところなど、カムパネルラの人物像には妹の像が映っているようである。

特にわからないところは「彼女の漸く目醒めはじめた芸術に対する憧れとそれを仰ぎ慕うこと」という部分である。美意識や信仰的な意識がとても独特で難しいと感じさせる要因であると感じた。

「読書」を「作品を読んで共感したり新しい知見を得たりすること」ととらえるなら、中高生が読書として自省録を読むのは物凄く難しいことではないが、一つ一つを分析的に読むとなるとハードルは非常に高いように思う。冒頭でもあった通り、心のうちを思うままに書いた印象があるので、どんな出来事に対してどんな心情を抱えているのかが一回読んだだけだとわからない。そもそも文章が長いうえ、使われている語彙も抽象的で難しい。自省録が書かれた背景や人物像をよく調べないと全く読むことができないだろう。

正直なところ、今私が読んで考えたことを書いたり、彼女の言葉を言い換えたりしていても、彼女の背負った暗い影の部分を軽くしてしまっているようでならない。理解できるようになりたいと痛いほど感じさせられる作品だった。

宮澤トシについての考えを改めなくてはいけません

岩手県立盛岡第三高等学校三年　小野　光璃

小野光璃（おの　ひかり）。二〇〇六年、秋田に生まれる。二〇〇九年、父親の仕事の都合により岩手に移る。二〇一九年、岩手大学教育学部附属中学校に入学。人文科学部生活科学班に入部。二〇二二年、岩手県立盛岡第三高等学校に入学し文芸部に入部、後に同部の部長となる。第三八回全国高等学校文芸コンクール小説部門・随筆部門優秀賞、第一九回啄木・賢治のふるさと「岩手日報随筆賞」優秀賞を受賞。

宮澤トシの自省録を読み終わって最初に思ったことは、宮澤トシへの考えを改めなくてはいけないというものでした。

宮澤トシ。今までに何度かこの名前を聞いたことがありましたが、わざわざ彼女自身について深堀りするようなことはありませんでした。そのため私は、彼女に対して、宮澤賢治とその妹、という印象しか持っていませんでした。宮澤トシは、常に宮澤賢治を中心として、そして彼側の目線からしか語られていないと思っていたのです。

しかしこの自省録を読み、まず、兄について直接的な記述が見られないことに驚きました。そこで私は、宮沢賢治の関わっていない宮澤トシを初めて見たことに気がつきました。彼女の人生は、宮沢賢治の作品から垣間見えるものだけではないという、当然のことをやっと理解した気がしました。

次に驚いたのは、途中で三人称視点に切り替わることです。当時の出来事や自分の心情を整理するために、視点を変えて書くという行為からも、真面目さや優しさ、前を向こうとするしたたかさ、そしてそんな自分に言いきかせる切なさなど、ぼんやりとですが、彼女の輪郭が見えるような感覚がします。

ただ、三人称視点という書き方の性質上、あったことや行為などと同じように、彼女の感情までも事実として淡々と書かれています。それが彼女のしたかったことなのかもしれませんが、それでも少し寂しく思いました。時代や昔の狭いコミュニティーなどの環境がそれを強いたのかもしれませんし、彼女自身の性格がその状況を受け入れることを勧めたのかもしれませんが、それでももう少し彼女の愛情をはっきりとした形で見たかったと思いました。

彼女は自省録の中で「彼」や世間、新聞記者を強く非難していません。むしろ、自分が反省しなければいけない、といったことを何度か記述しています。私は「彼」のことは置いておいても、世間と新聞記者に関してはそんなに自分のことを悪い立場に置かなくても良いのではないかと思いましたが、ではどう考えるのが最善なのか問われると困ってしまいます。そんな苦しみの中で導き出した答えがこれだとするなら、もう何も言えなくなってしまうので、余計に悲しくなりました。

このような問題は、形こそ違いますが現在でもあり、そしてそれらが、行動を起こすことで円満に解決されたところを中々見たことがないのを考えると、彼女に間違いはないのかもしれません。

彼女が自省録を書いたのは、自分の心を整理して、過去の出来事から解決されるという目的だと思いますが、誰かに読んでもらいたいという気持ちも少なからずあったのではないでしょうか。

自省録には主にこの出来事について書かれており、彼女の人生に大きな影響を与えたことがうかがえます。そしてきっと、宮澤トシだけでなく、トシの身近な人にもなんらかの影響を与えたのでしょう。まだ私と同じくらい年のはずなのに、こんなに人生に向き合っていることをすごいと思うと同時に、向き合わざる得ない状況に追い込まれたことを考えると、すごいだけで済ませてはいけないのだろうと思います。

今回、宮澤トシの自省録を読むことができて、本当に良かったと思っています。様々なことを考え直すきっかけになりました。このような機会をくださり、ありがとうございました。

トシが教えてくれたこと
—現代を生きる若者へのメッセージ—

杉並学院高等学校教諭　長谷川 瑠麗

一九九九年東京都生まれ。千葉大学教育学部卒、同大学院教育学研究科修了。大学院では国語科教育学を専攻し、古典教育に関する研究を行っていた。桜丘中学・高等学校非常勤講師を経て、現在は杉並学院高等学校教諭（国語科）。初めて読んだ宮澤賢治作品は小学六年生の時に学習した「やまなし」。授業で文学作品を扱う際には、生徒が作品の魅力を何か一つでも発見できるような時間にしたいと思い、日々工夫を重ねている。

私と「自省録（宮澤トシ）」との出会いは二〇二二年の夏頃のことです。当時大学院で国語科教育学を専攻していた私のもとに、望月先生から学会のラウンドテーブル発表に登壇してくれないかという依頼をいただいたことがきっかけでした。本ラウンドテーブルは、千葉大学にて行われた第一四三回全国大学国語教育学会において、宮澤トシ没後一〇〇年という節目を記念して、望月先生が企画されたものです。ここでは「学生の読む「自省録（宮澤トシ）」」をテーマに、他大学に所属する二名の学生との意見交流を行いました。

さて、当時の私が宮澤賢治と聞いて思い浮かべたのは「やまなし」や「注文の多い料理店」などといった有名な作品ばかりで、恥ずかしながら賢治の妹にあたるトシや「自省録」の存在については全く知りませんでした。そのため、「自省録」とはトシが学生時代に好意を寄せていた音楽教師との関係が世間に晒された、過去の「恋愛事件」について彼女自身の内省を記録した文章であるということに大変驚きました。一教師との恋愛関係が新聞で報道されるなんて現代では絶対に有り得ないだろうに、何があったのだろう？ 事件からまだ日も浅いのに、一体なぜトシはそのような辛い過去と対峙しようと思ったのだろう？ など、多くの疑問が次々に浮かんできました。そこで、「自省録」の原稿を手にした私は、これらの答えが見つかるかもしれない、という期待や緊張感に胸を膨らませていました。

しかしながら、しばらく目を通していくと、同じ部分を何度も行き来し、一文を読むのに多くの時間を必要としていることに気が付きました。「自省録」を記した頃のトシの年齢は、ちょうど当時の私と一歳ほどしか変わらないのですが、同年代の女学生が書いたとは思えないほど非常に難解な文章だったのです。例えばトシは、「自省録」を書いた直接のきっかけとも言える過去の「恋愛事件」を以下のように様々な形で表現しています。「私の性に関する意識の住み家」「没我的な無我な美しい夢」「自分のゑがく美しい夢」「おこがましい夢」「自らを欺く事」「自意識の正しい批判をくらます事」「彼女自身の貧しい享楽」。四〇〇字詰め原稿用紙約五〇枚からなる「自省録」の中に散りばめられるこれらの表現からは、トシが「恋愛事件」と自分との関係を客観的に捉え直し、なんとか言語化しようとする様子が伺えます。恐らくこうした意識が容易に読みくだすことのできない文学的な語句や表現に繋がったのでしょう。

また、トシ自身の「恋愛事件」との向き合い方からは、彼女の精神性がいかに優れていたかということを突き付けられました。自分自身がトシと同じ境遇にあるならば、事件のことを二度と振り返らずに一生を終えたいと考えるに違いないと思ったからです。むしろ、そのように考える方が一般的ではないでしょうか。それにも関わらず、傷ついた「過去の私」を直視しようと藻掻く自分をさらに俯瞰し、最終的には自己を愛し、自己に忠実であることを約束するという境地に至った過程は、すぐに理解が追いつくものではなかったのです。こうした点について、「自省録」を発見した賢治の甥・宮沢淳郎氏は「実はふつうの女子大生なみの文を書く人間だと分かって、あるいは失望する読者がいるかも知れない。」と述べ、その公表を一時躊躇した胸中を明かしています（宮沢淳郎『伯父は賢治』八重岳書房・一九八九年）。しかしながら、客観的かつ冷静に自己と対峙しようとしたトシの姿は、「ふつうの女子大生」以上に強く、逞しい一人の女性として私の目に映りました。

先のラウンドテーブルの開催は、「「自省録（宮澤トシ）」を若い人達にも読んでもらいたい」という望月先生の想いが発端であったと理解しております。そのため、トシと同年代の女学生という目線で、ここまでに述べたような形で率直な感想を伝えさせていただきました。そのうえで、さらに当時高校教師を志していた自身の立場から、実際に都内の私立高校で非常勤講師として勤務していた経験も踏まえて、高等学校国語科における文学教材としての可能性についても提案をさせていただきました。

非常勤講師として高校生に接する機会は週に二回ほどで、それほど多いわけではありません。ですが、授業の前後やテスト期間の放課後に生徒たちと会話を重ねていくうちに、自分と周りを比較し、なかなか自信を持てずにいる子どもたちが多くいることに気が付きました。その要因の一つには、大学受験の存在があったと考えられます。当時の勤務校は進学指導に特に力を注いでおり、模擬試験や小テストが頻繁に行われておりました。そのため、生徒たちは成績という指標によって自分の位置付けが測られる環境に常に身を置く必要があったのです。しかしながら、こうした状況にありながらも目の前の不安を乗り越えるためには、現在や過去の自分を受け止め、その先の未来に向かっていく力を蓄えることが非常に重要です。そのような意味では、トシが記した「自省録」の内容は多くの高校生の背中を後押しすることに繋がるに違いないと考えました。

そこで、「自省録」を教室に持ち出すために、次の三つの方法を提案しました。まず一つ目は、賢治がトシの最期を詠んだとされる韻文教材「永訣の朝」と重ね読みを行う方法です。この場合、賢治の心象に映るトシの姿を越え、単に死に向かう者による決意とは異なる精神的な強さを捉えることができると考えられます。これは詩中の言葉の奥にある想いを多面的に捉え、より直接的に感じ取ることにも繋がると言えるでしょう。

また二つ目は、同じく複数教材の観点から、虎になった自己の運命を告白する「山月記」との比較読みを行う方法です。この場合、トシと李徴との自己省察の過程や内容の違いから、二者の人物像やその変化を注意深く捉えることに繋がります。これにより、学習者は教師によって与えられる読みではなく、自分なりの読みを形成していくことが可能になるとも考えられます。

最後に三つ目は、「自省録」そのものを教材として扱う方法です。この場合、テキストにたっぷりと浸り、考える時間を設けることで、学習者に自分自身との対話を促すことができると言えます。さらにまた、自分なりの「自省録」を作成するという言語活動を行うことで、その対話はより確かなものへと磨かれていくと考えられます。

このように、宮澤トシの「自省録」を教室の中に持ち込むことで、学習者はテキストが自分にどのような意味をもたらす存在であるかを熟考し、それを言葉で表現するための創造力を獲得することに繋がります。こうした力は文学の授業を「正解」と言われる読みの解釈を指導する場から、持続的で主体的な読者を育成する場へと導く可能性を示していると考えられます。

ただし、「自省録」の読者として高校生を想定する場合、いくつかの点に留意する必要があると思われます。既に述べたように「自省録」本文は四〇〇字詰め原稿用紙約五〇枚（およそ一万八〇〇〇字）からなり、高校三年生で扱われることの多い文学教材「舞姫」の約一・二倍の文字数にあたります。また、もし高校三年次に扱うとしても、一七、八歳という学齢と、「自省録」執筆時のトシの二一歳という年齢の間には三、四歳の開きがあり、思春期の彼らにとっては大きな差として捉えることができます。そのため、限られた授業時間数の中で扱うためには、例えば前述の宮沢淳郎氏が作成し、同著書の中で発表した「要約」を活用するなど、学習者の実態に応じて工夫を施す必要があると言えます。しかしながら、そうした配慮を加えてでも、教材化する価値は十分にある大切な資料だと考えています。

私はこの春から、かねてからの夢を実現し、高校教師となります。現場の動きに慣れるまではなかなか思い通りにいかないことばかりであると予想されますが、この非常に幸運なめぐり合わせによって出会うことのできた「自省録」を、いつか必ず授業で扱うことができればと思っています。そして、学校生活を送る上で子どもたちが直面する様々な問題を乗り越えるためのよすがとして、この「自省録」を役立ててもらいたいと考えています。

宮沢トシ「自省録」の音読
―音読を通して、生きた心の声を聴く―

齊藤　千尋

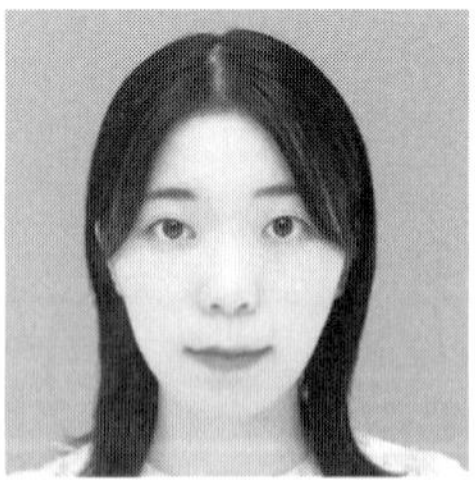

茨城県守谷市立黒内小学校教諭。東京学芸大学教職大学院国語教育サブプログラム修了。教職修士（専門職）。研究テーマは、「音読で読み深める戦争平和教材―児童の読みにみる『たずねびと』のリアリティ―」。

一．はじめに

「自省録」は、宮澤トシが日本女子大学を卒業後、療養生活を送る中で書いたものである。大学という高等教育を終えた女性が、言葉によって与えられた知見をかみしめ、自らの過去や生き方に照らし合わせて、自身を振り返った記録であると言うこともできるだろう。私はそこに、辛い過去や病を乗り越えて強く生きようとする、トシの声なき声が語り込まれているように感じた。「自省録」をはじめて読んだ当時、私は、トシの亡くなった年齢と同じ二四歳であったこともあり、人との関わり方や自身の生き方に悩みながらも、向き合おうとする姿に親近感さえ湧いた。しかし、トシ自身のことや宗教について明るくない私にとって、「自省録」に込められた思いを一読しただけで受け止めることは難しかった。また、一人で黙々と読み込むよりも、誰かと一緒に声に出して読み、感想を分かち合いながらトシの存在を共に感じ取りたいと思った。

そこで、トシと同年代の女子学生二名（二〇二二年時点）とともに、「自省録」を声に出して読む活動を行い、感想を共有した。すると、事前に黙読した時よりも、「自省録」を、現実に生きた一人の女性の人生の物語として理解することができた。遠い時代を生きたトシの存在が、今を生きる二十代の私たちの中にもリアリティをもって甦ってきたのである。

このことは、宮澤トシ没後一〇〇年が過ぎた今、「自省録」を後世へ繋ぐという点で大きな意味を持つと考える。本稿では、「自省録」を音読した際の感想を基に、時代と時代を繋ぐ声の力に着目し、音読を通してトシの声に耳を澄ませる活動の可能性について考察した。なお、その際、遠い過去に実際にあった出来事を綴った文章と言う点で共通する、戦争教材の実践における児童の反応を参照した。

二．「自省録」に記された心の声を聴く

二〇二二年九月に、「自省録」の全文を、私、学生A、学生Bの三人で声を合わせて読み、感想を話し合いながら読み進めた。事前に黙読をしてくるよう依頼しており、その時との印象の違いについても適宜質問した。使用したのは、山根知子『宮沢賢治　妹トシの拓いた道』（二〇〇七年、朝文社）の「資料／宮沢トシ自省録原文」である。以下、引用は全て山根の著書に拠る。

学生Aは、黙読時、「冷静で整理された文章」であると感じていたが、音読後には、「トシの感情が強く込められていることや女性としての芯の強さを感じる」と述べた。とくに、以下の文章を音読した時に強く感じたとのことだった。

彼女は反省せねばならぬ。彼女の表現は果たして彼女の心情の通りであったか。彼女の内外は一致して居たか？と。否、彼女の表現は度を越ゑて居た、放縦であった、誇張があった。（三五八頁）

自身の言動について振り返り、自問自答する姿が浮かんでくる文章である。学生Aは、音読後、「表したい事柄はひとつであっても、それをどのような言葉や行動などで表すかによって、相手や周囲への伝わり方が変化するという意識をもった女性なのではないか」と、イメージされたトシの性格を語った。このことは、トシの心の内から湧き出る言葉の音声的な側面から、トシの実像が浮かび上がってきたと考えられる。

学生Bは、黙読時は、悔恨・解放・信仰など日頃なじみのない言葉やその繰り返しの表現が多いことから自分との距離を感じていたようだが、音読後には、共感はできないまでも「文章の流れとして、繰り返すことが自然であると感じた。書きのテンポ感やリズムが感じられた。」と述べ、「自分の気持ちを整理し、自分に言い聞かせるために書かれた文章だったのではないか」と考察し、トシの心情吐露への理解を深めていた。とくに、「Oさんの事」について書かれた部分を音読した時、このことを強く感じたと言う。以下、引用する。

（前略）「彼は到底私の満足するやうな誠意を与えてくれる人ではない」と分かった。が彼女は尚も若い憧れの夢を捨て兼ねた。「よし彼に対しては何ものも求めまい。求めるほど苦しむばかりだから。私は実在の彼はどうともあれ決して私の心を嫉みや憎みに汚す事をしまい。私は最後まで彼に対する好意を持ち通さう」と。（三五一～三五二頁）

男性教師に抱いた好意を無下にされ、周囲にも愚弄されたにも関わらず、他人を責めることなく自己と向き合い続けようとする姿が浮かんでくる。学生Bは、「トシのそのときの辛さがじわっと入ってきて、とても嫌な気持ちになった。」と語った。音読を通して、トシの声として言葉が流れ込み、「自省録」という形で表出された彼女の心が、整合性をもって伝わってきたと言えるだろう。

「自省録」の音読を通して、トシの内なる声が約百年の時を超えて息を吹き返し、現代を生きる私たちのなかに生き生きと甦ったように感じられた。

三．音声言語による読みの深まり

「自省録」を音読することで、黙読時よりも更に鮮明に、トシの実像がリアリティを伴って立ちあがった。このことは、生きた言葉の重みをかみしめることができる「自省録」の国語科教材としての可能性も示唆しているのではないかと考える。

音読は、現行の国語科学習指導要領において、言語活動としてどの校種でも設定されており、学校現場でも広く取り入れられている。小学校では、〔知識及び技能〕の（1）言葉の特徴や使い方に関する事項の項目となっており、（3）我が国の言語文化に関する事項の伝統的な言語文化や、〔思考力・判断力・表現力等〕の「C　読むこと」に深く関連付けられている。中学校では、「伝統的な言語文化」の第一学年にのみ、高等学校でも「言語文化」の「B　読むこと」において音読の文言を見ることができる。さらに、高等学校の解説には、音読に関して「活動そのものが目的となることがないよう、文章を読み深めるためということに留意する必要がある」と明記されている。つまり、読解をより深めるための言語活動として、音読が示されているのである。

　今回の学生A、Bの読みに表れたように、音声言語が持つ響きやリズムは、読解に深く関わってくる。そして、響きやリズムを感じるためには、声を出すことと同時に、その声を聞くことが不可欠である。このことについては、ウォルター・J・オングも「ことばは本質的には音声」（桜井直文訳『声の文化と文字の文化』藤原書店、一九九一年、一六〇頁。）であると述べており、綴られた文字を読む行為の根本には、声としての言葉を聞くという行為があると言ってよいだろう。

　ところが、現代文で書かれた教材は、文字を読むことが注目されやすく、その裏で常に行われている声としての言葉を聞くことは意識にのぼりにくい現状がある。そうした学校現場の実状に対して、「自省録」を音読し、音声言語が持つ響きやリズムからトシの思いにアプローチする学習は、言葉による見方、考え方を育成する一つの方法として有効なのではないだろうか。次章では、遠い過去に実際にあった出来事を綴った文章と言う点で共通する、戦争教材の実践における児童の反応を参照しながら、音読を通して生きた心の声に耳を澄ませる活動の可能性について考察した。

四．後世へ繋ぐ声の力

「自省録」の音読を通して、学生A、Bと共に、トシを実際に生きた人物としてイメージすることができた。このことは、一人の女性として二四年の生涯を懸命に生き抜いたトシの人生の記録を、声を媒介として、後世へ繋いだとも言えるだろう。

　時代と時代を繋ぐ声の力は、小学校における戦争教材の実践からも説明することができる。本章では、東京都の公立小学校第五学年の児童を対象に行った、戦争教材「たずねびと」（朽木祥／光村図書・五年）の実践を例示する。

　ミユウ（仮名）は、「たずねびと」の音読後、「最後は楽しくないけど、心にけじめをつけて終わった感じ」と、主人公の内面に迫る読みを記述した。以下に、その翌日のインタビュー内容を紹介する。

T　この言葉（ノート記述）は、いつ出てきたの？

ミユウ　８場面のなんか、綾が自分の心で、あの、考えるところ、から、から、なんか、だんだん出てきて、最後の終わり方もやっぱこれだなって思ったから、やっぱ、そんな感じかなって。

T　それは、昨日の授業だと、どのタイミングだった？

ミユウ　ええっと、昨日の授業だと、みんなが音読して、音読した、音読したときの八場面のとき、みんなが読んでたの聞くと、やっぱこうなのかなと。

T　やっぱこうなのかなっていうのは？

ミユウ　前から、なんか、なんだろう、けじめをつけてる感じはしたけど、あんまりちゃんとそうなのかな？とか思ってたけど、みんなの、なんか、声とか聞いてると、うん、そうだなっていう、ちゃんと確信みたいなの。

　インタビューにおいて、下線で示したように「やっぱり」という表現が繰り返し用いられている。このことから、ミユウは、声の響きを聞くなかで、物語を探り、「確信」という形で理解に至っていることが分かる。更に言えば、音読する声に耳を澄ますことによって、戦争という八〇年近く前の出来事を描き込んだ物語が、令和の時代を生きる児童の中に確かに立ちあがり、読みが深まっていったと考えられる。

もちろん、トシの手記とも言える「自省録」と戦争の記憶を繋ぐために書かれた戦争教材は、形式の異なる文章ではあるが、読み手である学生A、Bやミユウの読みに着目すると、遠い時代の出来事や人物の存在が、時を超えてリアリティをもってイメージされたという点で、共通点を見つけることができる。トシの生き様を後世へ繋ぐという側面からも、「自省録」を音読する活動は、有効なのではないかと考えている。

五．おわりに

日本を代表する詩人・童話作家宮沢賢治の妹であり、兄の良き理解者であった宮澤トシは、現代を生きる私たちの「いま・ここ」からは、やや距離のある存在である。しかし、賢治の作中に本人またはモデルとしてしばしば登場するトシが記した「自省録」は、虚構の物語ではないが、現実に生きた一人の女性としてのトシの人生の物語であるといっても過言ではない。そして、「自省録」に語り込まれる感情や、過去を乗り越えようと自身と向き合う姿は、時を超え読み継がれていくに値するものであるだろう。

本稿では、そうしたトシの声なき声に耳を澄ませる読み力の一つとして、複数人による音読を行い、生きた心の声を聴くことができた。私自身も、学生A、Bの「自省録」の受けとり方を聞きながら、信念をもって熱く生きたトシを共に想起し、彼女の語る言葉に共感したり、疑問を投げかけたりすることができた。同年代の友人の日記を覗くような感覚さえあったと記憶している。

当時、二四歳の学生だった私は、トシが人生に悩みもがきながらも強く生きようとする姿に近しさを感じたが、それから二年が経ち、社会人になった今、改めて読み返してみると、自分の感情を「自省録」として素直に吐き出し、芯をもって生きたトシの生き様に憧れを抱かずにはいられなかった。二〇二二年七月二一月日の岩手日報には、望月善次先生が企画した「自省録」の輪読会での「とても心の強い女性だと思った。」という女子高生の感想が紹介されている。トシの「自省録」は、幅広い年齢層の心に響く可能性を秘めているのではないかと思う。

「自省録（宮澤トシ）」を読んで感じたこと

プラット・アブラハム・ジョージ

インド・ニューデリーネルー大学日本語文学文化センター元教授。日本近現代文学が専攻。現在宮沢賢治・石川啄木研究を中心に活動している。数多くの研究論文・著書・編集書を出している。「銀河鉄道の夜」「注文の多い料理店」など、宮沢賢治の短編およそ三〇編をインド・英語と母語マラヤーラム語に翻訳・出版している。二〇〇二年に宮沢賢治奨励賞を、二〇一六年に外務大臣表彰を、二〇二四年春に旭中綬章を授賞した。

はじめに

私は「自省録（宮澤トシ）」をはじめて読んだのは十数年前、山根知子女史の著書『宮沢賢治　妹トシの拓いた道――『銀河鉄道の夜』へむかって』を読んだ時である。もちろん、その時の私は宮澤賢治とその作品の研究に夢中で、妹トシの死後賢治が詠んだ「永訣の朝」、「無声慟哭」をはじめその他の挽歌などトシ関係の詩を研究対象として熟読・分析していたが、トシ自ら執筆した「自省録（宮澤トシ）」について、当時公表されていなかったこともあって、これといった興味を持たず、その内容さえ記憶から消え去っていった。

そこで、今年の一月末ごろ望月善次先生から「自省録（宮澤トシ）」の感想論のご依頼をいただいた時、戸惑いうろたえてしまった。それでも、先生のご依頼を引き受けて、一つ挑戦してみようかと何度か「自省録（宮澤トシ）」を繰り返して読んでみた。

一度読み終わると、内容にもそして文章の表記にも特徴があるなと思った。百年も前に執筆された文章であるので現代語の表記よりかなり異なっていることは当たり前であろうが、時を同じくして執筆された兄賢治の散文表記に似つかないところが多い。中には望月先生も指摘されている通り比喩表現（望月善次「自省録（宮澤トシ）」をめぐる十論点）もあれば、文章を繰り返して読まないと中身が把握できない抽象的表現も多い。それに、読者に執筆者自身の気持ちを明確に伝える目的であろうか文章が長くて、説明文の形を取っているものもある。特に長い複文が非常に多くて、私のような外国人読者には繰り返して読んでみないと意味の把握ができない文章である。また、望月先生をはじめ何人かの研究者が指摘している通り、前半の七ページ（以下、引用は、上記山根本による）までは第一人称的表現で、次第に第三人称的に変わっていくことも特徴である。

こういう点を踏まえて「自省録（宮澤トシ）」を何度も何度も繰り返して読んだ挙句、未だに完全に把握できない部分もあるが、読者として感じた幾つかのポイントについて、以降記述させていただきたい。

目覚めた近代女性像

まず、「自省録（宮澤トシ）」の文章は、長い間鬼のような世間から非難され、周りから踏み砕かれた心身を教育から得られた知恵・知識によって蘇らせた一人間の反撥・対立の声の響きであると言えるだろう。高等女学校時代に起こった「恋文ばれ事件」によって恥ずかしめられてしまったトシは、言葉で語られないほどの苦難を味わっていたに相違ない。実は「彼女」の「彼氏」に対する好意と親愛は「正直すぎるほど正直に無技巧を極めて」いて、「私共はお互ひに好意を持ち合って居る」ことを確かめるすべがあれば満足すると彼女は思っていたのである。しかし、恋文がばれた「恋文事件」の後の彼の態度と反応によって、彼女の心は踏み砕かれ、夢にも思わない結末となってしまったのである。相手の男に見捨てられ、世間から罪人扱いされるようになった彼女は、「私は悪い事をしてゐるのではないから」と痴《おこが》ましくも自ら瓜田《かでん》に履《くつ》を入れ、李下に冠を正す事を繰り返し、「自分は性の眼から彼を見てゐない、人間として見るのだ」と言い聞かせるが、その言い訳は誰にも通用しなかった。

　次第に、当時未だ未熟だった彼女は、自分がひどい「罪」を犯してしまった、それによって自分だけではなく、最愛の家族まで辱めてしまったという罪の意識に駆られてしまった。その「罪の意識」のせいで世間を恐れ、憂鬱に落ちてしまった彼女には自分の無罪を弁解し、それを言い立てるすべはなかった。むしろその勇気はなかった。だが、高等女学校を卒業して、キリスト教的価値体系を生かしながら女性の社会進出を促すことを目的としていた東京の日本女子大学校での四年間の教育や自分が深い感化を受けたメーテルリンクの思想・知恵によって啓発された彼女は、信仰心を得ることによって「自分と宇宙との正しい関係」はいかなるものかを目覚めさせられた。よって、ずっと「罪の意識」を背負ってきた彼女の心の重荷が次第に和らぎ、「自己を統一し安立を得る」ことや真実から逃れて「隠れ家」に身を隠すよりも、「現状を突破して新生を得たい」という渇望に強く駆られ、四、五年間ずっと煩ってきた耐えがたい苦痛のため病気になってしまった自身から、「新たな命によみがへる」ことを決心するのである。この決断は、冒頭の、

　思ひもよらなかった自分の姿を自分の内に見ねばならぬ時が来た。最も触れる事を恐れて居た事柄に今ふれねばならぬ時が来た。『自分もとうとうこの事にふれずには済まされなかったか』と云う悲しみに似た感情と、同時に「永い間模索してゐたものに今正面からぶつかるのだ、自分の心に不可解な暗い陰をつくり自ら知らずに之に悩まされてゐたものの正体を確かめる時が来た」

という書き出しからもはっきりとわかる。事件当時の気の弱い、卑怯な女子学生は大学教育を受けて、「私は自分を知らなければならぬ。過去の自分を正視しなければならない。悪びれずに」と、ありあまるほど自信に満ちた気の強い女性に変わっている。

　自分の片思いの相手の男にあげるために認めた恋文は洩らされ、世間の目では大きな詐欺のように噂されてしまい、犯罪者のように取り扱われた結果、一種の「罪の意識」を抱くようになってしまった彼女は、自由、人権そして平等とはどんなものかを大学教育によって目覚め、自分が罪も犯していない、詐欺的な行為もしていないのに、濡れ衣を着せられて悩まされているのだということに気づいたのである。その濡れ衣を晴らし、自分と自分の家族にかけられた「恥辱」を取り払うことを目的に「自省録（宮澤トシ）」を記述したに相違ない。ここで、キリスト教的価値観を教育の中枢としていた日本女子大学校で受けた教育の内容はどんなものであったか、それに象徴主義の詩人、劇作家そして随筆家であったモーリス・メーテルリンクの感化はいかなるものであったかは、詳しく研究しない限り把握できないので、知識不足の筆者の手に負えないものであるので、これ以上ふれたくない。ただ一つ言えることは、四年間の大学教育の結果、トシは女性として精神の上でかなり強くなり、自分の無実を説き明かすほど成長したということである。

文章中のキリスト教的なひらめき

この感想論を認めるに先立ち「自省録（宮澤トシ）」を数回繰り返し

て読んでみた。一回目の読みが終わると、何となく感じたのは「どこかキリスト教的な雰囲気」が作品中漂っているような気がしてならなかった。しかし、二回目、三回目と繰り返して読んでみると、キリスト教的な閃きをする個所もあることにはあるが、同時に仏教的な、就中法華経的な閃きも混ざり合っているのではないかと感じた。例えば、文章中にある「信仰を求める」「絶対者をよび救ひを求めていた」「新生を得たい望み」「蘇生」「新たな命」「全我をあげて道を求めていた」「只管祈りに自分の凡てを投げ込まうと努めて来た」「自分のうちの暗い部分」などという表現、言葉づかいを見ると、確かにキリスト教的な雰囲気を引き起こさずにいられないと思われる。特に、「絶対者」「新生」「祈り」「懺悔」などの言葉は紛れもなくキリスト教的で、罪を犯した人は悔い改めて、改心することによって神に近づき、信仰を求め獲得することによって新生へと蘇る。キリスト教では自分の犯した罪を悔い改めれば必ずその罪意識が消え、心の重荷がなくなり、新たな人生を得ることができると教えている。また、筆者には「あの事」について懺悔し、「早く重荷を下して透明な朗らかな意識を得たいといふ願い」があったということは作品にも描かれている。

もちろん、「恋文ばれ事件」後、世間の目には罪人のように見られ、それによって自分と家族が恥辱を受けてしまった彼女には、これといった罪一つ犯していない自分の無実を証明する必然性もあった。「自分は性の眼から彼を見てゐない、人間として見るのだ」と作品の中で認めていることからも彼女はいかに無実で、あどけないものであったかということが証明されよう。もはや黙り続けると、この世に生きていくことができなくなるとわかった彼女は「自らへりくだり」「真実を語り」、自分の未来を明るいものに作り上げる努力をしはじめる。悔い改めて、真実を語ることによって「追放されたエデンの園の夢」を取り戻す決心をしたのである。また、「愛情」という言葉も出てきているが、彼女にとって「愛情」は「人間が神に近づき得る唯一の路であって」、凡ての人々に平等な無私の愛を持ちたいという心境に彼女がたどり着いているが、そこにもキリスト教的な「愛」の概念が伺われる。もちろん、自分の書いた恋文のため相手の男の自尊心を傷つけ、自分の行為で相手の世間的な面目を潰した、などと後に彼に対して悪い事をしたなと悔い改め、「今こそ神と人の前にひれ伏さねばならない」「わがあやまちを許させたまへと祈らねばならぬ」というトシの嘆きにもキリスト教的な閃きが見られる。そして、結局彼女は、今は失われた昔のエデンの園を慕うやうに「あの過ちがなかったなら私は本当に幸福だったのに」と「泣音《なきごと》を云ふ気持ち」を越えようとしている。確かに、キリスト教でいう悔い改めた心がここに現れているのではないか。

仏教的な閃き

キリスト教的な閃きが作品中で終始一貫して感じられるが、二〇頁以降になると突然仏教的な、特に法華経的な言葉や文章が現れる。例えば、二一頁では、愛他的、利他的、利己的、排他的など、一連の言葉が出てきているが、確かにそこに現れているのは法華経の教えで―キリスト教の教えでも使われるが―あるに違いない。また、二四頁では、〈彼女の理想が小乗的傾向を去って大乗の煩悩即菩提の世界に憧憬と理想とをおいてゐる〉という文章があって、兄賢治の信仰をトシ子が内心で応援している証拠ともいえる。また、「願はくはこの功徳を以て普《あまね》く一切に及ぼし我等と衆生と皆倶《みなとも》に――」（二二頁）という今日からの引用文を見ても、トシ子は如何に兄の信仰している法華経を応援していたかということも明白になる。同時に、賢治もおそらくキリスト教の教え・教義に傾き始めている妹をサポートしていたのかもしれない。

おわりに

　この感想論は、尽きるほどの研究を行って書いたものではない。「自省録（宮澤トシ）」を数回繰り返して読んだ挙句、その時感じたことを認めたものであるので、あくまでも完ぺきなものではない。いろいろ関連資料・参考文献を調べ、具体的な研究を行わない限り、「自省録（宮澤トシ）」の内容の納得できる正確な評価はあり得ないと思われる。トシの宗教観はおそらくキリスト教の教えと仏教の教え、特に法華教の教えとのシンクレティズム（syncretism）であるような気がする。賢治にもこのようなシンクレティズムの要素がみられるのである。望月先生も「トシは、これに、賢治から受けた妙法蓮華教的なもの、成瀬仁蔵から受けたキリスト教的なものを一体となっている…。最終的には、成瀬仁蔵に近いところにいたのだが、その背後には、政次郎による浄土的なもの・賢治による妙法蓮華経的なものがあり、トシはこれらを統合的に受けたのである。」と評価している。（望月善次「自省録（宮澤トシ）」をめぐる十論点）。まったくそうだと筆者も思っておる。

「煩悩即菩提」と「真実の我」・「真の愛」
―「自省録（宮澤トシ）」が語る真の救済―

周《しゅう》 非《ひ》

一九七九年、中国河北省生まれ。
二〇〇二年、中国・河北大学日本言語文学科卒。
二〇〇五年、都留文科大学大学院修士課程・国文学研究科修了。
二〇一〇年、東京工業大学大学院博士後期課程・社会理工学研究科単位取得満期退学。
二〇一五年より、都留文科大学特任准教授。

　宮澤トシは手記「自省録」において、「最も触れる事を恐れて居《い》た」五年前の恋愛事件に向き合い、過去の自分をぎりぎりまで相対化しながら、これからの生き方を決めたのである。この手記の語りから、トシがどういう境地に辿り着いたかを考えたい。

　この手記は冒頭の一行「思ひもよらなかった自分の姿を自分の内に見ねばならぬ時が来た」から始まり、「彼女は現在の彼女の能《あた》ふかぎり大胆に正しく自己を見やうとした努力に、幾分の満足と感謝とを感ずるのである」という最後の一行で終わる。この冒頭と最後の一行を見ると、「自分探し」をするために書き始めた書き手が、やがて本当の自分を見つけたという話であるかのように感じるのであろう。確かに手記の末尾近くには、「いかなる事でも自分が自分のした事一切の責任を持ちうる事の外（ほか）は真実の我《われ》から出て自己に自由な事の外は決して行ふまいと云ふ決心を固（かた）めなければならぬ」（下線部は引用者による、以下同様）と、「真実の我」に忠実に生きていこうとするトシの決心が語られている。ただし、問題はトシの言う「真実の我」の意味である。まずこの言葉の意味について考察しよう。

　トシは五年前の事件を語り始める前には、以下のように語っている。

> 私はこの一経験を曽《かつ》て私がふれた人生の一つの現象、生活のすがた、として完全に客観的に、（それは歴史的事実と完全に適合すると否《いな》とに拘《かか》はらず）見る事の出来るまでは—即ち自分の利害に濁《にご》らせられる事なしに見うるまでは――客観的表現を見合せやうと思ふのである。
>
> 止むを得ず私は結論のみを得ることを以《もつ》て満足しなければならない。

この語りの後にようやく過去の恋愛事件が語り始められ、しかも語りは一人称から三人称に変わったのである。この語りのプロセスから考えると、トシは語ることには虚偽を孕むという前提において語り始めたのであり、三人称の語りが客観的表現だと考えて人称を変えたわけではなく、あくまでも過去の自分と距離を置いてみようとする気持ちの表れだと考える。自分を客観的に見つめることが不可能だと知りながら、「真実の我」という言葉を使うのは矛盾であるように感じられるかもしれないが、実はトシの言う「真実の我」とは実体ではなく、「真実の我」を壊し続けるプロセスだという逆説なのである。

このことは、トシの今の理想が「小乗（しょうじょう）的傾向を去って大乗《だいじょう》の煩悩即菩提《そくぼだい》の世界に憧憬と理想とをおいてゐる」ことから分かる。「煩悩即菩提」とは、西田幾多郎の用語でいうと、「絶対矛盾的自己同一」になると考える。この意味は、例えば、親鸞の『教行信証』「正信念仏偈」にある「能発一念喜愛心 不断煩悩得涅槃」（よく教えを信じて、一念で喜びの心を起こすことができるならば、煩悩をなくさないままに、煩悩の支配を受けない涅槃という境地に至ることができる）が示すように、「煩悩」と「菩提」は互いの双方の緊張関係の中に存在するのである。この緊張関係を生きることは、即ち「煩悩」の我を壊し続けていく永遠のプロセスを辿ることだと考える。トシの「真実の我」に忠実に生きようとする決意は、自己省察が足りなかった過去の自分に対する反省から生まれたのであり、これから「真実の我」とは何かを常に自分に問い続けなければならないという自省であるに違いない。「煩悩即菩提」の理想を持って「真実の我」とは何かを問い続ける生き方は、逆に言うと、自分の捉えた「真実の我」を常に壊し続けていくプロセスになるのであり、「真実の我」が永遠に捉えられないという認識に基づくものだと考える。この認識こそ、トシが願う「真実の愛」につながっていくのである。トシは「真の愛」についてこのように考えている。

> 「これが真の愛ではない」と見分（みわ）けうる一つの路は、それが排他的であるかないか、と云ふことである。

それに、「彼女と彼との間の感情は排他的傾向を持ってゐた、とすれば、彼女の眠ってゐた本然《ほんぜん》の願ひが、さめた暁《あかつき》には到底《とうてい》、彼女に謀反《むほん》をおこさせずにおかなかったであらう」と考えている。つまり、排他性を持つエロスはトシにとっては「真の愛」ではなく、「真の愛」は個人の欲望を超越する博愛とつながるものでなければならないのである。この小我から脱出し大我に繋がろうとする考え方は、トシの兄の宮澤賢治の言う「世界がぜんたい幸福にならないうちは個人の幸福はあり得ない」（『農民芸術概論綱要』「序論」）という言葉と通底すると考える。

自我を持つ個々の人間が真に他者を愛し、他者と魂のつながりを持つためには、自我から脱出し、その外部に行かなければならないだろう。トシの「真実の我」を壊し続ける生き方こそ、主体の外部に行く努力であり、「真の愛」に向かっていると考える。実は、これは賢治の文学の神髄でもある。賢治の童話集『注文の多い料理店』の「序」には、「イーハトブは一つの地名である。／（中略）罪や、かなしみでさへそこでは聖くきれいにかがやいている。（中略）難解でも必ず心の深部に於て万人の共通である」と語っているが、この文章は例えば、賢治の童話『注文の多い料理店』と併せて考えると、以下のように理解できると考える。

> 「罪や、かなしみでさへそこでは聖くきれいにかがや」くのは何故か、既に述べてきたことですが、『注文の多い料理店』では次のように表現しています。相手を殺すことでこちらが生きる、殺されることで相手が生きる、この「自然」の掟、生命の原理・原則を身をもって知らされた「二人の紳士」は、その究極の恐怖におびえて内面が壊れます。そこに至り着くと、もはや文明の外、無意識領域の外部に救いを求めざるを得ません。ここはもう少し丁寧に言いましょう。この無意識領域の外部とは倫理学の泰斗たち、ユングなら「集合的無意識」、アドラーなら「共同体感覚」と呼ぶ、そうした領域ではありません。そうした領域のさらに外部を一旦潜り抜けているのです。この生と死の交換の場、大自然・大宇宙が奇跡を起こし、二人に光が当たります。まさに「罪や、かなしみでさえそこでは聖くきれいにかがやく」のです。賢治が「難解でも必ず心の深部に於て万人の共通である。」と言うのは、これが大自然・大宇宙の生命の原理・原則に則って普遍性をもつものだと主張しているのです。――田中実「背理の輝き・『注文の多い料理店』論」（『第三項理論が拓く文学研究／文学教育　小学校』二〇二三・二　明治図書）

「集合的無意識」のさらなる外部と言えば、もう人間には永遠に捉えられない了解不能の領域であろう。賢治文学がその了解不能の領域に向かおうとする理由は、生命体である人間が生きようとし、よりよく生きようとする欲望を持つがゆえに、華やかな文明を作り上げたと同時に無数の罪を残してきたという根源的な罪意識に関わっている。トシもこの罪の意識を持っているために、「真の愛」を願うのである。

　生きながら罪を犯す宿命を背負う人間は、どう生きるべきかが問われなければならない。この問いに対して、賢治は「世界がぜんたい幸福にならないうちは個人の幸福はあり得ない」と考え、トシは「排他性」のない「真の愛」を求めようとする。賢治とトシは、共に自我を超越する主体の外部、「大自然・大宇宙」という了解不能の領域に向かおうとしているのであり、そここそ「真の愛」の領域なのである。

　さらに、トシは自分の理想を観念に留まらせていない。手記の結末部において、「彼女の真の証明は、今後の生活にある。恢復（かいふく）された人生に対する勇気と自由とをこれからの彼女の仕事に表はさねばならぬ。」と、これから行動で自分が語ってきたことを実践する決意を表明しており、その後のトシの輝かしい姿を彷彿させる。

　トシの壮絶な内なる闘いを記録したこの百年前の手記は現代の読者に、真の救いとは自己を超え続けようとする動きの中にこそ存在することを教え、「煩悩即菩提」の理想は、「煩悩」から離れ「菩提」に至ろうとするダイナミズムの中で実現されることを見せてくれたのである。

宮沢トシ「自省録」の意義
―生き悩む私たちの人生の指針に

山根　知子

ノートルダム清心女子大学教授。博士（文学）。早稲田大学卒業後、トシが学んだ日本女子大学の大学院に進学。トシ資料を調査し、賢治文学の解釈を深める研究につなげている。著書に『わたしの宮沢賢治―兄と妹と「宇宙意志」―』（ソレイユ出版　二〇二〇年）、『賢治の前を歩んだ妹　宮沢トシの勇進』（春風社　二〇二三年）、論文に「新たに浮かびあがるトシ像―女子教育と第一次世界大戦に注目して―」（『賢治学＋』第４集　二〇二四年）ほか。

宮沢トシ研究を通して、賢治文学の宗教的精神の深い魅力を解明することをライフワークにしてきた私は、トシが心をこめて書いた「自省録」を読むたびに、この書が世に遺されたことのかけがえのなさをしみじみと感じている。トシが自己の心を立て直すために勇気をもって取り組んだ「自省録」執筆によって新生に向かい、本来の自分に立ち返り、女子教育への使命に踏み出した姿を見た人は、トシの姿が眩しく映ったことだろう。その姿は賢治の目にも感動的に映じていたのではなかろうか。そして、トシの「自省録」が大切に保管・継承されたおかげで、トシが苦しみのうちに捉えた人生の指針が時を経て生き辛さをかかえる現代の若い人たちにも心の目を開かせる機会を与えている貴重さを想わずにはいられない。

トシのすさまじい葛藤を経た内省の最後を締めくくる文章には、「彼女は現在の彼女の能ふかぎり大胆に正しく自己を見やうとした努力に、幾分の満足と感謝を感ずるのである」というさわやかな余韻がただよう。賢治がトシの死の際に感じた「あんなおそろしいみだれたそらから／このうつくしい雪がきたのだ」（「永訣の朝」）という心象に重なって、トシがこの人生で学ぶべき深みを生きたがゆえに聖性とつながった感覚が伝わってくる。トシの「満足」という言葉には、自身の高等女学校時代の体験について、ともすれば負の意味づけをして恥じ入るような誘惑が起こる心にも打ち勝ち、かつて日本女子大学校時代の本科に進む際の入学宣誓式で揮毫した「真実ノ為ノ勇進」への誓いを貫いたという達成感があろう。トシは、「自省録」を書くことで、真の意味で高い次元に自己を保つ視座を持つことができた。それは、自己の心を深く癒すことにつながり、トシは本来の自分に生きる新たな人生を開こうとした。その次元に置かれた心の軸は、天との縦の関係では、「自分と宇宙との正しい関係」が常に構築されているかどうかを随時確認しそれを保とうとし、また地上での横の関係では、どのような他者に対しても排他的ではない万人への「真の愛」から発せられた心かどうかで判断しつつ、その心を貫くことができるようにという指針となって確立したのだ。そうしたトシの心の指針にならって、今後、人生の荒波のなかで挫折や迷いで溺れそうになったり自分を見失いそうになったりしたら、絶えずトシの「自省録」を読み返すことで、「自分と宇宙との正しい関係」と万人への「真の愛」の姿勢をつかみ直したいと私は思っている。

自己の苦しい場面を乗り越えたいと願う試練が多くの人にもあるだろう。そんな時、トシの『自省録』から、心の軸をつかみ直す体験をしてもらいたいと切実に願われてならない。そうした思いから、まず大学での宮沢賢治の授業では、トシ「自省録」の全文を必ず扱うことにしている。

その際、学生たちの「自省録」を読んだ感想によく吐露されているのは、見たくない自分の過去や内面の弱い部分にはふたをしてしまい、正面から見据えることをしない自分と比べて、トシはそれを徹底的に見ようとしたこと、また、トシが自分のことを「彼女」として三人称で語ることで、客観視できる視点をもって見つめたことに対する驚きである。そして、自分たちとさほど年齢の変わらないトシが、こんなにつらい思いをするなかで、どんなに深い思索を経て自分を立て直そうとしたかに感動したと、毎年多くの学生が心打たれた思いを語ってくれる。なかでも忘れられないのは、授業後、教卓の私のところに来た一人の学生が、こみ上げる思いを吐くように、「ここには私のことが書かれていたんです」と泣きながら「真の愛」をめぐって悩んでいたことを語ってくれたことだ。私自身もそうであったが、この学生もおそらく、自身の利己性を責めたり、挫折感から自己肯定感を失ったりしていたのだろう。そのような繊細な心をトシが細やかに正直に振り返って、しかも自身が新たないのちに蘇る心のプロセスを丁寧に記してくれたことから、そんなトシの心が私たちの心の底を開いてくれることで、堰を切ったようにわが心の在り方も見えるようになってくるのだろう。

このようにトシの「自省録」の文章によって、時空を超えてトシの心が現代の若い人の心に働きかける不思議な作用が働いているのを、私は何度も経験してきた。この作用はそもそも、生前のトシと賢治の語らいのなかでも起こっていただろう。トシが臨終に際して、「こんどはこたにわりやのごとばがりでくるしまなあよにうまれてくる」(詩「永訣の朝」)と、次の生では万人に心をかけて生きたいと願った言葉が、賢治の人生の指針にもなり、「みんなのほんたうの幸い」(童話「銀河鉄道の夜」)への祈りを導いたこととつながってくる。

こうした貴重なトシ「自省録」に思い入れを深めて研究を進めたこれまでの道行きを振り返ると、忘れられない思い出がよみがえる。

私がトシ研究をめざしてトシの母校である日本女子大学大学院に入学を決めようとしていた頃、当時学長であった青木生子氏による「本学に学んだ人たち―宮沢トシ―」(『女子大通信』No.456 一九八七年一月)によって、日本女子大学校時代のトシ新資料が公表されトシ研究の基盤が示された。入学後、青木学長の導きも得ながら、トシが直接教わった当時の校長であり日本女子大学校創立者である成瀬仁蔵校長の思想に惹かれ、トシ在籍当時学内にみなぎっていた学問と教育の基盤にある宗教的精神が成瀬の思想に起因することを認識していった。

すでに一九七〇年七月に堀尾青史編による「未発表資料　宮沢トシ書簡集」(『ユリイカ』)に発表されていたトシの言葉のなかに、「天職」を遂げている成瀬校長について「校長先生が生きたる証明と敬はれ申し候」とあり、トシにおける成瀬校長の影響は知られていた。それが、『成瀬仁蔵著作集』(全三巻)で成瀬校長の言葉を辿ることによって、トシの言葉の随所に成瀬の教えが浸透していることが具体的にみえてきた。こうして、トシが学んだ具体的な成瀬の教えが賢治と共鳴することの認識を深めながら、トシを介しての成瀬と賢治の思想の共鳴を探った研究結果を、「賢治の「宇宙意志」をめぐって―成瀬仁蔵・タゴール・宮沢トシ―」と題して一九八八年一一月発行の『国文目白』に発表することもできた。

その直後の一九八九年二月に、「自省録」は、トシの妹クニの長男である故宮沢淳郎氏の著書『伯父は賢治』(八重垣書房)によって初公表された。トシ「自省録」全文が公開されたことは、画期的だった。「自省録」を読み解くことで、トシには想像を絶する葛藤と心の求めがあったからこそ、日本女子大学校での深い探究がなされていたことが明らかとなった。賢治においてはトシの心を察して振舞いつつ、トシの死後にはトシが真に求めた心に同伴する思いで思想を深めていったことが賢治文学に反映した点も見えてきた。

そうした研究を二〇〇三年に拙著『宮沢賢治　妹トシの拓いた道―「銀河鉄道の夜」へむかって―』（朝文社）にまとめて出版する際、『伯父は賢治』がすでに絶版になっていたことを惜しんで、拙著にトシ「自省録」の全文転載をさせていただけるよう、宮沢淳郎氏のあい夫人にお願いした。あい夫人からは、「夫淳郎がさぞ喜ぶことでしょう」との有難いお言葉とご快諾をいただき、そのうえ花巻のご自宅で「自省録」の現物全文を拝見させていただく希望も叶えられた。さらにそのとき立ち会ってくださったご子息のお力をお借りして撮影もさせていただき、拙書には「自省録」の写真も掲載することができた。賢治の短歌清書で目にしたことのあるトシの筆跡で、トシが「自省録」全文の一字一字に心からいのちを注いでいたことをその時に感じることができた。

　それから約二〇年が経ち、二〇二二年一一月二七日、トシ没後一〇〇年を迎えた。この二〇年の間、私のトシ研究では、「自省録」においてトシが振り返った「此の四五年来」に相当する時代におけるトシの学びと思索の跡について、さらに奇跡のごとく新たに日本女子大学内から発見されたトシ新資料のおかげで具体化することができた。それは、成瀬校長の授業「実践倫理」の課題を中心とするトシの提出した答案が発見されたのだった（『成瀬記念館』所蔵）。加えて、近角常観あてトシ書簡も、求道学舎内から見つかり、その調査を行った岩田文昭氏を中心とする研究グループからの報告・公開がなされた（『近代化の中の伝統宗教と精神運動　研究成果報告書』）。さらに、トシの出身の女学校であり「自省録」執筆後に教職に就いた花巻高等女学校の「教務日誌」などの貴重な資料を、その後身である岩手県立花巻南高等学校のご協力を得て調査できたことも、母校での生徒としてまた教師としてのトシの足どりが身近になる思いであった。

　さらにこの調査時での忘れられない体験は、花巻南高等学校・文芸部生徒の皆さんとトシをめぐる対話ができたことだ。のちにこのときの「座談」は、部誌『門』第一七号の「特集Ⅰ　「銀河鉄道の妹・宮沢トシ」を追って」に掲載されたが、部員の生徒の一人は「自省録」を読んでトシに対する印象が変わり、「トシも罪の意識があって、それを糧に一歩進んでいこうという強い意志が感じられました」と、トシの勇進する心に寄り添って理解が深まった思いを語ってくれた。

　このように、花巻高等女学校と日本女子大学校で女子教育を享受できた時代に、トシが自身の信念をいかに形成していったかを知ることのできる新資料の数々から、トシの心を把握できた私は、トシ没後一〇〇年となった二〇二二年度末に、新資料を含めたトシ資料の全貌を扱った研究書『賢治の前を歩んだ妹　宮沢トシの勇進』（春風社）を上梓した。その際に、「自省録」の翻刻については、本書の翻刻ルールのもとで他文献と同様に、トシの記載通りに翻刻することにした。よって、前著への「自省録」転載は、宮沢淳郎氏の翻刻を踏襲させていただいたものであったのに対して、この著書ではトシの表記通りにすることでカタカナ表記や旧仮名遣いが入った表記そのままに直した。

　また、一一月二七日のトシ没後一〇〇年の日を前にして、岩手大学人文社会学部宮沢賢治いわて学センター主催の第3回「没後百年宮沢トシ」の講演とシンポジウムに登壇させていただいた（『賢治学+』第4集二〇二四年九月）。そこでも「自省録」をめぐって言及したのだが、トシ「自省録」が末の妹・クニに受け渡され守られてきたことには、深い意味があったと考えられることについて、最後に触れておきたい。

　クニは、トシが「自省録」を書いたのちに花巻高等女学校の教員となった時、ちょうど同校の第一〇回生として入学しており、トシが教員として教えた生徒である。クニは、五人きょうだいのなかでただ一人、姉のトシが女子教育の理想を教壇や校内で実践していた姿にじかに接していた。クニの同級生の証言によると、授業中にトシがクニを指名するときは「いかにもはにかんだ口調」で「クニさん」と呼んだというエピソードが語られ、トシは「人のためになりたい、郷土のために働きたい」と常に口にし努力する姿を見せていたといわれる(『花南六十周年史』一九七一年一〇月)。そのように、クニにとってトシは、女子教育の場で女性の生き方を示し貴重な教えを授けてくれた導き手であった。姉の死を女学校四年次在籍中の一五歳では受けとめきれなかったかもしれないが、その後クニは二一歳で兄賢治の計らいによる養子縁組で結婚して、子育てをする姿をも賢治に見守られながらともに過ごした。そうした環境で、クニは「自省録」を姉の遺志として大切に守りたいと思ったにちがいないと思われる。

また、このトシとクニの関係を心にとめているといえる賢治は、トシの死後、クニが卒業して結婚し、クニ夫婦が宮沢家を支える立場で実家に住んでくれたことに、感謝していたにちがいない。そこでクニの最初のお子さんであるフジが生まれて、賢治自身はことのほかフジをかわいがっている。フジが病気になった三歳のとき、賢治は「かの病苦をば／私にうつし賜はらんことを」と「雨ニモマケズ手帳」に書きつけてフジのことを祈っている。このことは、賢治が病気療養時のトシへのまなざしとの重なりをも感じさせる。

それからはるか時が過ぎ、さらにクニの長男・宮沢淳郎氏による公表から三五年近くを経て、トシ「自省録」は花巻市所蔵となり、さらにトシの息遣いが感じられる筆跡を味わうことができる影印によって、その内容を万人が共有できる恵まれた時代が訪れた。これからもトシ「自省録」によって、少しでも多くの人たち、特に生き悩む若い人たちが真なる生き方に目覚め、心を支えられ勇進できる人生に導かれるよう願ってやまない。

トシは自分を「彼女」と呼んだ

岩井 光和

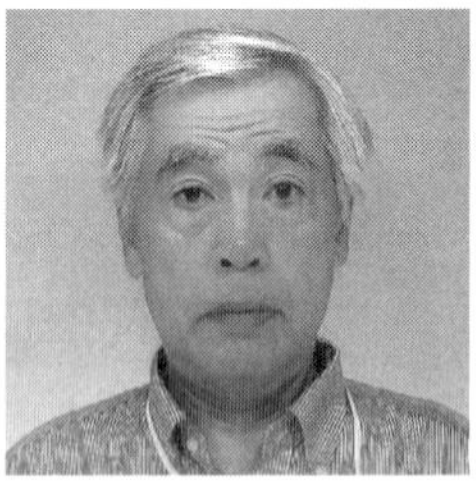

詩人。一九五一年、岩手県大東町大原（現、一関市）生まれ。詩作活動を行う一方、『「チュンセとポーセの物語」を読む』（第75回岩手芸術祭文芸作品集・優秀賞）、『科学する賢治』）（第76回岩手芸術祭文芸作品集・奨励賞）がある。現在、宮澤賢治作品を交読・議論する「心象探検隊」を中心に研究活動を行っている。詩誌「逆光」会員。詩集『諸葛川散想』（二〇二四年、逆光社刊）がある。

宮沢トシとは宮沢賢治の詩「永訣の朝」の中で「Ora Orade Shitori egumo」と悲しく逝った妹のことだ。だがそれが本当のトシの姿だろうか。そんなことを想い抱かせたのはトシが残した一冊の手記があったからだ。宮沢家の末妹・宮沢クニが、トシの形見分けとして受け取った荷物の中にこの手記が紛れ込んでいたのだ。だれも知らぬままに押入れにでも仕舞われていたのだろう。その手記をたまたまクニの息子・宮沢淳郎が見つけることになった。そしてその内容からトシの文章ではないかと判断をし、自らの著書『伯父は賢治』（八重岳書房）に「宮沢トシ自省録原文」として掲載したのだ。宮沢トシとはどんな女性だったのだろうか。この手記によって明らかになった。

花巻高等女学校在学中に音楽教師からバイオリンのレッスンを受けていたトシは、その音楽教師に少女らしい淡い恋心を抱いた。そして、その想いをある友人に話してしまった。そのことが学校中の噂になり、やがて仮名ではあるが地元新聞に掲載されてしまった。そして町中に知られることになった。騒ぎの中で音楽教師はトシを避けるようになった。彼女は深く傷つき、日本女子大学への進学という形で古里花巻を離れることになった。だが大学生活も彼女はトラウマから解放されることがなかった。結局その精神的ダメージのために結核を発症し、東京で賢治の看護を受けることになった。卒業の年でもあったことからトシは花巻へと帰郷し、療養の後に一度は回復をした。そんな時に、母校・花巻高等女学校への教諭心得としての就職話があった。トラウマのもとになった母校への就職を、勿論トシは断ることも出来たはずだ。だがトシは十六日間考え、ここで負けては自分の人生は意味のないものになってしまう。このトラウマと戦い、自ら立ち上がろうと決意した。その十六日間の記録とでも呼べるものが手記「自省録」となった。そしてトシは花巻高等女学校の教諭心得になる。だが、トシは再び発病し死の床につくことになった。二十四歳の短い人生だった。

人々は「自省録」を読むことによってトシにどんな印象を持つだろうか。わたしは大正に生きた強い女性を思った。それは宮沢賢治の妹だからではない。むしろこれほど素晴らしい女性が宮沢賢治の妹であったことの奇跡を強く感じた。そして賢治はトシから多くの影響を受け、励ましを受けていたのではないか、と考えるようになった。

この手記を読むことによって抱くだろう人々の感想はそれぞれに違うだろう。それでいいのだと思う。ただ大正期の岩手でこれほど真摯に自分と向き合う女性がいたことを知ってほしい。トシは自分を「彼女」と呼んだ。客観的に自分を分析し、世間を分析し、自分が受けた非難冷笑の理由を考えた。そして二十二歳という年若い彼女はオトナの判断をした。あることないことを書き立てたあの新聞記者にさえ理解を示した。

そして現実を受け入れ、そこからどのように生きるべきかを考えた。信仰に頼るのではなく、自らが自らの足で立つことの必要性を考えた。信仰は自己救済のためにあるのではない。自分を高めるためにあるのだとさえ述べている。わたしたちはこの年若い女性から学ばねばならない。その生きざまから学ばねばならない。特に高校生、大学生、また新人社員といった若い女性に読んで頂きたい。トシのように生きろ、とは言わない。ただ百年むかしの岩手にこんな素晴らしい女性がいたことを知ってほしい。どこにでもいる少女たちが受ける非難冷笑は、だれでも経験する可能性があるのではないか。辛く苦しい想いをしている少女たちはたくさんいるはずだ。ただそんな体験を一つの契機にして強く生きていこうとした女性がいたことを知ってほしい。いま、他人にはいえない苦しみや悲しみや戸惑いを感じている君に読んでほしいのだ。悲しみは君だけにあるのではない。かつて宮沢トシも同じ想いをしていたのだと伝えたい。どうすればみんなに伝えることができるかを考えた。それは「自省録」を本にすることだった。

もう一つ理解して貰いたいことがある。この手記は他人に読ませることを想定している文章ではないということだ。これは小説ではない。エッセーでもない。詩でもない。自分に問いかける文章なのだ。だから難解な文章になっている。そのことを理解して頂きたい。この手記は文学と呼べるものではない。だが賢治は自らの詩を心象スケッチと呼んだように、この手記もまた心象スケッチではないだろうか。自分の想いを誠実に描き、自分に問いかけている。それを詩と読めば詩になるだろう。エッセーと読めばエッセーになるだろう。読む者がそこに何を求めるかが問題なのではないか。若い人々がこの手記に何かを求めてくれることを期待したい。

さいわい関係者の努力によって人々に読んで頂けるような「自省録（宮澤トシ）」を出版することができた。この本は百年むかしのある年若い女性からのメッセージだ。それを現代の若者たちへ届けようとするひとつの試みだ。うまくいくかどうかは判らない。だがまずはやってみよう。一歩を踏みだしてみよう。その一歩を踏み出すことに意味があるのだから…。

第Ⅴ章　「自省録（宮澤トシ）」英訳

プラット・アブラハム・ジョージ

Toshi Miyazawa's "Self-reflection"
(Modern language version)

(Translated into English by Pullattu Abraham George)

* This has been adapted into modern Japanese language in the hope that middle and high school students can read and understand this version more comfortably. Adaptation into modern language has been done in the polite 'desu' and 'masu' format; some words and phrases that are not in the original text are added to make the meaning easier to grasp..

***

The time has arrived for me to introspect into myself, about which I have never thought of doing earlier as I was most afraid to deal with it until now. "I cannot go any further without touching upon this matter", a sad feeling engulfed my heart. "For long I have been groping in the darkness, but now I have to confront it head-on. I need to establish the truth: the mystery which covered my heart with dark shadows and troubled me for long, of which I myself am not clearly aware". This wish is the source of my hope.

For the last four or five years, "seeking faith" was the most fundamental driving force in my life. Through faith, I tried to consolidate my "self" and attain anshin ritsumei, spiritual peace and enlightenment (mind at peace, without any disturbance). Gaining faith is the most meaningful aspect in human life, I firmly thought so. I was deeply moved by the admiration for the lives of saints and high priests who were awakened to the correct relationship between themselves and the universe, and who seemed to have led the most ideal life as human beings. In

fact, for a while, I didn't understand the difference between admiring a religion and seeking faith.

I won't forget it either. In the fall of my second year at Nihon Joshi Daigakko (Nihon Women's University), our principal, Mr. Jinzo Naruse, asked us to write an essay on ``What is faith? What is education?" It was a homework on "Practical Ethics". I devoted all my energy on it and wrote rather a long essay. I was really satisfied at that time as I thought that I understood what faith actually is. But now, when I think about it, I feel that I was simply writing about my admiration for faith, not my understanding of it. It was nothing more than a write-up on the contours of faith. If I have to write an essay on the same topic now, I will not write such a simple and audacious essay, merely admiring and praising faith. Because, now I seek the 'substance' of faith, and not just its 'contours'. But, at the same time, I know how difficult it is to "experience" the "substance" of faith.

I was constantly hunted down by my own discontent with the reality and my anxiety and worries emerged from the realization that I have no place in this vast world. Though I used to seek the truth lying beneath consciousness and phenomena, and seek salvation by invoking the Absolute, I could never experience the joy one gets in the aftermath of coming across the object sought after. What I sought initially was anshin ritsumei (spiritual peace and enlightenment), a hideout for attaining that. However, gradually, it underwent subtle changes. Anshin ritsumei is no longer my ultimate goal. At the same time, I am not able to break through and come out of the present situation for starting a new life, which is my earnest desire now.

My earnest desire now is to be born again. To be revived and resurrected. To be born again to a new life. That is the greatest meaning of my being alive now.

Gradually, I started hating searching for fascinating words. In my diary, seeking unity and harmony, I have written repeatedly words of encouragement which might lead me to attain self-enlightenment. Then I got tired. My condition at the end of the year before last was like a thin thread which was stretched to the extreme ends. Ultimately, I landed with physical illness. Naturally, it ought to be like that only. Thereafter, for one year, until today, I have been undergoing both

mental and physical rest and recuperation. What a blessing it was. My illness opened my eyes, it gave me a warning bell. For the first time, I could get rid of the strenuous, unnatural, stressful and difficult life. Mother nature has clearly instructed me to make a 'fresh start'.

I had to reflect on my strenuous, stressful and mentally driven-out life to find out my flaws and mistakes. Then I realized that my illness was not a coincidence. It has not happened overnight, but it was caused by something which deeply penetrated its tentacles into my body and mind starting five years ago. The cause of this illness severely affected me, but I tried to offset it by ignoring the extremely natural and inevitable factors behind it. I tried to deliberately resist the effect of that force. But finally, what I got was an unnatural, painful and strenuous life during the last five years. I could not think of anything else.

I always used to think that I have been seeking the 'way' wholeheartedly, devoting myself completely to achieving it. 'Concentration' is the only way through which I could save myself, I thought. I have been earnestly trying to devote myself fully to prayers. But now I doubt my intention. I failed to introspect and think about myself in depth. Perhaps that was the reason why I thought 'I have been seeking the 'way' wholeheartedly'.

No doubt, even at the moment when my consciousness was focused solely on seeking God and finding my own place of work, wasn't there something entirely different that was existing inside of me? Even when I was submerged fully in the flame of prayers, wasn't there some dark spot in me where the light of that flame didn't reach?

I had not even acknowledged the existence of that mysterious power within me until now, maybe, perhaps, I looked at me with only clouded eyes. Yet, there is some other special reason for that. No doubt, I was always afraid of that dark spot in me. Even in my unconscious mind. In certain situations, when that thought came to my mind, I intentionally turned my eyes away from that as if I had come into contact with an object that hurt. Surprisingly, when any stimulus which drags me near to that mysterious spot occurred, I would immediately move away from that danger zone. This spot – without fear or hesitation I would say now -

was the home (dwelling place) of my sexual consciousness.

The moment I just stepped into that zone; I could see the pitiful image of my past self, full of wounds. My heart hurt again as it pained earlier in the past. I could do nothing but grieve that irretrievable past. At that point of time, I lacked the strength to withstand this grief and was unable to look deep into the truth about me. To me, it looked like an extremely burdensome problem. When you are shattered by grief and don't have enough confidence to move on without losing the courage to live, turning your eyes to the past will make you excessively sentimental and will dampen your spirits. Knowing this fact, not only did I deliberately avoid recollecting this part of my past but I was also scared to entertain all such thoughts related to this problem. "Let me become stronger and mature like an adult so that I can judge myself correctly, without getting sunken in sentimental tears". I forbade myself from thinking about what I mentioned above.

Of course, I always had a desire in my heart to repent for "that incident" and get rid of the burden I have been carrying, so that I could gain a clear and cheerful consciousness. However, I realized that until I reflect on myself calmly, serenely, and I was ready to confront the sins and the punishment due to me, the content of my confession would be nothing but mere empty words of regret. Hence, I thought that before jumping into making a confession, I should nourish my character to make it strong enough to withstand the aftereffects of such confession. In order to atone for my unfortunate mistakes of the past, and also for ensuring satisfactory solutions to them - both are equally important - I had to keep moving forward until the right opportunity arrived.

In short, I had no other choice but to direct my efforts in this direction only. Even though I feared it, avoided it, and tried to force it out of my mind, it is clear to me now, how powerful was its hidden impact on me.

It seems that all the inconsistencies and contradictions in my life stemmed from the unnatural way I tried to ignore or avoid something which I should not have avoided. Although I was afraid to be conscious of it and kept it a secret even from my own eyes, after that incident, my character as well as my thoughts

were deeply impacted and prejudiced by that, so much so that I could not even think of it. It is quite natural that while standing on this fundamental irrationality, whatever effort I make for unifying (consolidating) the self, or seeking the faith would go futile. "What should be done now?", "what should be the situation in the future?", will remain as problems unresolved as long as this irrationality persists. One may be able to think about some abstract solution which might sound ideal, but in concrete terms that doesn't give any vigour to your life. Hence, it does not differ from the past.

I must know what I am. I must look at my past in a correct perspective, calmly.

What did I get from the incident which I encountered five years ago? I must grasp the correct meaning of the lesson it taught me; I must have a clear view of my old self; not only that, I have to correct my mistakes. I have not done it yet; I must recover whatever has to be recovered and enter into a new world. Getting out of the cumbrous captivity of the past, I must transcend to discover a new self. For better or worse, I will be able to regain my freedom only by knowing what I really am. Perhaps, I might be subject to blame and condemnation only. But I have to calmly and correctly accept them, the torment of my conscience, and only then will my conscience gain real freedom.

According to Maurice Maeterlinck, "before venturing into drawing out the treasures of the past, it is better to wait until one is quite sure that he/she has become strong enough to do that".

However, I don't think I am that strong right now. But, at the same time, I cannot bear any more hopes and ideals pertaining to my future being trampled upon and getting withered away because of my past deeds. I must free myself from the clamps of the iron chain of the past. I want to know what I have actually done; I want to get rid of these importunate shackles, I want to be reborn anew; my desire for all this has compelled me to turn my eyes to the past.

(Blank till the next sentence.)

Last few days, I have been contemplating on my past feelings and deeds in serenity for a critical assessment.

Prior to the critical assessment, I had to observe and review my past accurately. However, once I started the exercise, the first thing I realised was how cumbersome this job is.
The unreliability of memories that have been washed away and eroded by the waves of forgetfulness; my inability to say confidently that this has been my true being; external narratives and complications and difficulties confronted during historical enquiries and so on, I was almost exhausted.

In short, I must admit that I still had lacked the training to be able to express things purely, objectively.

I think I should abandon the idea of expressing objectively until I am able to see this experience of mine, one of the phenomena of life I came across in the past - a true picture of my life - objectively in complete form (regardless of whether it completely matches historical facts or not). In other words, until I am able to see things objectively, without being clouded by my own interests.

(Blank till the next sentence.)
Blank space and one blank sheet
Further, from the next page, the narration mostly changes into third person narration. (That is, it changes from 'I' to 'she'. This 'she' is none but 'I' only)

The pain in her heart is chaotic. Such being the situation, for making a right decision, it may be more convenient to assess it from two angles.

The first one is the appropriate criticism of 'her' relationship with 'him'. And the second is a clarification of 'her' relation with the 'society' which could only bring about a solution.

We have to start with the first one.

First of all, let us assume that the mutual feelings held by him and her for each other had ended without anyone's knowledge or interference. "Then she wouldn't have been bothered or worried about it". She could have easily overcome 'this pain' without any troubles. She could have escaped from having the double

burden of getting criticisms directed at herself as well as at her family which, she thinks, "received more pain and wound than herself". Moreover, her actions and feeling towards him, even if they are considered indiscreet, would not have been branded as a crime or sin.

She was simply sentimental to him, and a dreamer indulged in emotions who had absolutely no knowledge about the dark side of life.

Even those emotions and feelings of her had a transition, growth, and history.

"Her feeling of attraction towards him in the beginning", seemingly a coincidental fact, might have happened inevitably due to various reasons that she herself was not aware of. One of the causes she could clearly visualize was the "admiration and yearning for art" which began to sprout within her just at that point of time.

Her expression of fondness and affection towards him was excessively honest and artless.

But she didn't realize that the level of her feelings was going beyond the intended limit.
As she strongly believed that, the illusion she weaved in her mind was real; whenever fear or irritability rears its head in her, she immediately denied that. Rather, she was in the grip of day dreams.

She was not only ignorant about "how the world would interpret such attitudes", but also equally ignorant about the fear and caution society will have against evil intentions of its members. All the more, she was ignorant about her own destiny.

"It is my duty to repay him for his deeds", she justified herself. However, her hypersensitivity forced her to react more than how she should have reacted, and to retaliate more than how she should have retaliated. She tried to enwrap herself with the words "legitimate duty" and deceive her self-consciousness, but beneath that layer of skin was a heart that longed for the glamorous pleasures of her youth, breathing painfully. Helpless and forlorn, her eyes of self-reflection failed to see through it.

If only she could firmly hold the conviction that "they have affection for each other", she would have been satisfied. She did not want anything else. Occasionally, she felt, though faintly, that he has certain shortcomings, but instinctively she also knew that one cannot expect anything more from him. Although it made her sad and gave her a feeling of resignation, at the same time, she felt at ease too.

Once he told her about his marriage proposal to another lady, and sought her opinion. (Whatever must have been his ulterior motive, that time she simply thought that he is just wanting to get her opinion on the matter). She took it as a friendly chat. Thinking that she could perhaps escape from the affliction which is going to grab her sooner or later, she heard him and responded to him in a happy and friendly composure.

Even when she realized that he has fond feelings for Miss O, she did not lose her presence of mind, although it was shocking to her. It is natural that one should get "shocked" on such news, but the actual shock she felt was small. "Isn't it quite natural?", even she felt so in some corner of her heart.

But, when she became aware that "it is a matter one must get shocked", she got agitated and began to think that that is her true self, which, in turn, made her sadder and more shocked. She could not give up her urge and attitude to react strongly.

After she came to know about his closeness with Miss O, for a little while, she spent her time in contemplation and anguish, which, in turn, saved her. At last, now she knew what exactly she was seeking from him. She realised that if she still expected to get pleasure from the mutual sharing of feeling and affection with him as before, she would definitely fall into deeper despair. "He is never going to be faithful to me to my satisfaction", she thought. But still, she couldn't give up her affectionate dreams of youthfulness. "Oh, I won't ask for anything from him, because the more I ask, the more I will suffer. Whatever may be his true nature, I am not going to contaminate my heart with jealousy or hatred. Let me continue to have the love and affection towards him till the end", she thought. By taking such a decision, she considered herself a tragic heroine, and led herself

If only she could firmly hold the conviction that "they have affection for each other", she would have been satisfied. She did not want anything else. Occasionally, she felt, though faintly, that he has certain shortcomings, but instinctively she also knew that one cannot expect anything more from him. Although it made her sad and gave her a feeling of resignation, at the same time, she felt at ease too.

Once he told her about his marriage proposal to another lady, and sought her opinion. (Whatever must have been his ulterior motive, that time she simply thought that he is just wanting to get her opinion on the matter). She took it as a friendly chat. Thinking that she could perhaps escape from the affliction which is going to grab her sooner or later, she heard him and responded to him in a happy and friendly composure.

Even when she realized that he has fond feelings for Miss O, she did not lose her presence of mind, although it was shocking to her. It is natural that one should get "shocked" on such news, but the actual shock she felt was small. "Isn't it quite natural?", even she felt so in some corner of her heart.

But, when she became aware that "it is a matter one must get shocked", she got agitated and began to think that that is her true self, which, in turn, made her sadder and more shocked. She could not give up her urge and attitude to react strongly.

After she came to know about his closeness with Miss O, for a little while, she spent her time in contemplation and anguish, which, in turn, saved her. At last, now she knew what exactly she was seeking from him. She realised that if she still expected to get pleasure from the mutual sharing of feeling and affection with him as before, she would definitely fall into deeper despair. "He is never going to be faithful to me to my satisfaction", she thought. But still, she couldn't give up her affectionate dreams of youthfulness. "Oh, I won't ask for anything from him, because the more I ask, the more I will suffer. Whatever may be his true nature, I am not going to contaminate my heart with jealousy or hatred. Let me continue to have the love and affection towards him till the end", she thought. By taking such a decision, she considered herself a tragic heroine, and led herself

mouths around. She had been accustomed with people's affection and admiration for a long time before. Hence, she could never seriously think that she should be careful and watchful against "people's slanderous mouth".

Although it is the natural result of the seed, she had sowed imprudently which had grown big in no time, the reality she saw for the first time after awakening from her dream was horrifying and heartbreaking.

The illusion of a romantic daydream was completely shattered. And then she had to encounter one truth.

One can get spellbound in beautiful dreams, getting lost oneself or forgetting the place where he/she be, only if one is in a safe surrounding. Was it a mere game, what she had been indulging in till now? She was subject to a rain of arrows of painful criticism; she was betrayed by the man who was responsible for the cause of it and who was supposed to have shared the responsibility with her; her outstanding sense of honour, reputation and prudence of until yesterday were trampled and crushed into powder; only, 'love oneself' is the greatest truth for her, that only can protect her, she realized finally. "But then, what was that of which I was so obsessed so far? Was it really about loving myself?" "But actually, I didn't love myself. In other words, I was unfaithful to myself", she thought.

Her regret had to finally come down to this point.

If she had lost only her honour but not been neglected or alienated by him, her dream would not have come to such an abrupt end. His alienation from her, his estrangement from her, was something which was never expected by her; it was a matter of utter disappointment. "I am so sorry. You are being severely blamed and accused for the sake of me. Let us be firm in our belief that we haven't done anything wrong mutually, whatever may be the thinking of society on us. The society has misunderstood us, let us believe so". This is what she was expecting from him. But she was heartbroken, the pain in her heart reached its height, when she was told indirectly that he rained words of insult and hatred on her instead (since this was told to her by one of those three people, its authenticity is doubted).

Her soul was crushed by the repeated blows, but she endured it all silently, hiding her tears from others. It was really a difficult task. For a long duration of two months until her graduation she endured it like sitting on pointed stalk of grass. Moreover, her repeated attempt to get his consent to sit together and resolve the matter for ever amicably was also a herculean task.

She wanted to escape from the painful environment of her school and native place as soon as possible. She didn't have the energy and courage to recuperate her present life which was like a drooped flax. So, she escaped from her school and ran away from her village, literally. Finally, for ever, she gave up her plan of coming to an understanding with him.

Somebody had briefly appraised her about the reason why he had alienated, estranged from her. In fact, to a certain extent, she didn't hide her connection (crush) with him from others. She revealed it to one of her friends and to another reliable person. It seems, this has hurt his self-esteem and he became furious as he felt betrayed. However, this alone was not seemed to be the reason, though the other reasons did not inflict any pain on her. For him it was a matter of shame, affecting his honour. She too came to know for the first time that talks about their relationship were hovering around the air as a rumour. But she couldn't recollect that at any time she had disclosed this secret to anybody else before. Therefore, all she could think of was that it was a misunderstanding on his part, and that she was falsely accused.

However, she didn't have any say on the first cause, because it was true. Certainly, she regretted her imprudent behaviour and was willing to extend her apology to him. But at that time, from beneath that thought of her, a strong feeling of doubt raised its head.

"Why was it necessary to keep this a secret from everyone? What was wrong in disclosing it to friends?", were these doubts. Oh, would this have been the key that could have unlocked the true nature of the feelings between him and her? Now, after five years, she is trying to find a solution to her doubts.

Even if it is considered that his and her feeling were same and one, their feelings

had different focus originally. For him, the feelings between them were meant only for his benefit. He considered her as an object to be used for his benefit. His feeling of anger towards her when the matter was leaked to others was quite natural, she now thinks so. At the same time, her conviction that their actions were not supposed be kept secret was also quite natural, according to her thinking.

Isn't it right to say that how she had seen him was bit different from what his real and objective existence had been? Wasn't it an idealized illusion of him? In fact, there were times when she felt that he was selfish, materialistic, unmanly and calculative. This was painful for her. It was quite natural for her to turn away her eyes from the dark side of his personality, and she tried not to see it. She had gone to such an extent with a desire to get intoxicated in the beautiful dream painted by herself. But, at times, she surely felt that he had a tendency to seek certain benefits from her in return to acknowledging her feelings, and not interested in focusing on the important point of reciprocating the feelings. Even though she was seized by sadness often, she forced herself to continue to see her dream, a dream which ought to have come to an abrupt end. It was clearly a matter of self-deception. Sometimes, she used to ignore her correct criticism based on self-consciousness. Their breakdown was bound to happen sooner or later. That was their fate.

Ignoring the eyes of reason, they (especially she) should have understood each other's feelings in a way suited to their respective convenience. Perhaps, that would have been more reasonable. However, this time, she drifted away from the correct reality not because she gradually awakened to reason, but because it was a sudden, passive awakening that she was forced to have. Due to that, for a while, she was made to cling to a lingering dream. There was nothing more than that. Totally lacking any mutual personal empathy, weren't they destined to pass through different paths in the course of their life from the beginning? She thought that she could have beautiful, ideal affection and sympathy towards him. But wasn't that a mere temporary delusion she had while she was still not self-awakened? Wasn't she lacking self-reflection, wasn't she blind to realize that, sooner or later, her personality would no longer match his when her own

individuality became independent?
"I felt affection for him, and manifesting that affection in my deeds was quite natural. I saw myself being drawn to him in an unusual way. I saw a desire growing within me that transcended my will. Nature had led me to the dangerous abyss skilfully and smoothly. I didn't know when I had strayed from the right path, or which of my deeds crossed the boundary and led me to enter into the maze". At first, she reflected on her feelings towards him and thought like this. But it was nothing but a superficial fact, a mere excuse.

Did she not feel surprised, frightened that her actions had become bolder than she had ever imagined? Didn't she feel somewhere in her instincts that she was drifting away from the original, safe path with each of her actions, and falling into a dangerous ravine?

Certain desire in her was letting her to do whatever way she pleased to do, just like a stone rolling down a slope. Had she stimulated and exercised her dormant will, she could have crawled out from anywhere, halfway, before falling into that dangerous mud. Her harsh fate resulted from her own deeds.

She was "ignorant of her own fate". She had to come down to this level of regret now.

The above is a criticism of her feelings. She must regret her feelings, but at the same time, it is quite natural that she must not overlook certain important points, even if she may be subject to condemnation for that.
In other words, she must reflect on herself. Were her expressions really in line with her feelings? Was her inner self consistent with her outer self? No, no, her expressions were crossing the limits. She was carefree and the least concerned about the people around her. Her actions were exaggerated compared to her inner self. In this regard, she should feel deep regret and shame for having deceived both herself and others. Whatever the other points may be, she has no right to blame him on this particular point. She has no choice but to humble down herself in shame so much so that she vanishes from the earth.

Considering all this, it was only natural that she had to separate from him. Until

they had grown enough as individuals to be able to feel a great, selfless, open love for each other that could be called the love of humanity, it was impossible for them to have any human affection, as they found no common ground in the fundamental parts of their personalities and their stances on life. Wasn't it natural that they should turn their backs on each other and walk each on their own path separately?

She need not blame herself for the inconsistency in her affection toward him. What she should blame herself for is that she ignored and sacrificed the needs of her true personality for the sake of her own skimpy pleasure, and indulged in detours. Insulting her own individuality she voluntarily behaved in a pandering and humiliating manner which needs to be blamed. Like a beggar, she was allured by petty pleasures, and expressed her exaggerated feelings in exaggerated words and deeds, thereby deceiving both herself and others, which needs to be blamed. Instead of loving and nurturing herself, she was engrossed in extravagant, emotional feelings, thereby losing her sense of discernment; in fact, she trampled on herself. This weakness and ignorance of her need to be blamed. In short, her unfaithfulness to herself was the root cause of all.

Instead of investigating others, she should investigate herself. Her will, in other words, her desire which ought to have unified with her personality as a part of her ego, crossed beyond its proper place in her attempt to unify her whole ego. Ugliness of this distorted and abnormal self of her is what needed to be investigated. Oh, she was a sick one.

She must love herself. She must not mistake her true wishes. Every deep thought in her mind, every ripple of her emotion, must all come from her truth. Her expressions must be completely free of exaggeration. It should not deceive herself or others. Actions that do not come from one's true wishes, that are blinded by desire and have no sense of right and wrong, will inevitably hurt oneself, even if it is only a single word.

"Always speak your truth and do your truth. You mustn't lose your presence of mind". Wasn't this the lesson she learned from the fiery trial?

If there is one thing, she should be grateful to him for, it is that he did not take advantage of her ignorance in some aspects, and did not seek anything unjust from her, even though she was fearlessly affectionate and intimate with him. He only accepted her fantastic affection (albeit somewhat exploitatively) as something spiritual only. (If he was slightly more vulgar and mean in character, and if their relationship had gone beyond the level of mere spiritual, the torment she would have undergone would have been much more severe. She was fortunate in that respect and should be grateful to him.)

Let's move on to the second aspect: How she should accept people's criticism?

Here, there is no other option but to accept it in silence. This should be her attitude. Now she regrets her unfaithfulness to herself; she also feels ashamed that she did not understand her fate well. However, since she has admitted her own sin now, why should she be defensive against others?

Of course, she also thought that the damage to her reputation caused as a result of indulging in the piteous pleasure of intoxicating herself with her own dreams, was too brutal. If the damage to her reputation had only affected her - if she had been an orphan in the world with no family who loved her or who worried or grieved for her more than she did - she might have been content with the criticism of the world. Nothing could have been a more painful blow to her than the fact that her mistake had caused them, her family, more grief than her own. Nothing hurt her more deeply than the self-blame she felt for the fact that she had hurt their pride and their hearts, an unpardonable act which cannot be undone for ever. For long, she could not get rid of her antagonism towards the world which caused grief to her family. "What an unfair world is this? How mean is this stereotyped interpretation of my deeds by these people? They don't even understand themselves properly, but they judge others on speculations; how feeble minded they are?" she used to think. Her anger toward this unsympathetic world forced her to resentfully stick to one point: "I am right, and at least there is nothing dark or sorrowful about it as people think".

The world where she could find kindness and affection everywhere has now looked like an exiled Eden, a dream of a lost paradise, and in reality, became

a dazzling world difficult to live in. She felt that the world had become a frighteningly meddling one, especially one that enjoyed the weakness of people and never failed to watch out for malice. At the same time, she was also aware of the existence of the society around and its oppression, and saw herself unable to withstand the oppression of the majority.

At that moment, her dormant instincts were awakened. Her soul was crushed by the oppression in such a manner that one would have wondered whether the weak and frail girl of yesterday could survive. But from within her rose a cloud of rebellion that said, "But I must live. I must not let myself die because of this. I will not succumb to such unjust oppression and be crushed. I cannot die now". And this instinct saved her.

At that time, she could not have the courage to say, "I will live", if she didn't have the confidence in her to say that "I am right, at least my essence is right". She often felt gloomy with doubts as to whether her confidence in her being "right" was a bluff or a manifestation of only her pride. What saved her from approaching the bottomless abyss of despair and from drowning in self-despair and sentimental tears was this instinct to live, and the confidence that strengthened it.

"Whatever the world may say, I have a future. I will become great soon and prove to everyone that I am right, and show them what I am". Her unwillingness to admit mistakes barely helped her to carry forward with her life. Ever since, she had to impatiently strive for a long time to find a place of stability in her faith, and finally reached where she is now.

She no longer wants to bluff forcefully to show that she is right, and as a matter of fact, there is no need for it either. The bluff has broken its bottom, and it is becoming increasingly difficult to sustain it out of pride.

A person may confidently think that he/she is 'right', but narrowness and crookedness of nature could be present in him/her also. On the contrary, 'rightness' and 'strength' could also be found in a person who thinks that he/she is weak or not right. In other words, she has to place more importance on the content than mere assertions of right or wrong, strong or weak, great or small. She cannot turn

a blind eye to her own weakness for the fear of becoming aware of it. She does not want to exaggerate any aspect of herself in order to have the confidence that she is strong. What she wants to get back now is her true self. She has a desire to see her true self, even if it means damaging her dignity. She has now drifted away from the desire to bluff against herself or the world. Her feelings towards the world now are not just rebellious.

She cannot deny that her past actions were immodest. She should admit it that she was completely ignorant and unintelligent in considering what such actions meant in the world. She was naturally insensitive to what she should feel, and she behaved without any worry or caution. As a result, her outward actions had the same boldness and effortlessness as those of a person who is confident and experienced in such areas.

"I'm not doing anything wrong," foolishly thinking so, she continued to repeat her actions which were seen suspicious in the eyes of people around, as the proverbial sayings such as "putting your shoes on in a melon field"*and "adjusting your hat under a plum tree"**. Her excuse that "I don't see him from the perspective of sex, but I see him as a human being only" was not going to be accepted by anyone. It was only natural that the public criticized her in the same way they would have criticized any normal man or woman. Of course, it caused her unbearable discomfort and humiliation, but she had to accept that "it was quite natural that people saw her that way".

Further, she also could not hate that newspaper reporter who published the half-truth article, which had inflicted such a deep wound on her. She knew who he was. From his description of thoughts and writings, she could realize that he was a hedonist who cursed his material poverty, the greatest misfortune of his life, which did not allow him to enjoy himself as he pleased. Of course, it was a hard blow to her that he had so meddlesomely damaged her reputation. In particular, it was too horrible for her to face how much this had hurt her family. She was hit hard in two ways. Despite that, it was strange that she had hardly any feelings of hatred towards him in her heart from the beginning. "It's no wonder that a

person like him saw it in that way". "Why did I do such foolish and dangerous things which would lead to misunderstanding by others?" "I was trying to gain something by sacrificing my everything for that, but was that really the right thing?" She has no right to blame the world for being unjust. She should accept whatever people give to her silently. But there is something else she needs to think about, beyond passively accepting the will of the world.

In other words, before being compelled to accept the cruel world, isn't there a need to reflect on herself, "whether she was cruel to the world"?

Needless to say, what she looking for was nothing more than indulging in pleasure (no matter how innocent and modest the excuse it may have been). On the surface, she behaved as if she loves others, not seeking any personal profit, but beneath that mask there was nothing but only her selfish motive. She must acknowledge this fact.

When a special intimacy develops between two special persons, it often tends to become exclusive. Wasn't that the case with them as well? Didn't they show any tendency to prove their mutual intimacy by reducing the degree of their intimacy with other people or by keeping distance from others?

After all, what they sought was only their own happiness, and if this was not compatible with the happiness of others, was it not natural for their intimacy to become exclusive and selfish?

Her reflection cannot say 'no' to this question.

It is a very delicate issue that love, which should be the only path by which humans can escape the narrow and squalid home of selfishness and take one step closer to God, but may not end as beautiful as thought, as it can easily come hand in hand with sin and darkness. When a stubborn person, who fails to withstand the test of pure love, falls in love – either towards an individual, family or nation – he will fail to make a correct judgement. Stubborn, foolish love will inevitably hurt both that person and others. It will inevitably become a source of worldly desires, a delusion of the heart, and an obstacle to religious practice.

Her current state is still so low that it is difficult to describe. It is so presumptuous that she hesitates to even mention true love, but she is no longer satisfied with her current state, and will not hesitate to seek to be elevated and purified. She will not be satisfied with blind, foolish love, and determined not to go after it. She still does not know what true love is. However, one way to tell that "This is not true love" is whether it is exclusive or not.

If the feelings between her and him had tended to be exclusive, it would have been inevitable for her to unleash a rebellion when her dormant desires awoke. She would have felt that their feelings had reached a dead end, and would have destroyed and discarded it, irrespective of its form. Or she would have had to endure the burden, which was beyond her power, for transforming that into something non-exclusive and pure. In this respect also, was it not quite natural and just that they had ended it by separation?
Her wish to have equal, selfless love for all people is not a false pretention, although it is still in the budding stage.

"Please extend this merit to all, to all things, so that we and all living beings together may give birth to the Buddhahood" as preached by Shakyamuni***. This being her state of mind now, there is no reason why she should not be allowed to offer her sincere thoughts free of falsehood.

She must feel ashamed that she had pursued only her own happiness in contradiction to this desire. She must repent. And she must humbly accept the measures taken by people against her. She must accept it as a just punishment for alienating everyone. No doubt, she had stepped into a labyrinth. She had tried to indulge in pleasures of this floating world. She had closed her ears to the inner voice of her true self and had gone closer to self-destruction.

She had to reap the seeds she had sown imprudently. She must now prostrate before God and man. She must pray now: "Forgive me for my mistakes". She had no right to blame the people of the world who had not properly understood her. She had to learn humility and tolerance, instead of resentment. What should be the boon (gift) which could be whispered to her broken soul?

She had to know how easily mistakes and sins are made, how cleverly they disguise themselves, how plausible reasons are used to blind one's self-consciousness, and how smooth the path that leads to fall is. She must know that the group of people she looked down upon with contempt as "sinners", were her fellow countrymen and companions in the same world. She must understand that their horrible crimes, which shocked people, were no more than the result of a small desire, similar to the one that first sprouted in her, which grew over time under their living circumstances. From before, she had a deep sense of awareness that she was always right, and she used to "feel pity" whenever she came across the mistakes and sins of others. But, at the same time, she should know that she had a rebelling heart against that feeling and enjoyed being righteous against those sinners. She no longer had the right to view anyone as a sinner. She must know that she is also a weak human being like them, who might end up committing any horrible crime depending on the circumstances and opportunities at the time, and so she must fear her fate.

She had an extremely happy life and used to be self-conceited and arrogant before she encountered that experience. Didn't she behave arrogantly and unsympathetically to all others, as if it was her natural right to enjoy her own superiority? Even if she was free from any worries of her own mistakes, and was able to lead a faultless life continuously, she might have become a moralist utmost but not a true human being. Being an extremely self-conceited person, she would have thought that sins and evils of this world are something entirely separate from her or unrelated to her.

Even if she still lacks the ability to precisely consider what the ideal state of being human should be, she can vaguely outline its contours. It is not about becoming "a puritan". Nor is it about becoming a so-called" Moralist" whose life has been artificially altered and unnaturally withered.

Although it would be presumptuous of her to even say anything about the principle of "whole creation in momentary thought" (Ichinen-sansen 一念三千), even for a moment, the human mind contains all things of the nature) as preached in the Lotus Sutra, that is, the doctrine of the Tendai sect, she had no doubt that her ideals had left behind the tendencies of Hinayana Buddhism and placed her

aspirations and ideals in the world preached by Mahayana Buddhism, where "earthly desires lead directly to enlightenment" (煩悩即菩提). In light of this ideal, when she considered the meaning of the boon (gift) that had been given to her through her pain, she was able to see an unexpected light in her past experiences, which she had previously only thought of as pitch dark, full of shame and regret. Wasn't she taught true humility before the world, before God? Wasn't it a grace that enabled her to take a step forward in her training as a human being? No, no, she had neither the right nor the need to choose, speculate, or complain about whether it was a grace or a twist of fate that had brought her misfortune. Because, what is bestowed is the domain of the Absolute. She simply had to accept it obediently and love herself as a unique and precious experience given only to her.

If she had been able to see this boon (gift) earlier, she would have been able to become humbler much before. And yet, despite the fact that her experience with him had hurt her self-esteem greatly, she was unable to cast away her tendency to judge others even after that. She had become accustomed to treating herself as righteous, even though she stood on a foundation of doubtful self-confidence that wavered when criticized - a self-confidence that could turn into servility with one wrong step. Wasn't it a bit like the ridiculousness of a lord who had fallen to the status of a commoner, unable to forget his former haughty attitude, trying to wear the magnificent and dignified ceremonial clothing that had once made all the people bow down to him? And even though that clothing had once been trampled underfoot and were now in rags.

After this, she is expected to cast away the contradiction between servility and arrogance.

This boon (gift) was not the only thing she had received.

Whether she is grateful for that experience as a favour or not, she must admit that it had no power to affect her outward destiny. Her mistake will remain a mistake forever. It must be a disgraceful and shameful past that she hesitates to even bring to her consciousness. That fact has not diminished in the slightest. She has had to bear the memory of her shameful past, even though she is ashamed

and saddened.

Because of her hypersensitivity, she could not let go of the unbearable feeling, which was like as if she was sitting on pointed stalk of grass. Fortunately, after that experience she had with him, no insensitive human being who would openly humiliate her and make her blush appeared. But even words like "music" and "male teacher", which bring his memories to her, made her feel stabbed and tortured in secret. Even when there is a conversation on her life as a fourth-year student of the girls' school, she could not continue to feel calm. It was an extremely painful and agonizing experience to her. Even after this, she remained completely powerless and defenceless against the outward consequences of her past actions. Here after too, many people may touch her painful wounds and despise her. But it is not right to harbour ill will toward them for that. She may not have a magnanimous heart yet to accept that lightly, but she should at least be prepared to endure it with grace as a natural consequence.

However, that will not harm her completely as the poisonous arrows she receives will only penetrate through the area she recognizes as sin. Because, there is something in her that is not vulnerable to the arrows that hit her from outside. As long as she has within her a lively desire to walk through a lovable humane path throughout her life and get closer to the reality, she will not give up and destroy herself.

She must not remain anymore cramped by shame and servility, as she has been until now. At the same time, she must sharpen her conscience, suffer, and humble herself. She should not become arrogant (self-conceit) and ungrateful. She must also be determined not to make the same mistake again in the future. She must take a firm resolution that she will never do anything for which she cannot take full responsibility, or do anything which is not coming from her true self freely.

She is gradually moving away from the complaining mindset of saying, "If only I hadn't made that mistake, I would have been truly happy", as if longing for the Garden of Eden, an ideal garden that is now lost.

The trial given to her, who was prone to becoming self-complacent and self-

conceited, will not go in vain.

On the one hand, she should be grateful for the lessons she learned from that experience, in which she thought that there would be no way of recovery and salvation. On the other hand, she should not get intoxicated on the joy of it, she should not become self-conceited, or allow herself to get pampered again. She should make her self-blaming heart fresh and strong. (However, it will not be something cloudy like tarnishing her own dignity, or measuring herself in terms of others rather than herself.) This will enable her to avoid making the same mistake again in the future.

Now she should be at peace of mind as she has received what she deserves, and feel at heart that she will regain the free and liberated feeling which she could not experience for long.

She would like to express her gratitude to the people who have always protected her with love and affection, worrying about the fate of her shattered soul. She also feels that it is not at all because of her own power that she could survive until now, overcoming desperation and depravity.

Her greatest pain is that she has hurt the hearts of many people. There seems to be only one way for her to recover and vindicate it. She is now, finally, trying to find that way.

The fact that she has simply gained a wealth of knowledge about life from that experience (even if, that is possible) is not enough to offset her fault. She cannot justify her actions.

She has to proof it truly in her future life. She must show the courage and freedom for a restored life in her future work. She must live the best and lofty life that she can, as her mission demands. There, the strength of her resilience to live must be proven.

As her life moves on, his past, an experience she once had, will also change shape. Whatever was taught to her now, might be whispered to her again in words of a different form. She may have to receive something unexpected from it - for better

or for worse - and with this assumption, she feels some satisfaction and gratitude for her current efforts to see herself as boldly and correctly as she can.

(Ending on February 9, 1920 (the 16th day))

* If you try to change your shoes in a melon field, you will be suspected of stealing a melon.

** If you adjust your hat under a plum tree, you will be suspected of stealing a plum.

*** (A passage from the seventh chapter of the Lotus Sutra, 'The Parable of the Transformed Castle' / also used in the "dedication prayer" of the Jodo Shinshu sect.)

成瀬仁蔵・宮沢トシ・宮沢賢治　略年譜

この「成瀬仁蔵・宮沢トシ・宮沢賢治　略年譜」は、山根知子先生の格別な御好意により先生の『賢治の前を歩んだ妹　宮沢トシの勇信』（春風社 二〇二三）からの転載を許可していただきました。先生と春風社に感謝します。

なお、トシ自身が書き遺した資料については略年譜内に◆印で記載し、すべて『賢治の前を歩んだ妹　宮沢トシの勇信』第二部にその全文が掲載されています。また、トシに関連して他者が筆記した重要資料についても◇印で記載し、全文掲載されています。

成瀬仁蔵・宮沢トシ・宮沢賢治　略年譜

◆◇は本書第二部に全文掲載したトシ資料

年		歳	成瀬仁蔵	歳	宮沢トシ	歳	宮沢賢治
1986	明治29	38	『女子教育』出版				8月27日生
1898	明治31	40			11月5日生	2	8月　2歳
1901	明治34	43	4月　日本女子大学校開校	3		5	
1905	明治38	47		7	4月　花巻川口尋常小学校（のち花城小と改名）1年	9	4月　花巻川口小3年

西暦	和暦	年齢	成瀬仁蔵	年齢	宮沢トシ	年齢	宮沢賢治
1906	明治39	48		8	8月 我信念講話に参加（講師暁烏敏）記念写真撮影	10	8月 我信念講話に賢治も参加
1911	明治44	51	『進歩と教育』出版	13	4月 **花巻高等女学校1年**	15	4月 盛岡中学3年
1912	明治45 大正元	54	7月 帰一協会設立	14	4月 **花巻高等女学校2年**	16	4月 盛岡中学4年
1913	大正2	55	3月「宇宙の意志」「宇宙の精神」に言及	15	4月 **花巻高等女学校3年**	17	4月 盛岡中学5年 9月 参禅
1914	大正3	56	1月『新時代の教育』出版	16	◆3月23日 第一回卒業式「送辞」 4月 **花巻高等女学校4年** ◆10月頃「軍使の会見」	18	3月 卒業後家事手伝 4月頃 入院、看護婦への恋 9月頃『漢和対照 妙法蓮華経』と出あう
1915	大正4	57		17	◇2〜3月 音楽教師への恋愛 ◇3月20・21・22日 新聞連載「音楽教師と二美人の初恋」（岩手民報） ◆3月23日 第二回卒業式「答辞」 ◇花巻高等女学校成績簿 4月 **日本女子大学校予科**に入学、寄宿舎責善寮に入寮 ◆4月頃 答案(1)「自己調書」 ◆4月23日 トシ書簡［ⓐ］ ◆5月29日 トシ書簡［ⓑ］ 8月1日 花巻高等女学校同窓会に参加	19	4月 盛岡高等農林1年 6月・10月 トシあて賢治書簡［8］［11］ 8月 遠野を歩く
1916	大正5	58		18	◆2月頃 答案(2)「（態度・独立）」 ◆3月「武蔵野より」 4月 **日本女子大学校家政学部本科1年**	20	3月 京都、奈良方面修学旅行 4月 盛岡高等農林2年

	1917	1918
	大正6	大正7
	59	60
7月 タゴールを女子大に招く 8月 タゴール軽井沢三泉寮で瞑想指導『新婦人訓』出版 秋 教育と宗教に関する講演をまとめた「今後の教育と宗教」で「大宗教」に言及	4月 新学制に改める 7月 軽井沢三泉寮での「軽井沢山上の生活」講義「宇宙の意志」に言及 10月 『世界統御の力』出版	
	19	20
◆4月 宣誓文「真実ノ為ノ勇進」 ◆5月頃 答案(3)「大学生活に入る決心」 ◆6月23日 トシ書簡［一］ 祖父あてトシ書簡［二］（別紙）にて療養中の祖父に生死の意義を説く ◆6月末頃 答案(4)「瞑想ノ目的、及経験／夏季間ノ修養、研究ニツイテノ計画。」 7月2日 インドの詩人タゴールの自作詩「ギタンジャリー」の朗読を講堂に聞く 9月 「実践倫理」の課題で信仰と教育について論文を書く ◆9月頃、答案(5)「夏期休暇中ノ経験」、(6)「第二学期ノ決心及希望」 ◆12月12日 答案(7)「自己調書」 ◆12月23日 答案(8)「欧州戦乱ニツキテノ感想」	4月 **日本女子大学校3年**（新学制） 9月16日 祖父喜助死去（76歳） ◆9月以降 祖父の死についての心境を「料理ノート」に書く	◆1月8日 トシ書簡［二］［三］、16日 書簡［四］、27日 書簡［五］
	21	22
5月 北上山地探訪 7月 盛岡付近地質見学 8月 東京で独逸語講習会 夏 トシと対話 9月 秩父地方地質見学	1月・2月・3月 トシあて賢治書簡［30］、［31］、［32］ 4月 盛岡高等農林3年 7月 同人誌『アザリア』第1号創刊	

8月　最後の軽井沢夏期寮

9月　内臓の異常を発見

『女子教育改善意見』出版

12月　国府津に静養に赴く

4月　**日本女子大学校4年**

6月頃　体調悪く、保養につとめる

◆6月2日　トシ書簡［六］、8日　書簡［七］、22日　書簡［八］、27日　書簡［九］

◆7月8日　トシ書簡［一〇］

8月　軽井沢夏期寮に参加

◆9月8日　答案(9)「祈り」　◇第十六回生「感謝の歌」◆20日　トシ書簡［一二］

10月　慰廃園訪問

◆10月頃　答案(10)「『女子教育改善意見』を読んで」を論述し、女子教育への使命を自覚する

◆10月12日　トシ書簡［一三］、26日　書簡［一四］、31日　書簡［一五］

11月初旬　スペイン風邪で臥床

◆11月5日　トシ書簡［一六］

◆11月24日　賢治あてトシ書簡［一七］（別紙）にて、天職を生きるものとして成瀬を挙げる

◆12月9日　トシ書簡［一八］、10日書簡［一九］

◇12月17日　実践倫理出欠記録

12月20日　東大病院分院永楽病院に入院

12月27日　母イチ、賢治の看護を受ける

4月　研究生として入学稗貫郡土性調査

5月　盛岡高等農林にて実験指導補助の属託

6月　助膜炎と診断される（結核の始まり）

8月　願いにより、実験指導補助を解かれる

童話処女作「蜘蛛となめくじと狸」「双子の星」を家族に読んで聞かせる

12月26日　トシの看病のため上京し、病院の近くの雲台館（雑司ヶ谷）に滞在

1919	大正8	60	1月　帰京　肝臓癌と診断 1月29日　告別講演「我が継承者に告ぐ」 3月4日　死去	21	1月15日　母イチ帰花し賢治は看護に残る ◆2月2日　トシ書簡［二〇］、◇第十六回生「誓」 2月下旬　退院、雲台館で休養 3月3日　母イチ、叔母岩田ヤス、賢治にともなわれ帰花 3月29日　**日本女子大学校卒業** ◇日本女子大学校卒業証書 ◇日本女子大学校修業認定簿 夏　西鉛温泉秀清館に保養し、賢治の短歌を清書	23	3月まで看護の傍ら東京での仕事（人造宝石製造販売）の準備を進める 3月3日　トシを連れて帰花
1920	大正9			22	◆2月9日　「自省録」執筆終了 ◆3月16日　トシ書簡［二一］ 7月頃　洋服の講習に参加　弟清六らの下宿先盛岡円光寺に滞在 ◆7月8日　トシ書簡［二二］、16日　書簡［二三］、18日　書簡［二四］ ◇9月21日　任用の内申書 ◆自筆履歴書 9月24日付で母校**花巻高等女学校教諭心得**となり、英語・家事を担当	24	5月　研究生終了　家事手伝い 11月　国柱会入会 法華経日蓮上人御遺文論読会トシも参加
1921	大正10			23	2月　第8回卒業生と記念写真をとる 3月16日　東京出張し、日本女子大学校へ教師斡旋を依頼	25	1月　家出上京し、国柱会館を訪ね高知尾智耀と会見（法華文学の創作）

	1922	1923	1924	1926
	大正11	大正12	大正13	大正15 昭和元
	24			
4月頃 盛岡の教会で外国人宣教師より英語を学ぶ 5月10日 創立十周年記念式に出席 6月頃から臥床 8月 熱が続く 9月 喀血 9月12月付で**花巻高等女学校退職**	7月 療養のため下根子桜の別宅に移る 11月19日 豊沢町の自宅に帰る 11月27日 死去			
	26	27	28	30
7月 保阪嘉内と対面し対立 8月中旬 トシ病気の電報を受け、帰花 12月 花巻農学校教諭	1月 のちに『春と修羅』に所収される詩が書き始められる 11月27日付で「永訣の朝」「松の針」「無声慟哭」が書かれる	8月 北海道・樺太への旅 「オホーツク挽歌」「宗谷挽歌」等の挽歌群	4月『春と修羅』出版 5月 北海道修学旅行 7月「〔北上川は熒気をながしィ〕」 12月『注文の多い料理店』出版 この年「銀河鉄道の夜」第一次稿執筆(推定)	1月 岩手国民高等学校で講義「農民芸術」を担当開始

							3月　花巻農学校を依願退職 4月　下根子桜の別宅で独居自炊にて羅須地人協会の活動を開始 6月頃　「農民芸術概論綱要」を書く この年「銀河鉄道の夜」第三次稿執筆（推定）
1929	昭和4					33	春　黄瀛の訪問を受け「大宗教」の話をする この年に書いた高瀬露あて書簡下書にて「宇宙意志」に言及
1933	昭和8					37	7月　『女性岩手』第七号に詩「花鳥図譜・七月・」掲載 9月21日　死去

※トシ書簡［一二］は、堀尾青史編「宮沢トシ書簡集」（『ユリイカ』一九七〇年七月　青土社）の発表時から欠番となっており、ここでも番号表記はそのまま踏襲し欠番としている。

（山根知子作成年譜より転載）

おわりに

望月 善次

専門分野の一つである石川啄木について言えば、最も多くの人に知られている歌集はあの『一握の砂』でしょう。その中の一章に「秋風のこころよさに」という章があるのですが、今年の夏は、いつまでも暑く、暦の上の秋になっても、この北国の盛岡でもなかなか気温は下がらない異常気象で、とても「秋風のこころよさに」とは行かない明け暮れでしたね。その二〇二四年の秋の深まり行く十月の終わりに、念願の書を、何とか発刊できようとしています。

当初は、本年六月中の発行を目指していましたから、随分遅れたことになりますね。

次に目指したのは、賢治の命日の九月二十一日でした。この日を記念して、花巻市や宮沢賢治イーハトーブ学会、宮澤賢治記念会などは、例年賢治碑前祭や、宮沢賢治賞・宮沢賢治イーハトーブ賞、宮沢賢治イーハトーブ学会功労賞などの表彰式、宮沢賢治イーハトーブ学会総会、同研究発表会などを行います。そのため、全国からも多くの方が、花巻の地に集まりますから、せめて、発行を、この時期に合わせようとしたのです。

しかし、どうやら、その実現も難しそうな果たせなさそうな見通しになっています。

次に目標にしたのが、私の主要所属学会の一つ、全国大学国語教育学会・越谷学会（二〇二四、十・二十七、文教大学）でした。「はじめに」の「注4」でも示した『「自省録（宮澤トシ）」をめぐるラウンドテーブルを予定していたからです。「総選挙」という飛び入りもありましたが、こちらも無理な見通しとなり、発行は、十月末ギリギリということになってしまいました。

いずれも、最終的な責任は、編著者である私によるものです。

しかし、その私の不十分さを越えて、曲がりなりにも発行の見通しが立ちましたことは、繰り返すことになりますが、多くの方々のお陰です。改めて、関係の皆様に感謝したいと思います。

取るに足らない非力の身に「触媒」（「はじめに」の「第二部　全国大学国語教育学会という場」も参照してください。）の役割を与えてもらったことに感謝したいと思います。

とにもかくにも、形になったのは、困り果てている私に、「編集協力者」という形で手を差し伸べてくださった大野眞男、吉田等明（共に岩手大学名誉教授）お二人のお陰です。

宮澤賢治の生涯を見ていますと、父政次郎への甘え方が絶妙だなあ、と思うことが少なくないのですが、私も、四人姉弟の末子として、「末子文化」の中に生きて八二年、私の甘え方も相当なものだな、と変なところで感心してしまうところもあるのです。

この甘えを受け入れてくださった大野先生、吉田先生に改めて感謝申し上げます。

お世話になった方々につきましては、できるだけ「はじめに」の本文の中にお名前を挙げさせていただきましたが、それでもお名前を記すことが出来なかった多くの方がおられます。

そのお名前を記して感謝を申し上げたいと思います。（所属、職名等は、いずれも当時）

相川仁（成田市立久住小学校長）、浅野久一（千葉市立検見川小学校長）、伊藤勝博（元敬愛短期大学学長）、香取伸嘉（印西市立大森小学校）、近藤澄江（元花巻市立八重畑小学校長）、高橋邦伯（青山学院大学特任教授）、中道俊一（松戸市立小金中学校長）、中村萬敬（元花巻市立図書館長、石鳥谷賢治の会）、諏訪なみ子（東和町・龍澤寺族）、藤岡宏章（野田村教育長、前岩手県立図書館長）、町田守弘（早稲田大学教授）、三田望（三田商会代表取締役）、安川徹（印西市立船穂小学校長）、敬愛大学メディアセンター（山田隆昭）、千葉県立中央図書館（鶴本弘美、笠置友希）、千葉大学図書館（磯本善男）、岩手県公文書センター、岩手日報社、テレビ岩手、日本女子大学（成瀬記念館）、盛岡市立図書館、山梨大学図書館（中澤万智）

お世話になりながら、諸種の事情からお名前等を挙げずに失礼申し上げている方もいらっしゃいます。そうした方々も含め感謝申し上げます。

また、実際に、本書を纏める上で力尽くしてくださった桜出版の山田武秋様・高田久美子様に感謝致します。「エディターシップ」を掲げて奮闘された外山滋比古（一九二三～二〇二〇）先生から「英語」の単位を恵んでもらった教え子の一人として、「編集・出版」の意義と労苦がどれほどのものであるかを、今回も山田・高田お二人の奮闘の中に見せてもらえました。外山滋比古先生といえば、教えられた「英語」の方は、からっきし駄目だったくせに、先生の卓越したアイデアに惹きつけられて、シャーロックホームズのファンを「シャーロキアン」と呼ぶのにあやかって「シゲヒコニアン」という怪しげな用語までを作り、三木与志夫歌集『われらすでに宇宙の中心にあらねど』（沖積舎、一九八一　＊三木は筆名）の一章に「ホモ・メンティエンス（虚言人）～あるいはMr.Tへの断章～」を設けるほどののぼせあがりようでしたが、こんな話を続けると脱線が止まりませんね。話を元に戻しましょう。

山田・高田のお二人の奮闘にも適うべく「自省録（宮澤トシ）」が、一人でも多くの人の心に届くことを願っています。

最後に、家族のことなどを記す勝手をお許しください。

宇宙一三八億年＋αの歴史（「はじめに」の「注3」も参照してください。）の中から生命を繋いでもらった両方の両親、石田秀雄・梅子、望月善光・鈴子のお陰で私ども夫婦（恵子・善次）はここにいます。

「自省録（宮澤トシ）」の表現にならえば、concentration（集中）を必須条件とする〈研究〉などに携わりたい人間が家族の中にいることは、「客観的」に言えば家族にとっては〈災難〉のようなものです。

その日々を許し、支えてくれている妻恵子と長女夫婦達、丹康浩・百合・悠靖、同居の次女千津に感謝したいと思います。

二〇二四（令和六）年八月一九日

●監修・編集

望月善次（もちづき　よしつぐ／筆名：三木与志夫）

1942年生まれ。東京教育大学教育学研究科（修士課程）修了。東京都立江戸川高校（定時制課程）を経て、岩手大学勤務【岩手大学名誉教授（教育学部長、同附属中学校長併任）】。元インド・ネルー大学＆デリー大学客員教授。元盛岡大学学長。専門は、「国語科教育学研究」、「石川啄木研究」、「宮澤賢治研究」の三分野。三分野統合理論として「ベール (veil)・洗練 (sophisticate) の法則」を提唱。宮沢賢治学会イーハトーブセンター元副代表（2001～2003）。宮澤賢治センター（現岩手大学人文社会学部宮澤賢治いわて学センター）初代代表（2007～2008）。全国大学国語教育学会（元会長・理事長（2005～08））、国際啄木学会名誉会員（元会長2011~2014）、日本国語教育学会理事。『（三木与志夫歌集）われらすでに宇宙の中心にあらねど』（沖積社, 1982）。『（三木与志夫歌集）評伝岡井隆』（不識書院 1984）。『「分析批評」の学び方』（明治図書出版 1990）。『論争・詩の解釈と授業～吉野弘「夕焼け」をめぐって～』（明治図書出版1992。『国語科教育学はどうあるべきか』（明治図書 2010）。望月善次・関口厚光『被災の町の学校再開』（岩手復興書店 2015）等。

●編集協力

大野眞男（おおの　まきお）

国学院大学大学院を終わって1983年に岩手大学に赴任してから以降はずっと盛岡で暮らしています。研究者としての専門は日本語学なのですが、5年前に退職してからは学生時代から好きだった宮沢賢治作品を素材に、好き勝手なことを書かせてもらっています。トシのことは望月先生に教えてもらいました。「永訣の朝」のトシしか知りませんでしたから、「自省録」を読んだ時には（その読みにくさも含めて）大きな衝撃を受けました。トシの魂を追い求めてサハリンへと傷心の旅に出た賢治が、旅の間に胸の中に抱き続けた思いは、単に亡き妹への哀惜ということだけではなく、苦しい試練を乗り越えた一人の女性への敬慕のような思いもあったのではないかと、あらためて賢治詩を深く読むことにつながったように思います。

吉田 等明（よしだ　ひとあき）

岩手大学名誉教授 1955年1月7日生

●最終学歴 1987年3月 理学博士（東北大学大学院理学研究科）

●職歴 1987年4月 筑波大学 技官（化学系）、1991年12月 岩手大学 助手、1995年11月 岩手大学 助教授, 2014年4月 岩手大学 教授

●著書（教科書）情報リテラシー（技報堂出版）、基礎情報学（学術図書出版社）、情報基礎（学術図書出版社）

●論文「法から生れて法に還る―銀河鉄道の旅―」賢治学＋第2集、2022年。人工知能関連の論文では、人工ニューラルネットワークに関する論文28編、人工知能による音楽の感性に関する論文4編などがある。

●社会活動 1999年度 いわて情報ハイウェイ基本計画検討委員 2001-2013年度 盛岡市情報化基本計画策定懇話会委員 2005-2023年 盛岡市こども科学館協議会委員（2015年から会長）、2008年 総務省委託 地域情報化アドバイザー 2014年 岩手技術教育研究会役員（2020年より会長）

「自省録（宮澤トシ）」宮澤賢治妹 百年の贈り物
令和6年（2024）12月27日　初版第2刷発行

編 著 者　望月 善次
編集協力　大野 眞男
　　　　　吉田 等明

資料提供　林風舎（宮澤トシ写真）

装　　幀　高田久美子
発 行 者　山田　武秋
発 行 所　桜　出　版
　　　　　岩手県紫波郡紫波町犬吹森字境122
　　　　　TEL. 019－613－2349
　　　　　FAX. 019－613－2369

印刷製本　モリモト印刷株式会社

ISBN978-4-903156-36-1　C0495　￥3000E